普通高等教育“十一五”国家级规划教材
普通高等教育金融学精品系列教材

公司金融学

（第五版）

主　编　杨丽荣
副主编　毛秋蓉　段家菊　史冬梅

科学出版社
北　京

内 容 简 介

本书内容包括公司金融基础、公司金融实务和公司金融专题三部分，全面梳理了公司金融基本理论，深入分析了公司投资决策、筹资决策和股利分配的实务操作，专题研究了公司金融战略与公司价值、公司兼并与收购和公司金融国际化的发展。本书以我国最新颁布和修订的《中华人民共和国公司法》《企业会计准则》《小企业会计准则》等相关法律法规为依据进行更新，内容新颖，便于读者系统掌握公司金融的内容，把握其发展动态。

本书配备多媒体教学课件，可作为金融、财务管理等专业的本科教材使用，也可供经济类专业的研究生及经济工作者阅读参考。

图书在版编目（CIP）数据

公司金融学 / 杨丽荣主编.—5 版. —北京：科学出版社，2020.6
普通高等教育“十一五”国家级规划教材
普通高等教育金融学精品系列教材
ISBN 978-7-03-063262-3
I. ①公… II. ①杨… III.①公司–金融学–高等学校–教材 IV. ①F276.6
中国版本图书馆 CIP 数据核字（2019）第 257930 号

责任编辑：方小丽 / 责任校对：贾娜娜
责任印制：霍 兵 / 封面设计：蓝正设计

科学出版社 出版
北京东黄城根北街 16 号
邮政编码：100717
http：//www.sciencep.com
天津文林印务有限公司 印刷
科学出版社发行 各地新华书店经销
*
2005 年 3 月第 一 版 开本：787×1092 1/16
2008 年 6 月第 二 版 印张：22
2013 年 2 月第 三 版 字数：522 000
2016 年 2 月第 四 版 2020 年12月第三十八次印刷
2020 年 6 月第 五 版
定价：48.00 元
（如有印装质量问题，我社负责调换）

第五版序

随着经济全球化的进一步加速，金融市场的变革和金融工具的创新日新月异，公司金融的理论与实践也在快速地变化，要求教学内容与教材必须与其保持同步发展。基于此，本书在以往版本基础上进行修订，更加注重现代公司金融的基本理论与实际的结合，以期为使用者进行经济决策提供有效的指导。

本书在《公司金融学》（第四版）的基础上修订了以下内容。

1. 添加视频课程二维码

根据课程需要在部分章末添加了相关视频课程二维码，便于读者更加高效地学习。

2. 对原书第 4 章公司金融决策基础的修订

根据财政部 2018 年发布的《关于修订印发 2018 年度一般企业财务报表格式的通知》的要求，对财务报表做出以下调整。

（1）调整了资产负债表、利润表、现金流量表及所有者权益变动表的部分内容，变更了部分科目的名称和排列顺序，更新了相应的数据，使其更加规范。

（2）对“财务报表的编制基础”做了详细的介绍，使表述更加明晰。

3. 对原书第 5 章资本预算决策分析的修订

（1）在资本预算决策的影响因素中新增“贴现率”因子，阐述贴现率的选择及贴现率的变动对资本预算决策实践的影响，对管理者决策更具指导性。

（2）新增蒙特卡洛模拟的案例，使理论模型更加易于理解和掌握。

4. 对原书第 7 章股利分配决策的修订

（1）在“股利无关论”部分新增关于 MM 理论下股利发放与公司价值无关的推导。

（2）新增“‘在手之鸟’理论”和“税差理论”，删除“股利相关理论”，使教材的逻辑更清晰。

（3）根据我国上市公司的实践，对“我国上市公司股利政策现状和特点”内容进行更新，使其更能及时反映上市公司现金分红等相关政策执行的实际情况。

本书由西安交通大学经济与金融学院杨丽荣担任主编，负责全书的编写和总纂工作。西安交通大学经济与金融学院毛秋蓉、西安欧亚学院段家菊和西安交通大学城市学院史冬梅担任副主编。

本书在编写和修订过程中借鉴了大量相关著作及国内外专家学者的观点，在此对他们给予本书的启示和帮助表示崇高的敬意和真诚的感谢；感谢石柳、罗彬彬、赵鑫和孙悦彬的辛勤付出，在本书修订的过程中他们做了大量、细致的基础性工作并提出了很好的建议；感谢我的家人和朋友多年来的宽容和帮助。

《公司金融学》自 2005 年由科学出版社出版以来，历时 14 年。14 年间我们及时跟踪公司金融学发展的动态，在本科生教学、硕士研究生教学和企业管理者培训过程中，不断发现理论对实际工作指导的不足之处并及时进行修订完善。尽管我们一直在努力，但修订的版本中依然会存在疏漏，敬请广大读者指正。我们期盼广大师生积极参与公司金融学教材的建设，提出宝贵的意见，使我们的教材质量更上一层楼。

编　者

2019 年 11 月于西安交通大学

目　　录

第1章

公司金融基本范畴

砌一堵墙之前，我该问问清楚，圈在墙里边的和留在墙外边的都是些什么。

——罗伯特·弗洛斯特

➢本章摘要

本章主要介绍公司金融的基本范畴，具体包括：公司与公司金融的内涵，公司金融学的发展历程；公司金融的研究对象；公司金融的目标；公司金融的原则及公司金融的环境。

1.1 公司与公司金融

众望有限责任公司是一家新兴的软件公司，其长远计划是将产品扩展到教育和商业领域。公司创办时，曾以库房做抵押向一家商业银行借款150万元。但是现在公司发现自己最初的投资规模太小了，要实现其长远计划并扩大市场占有量，需要新的投资。此外，虽然公司上一年的销售额达到了3000万元，但目前公司的短期现金流量出了问题，甚至购买30万元的材料来满足订货需求都十分困难。摆在公司面前的问题是：公司应该采取什么样的长期投资策略？公司如何筹集投资所需的资金？公司如何解决短期资金不足的问题？公司可以通过发行股票或者债券从金融市场上筹资，也可以向银行或其他金融中介借款，如果筹资，哪一种方式成本更低、更有利于公司的长期发展？这就是公司金融研究的基本问题，当然，公司金融研究的问题远不止于此，但它们无论如何都是最重要的问题。

1.1.1 公司

1. 公司的内涵

公司是依照公司法组建并登记的以营利为目的的企业法人。因各个国家公司法对设立公司的要求不同，公司的法律概念也不尽相同。从公司的投资者角度来看，传统的观念认为，公司是由两个或两个以上的投资者设立的法人实体。现今，多数国家的公司法一般规定公司必须有两个或两个以上的投资者，但也有一些国家允许单一投资者的公司存在。从公司的组织形式角度来看，有的国家公司法规定了有限责任公司、股份有限公司、无限公司、两合公司等组织形式。

为了深入理解公司的概念，我们需要了解公司的基本特征。

（1）公司是以营利为目的的经济实体。以营利为目的反映了公司在经济上的特征。公司是以营利为目的而组织其生产经营活动的经济组织，是一种企业形式，具有企业的一般属性。企业又是什么呢？企业本质上与公司是一致的，也是集合人力与物力以营利为目的的生产或服务性经营组织。但企业的范畴比公司更大些，因为从组织形式上看，根据投资方式及责任承担方式的不同，企业可以划分为独资、合伙、公司三种类型。

（2）公司必须是法人。公司作为一种特殊的企业组织形式，有着区别于以其他组织形式存在的企业的特征，即公司具有法人地位。法人是具有民事权利能力和民事行为能力，依法独立享有民事权利和承担民事义务的组织。根据《中华人民共和国民法通则》及《中华人民共和国公司法》（简称《公司法》）的规定，公司作为法人的一种，应具备下述条件。

第一，公司必须依法成立。法人的依法成立，首先是指在成立程序上的合法性，即法人必须以法律规定的程序成立；其次，法人必须是合法的组织，法人的目的和宗旨、组织机构、经营范围、经营方式等都必须是合法的。

第二，公司拥有独立的、必要的财产。这是公司作为独立主体存在的基础和前提条件，也是公司独立承担财产义务和责任的物质保证。法律不仅要求公司具有独立的财产，而且要求应有必要的财产，也就是要达到法定的数额。公司的财产主要由股东出资构成，股东的出资一旦投入公司即成为公司财产。

第三，公司必须有自己的名称、组织机构或场所。这是公司的组织特征。公司需要有自己的名称，这是公司之间相互区别的标志，同时有助于表明公司的性质。公司的组织机构包括管理机构和业务活动机构。公司是人的有机集合体，其团体意志总是通过一定的组织机构产生并得以实现。公司还必须有自己的住所及固定的经营场所，这不仅是公司生产经营所必需的，而且是诉讼活动中确认地域管辖和诉讼文书送达地的一项基本标准。在涉外民事关系中，住所地是认定适用何种法律的依据之一。

第四，公司必须能够独立承担民事责任。这意味着：①公司应以它的全部财产承担债务；②公司对它的法定代表人和代理人的经营活动承担民事责任；③股东对公司的债务不直接承担责任；④公司独立地以其全部财产承担其债务，如果公司不能清偿到期债务，其资产也不足以抵偿债务时，就应依法宣告破产。

（3）公司是以股东投资行为为基础而设立的集合体性质的经济组织。公司属于社团法人，即它是由股东通过投资行为而设立的集合体性质的法人。从集合体的性质来看，它既是人的集合，又是资金和财产的集合，虽然许多国家都承认一人公司的合法性，但是这并不能改变公司是股东出资经营的集合体的性质。《公司法》规定国有独资公司就出资主体而言，投资者仅有一个：国家。正是因为这一投资主体的特殊性，《公司法》将其列入有限责任公司之下，适用有限责任公司的一般规定。

（4）公司是依法设立的营利性组织。由于公司是法人，而依照各国法律，法人的资格是需要经过国家承认的。只有依照法律规定的条件和程序才能取得法人资格。

2. 公司的组织形式

依照不同的标准，可以对公司加以不同的分类。根据股东责任的不同，公司可分为有限责任公司、股份有限公司、两合公司、无限公司和股份两合公司。根据《公司法》的规定，我国的公司包括有限责任公司和股份有限公司两种。《公司法》把国有独资公司规定为有限责任公司的一种，这是从我国的实际情况出发，考虑到有些行业需要由国家统一经营而加以设立的。

1）有限责任公司

有限责任公司是指由50个以下股东出资设立，每个股东以其认缴的出资额对公司承担有限责任，公司以其全部财产对其债务承担责任的企业法人。有限责任公司的特征如下。

（1）有限责任公司是资本组合公司，股东以其认缴的出资额对公司承担有限责任，公司以其全部资产对其债务承担责任。

（2）有限责任公司实行资本金制度，但公司股份对股东不分成均等股份，股东仅就其出资额为限对公司负责。

（3）有限责任公司的股东数，既有最低限也有最高限，我国为50人以下。另外，国家授权投资的机构或者国家授权的部门可以单独投资设立国有独资的有限责任公司。

（4）有限责任公司不能公开募股，不能发行股票。

（5）股东的出资不能随意转让。如需转让，应经股东会或董事会讨论通过。

（6）财务不必公开，但应当按公司章程规定的期限将财务会计报告送交各股东。

2）股份有限公司

股份有限公司是指全部资本由等额股份构成并通过发行股票筹集资本，股东以其所认购股份对公司承担责任，公司以其全部资产对公司债务承担责任的企业法人。股份有限公司特征如下。

（1）资本划分是等额股份。在股份有限公司中，资本是指全体股东出资的总和，以一定的金额表示。股份有限公司将资本总额划分为若干等额的股份，每股金额与股份数的乘积就是资本总额。在有限责任公司中，虽也有股本一说，但公司资本并不划分成相等的份额。

（2）通过发行股票筹集资本。股份有限公司采取公开向社会发行股票的方式筹集资本，这就为股份有限公司筹集资金开辟了广阔的渠道。

（3）股东人数不限。大多数国家把有限责任公司的股东数限制在一定范围之内，例如，日本限制在2~50人，美国限制在50人以下，我国规定最多为50人。而对股份有限公司来说，股东数是不受限制的，可以在一定范围内无限大，这样便于更多的人向公司投资。我国对股份有限公司的股东人数有最低限制，即一般情况下，至少有5人为发起人，也就是说，即使1股也发售不出去，公司股东人数也应有5人。但国有企业改建为股份有限公司的，发起人可以少于5人。

（4）股票可以自由转让。股票可以自由转让，意味着投资者可以随便易人，这对投资者来说是十分自由的。此外，转让的价格只要交易双方接受，也可随意，可高可低。这使投资者有可能从股票交易中获利，从而使股份有限公司在投资者心目中具有极大的吸引力。而无限公司和有限责任公司的股东在转让公司股份方面一般都受到限制。

（5）财务公开。公司的财务状况是公司经营活动的综合反映，在激烈的竞争中，各公司的财务状况一般都是要保密的。而对于股份有限公司，由于它是公开向社会发股筹资的，股东人数多，各国法律都要求股份有限公司将其财务公开。《公司法》明确规定，股份有限公司编制的年度资产负债表等会计报表,应在股东大会年会召开 20 日前备置于公司住所，供股东查阅，以达到保护债权人和股东利益的目的。

3）无限公司

无限公司是指由两个以上股东组成,股东对公司债务承担连带无限清偿责任的公司。

除以上三种基本形式外，还有两合公司和股份两合公司。两合公司是由负无限责任的股东与负有限责任的股东两种成员组成的公司。在这类公司中，无限责任股东除负有一定的出资义务外，还需对公司债权人承担直接无限责任；而有限责任股东除有一定的出资义务外，只以其对公司的出资额为限度对公司债权人负直接有限责任。股份两合公司是指由无限责任股东和有限责任股东组成的公司。其中，负有限责任的股东依照股份有限公司的形式认购股份，除此之外，股份两合公司与两合公司的特征大致相同。

目前，有限责任公司和股份有限公司是世界各国主要的公司组织形式。

1.1.2 公司金融

金融（finance）在英语词典中作为名词使用时，可以翻译为“金融、财政、理财、融资和确保财源”等；作为动词使用时，可以翻译为“财务管理和资金筹措”。总之，无论金融也好，财政也好，都是和钱打交道的事情，都包含了用钱、管钱、以钱生钱的内容。于是，对金融的理解就有了这样一些说法：金融是与货币的运动和信用不可分割的、连接在一起的范畴；金融是一门理财活动，专门从事以钱生钱的实践。如果说得不那么直白，金融是专事价值创造与保存的经济活动。

也许第二种说法更确切地指出了金融的内涵。按照第二种理解，金融的精髓就在于价值的确定与创造价值的决策。这两个内容存在于所有的金融活动中。

金融学是研究人们（企业、政府）在不确定的环境中如何进行资源的时间配置的学科。金融决策的成本和效益是在时间上分布的，而且决策者和其他任何人都无法预先明确知道，这是金融决策区别于其他资源配置决策的两个特点。根据其研究范围的不同，金融学科分为宏观金融学和微观金融学。宏观金融学是研究资金在一国范围或全球范围内配置的学科，这是通常的宏观经济学、货币银行学、金融市场学研究的内容。微观金融学是研究个人、企业如何进行资源配置及金融资产定价的学科，它包括投资学、公司金融学等内容。

公司金融（corporate finance）也可以译为公司财务、公司理财等。严格地说，公司金融的研究内容与公司理财的内容并不完全相同。公司理财研究的主要内容为融资、投资和股利政策；而公司金融的研究重点是融资和投资，股利政策则被视作一种融资来源。公司金融主要研究公司的投资和融资管理，是金融中研究企业金融决策的分支学科。

目前，我国学术界对公司金融的理解也不尽相同，有人认为公司金融应定义为与企业有关的一切金融活动；有人则认为公司金融应只包括企业内部的资金管理。前一个概念的范围过宽，而后一个概念的范围则过窄。比较合适的定义是：公司金融是指企业在生产、经营过程中主动进行的资金筹集与资金运用行为。公司金融是为企业自身的生产经营服务的，它筹集资金是为自身的再生产或商业活动服务，它运用资金并不是为了生息，而是谋求更高的收益。因此，公司金融也是关于如何创造和保持价值的学说。任何企业只要想生存，就要投资、筹资、生产、经营、销售，这其中的每一个环节都伴随着资金的运动。可以说，企业的整个生产经营过程就是资金筹集和运用过程，也就是公司金融决策过程。

1.1.3　公司金融学的发展历程

20 世纪以来，西方资本主义世界遭受了几次经济危机的厄运，这些国家的企业经历了巨大的冲击，与此相对应，公司金融学也经历了以筹资为中心、以内部控制为中心和以投资为中心三个阶段，每一个阶段的变换都标志着公司金融学进入一个崭新的阶段。

1. 公司金融理论的创建阶段——以筹资为中心（1929 年以前）

在 20 世纪 30 年代以前，公司金融学一直都被认为是微观经济理论的应用学科，是经济学的一个分支。直到 1897 年托马斯·格林纳出版了《公司金融》一书后，公司金融学才开始逐渐从微观经济学中分离出来，成为一门独立的学科。这一时期，西方发达的工业国家先后进入垄断阶段。随着经济和科学技术的发展，新行业大量涌现，企业需要筹集更多的资金来扩大规模，拓展经营领域。因此，这一阶段公司金融学的注意力集中在如何利用普通股、债券和其他有价证券来筹集资金上，主要研究财务制度和立法等问题。在格林纳的《公司金融》（1897 年）、米德的《公司财务》（1910 年）等书中均主要研究企业如何有效筹资和股份公司财务制度立法问题。

2. 传统公司金融理论的成熟阶段——以内部控制为中心（1929~1950 年）

这一阶段的公司金融理论侧重研究企业内部资金的有效利用和控制。1929 年的世界经济危机使财务管理者逐渐认识到，公司金融管理的问题不仅在于筹资，更在于有效的内部控制、管好用好资金，因而公司金融学的研究重点转向了如何对公司资金进行有效控制。

3. 现代公司金融理论的形成阶段——以投资为中心（1950~1980 年）

随着企业经营风险的不断发展和变化，资金的运用日趋复杂，而通货膨胀和市场竞争的加剧，更使投资风险不断增加。因此，企业金融活动更加注重投资的管理。公司金融学的中心内容转向对有效市场理论、投资组合理论、资本结构理论和证券定价理论等问题的研究。这一阶段的公司金融理论以系统理论为指导，依据公司金融和外部金融市场之间相互交融的关系，同时考虑到企业内部各种要素之间的相互联系、相互作用，对资本预算、资本成本和资本结构等问题进行了深入的分析研究，形成了科学的公司金融学。

20 世纪 80 年代以来，公司金融的研究出现了一些新动向。首先，资金供应不足重新燃起了人们对资金筹集方法的兴趣，国际融资受到关注；其次，强调通货膨胀及其对利率的影响；再次，大量使用计算机进行金融决策分析；最后，资本市场上出现了新的筹资工具，如衍生金融工具和垃圾债券等。

总之，公司金融学已从理论描述转向严格的分析和实证研究，从单纯的筹资发展为金融决策的一整套理论和方法，形成了独立、完整的学科体系。

1.2　公司金融的研究对象和内容

公司金融是有关资金的筹集、投放和分配的管理工作。公司金融的研究对象是现金（资金）的循环和周转，主要内容是筹资、投资和股利分配，主要职能是决策、计划和控制。

1.2.1　公司金融的研究对象

公司金融主要是资金管理，其研究对象是资金及其流转。资金流转的起点和终点是现金，其他资产都是现金在流转中的转化形式，因此，公司金融的研究对象也可以说是现金及其流转。公司金融也会涉及成本、收入和利润问题。从财务的观点来看，成本和费用是现金的耗费，收入和利润是现金的来源。公司金融主要在这种意义上研究成本和收入，而不同于一般意义上的成本管理和销售管理，也不同于计量收入、成本和利润的会计工作。

1. 现金流转的内涵

在建立一个新企业时，必须先要解决两个问题：①制订规划，明确经营的内容和规模；②筹集若干现金，作为最初的资本。没有现金，企业的规划就无法实现，不能开始运营。企业建立后，现金变为经营用的各种资产，在运营中又陆续变为现金。

在生产经营中，现金（cash）变为非现金资产，非现金资产又变为现金，这种周而复始的流转过程称为现金流转（the cycle of cash）。这种流转无始无终，不断循环，又称为现金的循环或资金循环。

现金流转有多条途径。例如，有的现金用于购买原材料，原材料经过加工成为产成品，产成品出售后又变为现金；有的现金用于购买固定资产，如机器等，机器在使用中逐渐磨损，其价值进入产品，陆续通过产品销售变为现金。各种流转途径完成一次循环（即从现金开始又回到现金）所需的时间不同。购买商品的现金可能几天就可以流回，购买机器的现金可能要许多年才能全部返回现金状态。

现金变为非现金资产，然后又回到现金，所需时间不超过一年的流转，称为现金的短期流转。短期流转中的资产是流动资产，包括现金本身和企业正常经营周期内可以完全转变为现金的存货、应收账款、短期投资等。

现金变为非现金资产，然后又回到现金，所需时间在一年以上的流转，称为现金的长期流转。长期流转中的非现金资产是长期资产，包括固定资产、长期投资、无形资产和其他资产等。

2. 现金流转不平衡

如果企业的现金流出量和流入量相等，公司金融工作将大大简化。实际上这种情况极少出现，不是收大于支，就是支大于收，绝大多数企业一年中会多次遇到现金流出量大于现金流入量的情况。

现金流转不平衡的原因有企业内部的，如盈利、亏损或扩充等；也有企业外部的，如市场变化、经济兴衰、通货膨胀、企业间竞争等。

1）影响企业现金流转的内部原因

（1）盈利企业的现金流转。不准备扩张的盈利企业，其现金流转一般比较顺畅。它的短期循环中的现金大体平衡，税后净利使企业现金多余出来，长期循环中的折旧、摊销等也会积存现金。

盈利企业也可能由于抽出过多现金（如付出股利、偿还借款、更新设备等）而发生临时流转困难。此外，存货变质、财产失窃、坏账损失、出售固定资产损失等，会使企业流失现金，并引起周转的不平衡。不过，盈利企业如果不进行大规模扩充，通常不会发生财务困难。

（2）亏损企业的现金流转。从长期的观点来看，亏损企业的现金流转是不可能维持的。从短期来看，又分为两类：一类是亏损额小于折旧额的企业，在固定资产重置以前可以维持下去；另一类是亏损额大于折旧额的企业，不从外部补充现金将很快破产。

亏损额小于折旧额的企业，虽然收入小于全部成本费用，但大于付现的成本费用，因为折旧和摊销费用不需要支付现金。因此，它们支付日常的开支通常并不困难，甚至还可能把部分补偿折旧费用的现金抽出来移作他用。然而，当计提折旧的固定资产达到必须重置的时候，灾难就来临了。积蓄起来的现金不足以重置固定资产，因为亏损时企业的收入是不能足额补偿全部资产价值的。此时，企业的唯一出路是设法借钱，以购买设备使生产继续下去。这种办法只能解决一时的问题，它增加了以后年度的现金支出，会进一步增加企业的亏损。除非企业扭亏为盈，否则就会变为“亏损额大于折旧额”的企业，并很快破产。这类企业如果不能在短期内扭亏为盈，还有另一条出路，就是寻找对减低税负有兴趣的盈利企业并被其兼并，因为兼并一个账面有亏损的企业，可以减少盈利企业的税负。

亏损额大于折旧额的企业，是濒临破产的企业。这类企业不能以高于付现成本的价格出售产品，更谈不上补偿非现金费用。这类企业必须不断向短期周转中补充现金，其数额等于现金亏空数。如果要重置固定资产，所需现金只能从外部筹措。一般来说，他们从外部寻找资金来源是很困难的。贷款人看不到偿还贷款的保障，是不会提供贷款的；所有者也不愿冒险投入更多的资金。因此，这类企业如果不能在短期内扭亏为盈，不如尽早宣告倒闭。这类企业即使被其他企业兼并，也没有减低盘进企业税负的价值。因为盘进企业的目的是节税，以减少现金流出，如果被盘进的企业每年都需要注入现金，则违背其初衷。

（3）扩充企业的现金流转。任何要迅速扩大经营规模的企业，都会遇到相当严重的现金短缺情况。无论是固定资产投资的扩大，还是存货增加、应收账款增加等，都会使现金的流出扩大。

这类企业的任务不仅是维持当前经营的现金收支平衡，而且要设法满足企业扩大的现金需要，并且力求企业扩充的现金需求不超过扩充后新的现金流入。

首先，应从企业内部寻找扩充项目所需资金，如出售短期证券、减少股利分配、加速收回应收账款等。

其次，内部筹措的资金不能满足扩充需要时，只有从外部筹集。从外部筹集的资金，要承担资本成本，还要还本付息，会引起未来的现金流出。企业在借款时就要注意到，将来的还本付息的现金流出不要超过将来的现金流入。如果不是这样，就要借新债还旧债，利息负担会耗费掉扩建形成的现金流入，使项目在经济上失败。

2）影响企业现金流转的外部原因

（1）市场的季节性变化。通常来讲，企业的生产部门力求全年均衡生产，以充分利用设备和人工，但销售总会有季节性的变化。因此，企业往往在销售淡季现金不足，销售旺季现金过剩。

企业的采购用现金流出也有季节性变化，尤其是使用农产品作为原料的企业更是如此。集中采购而均匀耗用，使存货数量周期性变化。采购旺季有大量现金流出，而现金流入并不能同步增加。

企业人工等费用的开支也会有季节性变化。有的企业集中在年终发放奖金，要用大量现金；有的企业利用节假日加班加点，要付成倍的工资；有的企业使用季节性临时工，在此期间人工费用大增。

（2）经济的波动。任何国家的经济发展速度都会有波动，时快时慢。

当经济收缩时，销售下降，进而生产和采购减少，整个短期循环中的资金减少，企业有了过剩的现金。如果预知不景气的时间很长而推迟固定资产的重置，折旧积存的现金也会增加。这种财务状况给人以假象。随着销售额的进一步减少，大量的经济亏损很快接踵而来，现金将被逐步侵蚀掉。

当经济“热”起来时，现金需求迅速扩大，积存的过剩现金很快被用尽，不仅扩充存货要投入大量现金，而且受繁荣时期乐观情绪的鼓舞，企业会对固定资产进行扩充性投资，并且往往要超过提取的折旧。此时，银行和其他贷款人大多也很乐观，愿意为盈利企业提供贷款，筹资不会太困难。但是，经济过热必然造成利率上升，过度扩充的企业背负巨大的利息负担，会首先受到经济收缩的打击。

（3）通货膨胀。通货膨胀会使企业遭遇现金短缺的困难。由于原材料价格上升，保持存货所需的现金增加；人工和其他费用的现金支付增加；售价提高使应收账款占用的资金也增加。企业唯一的希望是利润也会增加，否则，现金会越来越紧张。

提高利润，不外是增收节支。增加收入受到市场竞争的限制。企业若不降低成本，就难以应对通货膨胀造成的财务困难。通货膨胀造成的现金流转不平衡，不能靠短期借款解决，因为其不是季节性临时现金短缺，而是现金购买力被永久地“蚕食”了。

（4）竞争。竞争会对企业的现金流转产生不利影响。但是，竞争往往是被迫的，企业经营者不得不采取他们本来不想采取的方针。价格竞争会使企业立即减少现金流入。在竞争中获胜的一方会通过多卖产品挽回损失，它实际上是靠牺牲别的企业的利益加快自己的周转；失败的一方，不但蒙受价格下降的损失，还受到销量减少的打击，现金周转可能严重失衡。

广告竞争会立即增加企业的现金流出。最好的结果是广告促进销售，加速现金流回。若竞争对手也努力推销，企业广告只能制止其销售额的下降。有时广告并不能完全阻止销售额下降，只是下降得少一些。

1.2.2　公司金融的内容

公司金融决策是企业管理最重要的组成部分之一，是有关资金的获得和有效使用的管理。公司金融决策的过程是一个不断收集信息、分析信息、加工信息并对不利信息造成的负面影响进行控制的过程，也是实现股东财富最大化的过程，股东财富最大化的途径是提高报酬和减少风险，企业的报酬率高低和风险大小又决定于投资项目、资本结构和股利分配政策。因此，公司金融的主要内容是投资决策、筹资决策和股利分配决策等。

1. 投资决策

投资是指以收回现金并提取收益为目的而发生的现金流出。购买政府公债、购买企业债券和公司股票、购买设备、兴建工厂、开办商店或增加一种新产品等，企业都要发生货币性流出，并期望取得更多的流入。

企业的投资决策按不同的标准可以分为以下类型。

1）直接投资和间接投资

直接投资（direct investment）是指把资金直接投入生产经营性资产（如购置设备、兴建工厂、开办商店等），以便获取利润的投资。

间接投资（indirect investment）又称证券投资（investment in stock），是指把资金投放于金融性资产（如购买政府公债、购买企业债券和公司股票等），以便获取股利或者利息收入的投资。

这两种投资决策所使用的一般性概念虽然相同，但决策的具体方法却很不一样。间接投资只能通过证券分析与评价，从证券市场中选择企业需要的股票和债券，并且组成投资组合。作为行动方案的投资组合，不是事先创造的，而是通过证券分析得出的。直接投资要事先创造一个或几个备选方案，通过对这些方案的分析和评价，从中选择一个足够满意的行动方案。

2）长期投资和短期投资

长期投资（long-term investment）是指投资期限超过一年的投资，如购买设备、建造厂房等。长期投资又称资本性投资。用于股票和债券的长期投资在必要时可以出售变现，而真正难以改变的是生产经营性的固定资产投资。所以，有时长期投资专指固定资产投资。

短期投资（short-term investment）是指投资期限不超过一年的投资，如对应收账款、存货、短期有价证券的投资。短期投资又称为流动资产投资或营运资产投资。

长期投资和短期投资的决策方法有所区别。由于长期投资涉及的时间长、风险大，决策分析时更重视货币的时间价值和投资风险价值的计量。

2. 筹资决策

筹资是指筹集资金。发行股票、发行债券、取得借款、赊购、租赁等都属于筹资。

筹资决策要解决的问题是如何取得企业所需要的资金，包括：向谁筹资，在什么时候筹资，筹集多少资金。筹资决策和投资、股利分配有密切关系，筹资数量的多少要考虑投资需要，在利润分配时加大保留盈余部分可减少从外部筹资。筹资决策的关键是决定各种资金来源在总资金中所占的比重，即确定资本结构，以使筹资风险和筹资成本相配合。

可供企业选择的资金来源有许多，我国习惯上称其为“资金渠道”。根据不同的标准，对资金来源进行分类，具体如下。

1）权益资金和借入资金

权益资金是指由企业股东提供的资金。它不需要归还，筹资的风险小，但其期望的报酬率高。

借入资金是指由债权人提供的资金。它要求按期归还，有一定的风险，但其要求的报酬率比权益资金低。

资本结构主要指权益资金和借入资金的比例关系。一般来说，完全通过权益资金筹资是不明智的，不能得到负债经营的好处；但负债的比例大，风险也大，企业随时可能陷入财务危机。筹资决策的关键就是确定最佳资本结构。

2）长期资金和短期资金

长期资金是指企业可长期使用的资金，包括权益资金和长期负债。权益资金不需要归还，企业可以长期使用，属于长期资金。此外，长期借款也属于长期资金。有时，习惯上把一年以上五年以内的借款称为中期资金，而把五年以上的借款称为长期资金。

短期资金一般是指一年内要归还的短期借款。一般来说，短期资金的筹集应主要解决临时的资金需要。例如，生产经营旺季需要的资金比较多，可借入短期借款，度过生产经营旺季则归还。

长期资金和短期资金的筹资速度、筹资成本、筹资风险及借款时企业所受的限制均有所区别。如何安排长期和短期筹资的相对比重，是筹资决策要解决的另一个重要问题。

3. 股利分配决策

股利分配也是公司金融的重要内容之一。股利分配的多少及其政策可对公司的股票价格产生影响。因为，如果在投资机会较多的情况下过多地发放股利，会增加公司的外部筹资，从而增加公司的筹资成本，减少公司的实际利润，并可能由此导致股票价格的下跌；如果在投资机会较少的情况下过少地发放股利，则会影响股东的利益，影响投资者对公司发展的信心，并可能由此导致股票价格的下跌。

从国内外经验看，股利分配决策的过程是在股利发放和盈余留存之间做出合理安排的过程。其间，需研究这样一些问题：①股利分配是否会增加公司的融资成本；②股利分配方案会受哪些因素的制约；③股利支付的合理程序应怎样进行；④股票股利及回购形成的库藏股票应如何处置；⑤股利分配会对股票价格产生怎样的影响；等等。

总之，公司金融的三大基本决策是相互联系、相互影响和相辅相成的。投资效益的好坏一定会受筹资成本的影响；筹资能力的大小一定会受投资效益、股利分配的影响，而股利分配的多少一定会受投资效益、再投资机会等情况的影响。因此，只有把投资决策、筹资决策和股利分配决策放在一起研究，才能使公司金融发挥出更大的效益。

1.3　公司金融的目标

公司金融是有关资金的获得和有效使用的工作。公司金融的目标取决于公司的总目标，并且受金融自身特点的制约。

1.3.1　企业的目标

企业是营利性组织，其出发点和归宿都是获利。企业一旦成立，就会面临竞争，并始终处于生存和倒闭、发展和萎缩的矛盾之中。企业必须生存下去才可能获利，只有不断发展才能求得生存。因此，企业的管理目标可以分为生存、发展和获利。

1. 生存

企业只有生存（going-concern），才可能获利。

企业生存的“土壤”是市场。它包括商品市场、金融市场、人力资源市场、技术市场等。企业在市场上生存下去的一个基本条件是以收抵支。企业一方面付出货币，从市场上获取所需的资源；另一方面提供市场需要的商品或服务，从市场上换回货币。企业从市场获得的货币至少要等于付出的货币，以便维持经营，这是企业长期存续的基本条件。因此，企业的生命力在于它能不断创新，以独特的产品和服务取得收入，并且不断降低成本，减少货币的流出。如果出现相反的情况，没有足够的货币从市场换取必要的资源，企业就会萎缩，直到无法维持最低的运营条件而终止。如果企业长期亏损，扭亏无望，就失去了存在的意义。为避免进一步扩大损失，所有者应主动终止营业。

企业在市场上生存下去的另一个基本条件是偿还到期债务。企业为扩大业务规模或满足经营周转的临时需要，可以向其他个人或法人借债。国家为维持市场经济秩序，通过立法规定债务人必须偿还到期债务，必要时破产偿债。企业如果不能偿还到期债务，就可能被债权人接管或被法院判定破产。

因此，企业生存的主要威胁来自两个方面：一是长期亏损，它是企业终止的内在原因；另一个是不能偿还到期债务，它是企业终止的直接原因。亏损企业为维持运营被迫进行偿债性融资，借新债还旧债，如不能扭亏为盈，迟早会因为借不到钱而无法周转，从而不能偿还到期债务。盈利企业也可能出现“无力支付”的情况，主要是借款扩大业务规模，冒险失败，为偿债必须出售不可缺少的厂房和设备，使生产经营无法继续下去。

力求保持以收抵支和偿还到期债务的能力，减少破产的风险，使企业能够长期、稳定地生存下去，是对公司金融的第一个要求。

2. 发展

企业是在发展（development）中求得生存的。

企业的生产经营如逆水行舟，不进则退。在科技不断进步的现代经济中，产品不断更新换代，企业必须不断推出更好、更新、更受顾客欢迎的产品，才能在市场中立足。在竞争激烈的市场上，各个企业此消彼长、优胜劣汰。一个企业如果不能发展，不能提高产品和服务的质量，不能扩大自己的市场份额，就会被其他企业排挤出去。企业发展的停滞是其死亡的前奏。

企业的发展集中表现为扩大收入。扩大收入的根本途径是提高产品的质量，扩大销售的数量，这就要求企业不断地更新设备、技术和工艺，并不断地提高各种人员的素质，也就是要投入更多、更好的物质资源、人力资源，并改进技术和管理。在市场经济中，各种资源的取得都需要付出货币。企业的发展离不开资金。

因此，筹集企业发展所需的资金，是对公司金融的第二个要求。

3. 获利

企业必须能够获利（profit），才有存在的价值。

建立企业的目的是营利。已经建立起来的企业，虽然有改善职工收入、改善劳动条件、扩大市场份额、提高产品质量、减少环境污染等多种目标，但是，增强营利能力是最综合性的目标。营利不但体现了企业的出发点和归宿，而且可以据此推断其他目标的实现程度，并有助于其他目标的实现。

从财务上看，营利就是使资产获得超过其投资的回报。在市场经济中，没有“免费使用”的资金，资金的每项来源都有其成本。每项资产都是投资，都应当是生产型的，要从中获得回报。务必使企业正常经营产生的和从外部获得的资金能以产出最大的形式加以利用。

因此，合理、有效地使用资金使企业获利，是对公司金融的第三个要求。

综上所述，企业的目标是生存、发展和获利。企业目标的实现要求公司金融完成筹措资金并有效地投放和使用资金的任务。企业的生存乃至成功，在很大程度上取决于它过去和现在的财务决策。公司金融不仅与资金的获得及合理使用的决策有关，而且与企业的生产、销售管理密切相关。

1.3.2 公司金融的一般目标

公司金融的目标又称为理财目标，是指企业进行金融活动所要达到的根本目的，它决定着企业金融管理的基本方向。我们在研究公司金融的目标时，不仅要考虑股东、管理层之间的激励和监督因素，考虑由企业组织机构决定的不确定条件下的决策机制和信息机制，而且要考虑同企业有关的各主要利益主体如债权人、供应商、消费者、政府机构等的关系。要把企业放在国内、国际的要素市场、产品市场、劳动力市场、资本市场中去研究。然而，目前对于公司金融的目标尚有不同的提法，不同观点之间的争论也仍未停止。其中，最具有代表性的关于公司金融的目标的观点主要有以下几种。

1. 利润最大化

利润的基本公式：利润=产品价格×产品销售量−产品总成本、费用和税金。利润可以指本年度利润，还可以指项目评价过程中的预计项目利润。企业的一切金融活动成果在一定程度上最终都归结到利润水平上。

利润最大化是西方微观经济学的理论基础。西方经济学家以往都是以利润最大化这一概念来分析和评价企业行为和业绩的。这种观点认为，企业是营利性经济组织，将利润最大化作为企业的目标有其合理性。原因有以下几点。

（1）人类进行的一切活动，都是为了创造剩余产品，而剩余产品的多少，是以利润的高低为衡量标准的。因此，把利润最大化作为公司金融的目标可创造出尽可能多的剩余产品。

（2）利润代表了企业新创造的价值，是企业的新财富，它是企业生存和发展的必要条件，是企业和社会经济发展的重要动力，企业利润越多则财富增加得越多，越接近企业目标。

（3）利润是一项综合性指标，它反映了企业综合运用各项资源的能力和经营管理状况，是评价企业绩效的重要指标，也是社会优胜劣汰的自然法则的基本尺度和作用杠杆。

（4）企业追求利润最大化是市场经济体制发挥作用的基础。企业作为社会经济生活的基本单位，自主经营、自负盈亏，可以在价值规律和市场机制的调节下，达到优化资源配置和提高社会经济效益的目标。

然而不少理论认为，将利润最大化作为公司金融的目标，是集经营权和所有权于一身时期的产物，随着所有权与经营权的分离，经营者必须协调与公司有关的各方面利益，如各种债权人、股东、消费者、雇员、政府和社会等。如果再以利润最大化作为公司金融的目标则会存在以下缺陷。

（1）利润最大化的概念含糊不清，没有指出这种利润是短期利润还是长期利润，是税前利润还是税后利润，是经营总利润还是支付给股东的利润。

（2）利润最大化没有充分考虑利润取得的时间因素，没有考虑货币的时间价值。例如，今年获利 20 万元和明年获利 20 万元，哪一个更符合企业的目标？若不考虑货币的时间价值，就难以做出正确判断。

（3）以利润总额形式作为企业目标，忽视了投入与产出的关系。例如，同样获得 20 万元的利润，一个企业投入 100 万元，另一个企业投入 120 万元，哪一个更符合企业的目标？若不与投入的资本额联系起来，就难以做出正确的判断。不考虑利润和投入资本的关系，可能会使决策优先选择高投入的项目，而不利于选择高效率的项目。

（4）没有考虑利润和所承担的风险的关系。例如，同样是投入 100 万元，本年获利 20 万元，一个企业获利已全部转化为现金，另一个企业获利全部是应收账款，并可能发生坏账损失，哪一个更符合企业的目标？若不考虑风险大小，就难以做出正确判断。不考虑风险大小，可能会使决策优先选择高风险的项目；一旦不利事实出现，企业将陷入困境，甚至可能破产。

（5）导致企业产生短期行为。片面追求利润最大化，容易使企业目光短浅，往往为了获得眼前利益而忽略或舍弃长远利益，导致企业行为短期化。

（6）导致社会经济运行的无序化。由于现实社会经济生活中存在着市场体系不健全、法律约束不力等问题，追求利润最大化的动力往往导致个别企业铤而走险，采用恶性竞争、欺诈等手段攫取高额利润，破坏正常的社会经济秩序。

（7）忽视社会责任，导致一系列社会问题的出现，如导致环境污染问题的出现等。

2. 每股盈余最大化

这种观点认为，应当把企业的利润和股东投入的资本联系起来考察，用每股盈余[①]（或权益资本净利率）来概括公司金融的目标，以避免利润最大化目标的缺陷。

但这种观点仍然存在以下两方面的不足：①没有考虑每股盈余取得的时间性；②没有考虑每股盈余的风险性。

3. 企业价值最大化

企业价值最大化是目前金融界的一种普遍认同的看法，即公司的目标就是使价值或财富最大化。管理者应以增加公司的市场价值为目标来经营公司的资源。但是在公司的目标是使股东财富最大化还是使企业价值最大化的问题上还存在一些分歧，因为公司除了股东外还包括其他的权益持有者（如债权人、优先股股东等）。而且，即使在那些赞同“股东财富最大化”的人们当中，也存在着关于“股东财富最大化是否能够转变为股票价格最大化”的争论。这些目标因其所依据的假设（用于证实这些目标）而各不相同，就其所需要的假设而言，三种目标中局限最小的是企业价值最大化，而局限最大的则是股票价格最大化。良好的目标的基本特点之一就是它具有明确的、清晰的衡量机制，因此，目标由强调股东财富最大化或企业价值最大化转向强调股票价格最大化的好处也就显而易见了。在以强调股票价格最大化为目标的情况下，每个企业成功或失败的衡量都很明了，因为一个成功的经营者能够提升公司的股票价格，而失败的经营者则会使股票价格下跌。这里有三条理由来解释传统公司金融强调股票价格最大化的原因。

（1）股票价格在所有的衡量指标中是最具有观察性的指标，它能被用来判断一家公开上市公司的表现。与不经常更新的收益和销售额不同，股票价格会不断地更新以反映来自公司的最新消息。因此，管理者可以从市场的投资人那里获取对于他们每一项举措的即时反馈。市场对一家公司宣布它计划收购另一家公司所做出的反应就是一个很好的说明。尽管经营者总是把他们计划的每一次收购描绘成一幅乐观的图景，然而如果收购公司股票的价格却总是大幅度下跌，这意味着市场对经营者所发布的信息是持怀疑态度的。

（2）在一个理性的市场中，股票价格趋向于反映公司决策所带来的长期影响。会计的衡量指标，如收入或销售指标，乃至市场份额，只是着眼于公司决策对当前运作所产生的影响。而与此不同，股票的价值是公司前景与长期状况的函数。在一个理性的市场中，对投资者而言，股票的价格趋向于反映它本身的价值。即使在对股票价值的估计中出现了错误，但是有个问题却值得大家注意，那就是对长期价值模糊的估计常好于对当前收入的精确计量。

（3）选择股票价格最大化作为一种目标，能够让我们在以最优的方式选择项目并且进行融资的问题上做出明确的说明。

---

① 每股盈余（earning per share，EPS）也称每股收益。

然而股东财富最大化面临着以下风险。

（1）受雇替股东运作公司的经营者会有他们自己的利益所在，而这种利益可能会背离股东财富最大化的目标。

（2）股东能够通过剥夺公司贷款人和其他权益所有人的财产来增加自己的财富。

（3）在金融市场中，股东要对信息做出反应，但有时信息本身是错误的或杂乱的，而且股东所做出的反应可能与信息本身不相符合。

（4）强调股东财富最大化的公司可能使社会付出了大量的成本，然而这些成本却不能在公司的收入中反映出来。

当我们往企业里再引入两类其他的利益群体的时候，这些利益的冲突就更加激化了。首先，公司的雇员可能很少或者根本不关心股东财富的最大化，他们更加关注提高工资、福利待遇和工作保证。在某些情况下，他们的利益可能会与股东财富最大化发生直接的冲突。其次，企业的客户可能希望他们购买的产品或服务能够以较低的价格出售，以最大限度地满足他们的需要，但这又可能会与股东所期望的发生冲突。

即使企业价值最大化是一个有缺陷的目标，它也能比其他的替代目标提供更多的保证，原因就在于它能够自我修正。

股票价格最大化的目标仅仅是对上市公司而言的一个相关目标。那么非上市公司该如何运用公司金融的原则呢？对这些公司而言，制定决策的目标就是使企业价值最大化。

4. 净现金流量最大化

净现金流量最大化是目前金融界对公司金融目标的一种新的提法。净现金流量是现金流量表的一个指标，是指一定时期内现金及现金等价物的流入（收入）减去流出（支出）的余额（净收入或净支出），反映了企业本期内净增加或净减少的现金及现金等价物的余额。该目标是指通过企业财务上的合理经营，采用最优的财务政策，充分考虑资金的时间价值，以达到净现金流量最大化。净现金流量最大化目标与利润最大化目标、企业价值最大化目标相比，具有更为明确、清晰的衡量机制。这种观点主要的优点是克服了利润最大化和企业价值最大化目标难以准确衡量的缺点。

（1）净现金流量是动态指标。它克服了净利润指标是静态指标衡量的缺点。它不仅考虑了现金流量的数量，而且考虑了收益的时间和货币的时间价值。通过对企业现金流量的分析，更能清楚地判断企业本期的经营活动状况，更能全面地评价企业本期的经营活动质量。同时，该指标考虑了货币的时间价值，有利于企业在不同时期经营质量的比较。

（2）净现金流量指标界定的基础是收付实现制。它克服了净利润指标界定的基础是权责发生制的缺点。由于计算净利润以权责发生制为基础，其反映的损益信息具有一定的限制。比如，实现的利润不一定取得现金，仍存在收不到现金而发生坏账损失的可能性。另外，利润受人为调节的空间较大。净现金流量指标比净利润指标更具有刚性，它以收付实现制为基础，一般不会随着会计处理方法的变化而变化，排除了人们主观认定的固定资产折旧费的干扰，以及计提减值准备等的影响。同时，它是税后指标，比净利润更能客观地反映企业或资产的净收益。由于在评估中评估的是资产的营利能力而不是资产的归属，以净现金流量作为预期收益额更为恰当。西方发达国家的评估界都是这样来做的，著名的美国评值有限公司和美国安达信会计师事务所等都是如此。国内评估界虽然也有这样的共识，但受种种条件的限制，在评估实务中做得还比较少。

（3）净现金流量是企业生存和发展的基础。对一个企业而言，要想成长发展，必须有足够的资金，因为企业的直接的威胁是破产，而破产的直接动因是出现了财务危机，无法清偿到期的债务。一个企业无论账面上有多少资产、多少利润，如果没有足额的资金来维持企业的正常运营，偿还到期债务，那么这企业就不可能有很好的发展，最终还是难逃破产清算的命运。

（4）净现金流量指标能够明确地计算和衡量。它克服了企业价值最大化目标难以衡量的缺点。在以企业价值最大化为目标下，对上市公司以股票价格来衡量，存在着公司经营者的利益和股东利益背离的风险，也存在着股东对信息的反应和信息本身不一致的风险，这些都对企业价值的衡量造成了影响。对于非上市公司，其必须依靠资产评估的方法来确定公司的价值，这又存在评估人员的主观性、评估方法的选择等种种因素的影响，企业价值的衡量也存在着不确定的因素。

当然，净现金流量最大化指标也面临着风险。对不同时期资产业务进行评估时，其缺点是计算难度较大，难以找到可以直接使用的资产收益率作为折现率。

1.3.3 公司金融的具体工作目标

公司金融的内容循环包括资金筹集、资金投放、资金营运、利润分配四个环节，为了实现公司金融的目标，这四个环节应有其具体工作目标，以确保总体目标的实现。

1. 资金筹集环节的工作目标

资金筹集环节的工作目标即在满足生产经营资金需要的情况下，不断降低资本成本和处理筹资活动中的不确定性因素，避免财务风险。任何公司，为了保证生产经营的正常进行或扩大经营规模的需要，必须具有一定数量的资金。对于公司从不同来源取得的资金，其可供使用时间的长短、附加条款的限制和资金成本的大小都不相同。这就要求公司在筹资时，不仅要从数量上满足生产经营的需要，而且要考虑到各种筹资方式给公司带来的资本成本的高低、财务风险的大小，以便选择最佳筹资方式，实现筹资目标。

2. 资金投放环节的工作目标

资金投放环节的工作目标即认真进行投资项目的可行性研究，处理投资活动中的不确定性因素，降低投资风险，提高投资效益。公司无论是进行直接投资或间接投资，在进行投资项目可行性研究时，必须考虑投资的增值程度、保本能力、不确定因素及风险大小等，选择投资机会，确定投资规模，安排投资组合，实现投资回报。

3. 资金营运环节的工作目标

资金营运环节的工作目标即合理安排和使用营运资金，处理资金营运活动中的不确定性因素，加速资金周转，不断提高资金的利用效果。公司资金营运周转与生产经营周期具有一致性。在一定时期内，资金营运周转快，说明可以利用同一数量的资金，生产出更多的产品，取得更多的收入，获得更多的回报。因此，加速营运资金周转，是提高资金利用效果的措施，也体现了公司目标的要求。

4. 利润分配环节的工作目标

利润分配环节的工作目标即采取各种措施，处理利润管理活动中的不确定性因素，努力实现公司利润目标，合理分配利润。公司金融首先要挖掘公司潜力，努力增加公司利润，提高公司价值；其次要制定符合国家规定的利润分配政策和股利分配政策；最后要协调公司利润分配中的各种关系，处理好各种矛盾，调动大家的积极性。

1.3.4　影响公司金融目标实现的因素

公司金融的目标是企业价值最大化或股东财富最大化，股票价格代表了股东财富，因此，股价高低反映了公司金融目标的实现程度。

公司股价受外部环境和管理决策两方面因素的影响。外部环境在本章 1.5 节“公司金融的环境”中论述，这里首先说明公司管理部门可控制的因素。

从公司管理部门的可控制因素看，股价的高低取决于企业的投资报酬率和风险，而企业的投资报酬率和风险，又是由企业的投资项目、资本结构和股利政策决定的。因此，这五个因素影响着企业的价值。公司金融正是通过投资决策、筹资决策和股利分配决策来提高投资报酬率、降低风险、实现其目标的。

1. 投资报酬率

在风险相同的情况下，投资报酬率（the ratio of investment and outcome）可以体现股东财富。

公司的盈利总额不能反映股东财富。例如，某公司有 1 万股普通股，税后净利为 2 万元，每股盈余为 2 元。假设你持有该公司股票 1000 股，因而分享到 2000 元利润。如果企业为增加利润拟扩大规模，再发行 1 万股普通股，预计增加盈利 1 万元。对于此项财务决策你会赞成吗？你的财富会增加吗？由于总股数增加到 2 万股，利润增加到 3 万元，每股盈余反而降低到 1.5 元，你分享到的利润将减少到 1500 元。由此可见，股东财富的大小要看投资报酬率，而不是盈利总额。

2. 风险

任何决策都是面向未来的，并且会有或多或少的风险（risk）。决策时需要权衡风险和报酬，才能获得较好的效果。

在做投资决策时，不能仅考虑每股盈余，不考虑风险。例如，你持股的公司有两个投资机会，第一个方案可使每股盈余增加 1 元，其风险极低，几乎可以忽略不计；第二个方案可使每股盈余增加 2 元，但是有一定风险，若方案失败则每股盈余不会增加。你应该赞成哪一个方案呢？回答是要看第二个方案的风险有多大，如果成功的概率大于 50%，则它是可取的，反之则不可取。由此可见，投资决策不能不考虑风险，风险和可望得到的额外报酬相称时，方案才是可取的。

3. 投资项目

投资项目（the item of investment）是决定企业投资报酬率和风险的首要因素。

一般说来，被企业采纳的投资项目，都会增加企业的报酬，否则企业就没有必要为它投资。与此同时，任何项目都是有风险的，区别只在于风险的大小不同。因此，企业的投资计划会改变其投资报酬率和风险，并影响股票的价格。

4. 资本结构

资本结构（the structure of capital）会影响企业的投资报酬率和风险。

资本结构是指所有者权益与负债的比例关系。一般情况下，若企业借债的利率低于其投资的预期报酬率，可以通过借债取得短期资金而提高公司的预期每股盈余，但会同时扩大预期每股盈余的风险。因为一旦情况发生变化，如销售萎缩等，实际的报酬率低于利率，则负债不但不会提高每股盈余，反而会使每股盈余减少，企业甚至可能因不能按期支付利息而破产。资本结构不当是公司破产的一个重要原因。

5. 股利政策

股利政策也是影响企业投资报酬率和风险的重要因素。

股利政策是指公司赚得的当期盈余中，有多少作为股利发给股东，有多少保留下来准备再投资用，以便使未来的盈余源泉可继续下去。股东既希望分红，又希望每股盈余在未来不断增长。两者有矛盾，前者是当前利益，后者是长远利益。如果加大保留盈余，会提高未来的报酬率，但再投资的风险比立即分红要大。因此，股利政策会影响公司的投资报酬率和风险。

1.4 公司金融原则的特征和内容

公司金融的原则是指人们对财务活动共同的、理性的认识。它是联系理论与实务的纽带。原则是公司金融理论和实务的结合部分。

1.4.1 公司金融原则的特征

通俗地讲，公司金融的原则就是公司在规划和控制资金运动过程中所遵循的依据和原则，它是我国市场经济对公司金融的客观要求。公司金融的原则具有以下五个方面的特征。

（1）该原则是财务假设、原理的推论。它们是经过论证的、合乎逻辑的结论，具有理性认识的特征。

（2）该原则必须符合事实，被多数人所接受。公司金融理论有不同的流派和争论，甚至存在完全相反的理论，而公司金融原则不同，它们被现实反复证明并被多数人接受，具有共同认识的特征。

（3）该原则是财务交易和财务决策的基础。公司金融实务是应用型的，“应用”是公司金融原则的应用。各种公司金融程序和方法是根据公司金融原则建立的。

（4）该原则为解决新的问题提供指导。已经开发出来的、被广泛应用的程序和方法，只能解决常规问题，当问题不符合任何既定程序和方法时，原则为解决新问题提供感性认识，指导人们寻找解决问题的方法。

（5）原则不一定在任何情况下都绝对正确。原则的正确性与应用环境有关，在一般情况下它是正确的，而在特殊情况下不一定正确。

1.4.2　公司金融的原则

对于如何概括公司金融的原则，人们的认识不完全相同，道格拉斯·R. 爱默瑞和约翰·D. 芬尼特的观点具有代表性，他们将公司金融原则概括为三类，第一类是有关竞争环境的原则，它们是对资本市场中人的行为规律的基本认识，由自利行为原则、双方交易原则、信号传递原则、引导原则组成；第二类是有关创造价值和经济效率的原则，它们是对增加公司财富基本规律的认识，由有价值的创意原则、比较优势原则、期权原则、净增效益原则组成；第三类是有关财务交易的原则，它们是人们对财务交易基本规律的认识，由风险-报酬权衡原则、投资分散化原则、资本市场有效原则、货币时间价值原则组成。

1. 竞争环境的原则

1）自利行为原则

自利行为原则是指人们在进行决策时按照自己的财务利益行事，在其他条件相同的情况下人们会选择使自己经济利益最大的行动。

自利原则的依据是理性的经济人假设。该假设认为，人们对每一项交易的可能性都能衡量其代价和利益，并且会选择对自己最有利的方案来行动。自利原则假设公司决策人对公司目标具有合理的认识程度，并且对如何达到目标具有合理的理解。在这种假设情况下，公司会采取对自己最有利的行为。自利原则并不认为钱是任何人生活中最重要的东西，或者说钱可以代表一切。问题在于商业交易的目的是获利，在从事商业交易时人们总是为了自身的利益做出选择和决定，否则他们就不必从事商业交易。自利行为原则也并不认为钱以外的东西都是不重要的，而是说“在其他条件都相同时”，所有财务交易集团都会选择使自己经济利益最大的行动。

自利行为原则的一个重要应用是委托代理理论。根据该理论，应当把公司看作各种自利的人的集合。如果公司只有业主一个人，他的行为将十分明确和统一。如果公司是一个大型的公司，情况就变得非常复杂，因为这些关系人之间存在利益冲突。一个公司涉及的利益关系人包括普通股东、优先股东、债券持有者、银行、短期债权人、政府、社会公众、经理人员、员工、客户、供应商、社区等。这些人或集团都是按自利原则行事的。企业和各种利益关系人之间的关系，大部分属于委托代理关系。这种相互依赖又相互冲突的利益关系，需要通过“契约”来协调，因此，委托代理理论是以自利行为原则为基础的。有人主张，把委托代理关系单独作为一条公司金融原则，可见其重要性。

自利行为原则的另一个应用是机会成本或机会损失。当一个人采取某个行动时，就等于取消了其他可能的行动，因此，他必然要用这个行动与其他的可能性相比，看该行动是否对自己最有利。采用一个方案而放弃另一个方案时，被放弃方案的最大净收益是被采用方案的机会成本，也称择机代价。在被放弃方案的参数给定时，被采用方案的收益与被放弃方案可能取得的最大收益之间的差额，是被采用方案的机会损失，也称预计误差损失。尽管人们对机会成本或机会损失的概念有分歧，它们的计算也经常会遇到困难，但是人们都不否认机会成本是一个在决策时不能不考虑的重要问题。

2）双方交易原则

双方交易原则是指每一项交易都至少存在两方，在一方根据自己的经济利益决策时，另一方也会按照自己的经济利益行动，并且双方一样聪明、勤奋和富有创造力，因此在决策时要正确预见对方的反应。

双方交易原则的建立依据是商业交易至少有两方，交易是零和博弈及各方都是自利的。每一项交易都有一个买方和一个卖方，这是不争的事实。无论是买方市场还是卖方市场，在成为事实的交易中，买进的资产和卖出的资产总是一样多。例如，在证券市场上卖出一股就一定有一股买入。既然买入的总量与卖出的总量永远是一样多，那么一个人的获利只能以另一个人的付出为基础。一个高的价格使买方受损而卖方受益；一个低的价格使买方受益而卖方受损，一方得到的与另一方失去的一样多，从总体上看双方受益之和等于零，故称为零和博弈。在零和博弈中，双方都按自利原则行事，谁都想获利而不是吃亏。那么，为什么还会成交呢？这与事实上人们的信息不对称有关。买卖双方由于信息不对称，对金融证券产生不同的预期。不同的预期导致了证券买卖，高估股票价值的人买进，低估股票价值的人卖出，直到市场价格达到他们一致的预期时交易停止。如果任何一方都不认为对自己有利，交易就无法达成。因此，在决策时不仅要考虑自利原则，还要使对方有利，否则交易就无法实现。除非对方不自利或者很愚蠢，不知道自己的利益是什么，然而，这样估计商业竞争对手本身就是不明智的。

双方交易原则要求在理解财务交易时不能“以我为中心”，在谋求自身利益的同时要注意对方的存在，以及对方也在遵循自利原则行事。这条原则要求我们不要总是“自以为是”，错误地认为自己优于对手。例如，收购公司的经理经常声称他们可以更好地管理目标公司，从而提高它的价值，因此应出高价购进目标公司。实际上，他们不仅低估了目标公司管理者的能力，更重要的是他们低估了市场的评价能力。这些人以为自己比市场高明，发现了被市场低估的公司。但实际经验表明，一家公司决定收购另一家公司的时候，多数情况下收购公司的股价不是提高了而是降低了，这说明收购公司的出价过高，降低了其本身的价值。

双方交易原则还要求在理解财务交易时注意税收的影响。税收的存在，主要是利息的税前扣除，使一些交易表现为非零和博弈。政府是不请自来的交易第三方，凡是交易政府都要从中收取税金。减少政府的税收，交易双方都可以受益，避税就是双方寻求的合法交易形式。避税的结果使交易双方受益但其他纳税人会承担更大的税收份额，从更大范围来看并没有改变零和博弈的性质。有人主张，把税收影响决策单独作为一条公司金融原则，因为税收会影响所有的交易。

3）信号传递原则

信号传递原则是指行动可以传递信息，并且比公司的声明更有说服力。

信号传递原则是自利原则的延伸。由于人们或公司是遵循自利原则的，所以一项资产的买进能暗示出该资产“物有所值”，买进的行为提供了有关决策者对未来的预期或计划的信息。例如，一个公司决定进入一个新领域，反映出管理者对自己公司的实力及新领域的未来前景充满信心。

信号传递原则要求根据公司的行为判断它未来的收益状况。例如，一个经常用配股的办法找股东要钱的公司，很可能自身产生现金的能力较差；一个大量购买国库券的公司，很可能缺少净现值为正数的投资机会；内部持股人出售股份，常常是公司营利能力恶化的重要信号。例如，安然公司在破产前报告的利润一直不断上升，但是其内部人士在一年前就开始陆续抛售股票，并且没有任何内部人士购进安然股票的记录（在美国，上市公司的董事、高级经理人员和持股 10%以上的股东，在买卖本公司股票时，必须向美国证券交易监督委员会申报，并且会被证监会在其网站上公告，使内部人士的交易成为公开信息）。这一行动表明，安然公司的管理层知道公司遇到了麻烦。特别是在公司的宣告（包括它的财务报表）与其行动不一致时，行动通常比语言更具有说服力。这就是通常所说的要“听其言，观其行”。

信号传递原则还要求公司在决策时不仅考虑行动方案本身，还需考虑该项行动可能给人们传达的信息。在高度发达的市场上，每个人都在利用他人交易的信息，自己交易的信息也会被人利用，因此应该考虑交易的信息效应。例如，当把一件商品的价格降至难以置信的程度时，人们就会认为它的质量不好，它本来就不值钱。再如，一个会计师事务所从简陋办公室迁入豪华的写字楼，会向客户传达收费高、服务质量高、值得信赖的信息。在决定降价或迁址时，不仅要考虑决策本身的收益和成本，还要考虑信息效应的收益和成本。

4）引导原则

引导原则是指当所有办法都失败时，寻找一个可以信赖的榜样作为自己的引导。所谓“当所有办法都失败”，是指我们的理解力存在局限性，不知道如何做对自己更有利，或者寻找最准确答案的成本过高，以至于不值得把问题完全搞清楚。在这种情况下，不要继续坚持采用正式的决策分析程序，包括收集信息、建立备选方案、采用模型评价方案等，而是直接模仿成功榜样或者大多数人的做法。例如，在一个自己从未到过的城市寻找一个就餐的饭馆，就不值得或者没有时间调查每个饭馆的有关信息，你应当找一个顾客较多的饭馆去就餐，而不要去顾客很少的地方，那里不是价格很贵就是服务很差。

引导原则是信号传递原则的一种运用。很多人去这家饭馆就餐的事实，意味着很多人对它的评价不错。承认行动能传递信号，就必然承认引导原则。

不要把引导原则混同于“盲目模仿”。它只在两种情况下适用：一是理解存在局限性，认识能力有限，找不到最优的解决办法；二是寻找最优方案的成本过高。在这种情况下，跟随值得信任的人或大多数人才是有利的。引导原则不会帮你找到最好的方案，却常常可以使你避免采取最差的行动。它是一个次优化准则，其最好结果是得出近似最优的结论，最差的结果是模仿了别人的错误。这一原则虽然有潜在问题，但是我们经常会遇到理解力、成本或信息受到限制的情况，因而无法找到最优方案，需要采用引导原则解决问题。

引导原则的一个重要应用是行业标准概念。例如，理论不能提供最优资本结构的实用化模型，观察本行业成功企业的资本结构，不要与它们的水平偏离太远，就成了资本结构决策的一种简便、有效的方法。又如，对一项房地产进行估价，如果系统的估价方法成本过高，不如观察一下近期类似房地产的成交价格。

引导原则的另一个重要应用就是“自由跟庄”。一个领头人花费资源得出一个最佳的行动方案，其他追随者通过模仿节约了信息处理成本。领头人资助追随者，甚至有时领头人成了“革命烈士”，而追随者却成了“成功人士”。专利法和版权法是在知识产权领域中保护领头人的法律，强制追随者向领头人付费，以避免“自由跟庄”的影响。在财务领域中并不存在这种限制。许多小股民经常跟随庄家或机构投资者，以节约信息成本。当然，庄家也会利用“自由跟庄”现象，进行恶意炒作，掠夺小股民。因此，各国的证券监管机构都禁止操纵股价的恶意炒作，以维持证券市场的公平性。

2. 创造价值和经济效率的原则

1）有价值的创意原则

有价值的创意原则是指新创意能获得额外报酬。

竞争理论认为，企业的竞争优势可以分为经营奇异和成本领先两方面。经营奇异是指企业在产品本身、销售交货、营销渠道等客户广泛重视的方面在产业内独树一帜。任何独树一帜都来源于新的创意。创造和保持经营奇异性的企业，如果其产品溢价超过了为产品的独特性而附加的成本，它就能获得高于平均水平的利润。正是许多新产品的发明，使发明人和生产企业变得非常富有。

有价值的创意原则主要应用于直接投资项目。一个项目依靠什么取得正的净现值？它必须是一个有创意的资本预算。重复过去的投资项目或者别人的已有做法，最多只能取得平均的报酬率，维持而不是增加股东财富。新的创意迟早要被别人效仿，失去原有的优势，因此创新的优势都是暂时的。企业的长期竞争优势只有通过一系列的短期优势才能维持。只有不断创新，才能维持经营的奇异并不断增加股东财富。

该项原则还应用于经营和销售活动。例如，连锁经营方式的创意使麦当劳的投资人变得非常富有。

2）比较优势原则

比较优势原则是指专长能创造价值。在市场上要想赚钱，必须发挥自己的专长。大家都想赚钱，你凭什么能赚钱？你必须在某一方面比别人强，并依靠强项来赚钱。迈克尔·乔丹的专长是打篮球，当他改行去打棒球时就违背了比较优势原则，最后只好又回来打篮球。没有比较优势的人，很难取得超出平均水平的收入；没有比较优势的企业，很难增加股东财富。

比较优势原则的依据是分工理论。让每一个人去做最适合他做的工作，让每一个企业生产最适合它生产的产品，社会的经济效率才会提高。

比较优势原则的一个应用是“人尽其才、物尽其用”。在有效的市场中，你不必要求自己什么都能做到最好，但要知道谁能做得最好。对于某一件事情，如果有人比你自己做得更好，就支付报酬让他替你做。同时，你去做比别人做得更好的事情，让别人给你支付报酬。如果每个人都去做能够做得最好的事情，每项工作就找到了最称职的人，就会产生经济效率。每个企业都去做自己能做得最好的事情，一个国家的效率就提高了。国际贸易的基础就是每个国家生产它最具有比较优势的产品和劳务，这样可以使每个国家都受益。

比较优势原则的另一个应用是优势互补。合资、合并、收购等，都是出于优势互补原则。一方有某种优势，如独特的生产技术，另一方有其他优势，如通畅的销售网络，两者结合可以使各自的优势快速融合，并形成新的优势。

比较优势原则要求企业把主要精力放在自己的比较优势上，而不是日常的运行上。建立和维持自己的比较优势，是企业长期获利的根本。

3）期权原则

期权是指不附带义务的权利，它是有经济价值的。期权原则是指在估价时要考虑期权的价值。

期权概念最初产生于金融期权交易，它是指所有者（期权购买人）能够要求出票人（期权出售者）履行期权合同上载明的交易，而出票人不能要求所有者去做任何事情。在财务上，一个明确的期权合约经常是指按照预先约定的价格买卖一项资产的权利。

广义的期权不限于财务合约，任何不附带义务的权利都属于期权。许多资产都存在隐含的期权。例如，一个企业可以决定某个资产出售或者不出售。这种选择权是广泛存在的。一个投资项目，本来预期有正的净现值，因此被采纳并实施了，实施以后发现它并没有原来设想的那么好。此时，决策人不会让事情按原计划一直发展下去，而会决定停止或者修改方案，使损失减少到最小。这种后续的选择权是有价值的，它增加了项目的净现值。在评价项目时就应当考虑到后续选择权是否存在及它的价值有多大。有时一项资产附带的期权比该资产本身更有价值。

4）净增效益原则

净增效益原则是指财务决策建立在净增效益的基础上，一项决策的价值取决于它和替代方案（包括维持现状而不采取行动）相比较的结果。如果一个方案的净收益大于替代方案，我们就认为它是一个比替代方案好的决策，其价值是增加的净收益。在财务决策中净收益通常用现金流量计量，方案的净收益是指该方案现金流入减去现金流出的差额，也称为现金流量净额。方案的现金流入是指方案引起的现金流入量的增加额，方案的现金流出是指该方案引起的现金流出量的增加额。方案引起的增加额是指依存于特定方案的现金流量，如果不采纳该方案就不会发生这些现金流入和流出。

净增效益原则的应用领域之一是差额分析法，也就是在分析投资方案时只分析它们有区别的部分，而省略其相同的部分。净增效益原则初看似乎很容易理解，但实际贯彻起来需要非常清醒的头脑，需要周密地考察方案对企业现金流量总额的直接和间接影响。例如，一项新产品投产的决策引起的现金流量，不仅包括新设备投资，还包括动用企业现有非货币资源对现金流量的影响；不仅包括固定资产投资，还包括需要追加的营运资金；不仅包括新产品的销售收入，还包括对现有产品销售积极或消极的影响；不仅包括产品直接引起的现金流入和流出，还包括对公司税务负担的影响等。

净增效益原则的另一个应用是沉没成本概念。沉没成本是指已经发生、不会被以后的决策改变的成本。沉没成本与将要采纳的决策无关，因此在分析决策方案时应将其排除。

3. 财务交易的原则

1）风险–报酬权衡原则

风险–报酬权衡原则是指风险和报酬之间存在一个对等关系，投资人必须对报酬和风险做出权衡，为追求较高报酬承担较大风险，或者为减少风险而接受较低的报酬。对等关系是指高收益的投资机会必然伴随巨大风险，风险小的投资机会必然只有较低的收益。

在财务交易中，当其他一切条件相同时人们倾向于高报酬和低风险。如果两个投资机会除了报酬不同以外，其他条件（包括风险）都相同，人们会选择报酬较高的投资机会，这是自利原则所决定的。如果两个投资机会除了风险不同以外，其他条件（包括报酬）都相同，人们会选择风险小的投资机会，这是风险反感决定的，风险反感是指人们普遍对风险有反感，认为风险是不利的事情，到手的 1 元钱，其经济价值要大于未到手的 1 元钱。

如果人们都倾向于高报酬和低风险，而且都在按照他们自己的经济利益行事，那么竞争结果就产生了风险和报酬之间的权衡。你不可能在低风险的同时获得高报酬，因为这是每个人都想得到的。即使你最先发现了这样的机会并率先行动，别人也会迅速跟进，竞争会使报酬率降至与风险相当的水平。因此，现实的市场中只有高风险同时高报酬和低风险同时低报酬的投资机会。

如果想有一个获得巨大收益的机会，你就必须冒可能遭受巨大损失的风险，每一个市场参与者都在风险和报酬之间做权衡。有的人偏好高风险、高报酬，有的人偏好低风险、低报酬，但是每个人都要求风险与报酬对等，不会去冒没有价值的风险。

2）投资分散化原则

投资分散化原则是指不要把全部财富都投资于一个公司，而要分散投资。

投资分散化原则的理论依据是投资组合理论。马克维茨的投资组合理论认为，若干种股票的投资组合，其收益是这些股票收益的加权平均数，但其风险要小于这些股票的加权平均风险，所以投资组合能降低风险。

如果一个人把他的全部财富投资于一个公司，这个公司破产了，他就失去了全部财富。如果他投资于 10 个公司，只有 10 个公司全部破产了，他才会失去全部财富。10 个公司全部破产的概率，比一个公司破产的概率要小得多，所以投资分散化可以降低风险。

分散化原则具有普遍意义，不仅适用于证券投资，公司各项决策都应该注意分散化原则。不应当把公司的全部投资集中于个别项目、个别产品和个别行业；不应当把销售集中于少数客户；不应当使资源供应集中于个别供应商；重要的事情不要依赖一个人完成；重要的决策不要由一个人做出。凡是有风险的事项，都要贯彻分散化原则，以降低风险。

3）资本市场有效原则

资本市场是指证券买卖的市场。资本市场有效原则是指在资本市场上频繁交易的金融资产的市场价值反映了所有可获得的信息，而且面对新信息完全能迅速地做出调整。

资本市场有效原则要求理财时重视市场对企业的估价。资本市场是企业的一面镜子，又是企业行为的校正器。股价可以综合反映公司的业绩，弄虚作假、人为地改变会计方法对于企业价值的提高毫无用处。一些公司把巨大的精力和智慧放在报告信息的操纵上，通过"创造性会计处理"来提高报告利润，企图用财务报表给使用人制造幻觉，这在有效市场中是无济于事的。用资产置换、关联交易操纵利润，只能得逞于一时，最终会付出代价，甚至导致公司破产。市场对公司的评价降低时，应分析公司的行为是否出了问题并设法解决，而不应设法欺骗市场。妄图欺骗市场的人最终会被市场所抛弃。

4）货币时间价值原则

货币时间价值原则，是指在进行财务计量时要考虑货币时间价值因素。"货币的时间价值"是指货币经过一定时间的投资和再投资所增加的价值。

货币具有时间价值的依据是货币投入市场后其数额会随着时间的延续而不断增加。这是一种普遍的客观经济现象。要想让投资人把钱拿出来，市场必须给他们事实上的报酬。这种报酬包括两部分，一部分是时间价值，即无风险投资的投资报酬；另一部分是风险价值，即因为有风险而附加的投资报酬。

货币时间价值原则的首要应用是现值（present value）概念。由于现在的 1 元货币比将来的 1 元货币经济价值大，不同时间的货币价值不能直接加减运算，需要进行折算。通常，要把不同时间的货币价值折算到"现在"时点，然后进行运算或比较。把不同时点的货币折算为"现在"时点的过程，称为"折现"，折现使用的百分率称为"折现率"，折现后的价值称为"现值"。

货币时间价值的另一个重要应用是"早收晚付"观念。对于不附带利息的货币收支，与其晚收不如早收，与其早付不如晚付。货币在自己手上，可以立即用于消费而不用等待将来消费，可以投资获利而无损于原来的价值，可以用于预料不到的支付，因此早收、晚付在经济上是有利的。

1.5　公司金融的环境

任何事物的存在和发展总是和一定的环境相关的，公司金融也不例外。不同时期、不同国家、不同领域的公司金融有着不同的特征，本质上都是因为影响公司金融的环境因素不尽相同。公司在某种程度上如同生物体，如果不能适应周围的环境，也就不能生存。公司金融工作若想达到成功，必须认识公司的宏观环境和微观环境。任何一种环境因素的变化，都可能给公司金融带来麻烦，但公司若能合理预测其发展的状况，也会使公司不断地从成功走向成功。企业筹资、投资和股利分配等金融活动的运行均受制于公司金融的环境。企业通过对公司金融环境的研究，一方面达到充分认识环境、适应环境、利用环境、改善环境、创造环境的目的；另一方面则为制定科学的决策、实现公司金融目标提供充分、有价值的信息。

1.5.1　公司金融的宏观环境

公司金融的宏观环境是一个多层次、多部门的复杂系统。从纵向看，它构成主体式的网络；从横向看，它联结为星罗棋布的群体。纵横交错，相互制约，对公司金融有着重要影响。公司金融的宏观环境虽然非常复杂，但可以概括为政治、经济、科技、法律、文化和国际环境六个方面。

1. 政治环境

政治环境是指国家政治形势和政策导向等因素。政局稳定、社会安定、国家政策致力于发展经济，势必给公司金融带来宽松平稳的社会环境。这是经济建设取得成功的基本保证，对公司的生存和发展起着决定性的影响和作用。

国家作为社会管理者，凭借其政治权力，主要通过经济、法律手段，辅之以必要的行政手段对公司进行指导和控制，促使公司合法经营，依法理财。对此，公司金融应正确分析政治形势，利用政策给予公司的有利条件，抓住机遇，搞好公司金融。

2. 经济环境

经济环境是指国内经济形势和经济发展趋势等因素。它是影响公司经营决策的主要因素。经济环境具体包括经济周期、经济发展水平、经济体制、经济结构和资源环境、市场和价格环境、金融市场和财政税收环境等因素。这些因素对公司的筹资、投资和股利分配所引起的财务活动产生重大的影响。

1）经济周期

在西方，经济通常都不会较长时间地持续增长和较长时间地持续萎缩，而是在波动中发展的。在其波动过程中大体上是经历萧条、复苏、上升、高涨等几个阶段的循环，这叫经济周期。经济的周期性波动对公司金融有重要的影响，一般来讲，在萧条阶段，公司可能处于紧缩状态之中，产量和销量下降，投资减少，资金有时出现闲置状况；反之，在高涨阶段，市场需求旺盛，销量大幅度增加，为了扩大生产，不得不增加投资，增加机器设备、存货和人员，因而资金会出现紧缺现象。因此，公司金融部门应重视经济周期的变化，掌握经济波动的规律，及时调整财务策略，处理好公司资金的供求平衡问题。

2）经济发展水平

公司金融的发展水平是和经济发展水平密切相关的，经济发展水平越高，公司金融水平越好，反之则越低。经济发展水平是一个相对概念，在世界范围说明各个国家所处的经济发展阶段和它们目前的经济发展水平，是件相当困难的事情。所以，我们也只能按照常用的概念，把不同的国家分别归于发达国家、发展中国家和不发达国家三个群体，并依次说明经济发展水平对公司金融的影响。

发达国家经历了较长时间的资本主义经济发展历程，经济发展水平、资本的集中和垄断已达到了相当高的程度，经济发展水平处于世界领先地位，公司金融水平较高。这是因为：①高度发达的经济水平必然要求进行完善科学的财务管理，这就决定了随着经济的发展，必然创造出越来越多先进的金融方法；②经济生活中许多新的内容，更复杂的经济关系及更完善的生产方式，也往往首先出现于这些国家，这就决定了发达国家的公司金融内容是不断创新的；③随着经济发展，更新的计算、通信设备不断涌现，为公司金融采用更复杂的方法创造了条件。

发展中国家的经济水平不是很高，但都在千方百计地提高经济发展水平，目前一般呈现以下特征：基础较薄弱、发展速度比较快、经济政策变更频繁、国际交往日益增多。这些因素决定了发展中国家的公司金融具有以下特征：①公司金融的总体发展水平在世界上处于中间地位，但发展速度比较快；②公司金融有关的法律政策频繁变更，给公司金融管理造成许多困难；③公司金融实践中还存在着公司金融目标不明、方法简单等不尽如人意之处。

不发达国家是经济发展水平很低的一部分国家，这些国家的共同特征一般表现为以农业为主要经济部门，工业特别是加工工业很不发达，企业规模小、组织结构简单，这就决定了这些国家的公司金融呈现水平很低、发展较慢、作用不能很好发挥等特征。

3）经济体制

经济体制是指在一定的经济制度下，在一定的范围内制定并执行经济决策的各种机制的总和。我国正在建立和健全社会主义市场经济体制，其实质就是在全社会范围内，无论国家、地区还是公司在制定并执行经济决策的过程中，主要借助并自觉运用市场，根据市场的供求状况，确定经济发展的方向和策略，从而真正做到自主理财，搞好筹资、投资和股利分配等财务活动。

4）经济结构和资源环境

经济结构有广义和狭义之分。就广义而言，经济结构是指国家宏观经济结构，一般用产业结构来表示。国家为了适应经济技术发展和满足提高国民经济整体水平的需要，会制定符合国内实际情况的产业政策，优先鼓励和扶持有关产业的发展。就狭义而言，经济结构是指公司所在地区的经济结构。地区经济结构的调整必须符合国家产业政策和本地区实际。同时，地区经济结构的调整必然牵涉有关产业内有关公司发展方向、规模的调整。不同经济结构类型关系到公司金融活动的范围与程度，也直接影响公司筹资规模、投资方向和获利状况。

资源条件是影响一个国家或地区经济结构形成、变化的外在因素，也是公司发展的制约条件之一。资源丰富或贫乏，直接影响公司原材料供应、生产规模和产品销售状况，从而影响到公司筹资、投资及分配等金融活动。

5）市场和价格环境

市场是指商品和劳务交易的场所，是连接生产和消费的纽带，是沟通产销的中枢。市场环境是指商品和劳务交易的环境。在市场经济中，公司的生产和发展主要取决于市场。公司金融是根据市场商品、劳务供求状况来预测资金需要量、资金投向及资金使用效益，从而确定公司筹资、投资和分配的策略。因此，公司要摸清市场变化的规律及其对公司金融活动的影响，建立一套适应市场经济变化的金融体制。

价格环境是公司产品的市场销售价格和购进原材料等价格因素。产品的市场销售价格直接影响公司资金收回，而购进原材料等价格直接影响公司资金支出。价格环境直接关系到公司资金收支的协调平衡，并对公司金融体制以生产价值为基础，根据商品的供求状况确定合理的价值及相应的价格体系进行调整有重大影响。

6）金融市场和财政税收环境

金融市场是指融通资金的场所，包括资金供求双方通过某种形式融通的场地和与其配置有关的管理体制。融通资金有直接融资和间接融资之分。前者以发行股票、债券方式，通过证券市场融通资金；后者以借贷方式，经过银行等金融机构形成资金融通。公司筹资与投资都必须借助其中某种形式进行。

我国公司享有法人财产权，拥有理财自主权。目前，货币这种特殊商品日益商品化，成为金融市场上交易的对象。货币资金这种商品的价格——利率，越来越被自觉地运用于公司金融筹资决策之中。利率的高低决定着公司使用资金成本的高低，进而影响公司使用资金盈利的多少。公司金融应尽量准确预测借款利率，充分考虑资金成本，做出最佳筹资决策。

财政税收环境是指国家通过财政收支和税收政策法规，运用财政税收杠杆对公司财务收支和利润分配进行调解，对公司金融产生影响。其具体表现为：公司从金融市场上筹集国家、个人和外商的资金运用于投资，公司取得收入和实现利润后，依照国家财税制度纳税和进行税后利润的分配。公司金融必须依照国家财税方面管理法规，根据公司的财务事务决策投资，根据公司财务成果合理分配。

7）具体的经济因素

除以上几项因素外，一些具体的经济因素发生变化也会对公司金融产生重要影响。这些因素主要包括：通货膨胀率、外汇汇率、产业政策、对外经贸政策及其他相关因素。这些因素发生变化，会对公司金融产生十分明显的影响。

3. 科技环境

新技术能够改变我们的生活方式、思考方式、价值判断、习惯甚至国家的政治过程。21世纪的经济将是科学技术迅速发展、技术含量不断提高、由工业社会向知识经济社会迅速转化的经济，其核心是以计算机技术、通信技术和网络技术为代表的信息革命。这无疑对公司金融工作提出了新的挑战，同时又带来了难得的发展机遇。计算机技术的普及、网络技术的发展特别是Internet（互联网）的兴起，加快了金融决策手段和方法的发展和完善，也为金融决策工作不断拓展活动领域，如存货管理的网络化、应收账款管理的网络化、结算的网络化等。网络给企业创造的竞争优势应引起企业的高度重视，失去这些优势，企业在激烈的市场竞争中将无生存之地。

4. 法律环境

法律环境是指影响公司金融活动的法律法规的总和。和其他经济活动一样，公司金融是在既定的法律框架下进行的，后者的完善程度和合理程度会对前者产生很大的影响。企业在其经营活动中要和国家、其他企业、社会组织、企业职工或其他公民及国外的经济组织或个人发生经济关系。国家管理这些经济活动和经济关系的手段包括行政手段、经济手段和法律手段三种。在市场经济条件下，行政手段逐渐减少，而经济手段，特别是法律手段日益增多，越来越多的经济关系和经济活动的准则以法律的形式固定下来。同时，众多的经济手段和必要的行政手段的使用，也必须逐步做到有法可依，从而转化为法律手段的具体形式，真正实现国民经济的法治化。

企业的财务活动，无论是筹资、投资还是利润分配，都要和企业外部发生经济关系。在处理这些经济关系时，应当遵守有关的法律规范。

1）企业组织法律规范

企业组织必须依法成立。组建不同的企业，要依照不同的法律规范。在我国，这些法律规范包括《公司法》《中华人民共和国全民所有制工业企业法》《中华人民共和国外资企业法》《中华人民共和国中外合资经营企业法》《中华人民共和国中外合作经营企业法》《中华人民共和国私营企业条例》《中华人民共和国合伙企业法》等，这些法律规范既是企业的组织法，又是企业的行为法。

2）税务法律法规

任何企业都有法定的纳税义务。有关税收的立法分为三类：所得税的法规、流转税的法规、其他地方税的法规。例如，表 1-1 为我国 1994 年 1 月税制改革后推出的工商税收制度，共 5 类 17 种。从中可看出，如果有关税率发生变化，公司的财务情况一定会发生变化。

表 1-1　我国现行的工商税收制度

流转税类	所得税类	资源税类	财产税类	行为税类
增值税	企业所得税	资源税	房产税	调节税
消费税	外商、外企所得税	土地使用税	车船使用税	印花税
营业税	个人所得税	土地增值税	遗产与赠与税	证券交易税
城建税				屠宰税

税负是企业的一种费用，会增加企业的现金流出，对公司金融有重要影响。企业无不希望在不违反税法的前提下减少税务负担。税负的减少只能靠精心安排和筹划投资、筹资和利润分配等财务决策，而不允许在纳税行为已经发生时去偷税漏税。精通税法对于财务主管人员有重要意义。

3）财务法律规范

财务法律规范主要是《企业财务通则》和行业财务制度。《企业财务通则》是各类企业进行财务活动、实施财务管理的基本规范。经国务院批准由财政部修订发布的《企业财务通则》，于 2007 年 1 月 1 日起施行。它对财务管理体制、财务管理要素（资金筹集、资产运营、成本控制、收益分配、重组清算和财务信息）和财务监督等问题做出了规定。

行业财务制度是根据《企业财务通则》的规定，为适应不同行业的特点和管理要求，由行业制定的行业规范。

除上述法律规范外，与公司金融有关的其他经济法律规范还有许多，包括各种证券法律规范、结算法律规范、合同法律规范等。财务人员要熟悉这些法律规范，在守法的前提下完成公司金融的职能，实现公司金融目标。

5. 文化环境

文化环境主要是指由价值观、信仰、态度、思想、习惯、行为方式及人的利益等组成的体系。文化提供了一种编码，可以决定人们进行思考和行为的方式。道德环境是文化环境的主要构成部分，是社会上人们逐渐形成或自觉遵守的观念、信念、道德规范等。社会各群体对公司金融决策的观念、看法深刻地影响着企业的金融活动。社会普遍认为公司金融决策工作至关重要，就有利于确定公司金融决策工作在企业管理工作中的中心地位，有利于越来越多的优秀人才加入公司金融决策的队伍中来。企业领导对公司金融决策的重要性有所认识，则会有助于财务制度和财务方针的制定和执行，有助于财务预测、决策分析等作用的发挥。公司金融决策人员对自己工作的重要性充满信心和自豪感，有良好的职业道德，就会在公司金融决策工作中忠于职守，高度负责。由此可见，良好的公司金融道德环境的形成，取决于全社会的共同努力。当然，高等教育对此也起着关键的作用，为适应公司金融工作的需要，必须深化高等教育改革，对传统的公司金融决策的教学内容、教学方式和方法进行调整，从社会实践中提取实证教学素材，加强对学生的道德教育和创新教育。

6. 国际环境

国际环境是指国际上政治、经济、技术形势及其发展趋势。它包括国际局势、世界经济形势、世界技术水平及与之相关的国际市场、贸易、金融等诸多因素。公司金融面临的国际环境具体表现为国际筹资活动中各国政治经济制度的差异、有关投资的立法、外汇管制及汇率风险、国际纳税等。

知识的信息化、经济的全球化，特别是中国已经加入世界贸易组织，这些都意味着我国企业发展所处的经济环境不再是单纯的国内经济环境，而是国际、国内两大经济体系变化交融的更趋复杂的严峻环境。这就要求企业不仅要研究国内市场的变化，还要研究国际市场的变化，积极参与国际竞争。世界贸易组织作为若干规则集合的国际贸易体系，其公正、非歧视、无行政干预等方面的基本原则是现代经济体系所必备的。企业应尽快掌握和运用世界贸易组织的基本原则、协议、协定，理解国际经济贸易法律等重要内容，正确利用多边规则和国际通行手段开展金融活动，在加快对外开放的同时维护企业的合法利益。

1.5.2 公司金融的微观环境

微观环境是指构成公司生产经营过程和财务管理过程的各种因素总和，不仅包括生产经营管理状况、财务管理能力、财务管理组织结构和财务管理人员素质，也包括企业类型、市场环境、采购环境及生产环境等因素。

1. 从公司自身的状况来看

1）生产经营管理状况

公司生产经营管理状况是指公司物资采购供应能力、产品生产能力、产品销售能力的大小及其管理水平的高低。生产经营管理状况可以通过一系列的实物量指标和质量指标表示。财务管理注重的是物资采购供应、产品生产、销售价值量，通过这些生产经营过程中资金的收支管理，达到公司金融的目的。

2）财务管理能力

公司财务管理能力是指公司的聚财、用财与生财的能力。聚财能力是指选择筹资渠道、方式、数量及资金筹措、信用状况等方面的综合能力；用财能力是指使用固定资产与流动资产，确定资金结构及水平、资金周转、偿债及销售等方面的能力；生财能力集中表现为现金流入、利润水平及其增长速度等。

3）财务管理组织结构

财务管理组织结构是指直接从事和组织领导财务管理工作的职能部门组成情况，包括各职能部门的设置及其相互间的财务管理职责分工和组织程序。财务管理组织结构的建立要有利于形成公司内部的金融环境，如组建内部银行、财务公司、项目融资等机构；要有利于公司生产经营各职能部门或环节相互的财务活动高效、顺利进行；要有利于公司经营战略的实施，实现生产经营管理和财务管理的科学化。

4）财务管理人员素质

财务管理人员素质在这里主要指业务素质，在业务上要掌握理财知识，熟悉有关法律法规，懂政策，具备财务决策能力和应付公司外部宏观环境变化能力。同时，公司领导必须树立和强化财务管理意识，借助理财这一综合性管理方法，提高公司生产经营管理效率。

2. 从公司所处的微观环境来看

1）企业类型

企业的类型很多，按不同的标准可进行不同的分类。这里主要按国际惯例介绍三种类型企业组织形式。

设立一个企业，首先面临的问题是要采用哪一种组织形式。各资本主义国家的企业组织形式不完全相同，但通常有三类：独资企业、合伙企业和公司企业。

（1）独资企业是指由一个人出资，归个人所有和控制的企业。独资企业具有结构简单、容易开办、利润独享等优点，但也存在无法克服的缺点：①独资企业要承担无限责任，一旦发生亏损倒闭，企业所有者的损失不是以资本为限，而是需将全部私人财产拿出来抵债；②筹资困难，个人财力有限，在借款时往往会因为信用不足而遭到拒绝，这可能使独资企业丧失有利时机。

（2）合伙企业是由两个以上的业主共同出资、共同拥有、共同经营的企业。合伙企业具有开办容易、信用较佳的优点，但也存在责任无限、权力分散、决策缓慢等缺点。

（3）公司企业。公司是法人，是有权用自己的名义从事经营、与他人订立合同、向法院起诉或被法院起诉的法律实体。公司的最大优点是公司的所有者——股东，只承担有限责任，股东对公司债务的责任以其投资额为限。公司的另一个优点是比较容易筹集资金，可以通过发行股票、债券等形式迅速地筹集到大量资金，这是公司比独资企业和合伙企业有更大发展的缘由。公司这一组织形式，已成为各国大企业所采用的普遍形式。

不同的企业组织形式对公司金融有重要影响。如果是独资企业，财务管理比较简单，主要利用的是业主自己的资金和供应商提供的商业信用。因为信用有限，其利用借款筹资的能力亦相当有限，银行和其他人都不太愿意借钱给独资企业。独资企业的业主要抽回资金，也比较简单，无任何法律限制。合伙企业的资金来源和信用能力比独资企业有所增加，收益分配也更加复杂，因此，合伙企业的财务管理比独资企业复杂得多。公司引起的财务问题最多，企业不仅要争取获得最大利润，而且要争取使企业价值增加；公司的资金来源有多种多样，筹资方式也很多，需要进行认真的分析和选择；盈余分配也不像独资企业和合伙企业那样简单，要考虑企业内部和外部的许多因素。

2）市场环境

在商品经济条件下，每个企业都面临着不同的市场环境，这都会影响和制约公司金融行为。构成市场环境的要素主要有两项：一是参加市场交易的生产者及消费者的数量；二是参加市场交易的商品的差异程度。一般而言，参加交易的生产者和消费者的数量越多，竞争越大；反之，竞争越小。而参加交易的商品的差异程度越小，竞争程度越大；商品的差异程度越大，竞争程度越小。

企业所处的市场环境，通常有下列四种。

（1）完全垄断市场，又称“纯粹垄断市场”或“独占市场”，是指整个行业只有一个销售者或竞争者，它可以决定商品的供应数量和价格。这类市场实际上不存在竞争。公用事业，如煤气公司、自来水公司一般都属于此类市场。另外，有的公司可能因取得专利而形成垄断。

（2）完全竞争市场，又称“纯粹竞争市场”，是指竞争不受任何因素的阻碍和干扰，完全由买卖双方自由竞争的市场。在这种市场上，生产者和消费者的数量都很多，但都不能控制市场价格，只能接受现行的市场价格。这类市场上的商品一般都非常标准，无任何差异，如玉米、大豆、小麦等农产品市场都属于此市场。

（3）不完全竞争市场，是指存在一定程度控制力的竞争市场。在这类市场上有许多商品生产者，但不同生产厂家的产品存在一定的差异（如质量、品牌等）。这样，消费者在购买时要有所选择，使有些厂家（如名牌产品的生产企业）可以在一定程度上控制和影响市场。

（4）寡头垄断市场，这是指由少数几家生产者控制的市场，这几家企业通常控制该种产品销售量的70%~80%，剩下的较少部分由其他许多企业经营。

企业所处的市场环境对公司金融有着重要影响。处于完全垄断市场上的企业销售一般都不成问题，价格波动也不会很大，企业的利润稳中有升，不会产生太大的波动，因而风险较小，可利用较多的债务来筹集资金；而处于完全竞争市场上的企业，销售价格完全由市场决定，被市场所左右，价格容易出现上下波动，企业利润也会出现上下波动，因而不宜过多地采用负债方式去筹集资金；处于不完全竞争市场和寡头垄断市场上的企业，关键要使自己的产品超越其他企业的产品，创出特色，创出名牌，这就需要在研究与开发上投入大量资金，研制出新的优质产品，并做好广告，搞好售后服务，给予优惠的信用条件等。为此，财务人员要筹集足够的资金，用于研究与开发和产品推销。

3）采购环境

采购环境又称为物资来源环境，对公司金融有重要影响。按不同的标准可对采购环境进行不同的分类。

采购环境按物资来源是否稳定，可分为稳定的采购环境和波动的采购环境。前者对企业所需资源有比较稳定的供应，后者则不稳定，有时采购不到。企业如果处于稳定的采购环境中，可减少储存存货，减少存货占用的资金；反之，则必须增加存货的保险储备，以预防存货不足影响生产，这就要求财务人员把较多的资金投资于存货的保险储备。

采购环境按价格变动情况，可分为价格上涨的采购环境和价格下降的采购环境。在物价上涨的情况下企业应尽量提前进货，以防物价进一步上涨遭受损失，这就要求在存货上投入较多的资金；反之，在物价下降的环境里，应尽量随使用随采购，以便从价格下降中得到好处，也可在存货上尽量减少占用资金。

4）生产环境

不同的生产企业和服务企业具有不同的生产环境，这些生产环境对公司金融有着重要影响。例如，企业的生产如果是高技术型的，那就有比较多的固定资产而只有少数的生产工人。这类企业在固定资产上占用的资金比较多，而工薪费用较少，这就要求企业财务人员必须筹集到足够的长期资金以满足固定资产投资；反之，如果企业生产是劳动密集型的，则可较多地利用短期资金。再如，生产轮船、飞机的企业生产周期较长，企业要比较多地利用长期资金；反之，生产食品的企业生产周期很短，可以比较多地利用短期资金。

本 章 小 结

1. 公司是依照公司法组建并登记的以营利为目的的企业法人。我国根据股东责任不同将公司分为有限责任公司和股份有限公司两种。

2. 公司金融是指企业在生产、经营过程中主动进行的资金筹集与资金运用行为。公司金融也是关于如何创造和保持价值的学说。任何企业只要想生存，就要投资、筹资、生产、经营、销售，这其中的每一个环节都伴随着资金的运动。可以说，企业的整个生产经营过程就是资金筹集和运用过程，也就是公司金融决策过程。

3. 公司金融研究的对象是资金及其流转。公司金融的主要内容是投资决策、筹资决策和股利分配决策。

4. 企业的目标可以具体细分为生存、发展和获利。

5. 公司金融的目标又称为理财目标，是指企业进行金融活动所要达到的根本目的，它决定着企业金融管理的基本方向。最具有代表性的公司金融目标主要有以下几种观点：①利润最大化；②每股盈余最大化；③企业价值最大化；④净现金流量最大化。

6. 公司金融的原则是指人们对财务活动的共同的、理性的认识。它是联系理论与实务的纽带。公司金融原则可概括为三类，第一类是有关竞争环境的原则，由自利行为原则、双方交易原则、信号传递原则、引导原则组成；第二类是有关创造价值和经济效率的原则，由有价值的创意原则、比较优势原则、期权原则、净增效益原则组成；第三类是有关财务交易的原则，由风险-报酬权衡原则、投资分散化原则、资本市场有效原则、货币时间价值原则组成。

7. 任何事物总是和一定的环境相联系、存在和发展的，公司金融也不例外。公司金融工作若想达到成功，必须认识公司的宏观环境和微观环境。公司金融的宏观环境虽然非常复杂，但可以概括为政治、经济、科技、法律、文化和国际环境六个方面。公司金融的微观环境是指构成公司生产经营过程和财务管理过程的各种因素总和，不仅包括生产经营管理状况、财务管理能力、财务管理组织结构和财务管理人员素质等与公司自身状况相关的因素，也包括企业类型、市场环境、采购环境及生产环境等因素。

思 考 题

1. 有限责任公司和股份有限公司的区别是什么？股份有限公司这种公司组织形式的主要优点是什么？
2. 公司金融学是如何产生和发展的？
3. 影响公司现金流转的原因有哪些？
4. 如何理解公司金融的内容？
5. “利润最大化”作为公司金融的目标有哪些优缺点？
6. 如何理解“企业价值最大化”和“净现金流量最大化”？
7. 影响公司目标实现的因素是什么？
8. 公司金融的原则有哪些？应该如何理解？
9. 举例说明为什么要研究公司金融的环境。

第 2 章

公司金融的基本理念

在建立一幅经济世界的科学图像方面，定义扮演着重要的角色。

——沃尔特 · 奥肯

➢本章摘要

本章主要介绍了公司金融的基本理念，包括货币的时间价值及风险与收益的理念。具体介绍货币时间价值计算的基本类型及计算公式、风险价值的概念及衡量，并简要介绍了风险与收益的分析模型——资本资产定价模型（capital asset pricing model，CAPM）。

2.1 货币的时间价值

公司金融的研究对象是公司的资金运动（筹集、投放、使用和回收）。在市场经济体制下，长期投资决策中，不仅要看投资回收期的长短和投资报酬率的高低，还应考虑投资的时间价值、风险价值及通货膨胀的影响。正确评价一项长期投资的经济效益，需要计算货币的时间价值，使投资额与投资项目的未来收益统一到同一时间基础上，才能评价投资方案的优劣。本节讨论公司金融中一个非常重要的概念——货币的时间价值。

2.1.1 货币时间价值的概述

1. 货币时间价值的含义

货币的时间价值是指货币经历一定时间的投资和再投资所增加的价值，即当前的 1 元和未来 1 元之间的关系。思考下面一个例子，某公司正考虑是否投资 100 万元，该项目在以后的 9 年中每年能产生 20 万元的收益。你认为该公司应该接受这一项目吗？乍一看，谁都会说当然应该。但是要知道这 100 万元是马上要付出的，而那每年 20 万元的收益是将来才能得到的，并且当前的付出是确定无疑的，而未来的收益只能是预期的。

这样我们在不考虑投资风险的情况下，还必须了解当前的 1 元和未来 1 元之间的关系。两者之间的这种关系被称作货币的时间价值。今年的 1 元钱和一年后的 1 元钱的经济价值是不同的，或者说经济效益是不同的，今年的 1 元钱的经济价值远大于一年后的 1 元钱的经济价值。例如，如果银行的存款利率为 10%，某人将 1 元钱存入银行，一年以后取得资金 1.1 元，这 1 元的资金经过一年的时间价值增长了 0.1 元。也就是说，今年 1 元的资金相当于明年的 1.1 元，其中增加的 0.1 元就是 1 元的时间价值。货币的时间价值表明一定量的货币在不同时点上具有不同的价值。

2. 货币时间价值的形成、原因及表现

1）货币时间价值的形成

货币时间价值的产生是货币所有权和使用权分离的结果。在商品生产和商品交换的初期，货币时间价值表现为高利贷形式，这是一种最古老的生息资本，由于高利贷的利率很高，债务人很难将借到的货币作生产性运用。随着商品经济的不断发展，到了资本主义社会便产生了借贷资本这一新的所有权资本，借贷资本所有者把资本的使用权转让给产业资本家或商业资本家，他们可以把借贷资本运用于生产或流通过程去创造利润，借贷资本所有者最后以利息的形式收回，利息的多少是按一定量的货币被贷放出去的时间长短来计算的，由此，便产生了货币时间价值的观念。

2）货币具有时间价值的原因

简而言之，货币具有时间价值的原因至少有以下四个方面。

（1）货币可用于投资，获得利息，从而在将来具有更多的货币量。

（2）货币的购买力会受通货膨胀的影响而随时间改变。

（3）一般来说，未来的预期收益具有不确定性。

（4）就消费而言，人们更喜欢即期消费，因此必须在将来提供更多的补偿，才能让人们放弃即期消费。

3）货币时间价值的表现

货币时间价值是按投资时间长短而计算的投资报酬，这种投资报酬是投资在各个项目上都能取得的基本报酬。货币的时间价值通常是没有风险和通货膨胀条件下的社会平均利润率，它的定性表现形式从相对量上看就是有效利息率，即国债利率，从绝对量上看就是使用货币资本所付出的代价，即资本成本或机会成本。它的定量表现形式为复利和年金，下面我们针对它的定量表现形式进行讨论。

2.1.2 一次性收付款项的计算

企业经营的一项基本原则，是充分利用货币的时间价值并最大限度地获得其时间价值，货币时间价值存在的客观性要求公司金融的管理者必须具有货币时间价值观念，将公司金融活动过程中不同时点的现金收入和现金支出换算到相同时间的基础上，然后进行大小的比较计算，进而做出科学的融资决策、经营投资决策和金融投资决策。

货币时间价值可以用两种方法来表示：绝对数（货币的价值增值额）和相对数（价值的增值额占投入货币的百分数），即以利息额或利息率表示。但是在实际工作中对这两种表示方法并不做严格的区分，通常以利息率进行计量。利息率的实际内容是社会资金利润率。

1. 货币时间价值计算的相关概念

时间价值的计算要涉及若干基本概念，包括本金、利率、终值（future value）、现值、单利制和复利制等。

（1）本金。本金是指能够带来时间价值的资金投入，即投资额。本金是产生时间价值的基础。

（2）利率。利率是指本金在一定时期内的价值增值额占本金的百分比。

（3）终值。终值是指本金在若干期末加上所计算利息的总数。

（4）现值。现值是指将来一笔资金按规定利率折算成的现在价值。折算现值的过程称为贴现，贴现所运用的利率称为贴现率。

（5）单利制和复利制。单利制和复利制是计算时间价值的两种方法或制度。单利制是仅就本金计算利息，本金于每期所产生的利息就不再加入本金再计算下一期的利息。复利制是不仅要计算利息，利息也要计算利息，即将每一期的利息加入本金并计算下一期的利息。复利制的运用较为广泛，货币时间价值的计算一般都以复利的方式进行。

2. 单利终值和单利现值的计算

单利（simple interest）是只计算本金所带来的利息，而不考虑利息再产生的利息。

1）单利终值

在单利方式下，本金能带来利息，利息必须在提出以后以本金形式投入才能生利，否则不能生利。单利的终值就是一定时期以后的本利和，是指若干期以后包括本金和利息在内的未来价值。

现在的 1 元钱，年利率为 10%，从第 1 年到第 5 年，各年年末的终值可计算如下：

1 元 1 年后的终值 $=1\times(1+10\%\times1)=1.1$（元）

1 元 2 年后的终值 $=1\times(1+10\%\times2)=1.2$（元）

1 元 3 年后的终值 $=1\times(1+10\%\times3)=1.3$（元）

1 元 4 年后的终值 $=1\times(1+10\%\times4)=1.4$（元）

1 元 5 年后的终值 $=1\times(1+10\%\times5)=1.5$（元）

因此，单利终值的一般计算公式为

$$\mathrm{FV}_n=\mathrm{PV}_0\times(1+i\times n) \tag{2-1}$$

式中，FV_n 为终值，即第 n 年末的价值；PV_0 为现值，即 0 年（第 1 年初）的价值；i 为利率；n 为计算期数。

【案例 2-1】　若某人将 1000 元存入银行，年存款利率为 2%，则经过一年时间的本利和为

$$\mathrm{FV}_1=\mathrm{PV}_0\times(1+2\%)=1000\times(1+2\%)=1020(\text{元})$$

2）单利现值

现值就是指未来一笔资金其现在的价值，即由终值倒求现值，一般称为贴现或折现，所使用的利率为贴现率。

若年利率为 10%，从第 1 年到第 5 年，各年年末的 1 元钱，其现值可计算如下：

1 年后 1 元钱的现值=1 ÷ (1 + 10% × 1)=1 ÷ 1.1=0.909（元）
2 年后 1 元钱的现值=1 ÷ (1 + 10% × 2)=1 ÷ 1.2=0.833（元）
3 年后 1 元钱的现值=1 ÷ (1 + 10% × 3)=1 ÷ 1.3=0.769（元）
4 年后 1 元钱的现值=1 ÷ (1 + 10% × 4)=1 ÷ 1.4=0.714（元）
5 年后 1 元钱的现值=1 ÷ (1 + 10% × 5)=1 ÷ 1.5=0.667（元）
因此，单利现值的一般计算公式为

$$PV_0 = FV_n \times \frac{1}{(1+i\times n)} \tag{2-2}$$

【案例 2-2】 李某希望在 5 年后取得本利和 30 000 元，用以支付一笔款项。则在利率为 10%，单利方式计算条件下，此人现在需存入银行的本金为

$$PV_0 = FV_n \times \frac{1}{(1+i\times n)} = 30\ 000 \times \frac{1}{(1+10\%\times 5)} = 20\ 000(元)$$

3. 复利终值和复利现值的计算

复利（compound interest）即本金能生利，利息在下期也转作本金并与原来的本金一起再计算利息，如此随计息期数不断下推，即通常所说的“利滚利”。

1）复利终值

复利终值，即在“利滚利”基础上计算的现在的一笔收付款项未来的本利和。

现在的 1 元钱，若年利率为 10%，从第 1 年到第 5 年，各年年末的终值可计算如下：
1 元 1 年后的终值=1 × (1 + 10%)=1.1（元）
1 元 2 年后的终值=1.1 × (1 + 10%)=1 × $(1 + 10\%)^2$=1.21（元）
1 元 3 年后的终值=1.21 × (1 + 10%)=1 × $(1 + 10\%)^3$=1.331（元）
1 元 4 年后的终值=1.331 × (1 + 10%)=1 × $(1 + 10\%)^4$=1.464（元）
1 元 5 年后的终值=1.464 × (1 + 10%)=1 × $(1 + 10\%)^5$=1.611（元）
因此，复利终值的一般计算公式为

$$FV_n=PV_0 \times (1 + i)^n \tag{2-3}$$

式中，FV_n 为终值，即第 n 年末的价值；PV_0 为现值，即 0 年（第 1 年初）的价值；i 为利率；n 为计算期数。$(1+i)^n$ 通常称为复利终值系数（future value interest factor），其简略形式为 $FVIF_{i,n}$，用符号（F/P,i,n）表示。如本例中（F/P,10%,5）表示利率为 10%、5 期复利终值的系数。复利终值系数可以通过查阅复利终值系数表（FVIF 表）直接获得。

【案例 2-3】 假设案例 2-1 中，此人并不将现金提走，而将 1020 元继续存在银行，则第二年的本利和为

$$FV_2 = PV_0(1+2\%)(1+2\%) = 1000\times(1+2\%)^2 = 1040.4(元)$$

同理，第三年的本利和为

$$FV_3 = PV_0(1+2\%)(1+2\%)(1+2\%) = 1000\times(1+2\%)^3 = 1061.2(元)$$

第 n 年的本利和为

$$FV_n = PV_0 \times (1+i)^n = 1000\times(1+2\%)^n$$

2）复利现值

复利现值是指未来发生的一笔收付款项现在的价值。具体地说，就是将未来的一笔收付款项按适当的贴现率进行折现而计算出的现在的价值。

若年利率为 10%，从第 1 年到第 5 年，各年年末的 1 元钱，其现值可计算如下：

1 年后 1 元的现值=1 ÷ (1 + 10%)=1 ÷ 1.1=0.909（元）

2 年后 1 元的现值=1 ÷ $(1 + 10\%)^2$=1 ÷ 1.21=0.826（元）

3 年后 1 元的现值=1 ÷ $(1 + 10\%)^3$=1 ÷ 1.331=0.751（元）

4 年后 1 元的现值=1 ÷ $(1 + 10\%)^4$=1 ÷ 1.464=0.683（元）

5 年后 1 元的现值=1 ÷ $(1 + 10\%)^5$=1 ÷ 1.611=0.621（元）

因此，复利现值的一般计算公式为

$$PV_0 = FV_n \times \frac{1}{(1+i)^n} \tag{2-4}$$

式中，字母含义同式（2-3）。其中，$\frac{1}{(1+i)^n}$ 通常称为复利现值系数（present value interest factor），其简略表示形式为 $PVIF_{i,n}$ 或（$P/F,i,n$），在实际工作中，其数值可以查阅按不同利率和时期编制的复利现值系数表。式（2-3）和式（2-4）可分别改写为

$$FV_n=PV_0 \times FVIF_{i,n} \tag{2-5}$$

$$PV_0=FV_n \times PVIF_{i,n} \tag{2-6}$$

【案例 2-4】　某投资项目预计 8 年后可获得收益 500 万元，按年利率 10%计算，此项收益相当于现在的价值是多少?

解：$PV_0 = FV_n \times \frac{1}{(1+i)^n} = 500 \times (1+10\%)^{-8} = 500 \times 0.4665 = 233.25(\text{万元})$

即 8 年后的 500 万元，按资金时间价值为 10%计算，相当于现在的 233.25 万元。

2.1.3　年金时间价值的计算

前面介绍了一次性收付款项的时间价值，在现实的生活中还存在一定时期内多次收付款项，而且每次收付的金额相等，这样的系列收付款项称为年金（annuity）。在经济活动中，有多种形式的年金，如定期收付的保险费、折旧、利息、租金、分期付款，以及零存整取或整存零取储蓄，等额回收的投资等，都表现为年金的形式。

年金按其每次收付发生的时点不同，可分为普通年金、即付年金、递延年金和永续年金四种形式。凡收入和支出发生在每期期末的年金称为普通年金或后付年金（ordinary annuity）；凡收入和支出在每期期初的年金称为预付年金或即付年金（annuity due）；凡收入和支出发生在第一期以后的某一时间的年金称为递延年金或延期年金（deferred annuity）；凡无限期继续收入或支出的年金称为永续年金（perpetual annuity）。

1. 普通年金的终值与现值

1）普通年金终值的计算

普通年金的终值犹如零存整取的本利和，它是一定时期内每期期末收付款项的复利终值之和。其计算办法如图 2-1 所示。

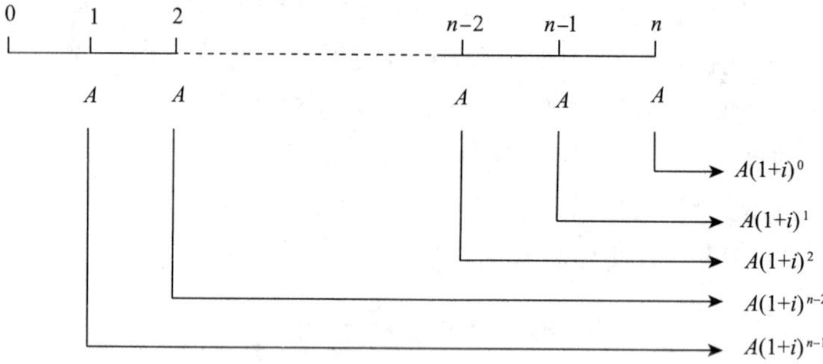

图 2-1 普通年金终值计算示意图

由此可知，年金终值的计算公式为

$$\mathrm{FVA}_n=A\cdot(1+i)^0+A\cdot(1+i)^1+A\cdot(1+i)^2+\cdots+A\cdot(1+i)^{n-2}+A\cdot(1+i)^{n-1} \qquad (2\text{-}7)$$

即 $\mathrm{FVA}_n=A\sum_{t=1}^{n}(1+i)^{t-1}$ 。

将式（2-7）两边同时乘以（1+i）得

$$\mathrm{FVA}_n\times(1+i)=A\cdot(1+i)^1+A\cdot(1+i)^2+A\cdot(1+i)^3+\cdots+A\cdot(1+i)^{n-1}+A\cdot(1+i)^n \qquad (2\text{-}8)$$

由式（2-8）减去式（2-7）得

$$\mathrm{FVA}_n\times i=A\cdot(1+i)^n-A$$

$$\mathrm{FVA}_n\times i=A\cdot[(1+i)^n-1]$$

$$\mathrm{FVA}_n=A\cdot\left[\frac{(1+i)^n-1}{i}\right] \qquad (2\text{-}9)$$

式中，FVA_n 为年金终值；A 为每次收付款项的金额；i 为利率；t 为每笔收付款项的计息期数；n 为全部年金的计息期数。其中，$\left[\frac{(1+i)^n-1}{i}\right]$ 通常称作年金终值系数(future value interest factors for annuity)，其简略表示形式为 $\mathrm{FVIFA}_{i,n}$ 或（$F/A,i,n$），此系数可查阅年金终值系数表直接得到，不必计算。

【案例 2-5】 假设某项目在 3 年建设期内每年年末向银行借款 200 万元，借款年利率为 10%，该项目竣工时应付本息的总额是多少？

解：

$$\begin{aligned}\mathrm{FVA}_n&=A\cdot\frac{(1+i)^n-1}{i}=200\times\frac{(1+10\%)^3-1}{10\%}\\&=200\times(F/A,10\%,3)\\&=200\times3.3100=662(万元)\end{aligned}$$

即该项目在 3 年后除了要偿付本金 600 万元外，还要支付 62 万元的利息。

2）年偿债基金的计算

年偿债基金是指为了在约定的未来某一时点清偿某笔债务或积聚一定数额的资金而必须分次等额提取的存款准备金。每次提取的等额准备金类似年金存款，因而同样可以获得按复利计算的利息，所以债务实际上等于年金终值，每年提取的年偿债基金等于年金 A。也就是说，年偿债基金的计算实际上是年金终值的逆运算，即已知年金的终值求年金，其计算公式为

$$A=\mathrm{FVA}_n\cdot\frac{i}{(1+i)^n-1}=\mathrm{FVA}_n\cdot\frac{1}{\sum_{t=1}^{n}(1+i)^{t-1}} \quad (2\text{-}10)$$

式中，$\frac{i}{(1+i)^n-1}$ 称为年偿债基金系数，可以查阅年偿债基金系数表，也可通过年金终值系数表的倒数求得。

【案例 2-6】 某公司有一笔 5 年后到期的长期借款，数额为 2000 万元，为此设置年偿债基金，年复利率为 10%，到期一次还清借款。则每年年末存入的金额应为

$$A=\mathrm{FVA}_n\cdot\frac{i}{(1+i)^n-1}=2000\times0.1638=327.6\text{（万元）}$$

或

$$A=2000\times\left(1/\mathrm{FVIFA}_{i,n}\right)=2000\times(1/6.1051)=327.6\text{（万元）}$$

3）普通年金现值的计算

普通年金现值是指一定时期内每期期末收付款项的复利现值之和。其计算办法如图2-2 所示。

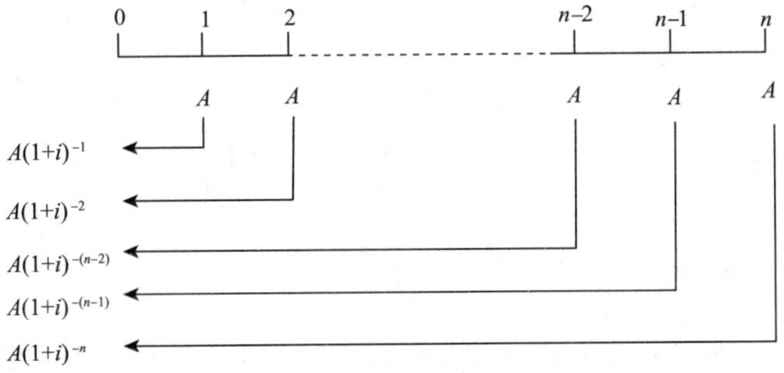

图 2-2　普通年金现值计算示意图

由图 2-2 可知，普通年金现值的计算公式为

$$\mathrm{PVA}_n=A\cdot(1+i)^{-1}+A\cdot(1+i)^{-2}+\cdots+A\cdot(1+i)^{-(n-2)}+A\cdot(1+i)^{-(n-1)}+A\cdot(1+i)^{-n} \quad (2\text{-}11)$$

即 $\mathrm{PVA}_n=A\sum_{t=1}^{n}(1+i)^{-t}$ 。

将式（2-11）两边同时乘以$(1+i)$得

$$\mathrm{PVA}_n(1+i)=A+A\cdot(1+i)^{-1}+\cdots+A\cdot(1+i)^{-(n-3)}+A\cdot(1+i)^{-(n-2)}+A\cdot(1+i)^{-(n-1)} \quad (2\text{-}12)$$

由式（2-12）减去式（2-11）得

$$\mathrm{PVA}_n\times i=A-A\cdot(1+i)^{-n}$$

$$\mathrm{PVA}_n\times i=A\cdot[1-(1+i)^{-n}]$$

$$\mathrm{PVA}_n=A\cdot\left[\frac{1-(1+i)^{-n}}{i}\right] \quad (2\text{-}13)$$

式中，PVA_n 为年金的现值；其他字母表示的含义同式（2-9）。其中，$\left[\frac{1-(1+i)^{-n}}{i}\right]$称作年金现值系数（present value interest factors for annuity），其简略表示形式为 $\mathrm{PVIFA}_{i,n}$ 或（$P/A,i,n$），此系数可查阅年金现值系数表直接得到，不必计算。

【案例 2-7】 某企业需租入一种设备，每年年末需要支付租金 5000 元，年复利率为 10%，则 5 年内应支付的租金总额的现值是多少？

解：

$$\begin{aligned}\mathrm{PVA}_n&=A\cdot\left[\frac{1-(1+i)^{-n}}{i}\right]\\&=5000\times\left[\frac{1-(1+10\%)^{-5}}{10\%}\right]\\&=5000\times(P/A,10\%,5)\\&=5000\times3.7908=18\,954(\text{元})\end{aligned}$$

4）年资本回收额

年资本回收额是指在约定的年限内等额回收的初始投入资本额或清偿所欠的债务额。其中，未收回或清偿的部分要按复利计息构成需回收或清偿的内容。年资本回收额的计算也就是年金现值的逆运算。其计算公式如下：

$$\begin{aligned}A&=\mathrm{PVA}_0\cdot\frac{i}{1-(1+i)^{-n}}\\&=\mathrm{PVA}_0\cdot\frac{1}{\sum_{t=1}^{n}[1/(1+i)^t]}\\&=\mathrm{PVA}_0\cdot\frac{1}{\mathrm{PVIFA}_{i,n}}\end{aligned} \quad (2\text{-}14)$$

式中，$\frac{1}{\sum_{t=1}^{n}[1/(1+i)^t]}$称作资本回收系数，可以查阅资本回收系数表，也可以通过年金现值系数的倒数求得。

【案例 2-8】 某公司于 2014 年借款 37 910 元，借款年利率为 10%，本息自 2014 年至 2018 年 5 年中每年年底等额偿还，试计算每次偿还金额是多少。

解：

$$A=\text{PVA}_0 \cdot \frac{i}{1-(1+i)^{-n}}$$

$$=37\,910\times\frac{10\%}{1-\left(1+10\%\right)^{-5}}$$

$$=10\,001(元)$$

2. 即付年金的终值与现值

即付年金与普通年金并无实质性的差别，两者仅在于收付款项时间的不同。

1）即付年金终值的计算

即付年金的终值是其最后一期期末时的本利和，是各期收付款项的复利终值之和。n 期即付年金终值可用图 2-3 加以说明。

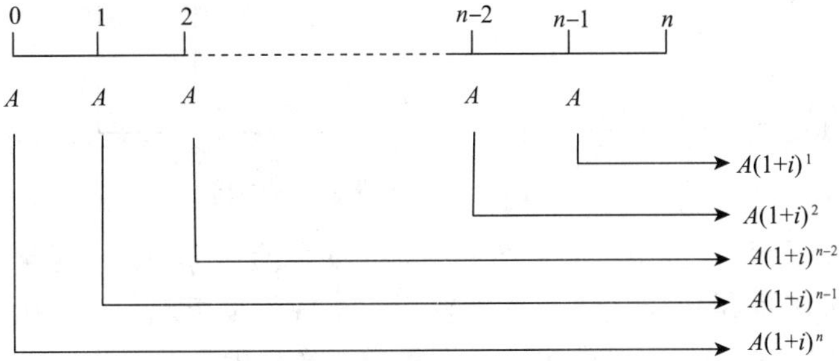

图 2-3　即付年金终值计算示意图

从图 2-3 中可以看出，n 期即付年金与 n 期普通年金的付款次数相同，但由于其付款时间不同，n 期即付年金终值比 n 期普通年金的终值多计算一期利息。因此，在 n 期普通年金终值的基础上乘以（1+i）就是 n 期即付年金的终值。

$$\begin{aligned}\text{FVA}_n &= A\cdot\left[\frac{(1+i)^n-1}{i}\right]\cdot(1+i)\\ &= A\cdot\left[\frac{(1+i)^{n+1}-(1+i)}{i}\right] \\ &= A\cdot\left[\frac{(1+i)^{n+1}-1}{i}-1\right]\end{aligned} \quad（2\text{-}15）$$

式中，$\left[\frac{(1+i)^{n+1}-1}{i}-1\right]$称为即付年金终值系数，它是在普通年金终值系数的基础上期数加 1、系数减 1 所得的结果，通常记作$\left[(F/A,i,n+1)-1\right]$。这样，通过查阅年金终值系数表得（$n$+1）期的值，然后减去 1 便可得对应的即付年金终值系数的值。这时可用公式计算即付年金的终值：

$$\text{FVA}_n = A\cdot\left[(F/A,i,n+1)-1\right] \quad（2\text{-}16）$$

【案例 2-9】　每年年初向银行存入 5000 元，连续存入 5 年，年利率为 5%，则 5

年到期时的本利和为

$$\begin{aligned} \text{FVA}_n &= A\cdot[(F/A,i,n+1)-1] \\ &=5000\times[(F/A,5\%,6)-1] \\ &=5000\times(6.8019-1) \\ &=29\,010(\text{元}) \end{aligned}$$

2）即付年金现值的计算

即付年金现值是指在一定时期内每期期初等额收付款项的现值之和。n 期即付年金现值可用图 2-4 加以说明。

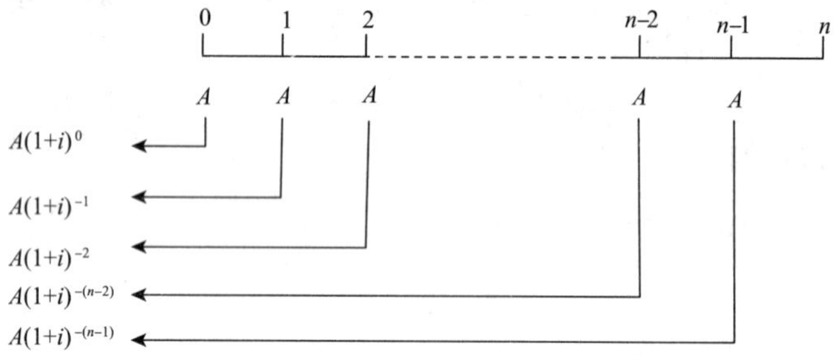

图 2-4　即付年金现值计算示意图

从图 2-4 可以看出，n 期即付年金现值与 n 期普通年金现值的期限相同，但由于其付款时间不同，n 期即付年金现值比 n 期普通年金现值少折现一期。因此，在 n 期普通年金的基础上乘以（$1+i$），便可求出 n 期即付年金的现值。

$$\begin{aligned} \text{PV}_n &= A\cdot\left[\frac{1-(1+i)^{-n}}{i}\right]\cdot(1+i) \\ &= A\cdot\left[\frac{(1+i)-(1+i)^{-(n-1)}}{i}\right] \\ &= A\cdot\left[\frac{1-(1+i)^{-(n-1)}}{i}+1\right] \end{aligned} \tag{2-17}$$

式中，$\left[\frac{1-(1+i)^{-(n-1)}}{i}+1\right]$称为即付年金现值系数，它是在普通年金系数的基础上期数减 1、系数加 1 所得到的结果，通常记作$[(P/A,i,n-1)+1]$。这样，通过查阅年金现值系数表得（$n-1$）期的值，然后加 1 便可得对应的即付年金现值系数的值。这时可用公式计算即付年金的现值：

$$\text{PV}_n = A\cdot[(P/A,i,n-1)+1] \tag{2-18}$$

【案例 2-10】　某企业为提高生产效率租入一套设备，每年年初支付租金 4000 元，年利率为 8%，则 5 年总的现值应为

$$\mathrm{PV}_n = A \cdot \left[\frac{1-(1+i)^{-n}}{i}\right] \cdot (1+i)$$
$$= 4000 \times \left[\frac{1-(1+8\%)^{-5}}{8\%}\right] \times (1+8\%)$$
$$=17\,248(\text{元})$$

3. 递延年金和永续年金的现值

1）递延年金的现值

递延年金是指最初若干时期内没有发生收付款项，以后若干期每期发生等额的收付款项，它是普通年金的特殊形式。凡不是从第一期开始的普通年金都是递延年金。*m* 期以后的 *n* 期年金现值可用图 2-5 表示。

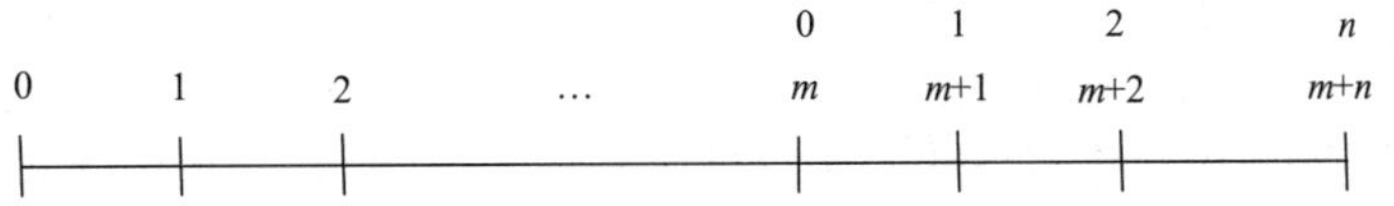

图 2-5　递延年金现值计算示意图

递延 *m* 期后的 *n* 期年金与 *n* 期普通年金相比，两者付款期数相同，但这项递延年金现值是 *m* 期后的 *n* 期年金现值，还需要再贴现 *m* 期。因此，为计算 *m* 期后 *n* 期年金现值，要先计算出该项年金在 *n* 期期初（*m* 期期末）的现值，再将它作为 *m* 期的终值贴现至 *m* 期期初的现值。计算公式如下：

$$\mathrm{PV}_0 = A \cdot \mathrm{PVIFA}_{i,n} \cdot \mathrm{PVIF}_{i,m} \tag{2-19}$$

此外，还可先求出（*m*+*n*）期后付年金现值，减去没有付款的前 *m* 期的普通年金现值，即为递延 *m* 期的 *n* 期普通年金现值。计算公式为

$$\mathrm{PV}_0 = A \cdot \mathrm{PVIFA}_{i,m+n} - A \cdot \mathrm{PVIFA}_{i,m} \tag{2-20}$$

【案例 2-11】 某人拟在年初存入一笔资金，以便能在第 6 年末起每年取出 1000 元，至第 10 年末取完。在银行存款利率为 10%的情况下，此人应在最初一次存入银行多少钱?

解：

$$\mathrm{PV}_0 = A \cdot \mathrm{PVIFA}_{i,m+n} - A \cdot \mathrm{PVIFA}_{i,m}$$
$$= A\left[(P/A,10\%,10)\right] - \mathrm{A}\left[(P/A,10\%,5)\right]$$
$$=1000 \times (6.1446 - 3.7908)$$
$$=2354(\text{元})$$

2）永续年金的现值

永续年金是指每年定期收付的等额款项是无期限的，是一个无穷序列，那么该序列称为永续年金。在实际工作中，永续年金是不存在的，但通常期限很长的年金，在计算时可以作为永续年金处理。例如，有些债券未规定偿还期限，其利息可视为永续年金。永续年金的计算公式如下：

$$\begin{aligned}\mathrm{PV}_0 &= A\sum_{i=1}^{\infty}(1+i)^{-t} \\ &= A\lim_{n\to\infty}\frac{1-(1+i)^{-n}}{i} \\ &= \frac{A}{i}\end{aligned} \tag{2-21}$$

【案例 2-12】 某品牌商标能为某公司每年带来 30 万元的超额收益，若市场的无风险资金利润率为 6%，则这项商标现在的价格为多少？

解：

$$\mathrm{PV}_0 = \frac{A}{i} = 30\times\frac{1}{6\%} = 500(\text{万元})$$

2.1.4 货币时间价值的其他应用计算

以上介绍的是计算时间价值的基本原理。但在实际应用中，单利、复利终值和现值的计算要复杂得多，往往并不是就一次收付款而言的。例如，现值计算过程中还有不等额现金流量的现值的计算、计息期短于一年的现值和终值的计算、贴现率的计算等情况，下面我们分别按不同情况予以介绍。

1. 不等额现金流量的现值

前述现值的计算均指每期收入或付出的款项都是相等的。但在公司金融活动中，更多的情况是每期发生的收付款项并不一定相等。例如，普通股票的每年红利支付额并不一定相同，因此，有必要分析不等额现金流量的现值的计算过程。

其基本计算公式为

$$\mathrm{PV}_0 = \frac{A_1}{(1+i)^1} + \frac{A_2}{(1+i)^2} + \cdots + \frac{A_{n-1}}{(1+i)^{n-1}} + \frac{A_n}{(1+i)^n} = \sum_{t=1}^{n}\frac{A_t}{(1+i)^t} \tag{2-22}$$

不等额现金流量序列中每项的现值之和就是该序列未来收入的现值。

【案例 2-13】 某项目的现金流量如表 2-1 所示，年利率为 10%，试计算该项目现金流量的现值。

表 2-1 现金流量表

年次	1	2	3	4
现金流量/万元	1500	2000	2500	3000

$$\begin{aligned}\mathrm{PV}_0 &= \frac{1500}{(1+10\%)^1} + \frac{2000}{(1+10\%)^2} + \frac{2500}{(1+10\%)^3} + \frac{3000}{(1+10\%)^4} \\ &= 1500\times0.9091 + 2000\times0.8264 + 2500\times0.7513 + 3000\times0.6830 \\ &= 6943.7(\text{万元})\end{aligned}$$

2. 计息期短于一年的现值和终值的计算

计息期就是指每次计算利息的期限。按照国际惯例，如没有特别说明，通常是指年。但在有时也会遇到计息期短于 1 年的情况，如债券利息一般是半年支付一次。因此，当计息期短于 1 年时，利率必须与计息期相适应，若计息期 n 为月数，i 就应当是月利率；若计息期 n 是季数，i 就应当是季利率。为此，要根据不同的计息期对年利率进行换算，复利终值和现值的计算公式也要做适当的调整。

计息期短于 1 年时，期利率和计息期数的换算公式如下：

$$r=\frac{i}{m} \tag{2-23}$$

$$t=m\cdot n \tag{2-24}$$

式中，r 为期利率；i 为年利率；m 为每年的计息期数；n 为年数；t 为换算后的计息期数。计息期数换算后，复利终值和现值的计算可按照下列公式进行：

$$\mathrm{FV}_t=\mathrm{PV}_0(1+r)^t=\mathrm{PV}_0\times\left(1+\frac{i}{m}\right)^{mn} \tag{2-25}$$

$$\mathrm{PV}_0=\mathrm{FV}_t\left[1/(1+r)^t\right]=\mathrm{FV}_t\times\frac{1}{\left(1+\dfrac{i}{m}\right)^{mn}} \tag{2-26}$$

【案例 2-14】　存入银行 1000 元，年利率 16%，按季复利计算，2 年的本金和利息共为

$$\mathrm{FV}_t=\mathrm{PV}_0(1+r)^t=1000\times\left(1+\frac{16\%}{4}\right)^{4\times 2}$$

查复利终值系数表，$(1+4\%)^8=1.3686$，

$$\mathrm{FV}_2=1000\times 1.3686=1368.6(\text{元})$$

3. 贴现率的确定和期数的推算

1）贴现率的确定

在前面的计算中，我们假定贴现率 i 是既定的。但在公司金融活动的实际操作中，往往需要根据已知的计息期数、终值和现值来估算贴现率。一般说来，倒求贴现率可分为两步进行：①求出年金（复利）现值（或终值）系数；②根据该系数再求出其相应的贴现率。这里分两种情况，一种情况是，根据复利现值或终值系数及相应的计息期数 n，通过倒查相应的系数表，直接得出贴现率 i，另一种情况是计算出来的系数中没有正好相对的系数，即它介于两个系数之间，这时要采用插值法来进行计算。

【案例 2-15】　某职员采取按揭方式购买一套商品房，该房市价为 157 965 元，银行提供其首付 20%后的剩余房款，按 5 年期的按揭贷款还本付息。如果银行要求该职员在未来 5 年的每年年末等额地向银行支付贷款本息 30 000 元，试计算银行按揭贷款的利率为多少。

解：根据 $\mathrm{PVA}_n=A\sum_{t=1}^{n}(1+i)^{-t}$，已知 $A=30\,000$，$n=5$，

$$\mathrm{PVA}_0=157\,965\times(1-20\%)=126\,372(\text{元})$$

可得，$126\,372=30\,000\cdot\sum_{t=1}^{5}\frac{1}{(1+i)^t}$

所以，$\sum_{t=1}^{5}\frac{1}{(1+i)^t}=\frac{126\,372}{30\,000}=4.2124$

查年金现值系数表，系数为 4.2124，n 为 5，则其对应的 i 为 6%。

现实生活中，根据系数及已知的期数 n，通过查表得出 i 的情况并不多见。经常是计算出系数是介于两个贴现率之间，这时可用近似的插值法来计算。

案例 2-15 中，将每年年末等额地向银行偿付贷款的本息由原来的 30 000 元改为 29 500 元，则系数为

$$\sum_{t=1}^{5}\frac{1}{(1+i)^t}=\frac{126\,372}{29\,500}=4.2838$$

从年金现值系数表中可以看出，在 n=5 的各系数中，i 为 5%时，系数为 4.3295；i 为 6%时，系数为 4.2124。可见，贴现率应在 5%~6%，假设 x 为超过 5%的百分数，则用插值法计算 x 的过程如下：

贴现率	年金现值系数
5%	4.3295
?	4.2838
6%	4.2124

（5%至?之差为 x%，5%至6%之差为 1%；4.3295至4.2838之差为 0.0457，4.3295至4.2124之差为 0.1171）

$$\frac{x}{1}=\frac{0.0457}{0.1171}$$

$$x=0.3903$$

$$i=5\%+0.3903\%=5.3903\%$$

当然，用插值法计算 i 是一种近似的算法。

2）期数的推算

期数的推算，其原理和步骤同贴现率的推算是相同的。

现以普通年金为例，说明在 PVA_n、A 和 i 已知情况下推算期数 n 的基本步骤。

（1）计算出 PVA_n、A，设 $\text{PVIFA}_{i,n}$ 为 α。

（2）根据 α 查年金现值系数表。沿着已知的 i 所在列纵向查找，若能找到恰好等于 α 的系数值，其对应的 n 值即为所求的期数值。

（3）若找不到恰好为 α 的系数值，则要查找最接近 α 值的左右临界系数 β_1、β_2 及对应的临界期数 n_1、n_2，然后应用插值法求 n。计算公式如下：

$$n=n_1+\frac{\beta_1-\alpha}{\beta_1-\beta_2}\cdot(n_2+n_1) \tag{2-27}$$

【案例 2-16】 某企业拟购买一台柴油机，更新目前的汽油机。柴油机价格较汽油机高出 2000 元，但每年可节约燃料费 500 元。若利息率为 10%，则柴油机至少使用多少年此项更新才有利？

解：已知 PVA_n =2000，A=500，i = 10%，$\text{PVA}_n/A=2000/500=4=\alpha$，即 $\text{PVIFA}_{10\%,n}=\alpha=4$。

查年金现值系数表。在 $i=10\%$的列上纵向查找，无法找到恰好为 4 的系数值，于是

查找大于和小于 4 的临界系数值 β_1、β_2 及对应的临界期数 n_1、n_2，即

$$\beta_1 = 4.3553 > 4 \qquad n_1 = 6$$

$$\beta_2 = 3.7908 < 4 \qquad n_2 = 5$$

可见，期数应在 5~6，可用插值法求 n 如下：

$$\begin{array}{cc} \text{期数} & \text{年金现值系数} \\ \left.\begin{array}{c}\left.\begin{array}{c}6\\?\end{array}\right\}x\\5\end{array}\right\}1 & \left.\begin{array}{c}\left.\begin{array}{c}4.3553\\4.0000\end{array}\right\}0.3553\\3.7908\end{array}\right\}0.5645 \end{array}$$

$$\frac{x}{1} = \frac{0.3553}{0.5645}$$

$$x = 0.6$$

因此，$n = 6 - 0.6294 = 5.3706$（年）

2.2　风险与收益

风险存在于一切经济活动中，公司金融活动也不例外。风险来源于未来事件的不确定性，它表明各种结果发生的可能性，而这种不确定性也体现在收益在不同时期的排列并非明确知晓的。因而风险与收益就成为公司金融活动中的一对基本矛盾。所以说，公司金融活动应树立风险观念，权衡风险与收益，以实现公司目标。

2.2.1　风险与收益概述

1. 风险

1）风险的概念

风险的含义多种多样。从数学角度看，风险表明的是各种结果发生的可能性；在公司金融活动中，风险是指在一定条件下和一定时期内行为主体做出决策的主观预期与客观现实偏离的可能性，或者更加广义地定义为特定资产实现收益的不确定性。

风险意味着有可能出现与人们取得收益的愿望相背离的结果，所以说风险是建立在主观预期之上的。预期是建立在现有基础上的一种对经济变量预期值的计算活动，其结果的准确性既取决于决策者所掌握的信息的充分性、准确性、及时性，也取决于决策者处理信息的有效性。然而，客观事实是唯一的，不以人的意志为转移，这就使经济变量的主观预测值与客观实际值之间不可避免地发生偏离，而这种偏离发生的可能性就是风险。

风险的存在是由于不确定性，但风险和不确定性是有区别的。风险是事先可以知道有可能的后果，以及后果出现的概率。不确定性是指事先不知道可能的后果，或者虽然知道可能的后果，但不知道每种后果出现的概率。例如，寻找水井属于不确定性问题而非风险问题。但是，在现实中两者往往很难区别，所以在分析风险时，通常将两者视为同义，不作严格区分。

2）风险的特征

（1）风险存在的客观性。无论你是否意识到风险，风险都是客观存在的，只要你做出决策，就必须承担相应的风险。这是因为，人们对经济变量未来变动趋势的预期，是借助一定的计算方法，根据所掌握的过去和现在的信息所做出的，是对经济变量未来变动结果的一种估计，既然是估计，就不会与现实完全吻合，所以，主观预期与客观现实必然有偏离，即风险具有客观性。

（2）风险发生的不确定性。风险虽然是客观存在的，但就某一风险而言，它的发生却是不确定的，是一种随机现象。在其发生之前，人们无法准确预测风险何时发生，以及其发生的后果。这是因为任一风险的发生，必是诸多风险因素和其他因素共同作用的结果。决策者受到所掌握信息的充分性、准确性、及时性和有效性等的约束，不能对每一因素的出现都做出与事实相符的判断，导致了风险发生的不确定性。

（3）风险大小的相对性。某一风险对有的决策者来说是大风险，而对其他决策者来说可能是小风险，这是因为同一事件在不同的决策者身上发生的概率及其影响程度是不同的，所以风险的大小是相对而言的。不同的决策者在对同一经济变量的变动趋势进行预测时，他们对经济变量的控制能力及对可能损失的承受能力是不同的，从而导致了预测结果准确性的不同，这样，就出现了有的决策者敢冒风险，有的决策者不敢冒风险。

（4）风险的可变性。风险的可变性是指在一定条件下风险可转化的特性。随着科学技术的进步和社会的发展，经济主体预测技术和方法不断得到完善，对风险的预测日趋精确，这无疑会在一定的空间和时间范围内消除一定的风险。然而同时，任何一项新活动的开始，无论是政治还是经济、技术，都会带来新的风险，因此，就整体而言，无论是“天灾”还是“人祸”，都使风险处于不断的变化之中，即出现了现存风险被控制、减弱及新风险不断出现的共融局面。

3）风险的分类

根据不同的标准和目的，可以从不同的角度对风险进行分类。一般说来，风险有以下几种类型。

（1）从风险责任程度的角度可将风险分为轻度风险、中度风险和高度风险。

轻度风险是指一种风险程度较低的风险，在一般情况下，即使风险发生，危害也不大。

中度风险是指一种介于轻度和高度之间的风险，其危害较大。

高度风险是指一种危害很大的风险，也可称为重大风险。

（2）从风险可控程度的角度可将风险分为可控风险和不可控风险。

可控风险是指决策者对其形成原因和条件已认识清楚，能采取相应措施控制其发生的风险。

不可控风险是指受自然环境或外部因素影响而形成的风险，人们对这种风险形成的原因认识不清或无力控制。

（3）从投资者的角度可将风险分为经营风险和融资风险。

经营风险是指生产经营的不确定性带来的风险，其存在于一切商业活动中，主要影响因素如市场需求、销售价格、生产技术等。

融资风险是指因借款而产生的风险，也称为财务风险。融资风险又分为偿付风险和财务杠杆风险两种。

4）风险的衡量

（1）确定概率分布。概率就是用来表示事件发生可能性大小的数值。通常，把必然发生的事件的概率定为 1，把不可能发生的事件的概率定为 0，而一般随机事件的概率是介于 0 与 1 之间的一个数。概率越大，就表示该事件发生的可能性越大；所有结果的概率之和应等于 1。

如果将随机事件所有可能的结果列在一起，并给予一定的概率，即构成概率分布。概率分布可以是离散的，也可以是连续的。对于离散型概率分布，其可能的结果数目有限。例如，表 2-2 所列的概率分布是离散的。

表 2-2　未来的预期报酬率及发生的概率

经济情况	发生概率	预期报酬率	
		A 项目	B 项目
繁荣	0.2	40%	70%
一般	0.6	20%	20%
衰退	0.2	0	–30%

（2）期望报酬率。投资收益的期望报酬率是指所有可能的收益值按概率加权平均。离散型概率分布的期望报酬率按下面所示的公式计算：

$$K=\sum_{i=1}^{n}K_iP_i \tag{2-28}$$

式中，K 为期望报酬率；K_i 为第 i 种可能出现的结果的报酬率；P_i 为第 i 种可能出现的结果的概率；n 为可能出现的结果的个数。

期望值反映了同一事件大量发生或多次重复发生所产生的结果的统计平均。

【案例 2-17】　某公司有 A、B 两个投资项目，其未来的预期报酬率及发生的概率如表 2-2 所示。

现在，我们分别计算 A、B 两个投资项目的期望报酬率，具体如下：

$$K_A=K_1P_1+K_2P_2+K_3P_3=40\%\times0.2+20\%\times0.6+0\times0.2=20\%$$

$$K_B=K_1P_1+K_2P_2+K_3P_3=70\%\times0.2+20\%\times0.6+(-30\%)\times0.2=20\%$$

A、B 两个项目的期望报酬率相同，但其概率分布不同。显然，A 项目的期望报酬率分散度小，B 项目的期望报酬率的分散度大。为了衡量风险的大小，还要使用标准差。

（3）方差和标准差。方差和标准差是用来描述各种结果相对于期望值的离散程度的。方差通常用 $\mathrm{Var}(X)$ 、σ_X^2 表示，标准差通常用 $\sqrt{\mathrm{Var}\,(X)}$ 、σ_X 表示，标准差是方差的平方根。

方差和标准差的大小取决于两个因素：第一，各种可能的结果与期望值的绝对偏离程度，偏离越大，对方差和标准差的影响越大；第二，每一个可能的结果发生概率越大，对方差和标准差的影响越大。方差和标准差越大，说明各种可能的结果相对其期望值的离散程度越大，即不确定性越大。由于方差和标准差的这种特性，人们通常以它们作为衡量风险的基础。标准差可按下列公式计算：

$$\sigma = \sqrt{\sum_{i=1}^{n}(K_i - K)^2 P_i} \tag{2-29}$$

式中，σ为期望报酬率的标准差。

计算案例 2-17 中 A、B 两个投资项目期望报酬率的标准差，分别为

$$\sigma_A = \sqrt{(40\% - 20\%)^2 \times 0.2 + (20\% - 20\%)^2 \times 0.6 + (0 - 20\%)^2 \times 0.2} = 12.65\%$$

$$\sigma_B = \sqrt{(70\% - 20\%)^2 \times 0.2 + (20\% - 20\%)^2 \times 0.6 + (-30\% - 20\%)^2 \times 0.2} = 31.62\%$$

标准差越小，说明离散程度越小，风险也就越小。根据这种测量方法，B 项目的风险要大于 A 项目。

（4）标准离差率。利用标准差的大小来比较不同投资的风险大小的前提条件是不同投资的期望收益相同。在实际投资决策中，常常要比较期望收益不同的投资项目的风险大小，因此，引入了标准离差率的概念。标准离差率是标准差与期望报酬率的比值，即

$$V = \frac{\sigma}{K} \tag{2-30}$$

式中，V为标准离差率。

标准离差率反映了不同投资方案或项目间相对风险的大小，或每单位收益面临的风险的大小。标准离差率越小，风险越小；反之，则风险越大。

案例 2-17 中，A、B 两个项目期望报酬率的标准离差率为

$$V_A = \frac{12.65\%}{20\%} \times 100\% = 63.25\%$$

$$V_B = \frac{31.62\%}{20\%} \times 100\% = 158.1\%$$

可见，A 项目的风险比 B 项目小。

综上所述，两个项目的期望报酬率相同，但风险不同，A 项目的风险较小，而 B 项目的风险则较大。

2. 收益

公司的金融活动大都是在风险和不确定性的情况下进行的，离开了风险因素就无法正确评价公司收益的高低，因而在此时公司的收益就反映为风险价值，或称为风险报酬。

1）风险报酬的概念

一般而言，投资者都厌恶风险，并力求回避风险。那么，为什么还有人进行风险投资呢？这是因为风险投资可得到额外收益——风险报酬。风险报酬是指投资主体由于冒着风险进行投资而获得的超过资金时间价值的额外收益，又称风险收益额。风险收益额对于投资额的比率，则称为风险收益率，它是风险程度的函数，即投资者所冒风险越大，风险收益率越高。

在风险相同时，投资者选择报酬率高的项目；在投资报酬率相同的情况下，投资者

会选择风险小的项目投资。结果竞争使其风险增加，报酬率下降。最终，高风险的项目必须有高报酬，否则就没有人投资；低报酬的项目必须低风险，否则也没有人投资。风险与收益的这种关系是市场竞争的结果。

2）风险报酬的表示方法

投资风险报酬用风险收益额和风险收益率两种方法表示均可，在实际工作中，对两者并不做严格区分，通常以相对数——风险收益率进行计量。

在不考虑物价变动的情况下，投资收益率包括两部分：一部分是无通货膨胀时的资金时间价值，它是不经受投资风险而得到的价值，即无风险收益率；另一部分是风险价值，即风险收益率。其关系式如下：

$$R = R_f + R_R \tag{2-31}$$

式中，R 为收益率；R_f 为无风险收益率；R_R 为风险收益率。

2.2.2　风险与收益的权衡

任何经济活动都是有风险的。投资主体在进行公司金融活动——投资决策或融资决策时，一定要慎重地对待风险问题。因为任何收益都是与一定的风险程度相对应的。按照现代金融经济学的观点，对于风险性决策，投资主体一般被认为具有风险厌恶（risk aversion）倾向，即“行为假设”（behavioral assumptions）。风险厌恶是指投资者一般不接受风险性方案，除非有足够的收益使接受这种方案的行为得到补偿。因此，进行投资决策时必须考虑各种风险因素，预测风险对投资收益的影响程度，以判断投资项目的可行性。

在图 2-6 中，R 曲线即风险-收益特征线，反映在环境给定的情况下，风险与收益之间的相关性。在曲线 R 上，每一点都对应着相关的风险程度和收益水平。例如，A 点程度的风险要求获得 B 点对应的收益率，C 点程度的风险则要求获得 D 点对应的收益率。风险程度加大了，由 A 点移到 C 点，但收益却是以更大的幅度提高的，即由 B 点提高到 D 点，以补偿投资者所接受的风险。所以说，投资者总想冒较小的风险而获得较多的收益，至少要使所得的收益与所冒的风险相当，这是对投资的基本要求。

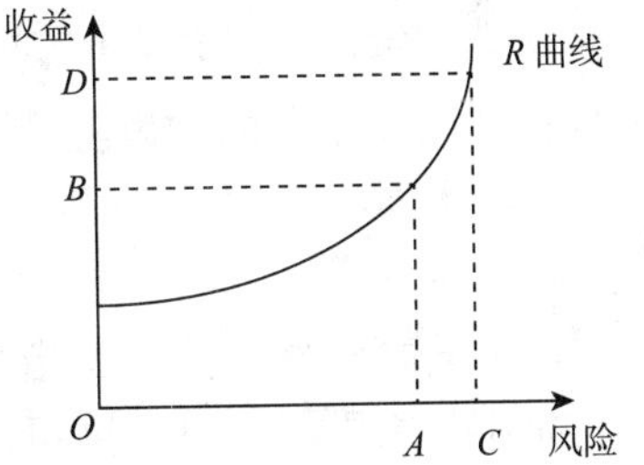

图 2-6　风险、收益平衡表

按照现代投资学理论，均值-方差标准是在各可能被选方案中做出选择决策时所运用的一种基本原则。该原则基于如下两个假设：第一，决策者为风险厌恶者；该假设较适合于一般情况。第二，分布大致呈正态分布；该假设则要进行具体分析，通常证券投资收益符合这一假设。均值-方差标准是基于期望收益率 K_i 和标准差 σ_i 的比较而进行选择的。均值-方差标准如下。

被选方案 A 优于方案 B，只要同时满足如下条件：

$$K_A \geqslant K_B 且 \sigma_A^2 < \sigma_B^2$$

或者

$$K_A > K_B 且 \sigma_A^2 \leqslant \sigma_B^2$$

在对待风险的问题上，组合理论被认为是经济学在 20 世纪所取得的重大成就之一。著名经济学家马科维茨（Markowitz）认为，在投资行为以至公司金融活动中，人们应当认识到不同证券、不同投资项目之间的关联关系，并充分运用这种相关性，将可以分散掉的风险降至最低。经过近半个世纪的发展，投资组合理论、资本资产定价模型等已经在公司金融中获得了充分而有效的运用。

2.2.3 投资组合的风险与收益

不管是机构投资者还是个人投资者，在进行投资时，一般并不把其所有资金都投资于一种证券，而往往是将投资组合起来，同时持有多种证券，从而形成投资组合，也可称为证券组合，以此来降低总投资的风险程度。

1. 投资组合的风险

投资组合的风险是它所包含的各项资产的方差的加权平均数，再加上各项资产之间协方差的倍数。通过数学推导，n 项投资组合的总体期望收益方差可表述为

$$\sigma_p^2 = \sum_{i=1}^{n} W_i^2 \sigma_i^2 + \sum_{i=1}^{n} \sum_{j=1}^{n} W_i W_j \sigma_{ij} \tag{2-32}$$

或者

$$\sigma_p^2 = \sum_{i=1}^{n} \sum_{j=1}^{n} W_i W_j \text{Cov}\left(R_i, R_j\right) \tag{2-33}$$

式中，σ_p^2 为资产组合的方差；σ_i^2 为第 i 项资产的方差；W_i 为第 i 项资产的权重；W_j 为第 j 项资产的权重；σ_{ij} 和 $\text{Cov}\left(R_i, R_j\right)$ 为资产 i 和资产 j 之间的协方差。

投资组合的风险可以分为两种性质完全不同的风险，即不可分散风险和可分散风险，分别由式（2-32）右边的第一项和第二项体现。

1）可分散风险

可分散风险又叫非系统性风险或公司特别风险，是指某些因素对单个证券造成经济损失的可能性，如公司在市场竞争中的失败。这种风险可以通过证券持有的多样性来抵消。即多买几家公司的股票，其中某些公司的股票报酬上升，另一些公司的股票报酬下降，从而将风险抵消。因此，这种风险称为可分散风险。

协方差是用来反映两个随机变量之间线性关系程度的一种指标。若协方差为 0，则两者不相关；若协方差大于 0，则两者正相关；若协方差小于 0，则两者负相关。

这样，我们看到，投资组合的风险并不仅是组合中各项资产风险的平均值，还与各

证券之间的相互关系有关。在图 2-7 中，假设组合中的两种证券的价格变动是完全一致的，那么，组合的风险为两者的叠加，建立组合完全达不到分散风险的目的；在图 2-8 中，假设两种证券的价格波动完全相反，若组合中这两种证券比例适当，则组合的预期价格变动为一个固定值，风险被完全分散。

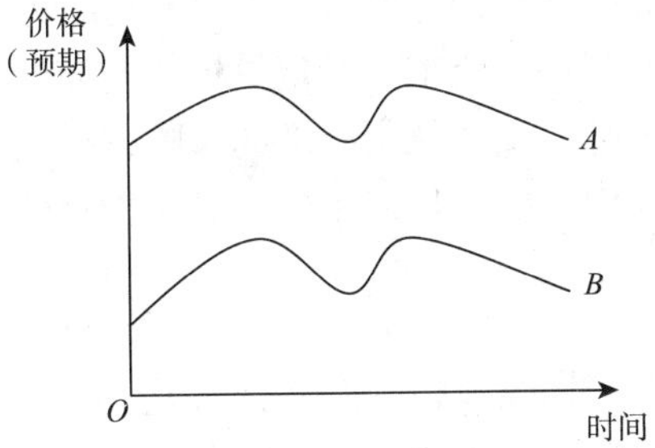

图 2-7　组合风险图（一）

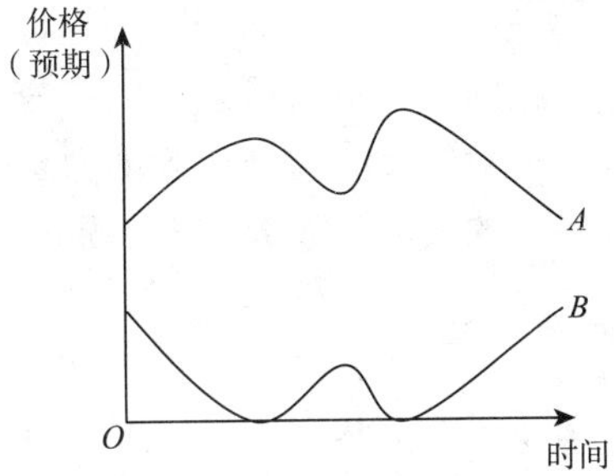

图 2-8　组合风险图（二）

2）不可分散风险

不可分散风险又称系统性风险或市场风险，是指由于某种因素给市场上所有的证券都带来经济损失的可能性，如国家经济政策的变化、税法的变化等，都会使股票报酬发生变化。这些风险影响到所有的证券，因此，不能通过证券组合分散掉。换句话说，即使投资者持有的是经过适当分散风险的证券组合，也将遭受这种风险。因此，对投资者来说，这种风险是无法消除的，故称不可分散风险。

由此，我们可以总结如下：①一种股票的风险由两部分组成，即可分散风险和不可分散风险。②可分散风险可通过证券组合来削弱，大部分投资者正是这样做的。可分散风险随证券组合中股票数量的增加而逐渐减少。③股票的不可分散风险由市场变动而产生，它对所有股票都有影响，不能通过证券组合而消除。

2. 投资组合的风险报酬

投资者进行证券组合投资与单项投资一样，都要求对承担的风险进行补偿，股票的风险越大，要求的补偿就越高。但是，与单项投资不同，证券组合投资要求补偿的风险只是不可分散风险，而不要求对可分散风险进行补偿。如果可分散风险的补偿存在，善于科学地进行投资组合的投资者将购买这部分股票，并抬高其价格，则其最后的期望报酬率只反映不能分散的风险。由此，证券组合的风险报酬是投资者因承担不可分散风险而要求的、超过时间价值的那部分额外报酬。用公式表示为

$$R_P = \beta_P(R_M - R_f) \tag{2-34}$$

式中，R_P 为证券组合的风险报酬率；β_P 为证券组合的 β 系数；R_M 为由市场上所有股票组成的证券组合的报酬率；R_f 为无风险报酬率，一般用国库券的利息来衡量。

可以看出，调整各种证券在证券组合中的比重可以改变证券组合的风险、风险报酬率和风险报酬额。有关风险与报酬率的关系，将在资本资产定价模型中进行阐述。

2.2.4 风险与收益的模型分析——资本资产定价模型

资本资产定价模型是由威廉·夏普（William Sharpe）、约翰·林特纳（John Lintner）一起创造发展的，旨在研究证券市场价格如何决定的模型。资本资产定价模型假设所有的投资者都是按马科维茨的资产选择理论进行投资的，对于期望收益、方差和协方差等的估计完全相同，投资人可以自由借贷。基于这样的假设，资本资产定价模型研究的重点在于探求风险资产收益与风险的数量关系，即为了补偿某一特定程度的风险，投资者应该获得多大的报酬率。介绍资本资产定价模型，我们先引入贝塔系数（β）的概念。

1. 贝塔系数

在前述的论述中我们可以知道，投资者可以自由买卖无风险资产并且对风险资产有共同的期望时，所有的投资者都持有市场组合。对于单项风险资产，投资者关心的是不能通过投资组合化解的系统性风险。从市场组合的角度看，可以视单项资产的系统性风险是对市场组合变动的反映程度，用贝塔系数（β）度量。β表示的是相对于市场收益率变动、个别资产收益率同时发生变动的程度，是一个标准化后的度量单项资产对市场组合方差贡献的指标。β的定义是

$$\begin{aligned}\beta_i &= \frac{\mathrm{Cov}(R_i, R_M)}{\sigma_M^2} \\ &= \rho_{iM} \times \frac{\sigma_i}{\sigma_M}\end{aligned} \tag{2-35}$$

式中，$\mathrm{Cov}(R_i, R_M)$为第 i 种风险资产与市场组合收益率之间的协方差；ρ_{iM}为第 i 种风险资产与市场组合收益率的相关系数；σ_M^2为市场组合的方差，σ_M为市场组合的标准差。

从统计上说，β实际上是风险资产的收益率与市场组合的收益率经线性回归得到的回归系数。实际中，市场组合多以股票市场的综合指数代替，通过单个股票收益率对市场指数收益率的回归得到。当市场组合的β值为 1 时，反映的是所有风险资产的平均风险水平。β的值可正可负，表明单个股票对于市场组合的变化方向。β的绝对值越大，表明单个股票收益率的波动越高。

2. 资本资产定价模型

当资本市场达到均衡时，风险的边际价格是不变的，任何改变市场组合的投资所带来的边际效果是相同的，即增加一个单位的风险所得到的补偿是相同的。按照β的定义，将其代入均衡的资本市场条件下，就得到资本资产定价模型。表示为

$$R_i = R_f + \beta_i \times (R_M - R_f) \tag{2-36}$$

式中，R_i为第 i 个证券的期望收益率；$R_M - R_f$为市场组合风险溢价。

资本资产定价模型说明如下。

（1）单个证券的期望收益率由两个部分组成，即无风险利率和对所承担的风险的补偿——风险溢价。

（2）风险溢价的大小取决于β值的大小。β值越高，表明单个证券的风险越高，

所得到的补偿也就越高。

（3）β 值度量的是单个证券的系统性风险，非系统性风险没有风险补偿。

资本资产定价模型说明了风险与收益之间的线性关系，如果代表证券风险的横轴用 β 表示，纵轴仍然用期望收益率，得到一条斜率为市场组合风险溢价的直线，称为证券市场线（security market line，SML），如图 2-9 所示。

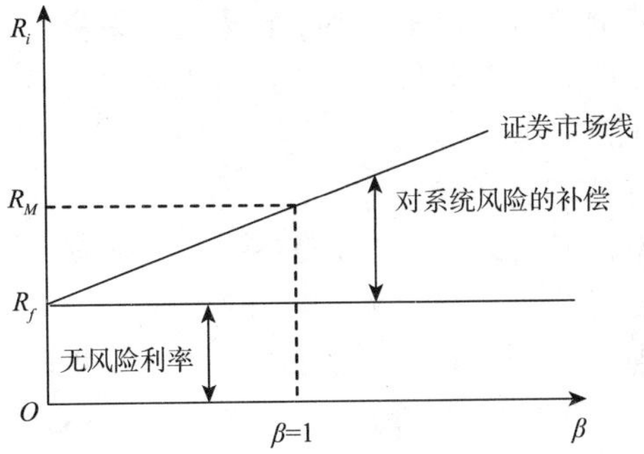

图 2-9　证券市场线

证券市场线上的每一个点代表着不同系统性风险的证券，并指出该证券最少应获得的期望收益率。它是证券市场中股票供求平衡的产物。假设现在有某种股票 A 市价偏低，即其价格低于其均衡状态下应有的价格，则它的期望收益率相对于其风险来说，必然会高于市场的平均收益率，对此股票的需求因而增加，终将迫使其价格上升，直至其预期收益率下降到证券市场线上的 A' 点。同样，对于市价偏高的 B 点来说，通过股票的抛售也会促使其价格下跌，最终使其预期收益率上升到证券市场线上的 B' 点。见图 2-10。

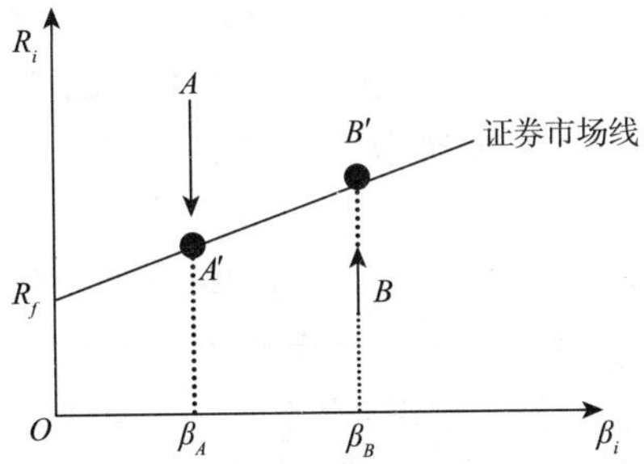

图 2-10　证券市场均衡

本 章 小 结

1. 货币的时间价值通常是没有风险和通货膨胀条件下的社会平均利润率，也称为资金的时间价值。在公司金融中，正确评价一项长期投资的经济效益，需要计算货币的时间价值，使投资额与投资项目的未来收益统一到同一时间基础上，即要树立货币时间价值的观念。

2. 计算货币时间价值的方法有单利制和复利制，货币时间价值的表现形式有现值和终值，进而货币时间价值又分为单利终值和单利现值、复利终值和复利现值。

3. 年金是指在连续若干个时期内，每隔相同时间收入或支出的等额款项。年金按其每次收付发生的时点不同，可分为普通年金、即付年金、递延年金和永续年金四种形式。其终值和现值的计算分为普通年金终值和现值、即付年金终值和现值、递延年金终值和现值、永续年金终值和现值。

4. 货币时间价值主要用于计算不等额现金流量的现值。

5. 风险是指在一定条件下和一定时期内，行为主体做出决策的主观预期与客观现实偏离的可能性，或者更加广义地定义为特定资产实现收益的不确定性。其特征主要有客观性、不确定性、相对性和可变性。

6. 风险的分类从责任程度的角度可分为轻度风险、中度风险和高度风险；从可控程度的角度可分为可控风险和不可控风险；从投资者的角度可分为经营风险和融资风险。

7. 风险的衡量是借助概率论中的方差、标准差、标准离差率等离散指标来进行的。

8. 收益率由无风险收益率和风险收益率构成。无风险收益率是指不经受投资风险而得到的价值；风险收益率是指投资者因冒风险投资而获得的一种风险补偿报酬率。

9. 资本资产定价模型是分析风险收益的重要分析模型。

思考题

1. 谈谈你对货币时间价值的理解。

2. 如果资产有不同的期望报酬率，下面哪种方法能更好地衡量风险，为什么？①标准差；②标准离差率。

3. 某公司要在 5 年后还清一笔贷款（贷款金额 500 万元），从现在起每年年初存入银行一笔款项，如果银行的利率为 7%，则每年需存入银行多少钱？

4. 某公司有一项收入，开始 4 年无收入，后 5 年每年年末流入 500 万元，市场利率为 10%，则其现值为多少？

5. 某公司拟于 2018 年 4 月 1 日购买一张面额 1000 元的债券，其票面利率为 12%，每年的 4 月 1 日计算并支付利息，并于 5 年后的 3 月 31 日到期。假设市场利率为 10%，债券的市价为 1080 元，则是否值得购买该债券？

6. 某人为购房向银行贷款 10 万元，利率为 6%，在以后的 10 年每年年初等额分期偿还贷款，则每年应该偿还的数额为多少？如果每月月初等额分期偿还贷款，则每月应该偿还多少？同样如果每月月末来偿还贷款，那又应该是多少？

7. 某公司目前普通股的每股股利为 1.8 元，公司预期以后的 4 年股利将以 20%的比率增长，往后则以 8%的比率增长，投资者要求的报酬率为 16%，计算该普通股的每股理论价格。

8. 假设经济中只有两种资产：一种是风险资产，一种是无风险资产。风险资产的期望收益率为 12%，标准差为 20%，无风险利率为 4%，请画出这两种资产的资本市场线。

9. 某公司拟开发一项目，有 A、B 两种方案，其投资额相同，有关数据如表 2-3 所示。

表 2-3　未来的预期收益及发生的概率

投资环境	概率	预期收益	
		A 方案	B 方案
良好	0.3	80	120
一般	0.5	60	40
较差	0.2	40	–20

（1）计算 A、B 两方案的期望收益和标准差。

（2）对 A、B 两方案的风险程度做出判断。

相关链接

耶鲁大学公开课——资本资产市场定价模型

第3章

公司金融基本理论

经济学家与政治哲学家的观念，无论对错，都远较一般人所了解的有力。这个世界甚少受其他人的统治。负实际责任的人尽管认为不太受知识分子的影响，但通常都是某些已故经济学家的奴隶。

——J. M. 凯恩斯

➢本章摘要

本章主要介绍：公司金融理论的发展；所有权、控制与报酬理论；投资风险、投资收益与市场效率；债券与股票的估价；资本预算与投资决策理论；资本结构理论；股利政策理论；期权估价理论。

3.1 公司金融理论的发展

公司金融理论伴随着有关企业理论的发展变化而演进，经历了由传统公司金融理论到现代公司金融理论的演变过程。

3.1.1 公司金融理论的提出

传统的经济学认为，当企业负债增加时，风险增大，投资者要求收益率提高，即要求投资回报增加，导致企业成本增加，于是得出结论：企业融资结构会影响企业的资本成本及其市场价值。经典的资本结构理论——MM 理论[①]，又称为 MM 不相关定理，对这些问题做出了相反的回答，即企业的市场价值与厂商的金融政策无关。

MM 理论认为，资本成本是一种加权平均的资本成本。莫迪利安尼和米勒将企业资本来源分为两类，即借入资本（发行债券所筹资本）和股权资本（发行股票所筹资本）。虽然借入资本由于利息固定且债息收入不纳所得税，其成本低于股权资本，但是，借入

① MM 理论由莫迪利安尼（Modigliani）和米勒（Miller）提出。

资本在总资本中比例的提高，一方面由于总资本收益率的变化是分散在较小部分的股权资本上，使股权资本的收益率更加不确定；另一方面又增加了企业无力偿付债务的可能性，即债务风险增大，为了抵消借入资本带来的金融风险，投资者会要求一个更高的股权资本收益率，从而提高股权资本的成本。因此，尽管使用低成本的借入资本会提高总资本的收益，从而降低资本成本，但它同时会增加企业的金融风险，导致股权资本成本的提高。莫迪利安尼和米勒认为增加借入资本的这两种效应将会相互抵消，从而使总的资本成本仍然保持不变。这一观点就是著名的 MM 理论，即对风险相同的企业来说，企业的资本成本或市场价值与借入资本和股权资本的结构无关。

莫迪利安尼和米勒在对传统经济学的观点提出质疑并进行分析研究之后提出的具有突破性意义的 MM 理论试图回答以下问题：在一个不确定的世界中，企业的资本成本究竟是什么?企业的融资方式即资本结构的变化对资本成本会产生怎样的影响?企业又如何根据这种资本成本来进行自己的投资决策?这些问题如何解决正是公司金融理论探讨的主要内容。

3.1.2　传统公司金融理论

传统公司金融理论是指从新古典经济学的企业观出发进行研究而得出的 MM 理论。新古典经济学的企业观认为企业只是一个通过投资获取现金收益流量的主体，企业为筹集外部资金而发行的金融证券也仅仅代表投资者（股东和债权人）对企业现金收益的要求权。在这种情况下，企业金融证券的性质也因其拥有者对企业现金收益的要求权不同而加以区分。股东以红利分配的形式拥有企业现金收益，债权人以负债契约规定的利息和本金偿还的方式获取企业现金收益。因此，在完全竞争的资本市场假定的前提下，如果企业与投资者能以相同的条件进行借贷和储蓄，企业融资方式的选择、资本结构、股利政策等企业金融方面的决策对企业的市场价值不产生任何影响，与企业的市场价值无关，即 MM 理论。

3.1.3　现代公司金融理论

现代公司金融理论是指从现代企业理论出发进行研究而得出的一系列研究成果的总称。以委托代理理论、信息经济学、契约理论等现代微观经济学作为基础的现代企业理论表明，企业是由股东、债权人、管理人员、职工、关联企业和顾客等企业利益相关主体组成的共同组织，是这些利益相关主体之间缔结了一组契约的集合体。但是，由于信息不对称、契约的不完备等市场不完全性的存在，企业各利益相关主体之间的利益往往不一致，更多的时候，还表现为各主体之间的利益冲突。各主体之间的利益冲突在企业经营中则表现为各主体的权利和责任不对称，各种代理人成本和交易费用发生，企业的经营效率也因此受到影响。现代企业金融理论从这种企业观出发对 MM 理论进行了修正和发展，指出企业的融资方式通过对各利益相关主体的激励及企业破产发生概率的影响对企业的收益和价值产生影响。当企业的内部管理者和外部投资者之间在企业的投资收益预期等方面存在着信息不对称时，企业的融资方式即资本结构也就成为外部投资者预测企业业绩的一个指标，融资方式及资本结构的变化也会影响外部投资者对企业投资的信心，从而影响企业金融证券的价格。企业金融证券不只是企业现金收益的要求权，而且内含与企业所有权相关的剩余支配权和经营决定权。

3.2 所有权、控制与报酬理论

3.2.1 股东与经营者之间的关系

1. 利益冲突

股东和经营者分离以后，股东的目标是企业财富最大化，千方百计要求经营者以最大的努力去完成这个目标。经营者也是最大合理效用的追求者，其具体行为目标与股东不一致。他们的目标如下。

（1）增加报酬，包括物质与非物质的报酬，如工资、奖金，提高荣誉和社会地位等。

（2）增加闲暇时间，包括较少的工作时间、工作时间里较多的空闲和有效工作时间中较小的劳动强度。

上述两个目标之间有矛盾，增加闲暇时间可能减少当前或将来的报酬，努力增加报酬会牺牲闲暇时间。

（3）避免风险。经营者努力工作可能得不到应有的报酬，他们的行为和结果之间有不确定性，经营者总是力图避免这种风险，希望付出一分劳动便得到一分报酬。

2. 背离方式

经营者的目标与股东不完全一致，经营者有可能为了自身的目标而背离股东的利益。这种背离表现在以下两个方面。

（1）道德风险，即在信息不对称的情况下，管理者往往追求自身利益最大化而非股东利益最大化。股价上涨的好处将归于股东，如若失败，他们的“身价”将下跌。他们不做什么错事，只是不十分卖力，以增加自己的闲暇时间。这样做，不构成法律和行政责任问题，只是道德问题，股东很难追究他们的责任。

（2）逆向选择，即经营者由于掌握的信息多于股东，往往会为了自己的目标背离股东的意愿。例如，装修豪华的办公室，买高档汽车；借口工作需要乱花股东的钱；蓄意压低股票价格，以自己的名义借款买回，导致股东利益受损，自己从中渔利。

3. 协调方法

（1）监督。经营者背离股东的目标的条件是双方的信息不一致，主要经营者了解的信息比股东多。避免道德风险和逆向选择的出路是股东获取更多信息，对经营者进行监督，在经营者背离股东目标时，减少其各种形式的报酬，甚至解雇他们。

但是，全面监督在实际上是行不通的。股东是分散的或者远离经营者，得不到充分的信息；经营者比股东有更大的管理优势，比股东更清楚什么是对企业更有利的行动方案；全面监督管理行为的代价是非常高的，很可能超过它所带来的收益。因此，股东支付审计费用聘请注册会计师，往往仅审计财务报表，而不要求全面审查所有管理行为人。股东对于情况的了解和对经营者的监督是必要的，但受到合理成本的限制，不可能事事都监督。监督可以减少经营者违背股东意愿的行为，但不能解决全部问题。

（2）激励。防止经营者背离股东利益的另一个出路是采取激励报酬计划，使经营者分享企业增加的财富，鼓励他们采取符合企业最大利益的行动。例如，企业盈利率提高或股票价格提高后，给经营者以现金、股票奖励。支付报酬的方式和数量大小有多种选择。报酬过低，不足以激励经营者，股东不能获得最大利益；报酬过高，股东付出的激励成本过大，也不能实现自己的最大利益。因此，激励可以减少经营者违背股东意愿的行为，但也不能解决全部问题。

通常，股东同时采取监督和激励两种办法协调自己和经营者的目标。尽管如此，仍不可能使经营者完全按照股东的意愿行动，他们可能仍然采取一些对自己有利而不符合股东最大利益的决策，并由此给股东带来一定的损失。监督成本、激励成本和偏离股东目标的损失之间此消彼长，相互制约。股东要权衡轻重，力求找出能使三项之和最小的解决办法。

3.2.2 股东与债权人之间的关系

1. 利益冲突

当公司向债权人借入资金后，两者之间形成一种委托代理关系。债权人把资金交给公司，其目标是到期时收回本金，并获得约定的利息收入；公司借款的目的是用它来扩大生产经营，投入有风险的生产经营项目，两者的目标并不一致。

债权人事先知道借出资金是有风险的，并把这种风险的相应报酬纳入利率。通常要考虑的因素包括：公司现有资产的风险、预计新添资产的风险、公司现有的负债比率、公司未来的资本结构等。

2. 背离方式

借款合同一旦履行，资金到了企业，债权人就丧失了对资金的控制权，股东为了自身利益可以通过经营者伤害债权人的利益，其常用方式如下。

（1）股东不经债权人的同意，投资于比债权人预期风险要高的项目。如果高风险的计划侥幸成功，超额的利润归股东独吞；如果计划不幸失败，公司无力偿债，债权人将与股东共同承担由此造成的损失。尽管有关法律规定，债权人先于股东分配破产财产，但多数情况下，破产财产不足以偿还债务。所以，对债权人来说，超额利润肯定拿不到，发生损失却有可能要分担。

（2）股东为了提高公司的利润，不征得债权人的同意而迫使管理当局发行新债券，致使旧债券的价值下降，使旧债权人蒙受损失。旧债券价值下降的原因是新债券发行后公司负债比率加大，公司破产的可能性也随之加大，如果企业破产，旧债权人和新债权人要共同分配破产后的财产，使旧债券的风险增大、价值下降。尤其是对于不能转让的证券或其他借款，债权人没有出售债权来摆脱困境的出路，处境更加不利。

3. 协调方法

债权人为了防止其利益被侵害，除了寻求立法保护，如破产时优先接管、优先于股东分配剩余财产外，通常采取以下措施。

（1）在借款合同中加入限制性条款，如规定资金的用途、规定不得发行新债或者限制发行新债的数额等。

（2）发现公司有剥夺其财产意图时，拒绝进一步合作，不再提供新的借款或提前收回借款。

3.3 投资风险、投资收益与市场效率

公司的目标是企业价值最大化，即股东财富最大化，股东必要报酬率的高低取决于投资的风险，风险越大，要求的必要报酬率越高。那么，投资的风险如何计量？特定的风险需要多少报酬来补偿？这些正是投资风险、投资收益与市场效率所研究的内容。

3.3.1 风险与收益

收益一般以投资者在一段时间内所获损益来衡量，一般表示资产变动（资本利得或损失）同其他现金收益（股利或利息）之和与期初投资价值之间的百分比。某项资产在时期 n 内的实际收益率的计算公式如下：

$$R_n = \frac{p_n - p_{n-1} + c_n}{p_{n-1}} \tag{3-1}$$

式中，p_n 为资产在 n 期末的价格（或价值）；p_{n-1} 为资产在 $n-1$ 期末的价格（或价值）；c_n 为资产在 n 期内的现金流量。

从式（3-1）中可以看出，实际收益率反映了特定时期内的价值变化和实际现金流入两者的综合效应。

风险则是预期结果的不确定性。风险不仅包括负面效应的不确定性，还包括正面效应的不确定性。

3.3.2 单项资产的风险与收益

概率代表某一结果发生的相对可能性。某项资产的期望收益率可以用公式表示为

$$E(R_i) = \sum_{i=1}^{n}(P_i R_i) \tag{3-2}$$

式中，P_i 为第 i 种结果出现的概率；R_i 为第 i 种结果出现后的预期报酬率；n 为所有可能结果的数目。

衡量资产 i 风险的最常用的数理指标是资产期望收益率的标准差 σ，标准差衡量各可能结果围绕期望值的分布情况。

$$\sigma = \sqrt{\sum_{i=1}^{n}\left[R_i - E\left(R_i\right)\right]^2 \times P_i} \tag{3-3}$$

一般而言，资产的标准差越大，资产的风险程度越高。

3.3.3　投资组合的风险与收益

1. 预期收益率

两种或两种以上证券的组合，其预期收益率可以直接表示为

$$R_p = \sum_{j=1}^{m} E\left(R_j\right) W_j \tag{3-4}$$

式中，$E\left(R_j\right)$ 为第 j 种证券的预期收益率；W_j 为第 j 种证券在全部投资额中的比重；m 为组合中的证券种类总数。

2. 标准差

证券组合的标准差并不是单个证券标准差的简单加权平均。证券组合的风险不仅取决于组合内的各证券的风险，还取决于各个证券之间的关系。

$$\sigma_p = \sqrt{\sum_{j=1}^{m}\sum_{k=1}^{m} W_j W_k \sigma_j \sigma_k \rho_{jk}} \tag{3-5}$$

式中，m 为组合中证券种类总数；W_j 为第 j 种证券在投资总额中的比例；W_k 为第 k 种证券在投资总额中的比例；σ_j 为第 j 种证券的标准差；σ_k 为第 k 种证券的标准差；ρ_{jk} 为第 j 种证券和第 k 种证券之间的预期相关系数。

相关系数总在 -1 和 $+1$ 之间取值。当相关系数为 $+1$ 时，表示一种证券收益率的增长总与另一种证券收益率的增长成比例，两个变量是完全正相关的；当相关系数为 -1 时，两个变量是完全负相关的，即成反比；当相关系数为 0 时，表示不存在线性相关关系。

当 $j=k$ 时，$\rho_{jk}=1$，$\sigma_j \times \sigma_k$ 变为 σ_j^2；当一个组合扩大到能够包含所有证券时，只有协方差（$\sigma_{jk} = \sigma_j \sigma_k \rho_{jk}$）是最为重要的，方差项将变得微不足道。

3. 两种证券组合的投资比例与有效集

图 3-1 中列示了相关系数为 0.2、0.5 和 1 的机会集曲线，从中可以得到以下结论。

（1）相关系数越大的两种证券组成的机会集弯曲度越低，相关系数为 1 时，机会集曲线呈一条直线。

（2）相关系数越小，风险分散化效应也就越强。证券报酬率之间的相关性越高，风险分散化效应就越弱。完全正相关的投资组合不具有风险分散化效应，其机会集是一条直线。

（3）当相关系数小到一定程度时，其机会曲线会出现向左弯曲的现象。如图 3-1 中的相关系数为 0.2 的曲线。

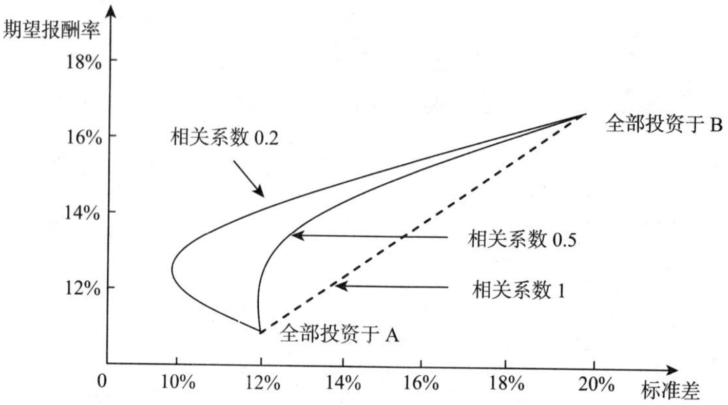

图 3-1 不同相关系数情况下的两种证券组合的机会集

4. 可分散风险与不可分散风险

随着单个资产方差的重要性逐渐降低，协方差变量的重要性逐渐居于主导地位。此外，这些协方差变量的主导地位是相当重要的。当某个资产加入一个极其分散的投资组合中（经随机选择而形成的投资组合），同该资产的方差一样，该资产与任何单个资产的协方差对整体组合方差所起的作用是非常小的。只有该资产同所有其他资产的协方差才会对投资组合方差起一定的影响，因此欲将该资产加入其投资组合的投资者也只会对该资产投资组合之间的总方差感兴趣。这使我们能够明确区分可分散风险和不可分散风险。可分散风险指资产的总方差中与其他所有资产的收益不相关的部分，而不可分散风险则指资产的总方差中与影响所有公司的市场力量相关并不可分散掉的部分。

可分散风险又称为特定风险或非系统性风险，取决于投资者对与公司特定相关的事项如罢工、诉讼、监管、新产品开发失败、失去重要的销售合同等所做的反应。不可分散风险又称为系统性风险，取决于公司对影响所有公司和金融资产的宏观经济、政治力量的敏感程度。简而言之，总风险由以下两个部分组成，即

总风险=可分散风险+不可分散风险

可分散风险同不可分散风险之间的关系可用图 3-2 表示。资产的风险可以用标准差计量。这个标准差是指它的整体风险。

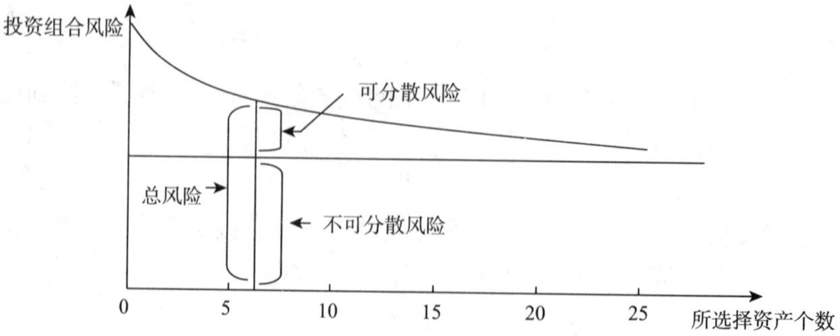

图 3-2 投资组合风险与风险分散化

图 3-2 中描绘了随着更多的资产（横轴表示）加入投资组合中，可分散风险、不可

分散风险和总风险（纵轴表示）的变化特性。随着资产的加入，分散化作用使投资组合的总风险逐渐降低直至一个极限，即所有的可分散风险全部被分散掉，剩下的只是投资组合对不可分散风险的敏感程度。有关调查表明，包含 15~20 个随机选择资产的投资组合就可获得大部分资产风险分散化的效应。

5. 风险投资组合的有效性边界

创建最小方差投资组合是在给定期望收益率水平下，创建一个收益率波动性最低的投资组合。这些投资组合都是均值–方差有效的投资组合，即为投资者提供一个最佳的风险与收益组合。当然，所有投资组合中只有一小部分是有效组合。图 3-3 描绘了各种不同投资组合的风险与收益的分布情况，其中，横轴为投资组合的风险，用收益率标准差 $\delta(R_P)$来衡量，纵轴为投资组合的收益，以期望收益率 $E(R_P)$表示。尽管投资者可获得不规则多边形内任一投资组合，但是一个理性投资者只会选择那些实际分布在边界 *BCDE* 上的投资组合。这个边界被称为有效边界，一个希望在任何风险水平下最大化其投资收益的投资者只需在该边界上选择就可获得满足。对风险极其厌恶的投资者可能只选择投资组合 *B*，而愿意承担更多风险的投资者则可能选择投资组合 *D* 甚至是投资组合 *E*。

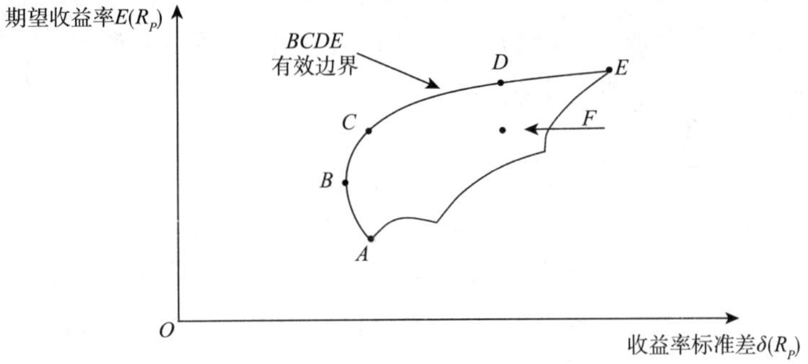

图 3-3　投资组合收益率与标准差

在投资组合中，只有某一项资产同其他所有资产之间的协方差对投资者才是重要的，而该资产自身的方差或者它同任何其他单一资产之间的协方差根本无足轻重。任何理性、风险厌恶型的投资者只会选择在给定风险水平下提供最大收益的投资组合，或给定收益水平下风险程度最小的投资组合。如果投资者只限于在风险资产投资组合中选择，那他必会选择位于有效边界上的投资组合，而具体的选择则取决于投资者个人的风险偏好。如果投资者有机会购买无风险资产及风险资产投资组合，他们将选择由无风险资产和特定切点投资组合所构成的投资组合。

在边界 *BCDE* 上的投资组合要优于其他投资组合，例如，对于投资组合 *F*，一个理性投资者根本不会选择该投资组合，因为他可通过选择投资组合 *D* 在不增加额外风险的条件下获得更高的期望收益率。同样，投资者也可通过选择投资组合 *C* 在期望收益率不变的条件下承担较小的风险。对于投资组合 *A* 亦是如此，投资组合 *A* 表面上看好像在有效边界上，而实际上并非如此，因为投资者可通过选择投资组合 *B* 而获得更高的收益率并承担较低的风险。在均衡市场状态下，所有的可投资资产均可被包含于某个位于边界 *BCDE* 上的投资组合中，但是由于存在无限个有效投资组合，我们并不能具体预测在哪个投资组合中。

画一条连接点 R_f 和投资组合 C 的直线，这条直线是通过点 R_f 和有效边界的切线。图 3-4 中线段 $R_f C$ 代表着无风险资产和一定比例投资组合 C 所构成的投资组合集，而从 C 点向上延伸的直线则代表着以无风险利率借入资金对投资组合 C 进行额外投资。

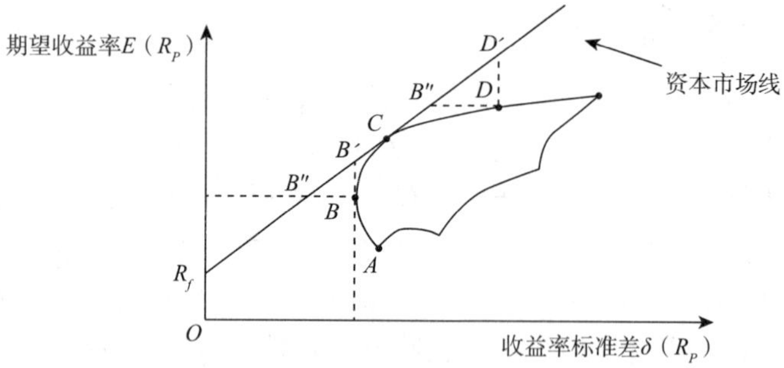

图 3-4　资本市场线

从点 R_f 起通过点 C 的直线被称为资本市场线，投资者在该资本市场线上选择投资组合可以获得比只投资于风险资产投资组合更优的风险–收益组合。未引入风险资产时，风险高度厌恶的投资者只会选择投资组合 B，而现在该投资者可以通过选择资本市场线上的投资组合 B'，在同一风险水平下获得更高的收益。或者说，他可以选择投资组合 B'' 而不是投资组合 B，从而在较低的风险水平下获得同样的收益。对于愿意承担更大风险的投资者亦是如此，他原先选择投资组合 D，现在他可以通过选择投资组合 D' 在同样风险水平下获得更高收益，或者是选择投资组合 D'' 在较低风险水平下获得同样的收益。显然直线 $R_f C$ 上的投资组合要优于所有其他可获得的投资组合。所有投资者将选择由无风险资产和切点处的投资组合 C 所构成的投资组合这一观点被称作分离理论，或者从经营角度被称作两基金分离理论。

6. 资本资产定价模型

资本资产定价模型研究的是充分组合情况下风险与要求的收益率之间的均衡关系。资本资产定价模型可用于回答以下不容回避的问题：为了补偿某一特定程度的风险，投资者应该获得多大的收益率？我们知道风险是预期报酬率的不确定性，根据投资理论将风险区分为不可分散风险和可分散风险，在高度分散化的资本市场里只有不可分散风险，并且会得到相应的回报。而资本资产定价模型讨论的正是如何衡量系统性风险，以及如何给风险定价。

1）系统性风险的度量

一项资产的期望报酬率取决于它的系统性风险，度量一项资产系统性风险的指标是贝塔系数，用 β 表示。β 被定义为某个资产的收益率与市场组合之间的相关性。其计算公式为

$$\beta_{iM}=\frac{\sigma_{iM}}{\sigma_M^2}=\frac{r_{iM}\sigma_i\sigma_M}{\sigma_M^2}=r_{iM}\left(\frac{\sigma_i}{\sigma_M}\right) \tag{3-6}$$

式中，分子 σ_{iM} 为第 i 种证券的收益与市场组合收益率之间的协方差，它等于该证券的标

准差 i 、市场组合的标准差 M 及两者相关系数 r_{iM} 的乘积。β_{iM} 为证券 i 的 β 系数，用来表示证券 i 相对于市场组合的风险（即系统性风险）。

根据式（3-6）可以看出，一种股票的 β 值的大小取决于：①该股票与整个股票市场的相关性；②它自身的标准差；③整个市场的标准差。

2）投资组合的贝塔系数

用 β_{PM} 表示组合 P 的 β 值，投资组合的 β_{PM} 等于被组合各证券 β 值的加权平均数，权数为各种证券在该组合中所占的比例：

$$\beta_{PM}=\sum_{i=1}^{n}x_i\beta_{iM} \tag{3-7}$$

如果一个高 β 值股票（$\beta>1$）加入一个平均风险组合中，则组合风险将会提高；反之，如果一个低 β 值股票（$\beta<1$）加入一个平均风险组合中，则组合风险将会降低。所以，一种股票的 β 值可以度量该股票对整个组合风险的贡献，β 值可以作为这一股票风险程度的一个大致度量。

资本市场线反映的是有效组合的预期收益率和标准差之间的关系，任何单个风险证券因均不是有效组合而一定位于该直线的下方。因此资本市场线并不能告诉我们单个证券的预期收益与标准差之间存在怎样的关系。为此，还必须进一步分析。

根据组合标准差公式可得市场组合的标准差的计算公式为

$$\sigma_M=\left(\sum_{i=1}^{n}\sum_{j=1}^{n}x_{iM}x_{jM}\sigma_{ij}\right)^{\frac{1}{2}} \tag{3-8}$$

式中，x_{iM} 和 x_{jM} 分别为证券 i 和 j 在市场组合中的比例。式（3-8）可展开为

$$\sigma_M=\left(x_{1M}\sum_{j=1}^{n}x_{jM}\sigma_{1j}+x_{2M}\sum_{j=1}^{n}x_{jM}\sigma_{2j}+x_{3M}\sum_{j=1}^{n}x_{jM}\sigma_{3j}+\cdots+x_{nM}\sum_{j=1}^{n}x_{jM}\sigma_{nj}\right)^{\frac{1}{2}} \tag{3-9}$$

根据协方差性质可知，证券 i 与市场组合的协方差 σ_{iM} 等于证券 i 跟市场组合中每种证券协方差的加权平均数：

$$\sigma_{iM}=\sum_{j=1}^{n}x_{jM}\sigma_{ij} \tag{3-10}$$

把协方差的这个性质运用到市场组合中的每一个风险证券，并代入式（3-9）可得

$$\sigma_M=\left(x_{1M}\sigma_{1M}+x_{2M}\sigma_{2M}+x_{3M}\sigma_{3M}+\cdots+x_{nM}\sigma_{nM}\right)^{\frac{1}{2}} \tag{3-11}$$

式（3-11）表明，市场组合的标准差等于所有证券与市场组合协方差的加权平均数的平方根，其权数等于各种证券在市场组合中的比例。由此再次表明，考虑市场组合风险时，重要的不是各种证券自身的风险，而是其与市场组合的协方差。即自身风险较高的证券，并不意味着其预期收益率也应该较高，自身风险低的证券，并不意味着其预期收益率低，单个证券的预期收益水平应取决于其与市场组合的协方差，即具有较大 σ_{iM} 值的证券必须提供较大的预期收益率以吸引投资者。在均衡状态下，单个证券收益与风险的关系可以写为

$$E(R_i)=R_f+\frac{E(R_M)-R_f}{\sigma_M^2}\cdot\sigma_{iM} \tag{3-12}$$

此即证券市场线（图 3-5）。

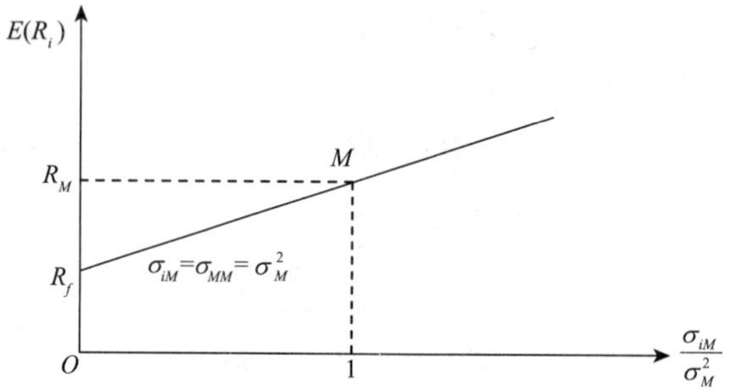

图 3-5　证券市场线

将证券市场线的均衡模型写成下式：

$$E(R_i)=R_f+\left[E(R_M)-R_f\right]\cdot\frac{\sigma_{iM}}{\sigma_M^2} \tag{3-13}$$

令 $\beta_{iM}=\frac{\sigma_{iM}}{\sigma_M^2}$，证券市场线可写为

$$E(R_i)=R_f+\left[E(R_M)-R_f\right]\cdot\beta_{iM} \tag{3-14}$$

3.3.4　有效市场假说

有效市场假说宣称金融资产的价格全面反映所有可获得的相关信息，这一宣称暗示金融资产的价格反映所有历史和当前的相关信息，而且将所有可预测信息加入对未来价格的无偏性预测中。在极端的形式下，有效市场假说认为价格应反映所有的信息，包括只有内幕人员才能获得的内幕信息，但是大多数的金融学者和职业人员比较同意只反映公众可获得信息这一有效市场假说。

Fama 以可获得的内幕信息和公众信息在价格中的反映程度为基础，提出了三种要求逐渐严格的信息处理效率形式。在以弱式效率为特征的市场中，资产价格应反映所有的历史信息。尽管这个要求看似无特别之处，但是它意味着完全依据历史价格的技术面分析或历史关系分析的交易策略并不能为投资者持续带来超额收益。既然价格是“无记忆力的”，因此价格也是不可预测的，只能根据新信息来相应地调整价格。同样，这意味着资产的价格变动遵循一种随机漫步模式（一般而言），即与随后的价格波动没有任何联系，而且资产的价格不可预测地随机波动着。

在以半强式效率为特征的市场中，资产价格应反映所有的公众信息。这意味着资产的价格应反映所有相关的历史信息、当前信息和可预测的未来信息，而且这些信息均可以从公共资源处获得。这种形式的效率市场还意味着资产价格应该立刻并完全对相关信息做出反应。就半强式效率市场而言，其信息处理能力既有存量特征又有流量特征。总而言之，这种形式的效率市场要求所有能够从公共资源（报纸、新闻发布会、计算机数据库等）处获得的信息均反映在资产价格中。

在以强式效率为特征的市场中，资产的价格应反映所有的信息，包括内幕信息。显然这是个比较极端的市场形式，因为它意味着所有与公司特定相关的重要信息（如即将进行的收购投标、股利增长）在其产生之后的第一次交易中（如在董事会对股利增长做出投票表决之后立即反映于价格中）即在其正式对外宣布之前就应完全反映在资产的价格中。在强式效率市场中，大多数的内幕交易人员是无利可图的，而且从上市公司探出的任何内幕信息也是没有利益的，因为这样所获得的任何信息都已经反映在股票和债券的价格中。与半强式效率市场相同，强式效率市场的信息处理能力也有存量和流量特征。

有效市场假说再现了资本资产定价模型的实证研究史，有效市场假说提出之后立即被金融界接受。尽管资本资产定价模型仍待改进，有效资本市场理论却算得上投资研究中的一颗璀璨的明珠。有效市场概念（即资本市场充分而及时地将所有相关的公众信息反映在资产价格上）看起来是一个相当简单的概念，因此人们极易低估该理论对资本操作、管制和研究的影响。事实上，世界各国逐渐依赖市场力量来组织生产和分配产品这一趋势是以市场能够有效地处理信息为依据的。尽管资本市场效率理论的实证研究并没有完全证实强式效率市场，但现代资本市场毫无疑问能快速、准确而公正地处理信息。

3.4　债券与股票的估价

3.4.1　债券的估价

债券估价具有重要的实际意义。企业运用债券形式从资本市场上筹资，必须知道它如何定价。如果定价偏低，企业会因付出更多的现金而遭受损失；如果定价偏高，企业会因发行失败而遭受损失。同样，如果定价不当，就不能满足投资人的报酬率要求。

1. 债券估价的基本模型

债券的价值是发行者按照合同规定从现在至债券到期日所支付的款项的现值。恰当的贴现率是取决于当前利率和风险水平的必要收益率。

典型的债券是有固定利率，每年计算并支付利息，到期归还本金。按照这种模式，债券价值计算的基本模型是

$$\mathrm{PV}=\frac{I_1}{(1+i)}+\frac{I_2}{(1+i)^2}+\cdots+\frac{I_n}{(1+i)^n}+\frac{M}{(1+i)^n} \tag{3-15}$$

式中，PV 为债券价值；I_t 为每年的利息，$t=1,2,\cdots,n$；M 为到期的本金；i 为贴现率，一般采用当时的市场利率或投资人要求的必要报酬率；n 为债券到期前的年数。

通过这个模型可以看出，影响债券定价的因素有必要报酬率、利息率、计息期和到期时间。

2. 债券价值与必要报酬率

债券价值与必要报酬率有密切的关系。债券定价的基本原则：必要报酬率等于债券

利率时，债券价值就是其面值；如果必要报酬率高于债券利率，债券的价值就低于面值；如果必要报酬率低于债券利率，债券的价值就高于面值。

3. 债券价值与到期时间

债券价值不仅受必要报酬率的影响，而且受到期时间的影响。债券的到期时间是指当前日至债券到期日之间的时间间隔。随着时间的延续，债券的到期时间逐渐缩短，至到期日时该间隔为零。

在必要报酬率一直保持不变的情况下，不管它高于或低于票面利率，债券价值随到期时间的缩短逐渐向债券面值靠近，至到期日债券价值等于债券面值（图 3-6）。当必要报酬率高于票面利率时，随着时间向到期日靠近，债券价值逐渐提高，最终等于债券面值；当必要报酬率等于票面利率时，债券价值一直等于票面价值；当必要报酬率低于票面利率时，随着时间向到期日靠近，债券价值逐渐下降，最终等于债券面值。

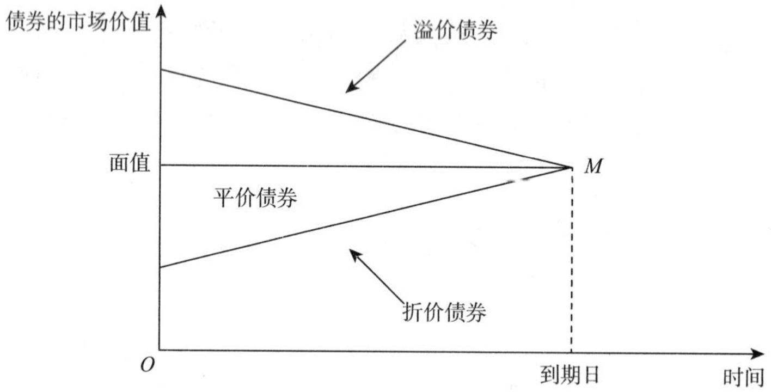

图 3-6 债券的市场价值

如果必要报酬率在债券发行后发生变动，债券价值也会因此而变动。随着到期时间的缩短，必要报酬率变动对债券价值的影响越来越小。也就是说，债券价值对必要报酬率特定变化的反应越来越不灵敏。

4. 债券价值与利息支付频率

利息支付频率可能是一年一次、半年一次或每季度一次等。

债券价值的计算公式如下：

$$\mathrm{PV}=\sum_{t=1}^{mn}\frac{\frac{I}{m}}{\left(1+\frac{i}{m}\right)^{t}}+\frac{M}{\left(1+\frac{i}{m}\right)^{mn}} \qquad (3\text{-}16)$$

式中，m 为年付利息次数；n 为到期时间的年数；i 为每年的必要报酬率；I 为年付利息；M 为面值或到期日支付额。

如果债券是折价发行，债券付息期越短价值越低；如果债券是溢价发行，则债券付息期越短价值越高。

5. 债券的到期收益率

到期收益率是指以特定价格购买债券并持有到到期日所能获得的收益率，它是使未来现金流量等于债券购入价格的折现率。

计算到期收益率的方法是求解含有贴现率的方程，即

购进价格=每年利息×年金现值系数+面值×复利现值系数

$$V = I \cdot (P/A, i, n) + M \cdot (P/S, i, n) \tag{3-17}$$

式中，V 为债券的价格；I 为每年的利息；M 为面值；n 为到期的年数；i 为贴现率。

通过式（3-17）可用试误法求解得出到期收益率（R），但比较麻烦，也可用下面的简便算法求解得出近似结果：

$$R = \frac{I + (M - P) \div N}{(M + P) \div 2} \times 100\% \tag{3-18}$$

式中，I 为每年的利息；M 为到期归还的本金；P 为买价；N 为年数。

到期收益率可以反映债券投资的按复利计算的真实收益率，是指导投资者选购债券的标准。

3.4.2　股票的估价

普通股价值是指股票期望提供的所有未来收益的现值。简单地说，普通股价值等于该股票在一个无限时间范围内所期望提供的未来股利现值。尽管以高于原始购入价格出售股票，股票持有者除获得现金股利之外还可获得资本利得，但是持有者实际出售的仍是未来获得股利的权利。在一个可预测的未来时间段内不支付股利的股票仍有价值，因为该股票可通过公司的出售或公司资产的清算获得遥远的未来股利。因此，从价值评估的角度来看，只有股利与股票评价相关。普通股的基本评价模型可表示为

$$P_0 = \frac{D_1}{(1 + K_S)} + \frac{D_2}{(1 + K_S)^2} + \cdots + \frac{D_\infty}{(1 + K_S)^\infty} = \sum_{t=1}^{\infty} \frac{D_t}{(1 + K_S)^t} \tag{3-19}$$

式中，P_0 为普通股的价值；D_t 为 t 年末期望获得的每股股利；K_S 为普通股的必要收益率。

式（3-19）是股票评价的一般模式。它在实际应用时，面临的主要问题是如何预计未来每年的股利，以及如何确定贴现率。

股利的多少取决于每股收益和股利支付率两个因素。对其估计的方法是对历史资料的统计分析，如回归分析、时间序列的趋势分析等。股票评价的基本模型要求无限地预计历年的股利，实际上不可能做到。因此应用的模型都是各种简化办法，如每年股利相同或固定比率增长等。

贴现率的主要作用是把所有未来不同时间的现金流入折算为现在的价值。折算现值的比率应当是投资者所要求的收益率。

1. 零增长股票的价值

假设未来股利不变，以一个固定数额持续分配。则每年股息表示为

$$D_1 = D_2 = \cdots = D_\infty$$

以 D 表示每年分配的股利，在零增长模型下，式（3-19）可重新表示为

$$P_0 = \frac{D}{K_S} \tag{3-20}$$

该等式表明零增长模型下的股票价值等于永续年金 D 以利率 K_S 折现的现值。

2. 固定增长股票的价值

企业的股利不应当是固定不变的，而应当不断增长。各公司的增长率不同，但就整个经济体平均来说应等于名义国民生产总值的增长率，或者说是真实的国民生产总值增长率加通货膨胀率。固定增长模型是迄今为止引用最多的股利评价模型。假设股利以比率 g 持续增长（g 低于必要收益率 K_S，即 $g<K_S$），以 D_0 表示最近一次的股利支付。则等式可表示为

$$P_0 = \frac{D_0(1+g)^1}{(1+K_S)^1} + \frac{D_0(1+g)^2}{(1+K_S)^2} + \cdots + \frac{D_0(1+g)^\infty}{(1+K_S)^\infty} \tag{3-21}$$

重新整理式（3-21）得

$$P_0 = \frac{D_1}{K_S - g} = \frac{D_0(1+g)}{K_S - g} \tag{3-22}$$

3. 非固定增长股票的价值

在现实生活中，有的公司股利是不固定的。例如，在一段时间里高速增长，在另一段时间里正常固定增长或固定不变。在这种情况下就要分段计算，这样才能确定股票的价值。

4. 普通股评价的其他方法

除上述普通股评价方法外，还存在着许多其他评价方法。最常用的方法包括：账面价值法、清算价值法和市盈率法。

1）账面价值法

简单地说，如果公司的所有资产完全以账面价值（会计价值）出售并且偿还所有债务（包括优先股）后所剩余的资产出售收入在普通股持有者之间进行分配，每股普通股可获得的资产收入额就是每股账面价值。但是账面价值法不够精确，而且完全依赖于可能已经不符合实际情况的资产负债表历史资料，该方法还忽视了公司的期望收益潜力，因此每股账面价值与公司实际市场价值之间的关系一般不大。

账面价值法假设资产均以账面价值出售，因此它并不能代表股票价值的最小值。事实上，尽管大多数股票均以高于每股账面价值的价格出售，但有时也会出现以低于每股账面价值的价格出售股票的情况。

2）清算价值法

公司将所有资产出售、所有负债（包括优先股）清偿后所剩余的货币资金在普通股持有者之间进行分配，每股普通股可获得的收入就是每股清算价值。对不准备清算的公司，这个衡量方法显然比账面价值更符合实际情况，但是它仍旧没有考虑公司资产的营利能力。

3）市盈率法

市盈率反映投资者愿意为 1 元收益所支付的价款。如果投资者以评价整个行业平均收益的方式评价某一公司的收益，那么某一特定行业的平均市盈率可作为评价公司价值的标准。市盈率法（即市盈倍数法）是评价公司价值的常用方法，根据该公司的期望每股收益乘以所在行业的平均市盈率来估计公司的每股价格。特定行业的平均市盈率可从标准普尔工业指数处获得。市盈率在评价非上市公司时特别有用，而市场价格则在评价上市公司时特别有用。不管是上市公司还是非上市公司，市盈率法都要优于账面价值法及清算价值法，因为市盈率法考虑了公司未来收益情况。

职业证券分析师一般采用多种模型和技术来评价股票。例如，分析师可能采用固定增长模型、清算价值法和市盈率法来估计股票的真实价值。如果分析师认为他的估计值正确，则股票价值应视为不高于分析师的最大估计值。如果公司的每股清算价值高于使用评价模型（零增长、固定增长或非固定增长模型）或市盈率法估计的每股持续经营价值，那么该公司在持续经营时期的价值要低于清算时期的价值。在此种情况下，公司将缺乏足够的收益能力证明其存在的合理性，因此极有可能被清算。从投资者的角度看，如果投资者能够以低于清算价值的价格购买该股票，这将是非常有利的投资机会，但是这种情况在有效市场条件下根本不会发生。

5. 股票的收益率

假设股票价格是公平的市场价格，证券市场处于均衡状态；在任一时点证券价格都能完全反映有关该公司的任何可获得的公开信息，而且证券价格对新信息能迅速做出反应。在这种假设条件下，股票的期望收益率等于其必要的收益率。

根据固定增长模型，得

$$P_0 = \frac{D_1}{K_S - g} \tag{3-23}$$

移项整理，求 K_S，可得

$$K_S = \frac{D_1}{P_0} + g \tag{3-24}$$

由式（3-24）可知，股票的总收益率可以分为两个部分：第一部分是 $\frac{D_1}{P_0}$，称为股利收益率，它是根据预期现金股利除以当前股价计算出来的。第二部分是增长率 g，称为股利增长率。由于股利的增长速度也就是股价的增长速度，g 可以解释为股价增长率或资本利得收益率。g 的数值可以根据公司的可持续增长率估计。

3.5　资本预算与投资决策理论

资本预算是一个评估及筛选长期投资的决策过程，这一过程与股东财富最大化息息相关。企业的长期投资多种多样，但对生产性的企业来说最为普遍的投资就是对固定资产的投资，包括房地产（土地）、工厂、设备[1]。长期投资需要大量的资金投入，这就要求企业对给定的投资方向与计划进行适当的分析与筛选，因此必须注重对相关现金流量的衡量及决策方法的适当运用。

3.5.1 资本投资评价的基本原理

企业从金融市场筹集资金，然后投资于固定资产和流动资产，期望能运用这些资产赚取报酬，增加企业价值，因此，投资项目优劣的评价标准应以企业的资本成本为基础。

资本投资项目评价的基本原理：投资项目的收益率超过资本成本时，企业的价值将增加；投资项目的收益率小于资本成本时，企业的价值将减少。

3.5.2 投资项目评价的基本方法

对投资项目评价时使用的指标分为两类：一类是贴现指标，即考虑了时间价值因素的指标，主要包括净现值、现值指数、内含报酬率等；另一类是非贴现指标，即没有考虑时间价值因素的指标，主要包括回收期、会计收益率等。根据分析评价指标的类别，投资项目评价分析的方法也被分为贴现的分析评价方法和非贴现的分析评价方法两种。

1. 贴现的分析评价方法

1）净现值法

这种方法使用净现值作为评价方案优劣的指标。净现值是指特定方案未来现金流入的现值与未来现金流出的现值之间的差额。按照这种方法，所有未来现金流入和流出都要按预定贴现率折算为它们的现值，然后再计算它们的差额。计算净现值的公式如下：

$$\mathrm{NPV}=\sum_{k=0}^{n}\frac{I_k}{(1+i)^k}-\sum_{k=0}^{n}\frac{O_k}{(1+i)^k} \tag{3-25}$$

式中，n 为投资涉及的年限；I_k 为第 k 年的现金流入量；O_k 为第 k 年的现金流出量；i 为预定的贴现率。

净现值应用于拒绝-接受决策时的决策标准如下：如净现值为正数，即贴现后现金流入大于贴现后现金流出，该投资项目的报酬率大于预定的贴现率；如净现值为零，即投资项目的报酬率等于预定的贴现率；如净现值为负数，即投资项目的报酬率小于预定的贴现率。

净现值法所依据的原理是，假设预计的现金流入在年末肯定可以实现，并把原始投资看作按预定贴现率借入的。当净现值为正数时，偿还本息后该项目仍有剩余的收益；当净现值为零时，偿还本息后一无所获；当净现值为负数时，该项目收益不足以偿还本息。

净现值法具有广泛适用性，在理论上也比其他方法更完善。净现值法应用的主要问题是如何确定贴现率，一种办法是根据资金成本来确定，另一种办法是根据企业要求的

---

① 不过，现在混合投资方式在迅速发生变化，特别是在工业化国家里。

最低资金利润率来确定。前一种办法由于计算资金成本比较困难，限制了其应用范围；后一种办法根据资金的机会成本，即一般情况下可以获得的报酬来确定，比较容易解决。

2）现值指数法

这种方法使用现值指数作为评价方案的指标。现值指数是未来现金流入现值与现金流出现值的比率，亦称现值比率、获利指数、贴现后收益-成本比率等。

计算现值指数的公式如下：

$$\mathrm{PI}=\sum_{k=0}^{n}\frac{I_k}{(1+i)^k}\div\sum_{k=0}^{n}\frac{O_k}{(1+i)^k} \tag{3-26}$$

如果两个方案是独立的，可以选择其现值指数较大的方案；如果两个方案是互斥的，则应选择其净现值较大的方案。现值指数是一个相对数指标，反映投资的效率；而净现值是绝对数指标，反映投资的效率。

3）内含报酬率法

内含报酬率法是根据方案本身内含报酬率来评价方案优劣的一种方法。内含报酬率是指能够使未来现金流入量现值等于未来现金流出量现值的贴现率，或者说是使投资方案净现值为零的贴现率。

计算公式为

$$\sum_{t=0}^{n}\frac{\mathrm{CF}_t}{(1+\mathrm{IRR})^t}=\sum_{t=0}^{n}\frac{\mathrm{CF}_t'}{(1+\mathrm{IRR})^t} \tag{3-27}$$

式中，CF_t 为现金流入量；CF' 为现金流出量；IRR 为内含报酬率。

净现值法和现值指数法虽然考虑了时间价值，可以说明投资方案高于或低于某一特定的投资报酬率，但没有揭示方案本身可以达到的具体的报酬率是多少。内含报酬率是根据方案的现金流量计算的，是方案本身的投资报酬率。

内含报酬率的计算通常需要“逐步测试法”。首先估计一个贴现率，用它来计算方案的净现值；如果净现值为正数，说明方案本身的报酬率超过估计的贴现率，应提高贴现率后进一步测试；如果净现值为负数，说明方案本身的报酬率低于估计的贴现率，应降低贴现率后进一步测试。经过多次测试，寻找出使净现值接近于零的贴现率，即方案本身的内含报酬率。

内含报酬率是方案本身的收益能力，反映其内在的获利水平。如果以内含报酬率作为贷款利率，通过借款来投资本项目，那么，还本付息后将一无所获。

内含报酬率和现值指数法都是根据相对比率来评价的方法，可以对两个独立方案的优劣进行评价。但在计算内含报酬率时不必事先选择贴现率，根据内含报酬率就可以确定独立投资的优先次序，只是最后需要一个切合实际的资金成本或最低报酬率来判断方案是否可行。现值指数法需要一个适合的贴现率，以便将现金流量折为现值，贴现率的高低将会影响方案的优先次序。

2. 非贴现的分析评价方法

非贴现的方法不考虑时间价值，把不同时间的货币收支看作等效的。这些方法在选择方案时起辅助作用。

1）回收期法

回收期是指投资引起的现金流入累计到与投资额相等所需要的时间，它代表收回投资所需要的年限。回收年限越短，方案越有利。

在原始投资一次支出，每年现金净流入量相等时：

$$回收期=\frac{原始投资额}{每年现金净流入量} \quad (3\text{-}28)$$

如果现金流入量每年不等，或原始投资是分几年投入的，则采用使式（3-29）成立的 n 为回收期：

$$\sum_{k=0}^{n} I_k = \sum_{k=0}^{n} O_k \quad (3\text{-}29)$$

回收期法计算简便，并且容易为决策人所正确理解。它的缺点在于不但忽视时间价值，而且没有考虑回收期以后的收益。事实上，有战略意义的长期投资往往早期收益较低，而中后期收益较高。回收期法优先考虑急功近利的项目，可能导致放弃长期成功的项目。目前回收期法作为辅助方法使用，主要用来测定方案的流动性而非营利性。

2）会计收益率法

会计收益率法计算简便，应用范围很广。它在计算时使用会计报表上的数据，以及普通会计的收益和成本观念。

$$会计收益率=\frac{年平均净收益}{原始投资额}\times 100\% \quad (3\text{-}30)$$

计算时公式的分母可以使用平均投资额，这样计算的结果可能会提高1倍，但不改变方案的优先次序。

计算年平均净收益时，如使用不包括建设期的经营期年数，其最终结果称为经营期会计收益率。

3.5.3 现金流量的估计

现金流量在投资决策中是指一个项目引起的企业现金支出和现金收入增加的数量。它不仅包括各种货币资金，而且包括项目需要投入的企业现有的非货币资源的变现价值。

在确定投资方案相关的现金流量时，应遵循的基本的原则是：只有增量现金流量才是与项目相关的现金流量。增量现金流量是指接受或拒绝某个投资方案后，企业总现金流量因此发生的变动。只有那些由采纳某个项目引起的现金支出增加额，才是该项目的现金流出；只有那些由采纳某个项目引起的现金流入增加额，才是该项目的现金流入。

在分析评价时必须考虑差额成本、未来成本、重置成本、机会成本等相关成本，而不能把与项目决策没有关系的沉没成本、过去成本、账面成本等非相关成本考虑进去。如果把非相关成本考虑进去，则一个有利的方案可能因此变得不利，一个较好的方案可能变为较差的方案，从而造成决策错误。另外在决定采纳一个新项目后，该项目可能对公司的其他部门造成有利或不利的影响，可能对公司的净营运资金产生影响等，在进行投资分析时，这些都是应该考虑进去的。

3.5.4　投资的风险处置

前述内容是假设项目的现金流量是可以确知的，但实际上真正意义上投资项目总是有风险的，项目未来现金流量总会具有某种程度的不确定性。如何处置项目的风险是一个很复杂的问题，一般对风险的处置有两种方法：一种是调整现金流量法；另一种是风险调整折现率法。前者是缩小净现值模型的分子，使净现值减少；后者是扩大净现值模型的分母，也可以使净现值减少。

1. 调整现金流量法

调整现金流量法是把不确定的现金流量调整为确定的现金流量，然后用无风险的报酬率作为折现率计算净现值。

$$\text{风险调整后净现值}=\sum_{t=0}^{n}\frac{a_t\times\text{现金流量期望值}}{(1+\text{无风险报酬率})^t} \tag{3-31}$$

式中，a_t是t年现金流量的肯定当量系数，它的取值范围为0~1。

肯定当量系数是指不肯定的一元现金流量期望值相当于使投资者满意的肯定的金额的系数，它可以把各年不肯定的现金流量换算为肯定的现金流量。

我们知道，肯定的一元比不肯定的一元更受欢迎。不肯定的一元只相当于不足一元的金额。两者的差额与现金流的不确定性程度的高低有关。肯定当量系数是指预计现金流入量中使投资者满意的无风险的份额。利用肯定当量系数，可以把不肯定的现金流量折算成肯定的现金流量，或者说去掉了现金流中有风险的部分，使之成为“安全”的现金流。去掉的部分包含了各种风险，既有非系统性风险也有系统性风险，既有经营风险也有财务风险，剩下的是无风险的现金流量。由于现金流中已经消除了全部风险，相应的折现率应当是无风险的报酬率。无风险的报酬率可以根据国库券的利率确定。

2. 风险调整折现率法

风险调整折现率法是更为实际、更为常用的风险处置方法。这种方法的基本思路是对于高风险的项目，应当采用较高的折现率计算净现值。

$$\text{调整后净现值}=\sum_{t=0}^{n}\frac{\text{预期现金流量}}{(1+\text{风险调整折现率})^t} \tag{3-32}$$

风险调整折现率是风险项目应当满足的投资者要求的报酬率。项目的风险越大要求的报酬率越高。这种方法的理论根据是资本资产定价模型。

$$投资者要求的报酬率=无风险报酬率+\beta\times(市场平均报酬率-无风险报酬率) \quad (3\text{-}33)$$

资本资产定价模型是在有效的证券市场中建立的，实物资本市场不可能像证券市场那样有效，但是基本逻辑关系是一样的。因此，上面的公式可以改为

$$项目要求的报酬率=无风险报酬率+项目的\beta\times(市场平均报酬率-无风险报酬率) \quad (3\text{-}34)$$

调整现金流量法在理论上受到好评，该方法对时间价值和风险价值分别进行调整，先调整风险，然后把肯定现金流量用无风险报酬率进行折现。对于不同年份的现金流量，可以根据风险的差别使用不同的肯定当量系数进行调整。

风险调整折现率法在理论上受到批评，因其用单一的折现率同时完成风险调整和时间调整。这种做法意味着风险随时间推移而加大，可能与事实不符，夸大远期现金流量的风险。

从实务上看，经常应用的是风险调整折现率法，主要原因是风险调整折现率比肯定当量系数容易估计。此外，大部分财务决策都使用报酬率来决策，调整折现率更符合人们的习惯。

3.6 资本结构理论

企业的资本结构由长期债务资本和权益资本构成，资本结构就是指长期债务资本和权益资本各占多大比例。资本结构的优化即公司在筹资活动中如何保持最佳资本结构，使公司加权资本成本最低，公司价值达到最大化。

3.6.1 资本结构原理

关于资本结构一直众说纷纭，莫衷一是。每一种理论都有自己的假设和结论。

1. 净经营收益理论

该理论认为，不论公司财务杠杆（负债/权益）如何变化，公司综合资本成本都是固定的，因而公司的总价值是不变的。也就是说，公司的资本结构不影响公司总价值，因而也就不存在最优资本结构。

该理论推导如下：设某公司的净经营收益（税息前利润）为EBIT，公司流通在外债务市值为B，股票市值为S，年债务利息费用为I，股东可分配盈余为E，无公司所得税，则

$$I+E=\text{EBIT} \quad (3\text{-}35)$$

$K_b=I/B$，K_b为公司债权人要求的收益率，即公司债务资本成本。

$K_s=E/S$，K_s为公司股东要求报酬率，即公司权益资本成本。

$$K_W=K_b\cdot[B/(B+S)]+K_s\cdot[S/(B+S)] \quad (3\text{-}36)$$

式中，K_W为公司加权平均资本成本（weighted average cost of capital，WACC）。

$V=S+B$，V为公司市场价值。

由式（3-36）进行变形，得

$$
\begin{aligned}
K_W &= I/B\cdot[B/(B+S)]+E/S\cdot[S/(B+S)] \\
&= I/(B+S)+E/(B+S) \qquad (3\text{-}37) \\
&= (I+E)/(B+S)=\mathrm{EBIT}/V
\end{aligned}
$$

假设市场并不关注公司的资本结构，而是将公司价值作为一个整体予以资本化，也就是说，市场在确认公司价值 V 时，并不关注其中 S 与 B 的比例结构。因此市场在计算公司价值时，只关注其净经营收益 EBIT，在净经营收益 EBIT 不变时，公司价值 V 不变，则根据式（3-37）可知，加权平均资本成本 K_W 不变。

净经营收益理论可用图 3-7 表示。

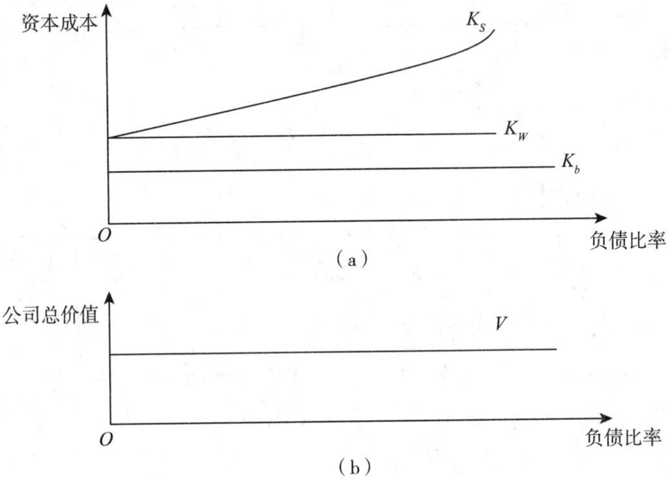

图 3-7　净经营收益理论下资本结构与资本成本、公司总价值的关系

净经营收益理论认为，在公司净经营收益 EBIT 不变的情况下，公司的经营风险未发生变化，因此对于任意水平的资本结构，即不管负债水平多么高，债权人要求的回报不变，即 K_b 不变；而当公司的负债水平不断提高时，风险随之提高，因此股东要求的投资报酬率 K_S 增加。这样的公司在提高债务比例时，被认为较低的债务资本成本 K_b 份额增加带来的好处恰好被提高的权益资本成本 K_S 所抵消，因此 K_b 和 K_S 的加权平均值不变。

2. 净收益理论

净收益理论认为，负债可以降低企业的资本成本，负债程度越高，企业的价值越大。这是因为债务利息和权益资本成本均不受财务杠杆的影响，无论负债程度多高，企业的债务资本成本和权益资本成本都不会变化。因此，只要债务资本成本低于权益资本成本，公司的负债程度越高，公司的加权平均资本成本也就越低，公司的价值也就越大，当公司负债率达到 100%时，公司综合资本成本最低，达到最优资本结构。

该理论推导如下：

$$K_W=K_b\cdot[B/(B+S)]+K_S\cdot[S/(B+S)]$$

只要 K_b 小于 K_S，公司就应尽量扩大 $B/(B+S)$，降低 $S/(B+S)$，使得 K_W 最小化。

净收益理论可用图 3-8 表示。

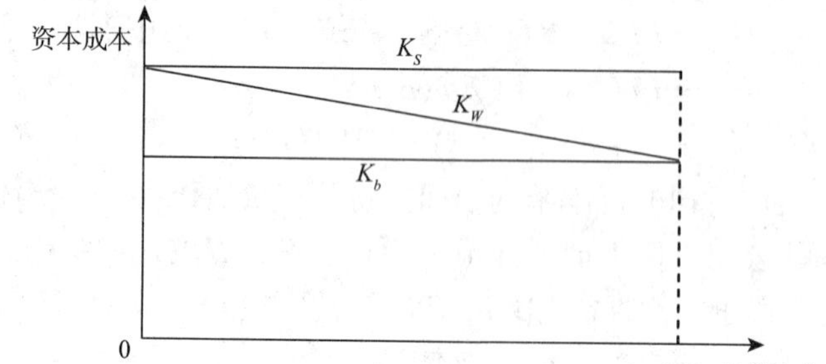

（a）

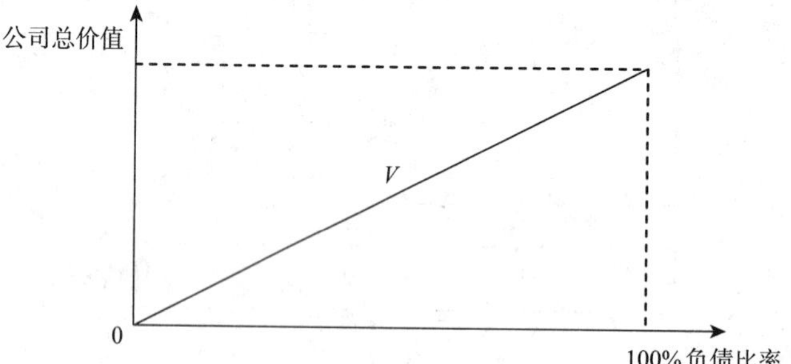

（b）

图 3-8 净收益理论下资本成本与公司总价值的关系

净收益理论的关键假设是：不管 $B+S$ 在资本总额中如何变化，K_b 和 K_S 均保持不变，且 K_b 小于 K_S，若该假设不成立，则净收益法亦不成立。

3. 传统理论

传统理论是一种介于净收益理论和净经营收益理论之间的理论。传统理论认为，由于债务资本成本小于权益资本成本，公司在提高负债比例的初期必然会降低公司加权平均资本成本，给公司增加总价值；但随着债务比例的增加，权益资本成本 K_S 逐渐增加，最终结果将抵消甚至超过扩大债务比例的好处，当公司提高负债比例时，权益资本成本 K_S 随之以递增比率增加，而债务资本成本 K_b 初期则不变，只有当负债比率达到一个重要水平后才开始上升。因此，初期由于权益资本成本 K_S 上升的幅度不能全部抵消低债务资本成本比例扩大引起的资本成本下降，加权平均资本成本 K_W 随负债比例上升而下降，然经过某一点后，权益资本成本 K_S 上升会超过低债务成本扩张带来的好处，债务资本成本 K_b 也因为公司风险提高而提高，此时加权平均资本成本 K_W 将逐渐升高。由此可看出公司的资本成本与资本结构有关，且存在最佳资本结构。

如图 3-9 所示，当企业处于 A 点负债比率水平下的资本结构时，加权平均资本成本 K_W 达到最低，此时企业价值达到最高。即 A 点的负债比率代表最佳资本结构。

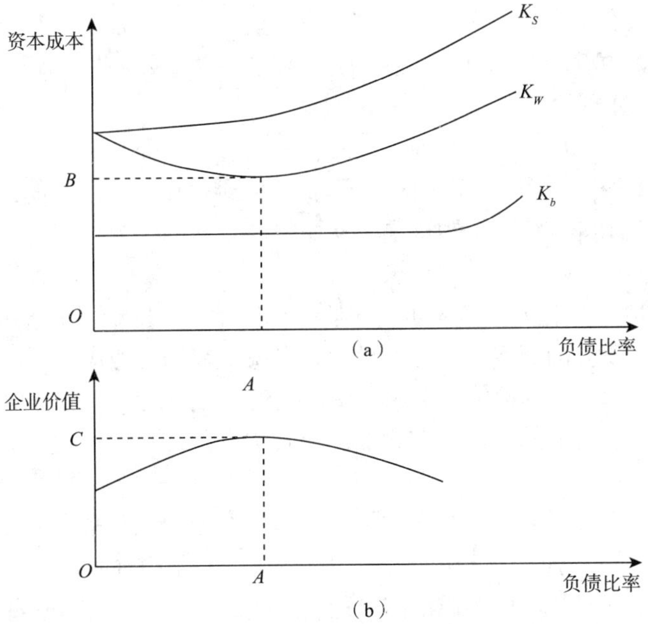

图 3-9　资本成本与企业价值曲线

4. MM 理论的相关假设

莫迪利安尼与米勒在 1958 年的文章中，第一次提出了“关于资本成本的定义及可以运作的投资理论”，这些理论明确地认识到了不确定性的存在，并且以企业价值最大化为坚实的基础。

1）MM 理论模型的假设

（1）所有的实物资产归公司所有。

（2）资本市场无摩擦。没有公司及个人收入所得税，证券可以无成本地、直接地交易或买卖，没有破产成本。

（3）公司只能发行两种类型的证券，一种是有风险的股票，一种是无风险的债券。

（4）公司和个人都能按无风险的利率借入或借出款项。

（5）投资者对于公司利润的未来现金流的预期都是相同的。

（6）增长率为 0，现金流保持不变。

（7）所有公司都可以归为几个“相等的利润等级”中的一类，在此等级上公司股票的收益与在该等级上的其他公司的股票收益完全比例相关。

该模型中最关键的假设是第 7 个假设，该假设指出相同风险等级公司的股票拥有相同的期望收益率与相同的预期收益分配率，因此股票相互间可以完全替代。公司之间只是在规模上不同——它们拥有相同的每美元投资资本的预期收益率。莫迪利安尼与米勒指出这些等级可以和行业分类相比较，这是一个有用而又直观的分类。

2）最初的 MM 理论

最初的 MM 理论（无公司税 MM 模型）的基本思想是：由于资本市场上的套利机制的作用，在前述假设前提下，企业总价值将不受资本结构变动的影响，即同类风险公司在风险相同而只有资本结构不同时，其企业价值相等。换言之，对于同类风险公司而言，即使负债比率由 0 增至 100%，企业的综合资本成本及企业价值不会因此而变动。

3）修正的 MM 理论

当考虑公司所得税因素时，莫迪利安尼与米勒修正了原来的资本结构理论，建立了有公司税的 MM 模型。其基本思路是：由于负债的避税作用所产生的财务杠杆效应，公司可以通过这种作用降低综合资本成本，从而提高企业的价值。

4）米勒模型

尽管修正的 MM 理论充分考虑了公司所得税因素，但忽略了个人所得税的影响。米勒后来发表了一种改进的资本结构理论模型，以说明在同时考虑公司所得税和个人所得税因素下，负债经营对企业价值的影响作用，其基本思想是：修正的 MM 理论过高地估计了负债经营对企业价值的作用，实际上，个人所得税在某种程度上抵减了负债利息的减税利益。

MM 理论的三个发展阶段所建立的企业价值模型是相互联系的，其方法和结论都没有发生根本性改变，区别仅在于对所得税因素的考虑。值得注意的是，MM 理论的各个命题及其结论都是基于其严格的假设前提论证推演而得出的，如果这些假设前提正确，其结论也应该是正确的。然而在现实中这些假设前提根本无法全部同时满足，这样 MM 理论的命题及其结论就与实际情况相背离，从而失去现实指导意义。例如，在财务风险随负债规模而加剧的情况下，任何公司在制定其资本预算时，都不会做出负债 100%的决策，从而期望达到综合资本成本最小、企业价值最大的目标。这一方面为公司法所不允许，另一方面即使 100%负债，也未必能使企业价值最大。

5. 权衡理论

现代资本结构研究的起点是 MM 理论。MM 理论是两位美国学者莫迪利安尼和米勒提出的学说。最初的 MM 理论认为，在某些严格的假设下，资本结构与企业价值无关。但是在现实生活中，有的假设是不能成立的，因此早期 MM 理论推导出的结论并不完全符合现实情况，只能作为资本结构研究的起点。此后，在早期 MM 理论的基础上不断放宽假设，继续研究，几经发展，提出了税负利益-破产成本的权衡理论，如图 3-10 所示。

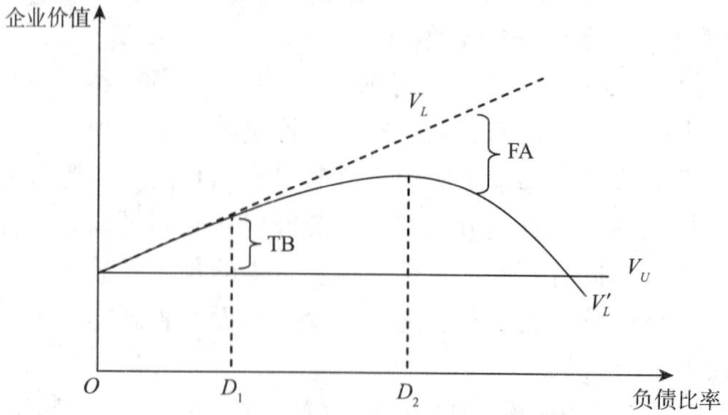

图 3-10 资本结构与企业价值的关系

图 3-10 中，V_L 为只有负债税额庇护而没有破产成本的企业价值（破产成本是指与破产有关的成本）；V_U 为无负债时的企业价值；V_L' 为同时存在负债税额庇护、破产成本的企业价值；TB 为负债税额庇护利益的现值；FA 为破产成本；D_1 为破产成本变得重要时的负债水平；D_2 为最佳资本结构。

图 3-10 说明，①负债可以为企业带来税额庇护利益。②最初的 MM 理论假设在现实中不存在，事实是各种负债成本随负债比例的增大而上升，当负债比例达到某一程度时，息前税前盈余会下降，同时企业负担破产成本的概率会增加。③当负债比率未超过 D_1 点时，破产成本不明显；当负债比例达到 D_1 点时，破产成本开始变得重要，负债税额庇护利益开始被破产成本所抵消；当负债比例达到 D_2 点时，边际负债税额庇护利益恰好与边际破产成本相等，企业价值最大，达到最佳资本结构；负债比例超过 D_2 点后，破产成本大于负债税额庇护利益，导致企业价值下降。

此后，在资本结构的研究中提出的理论还有代理理论、信号传递理论等。各种各样的资本结构理论为企业融资决策提供了有价值的参考，可以指导决策行为。在资本结构的管理中，一般以分析每股收益的变化来衡量。

3.6.2　融资的每股收益分析

判断资本结构合理与否，其一般方法是以分析每股收益的变化来衡量。能提高每股收益的资本结构是合理的；反之，则不够合理。又由于每股收益的高低不仅受资本结构的影响，还受销售水平的影响，处理这三者的关系，可以运用融资的每股收益分析的方法。

每股收益分析是利用每股收益的无差别点进行的。每股收益的无差别点是指每股收益不受融资方式影响的销售水平。根据每股收益无差别点，可以分析判断在什么样的销售水平下适于采用何种资本结构。

每股收益（EPS）的计算为

$$\mathrm{EPS}=\frac{(S-\mathrm{VC}-F-I)(1-T)}{N}=\frac{(\mathrm{EBIT}-I)(1-T)}{N} \tag{3-38}$$

式中，S 为销售额；VC 为变动成本；F 为固定成本；I 为债务利息；T 为所得税税率；N 为流通在外的普通股股数；EBIT 为息前税前盈余。

在每股收益无差别点上，无论是采用负债筹资，还是采用权益筹资，每股收益都是相等的。若以 EPS_1 代表负债筹资，以 EPS_2 代表权益筹资，有

$$\mathrm{EPS}_1=\mathrm{EPS}_2 \tag{3-39}$$

$$\frac{(S_1-\mathrm{VC}_1-F_1-I_1)(1-T)}{N_1}=\frac{(S_2-\mathrm{VC}_2-F_2-I_2)(1-T)}{N_2} \tag{3-40}$$

在每股收益无差别点上，

$$S_1 = S_2$$

$$\frac{(S-\mathrm{VC}_1-F_1-I_1)(1-T)}{N_1}=\frac{(S-\mathrm{VC}_2-F_2-I_2)(1-T)}{N_2} \tag{3-41}$$

能使式（3-41）成立的销售额（S）为每股收益无差别点销售额，见图 3-11。

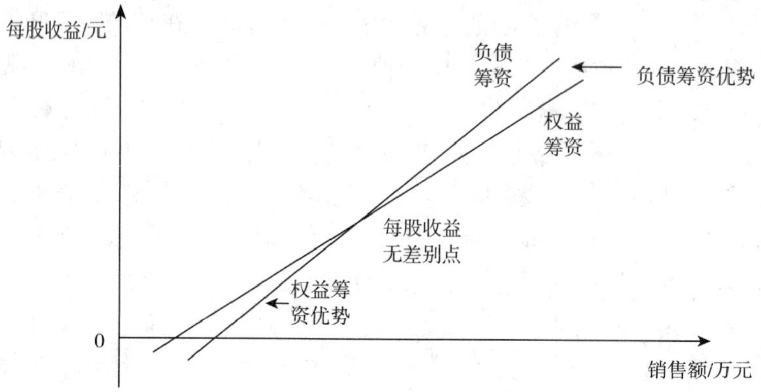

图 3-11　EBIT-EPS 分析图（每股收益无差别点法）

当销售额大于每股收益无差别点时，运用负债筹资可获得较高的每股收益；当销售额低于每股收益无差别点时，运用权益筹资可获得较高的每股收益。

3.6.3　最佳资本结构

以每股收益的高低作为衡量标准对筹资方式进行选择，这种方法的缺陷在于没有考虑风险因素。然而实际上，随着每股收益的增长，风险也在加大。如果每股收益的增长不足以补偿风险增加所需的报酬，尽管每股收益增加，股价仍然会下降。所以，公司的最佳资本结构应当是可使公司的总价值最高，而不一定是每股收益最大的资本结构。同时，在公司价值最大的资本结构下，公司的资本成本也是最低的。

公司的市场总价值 V 应该等于其股票的总价值 S 加上债券的价值 B，即

$$V=S+B \tag{3-42}$$

假设债券的市场价值等于它的面值。股票的市场价值则可通过下式计算：

$$S=\frac{(\text{EBIT}-I)(1-T)}{K_S} \tag{3-43}$$

而 $K_S=R_S=R_f+\beta(R_M-R_f)$，则

$$K_W=K_b\left(\frac{B}{V}\right)(1-T)+K_s\left(\frac{S}{V}\right) \tag{3-44}$$

式中，K_b 为税前的债务资本成本；K_W 为加权平均资本成本。

3.7　股利政策理论

由于公司留存收益是公司的资本之一，公司的利润分配政策将影响到公司的资本结构，同时要考虑到对公司价值的影响。在股利分配对公司价值的影响这一问题上，存在不同的理论观点，主要有以下几种。

3.7.1　股利无关论

关于股利无关论，有两种不同的见解角度。

1. 莫迪利安尼和米勒的股利无关论

莫迪利安尼和米勒认为，公司的价值主要取决于其获利能力，因此当公司的投资决策确定后，公司的价值就已确定，资本结构政策和股利分配政策并不影响公司价值。

为了论证该理论，莫迪利安尼和米勒做了如下假设：完善的资本市场，其中所有的投资者都是理性的，所有人均可无成本地获得信息，无交易成本，证券可无限分割，没有投资者大到可以影响某一证券的市价；公司发行证券没有发行费用；没有所得税；公司的投资政策确定；每个投资者对公司未来投资和利润有完全的把握。这些假设描述的是一个完整无缺的市场，因而被称为完整市场理论。

完整市场理论的关键在于存在一种套利机制，通过这一机制使支付股利与外部筹资这两项经济业务所产生的效益与成本正好抵消。当公司做出投资决策后，就必须决定是将其盈利留存下来，还是将盈利以股利形式发放给股东，并发行新股票筹措同等金额的资金，以满足投资项目的资金需要。如果公司采用后一方案，就存在股利发放与外部筹资之间的套利过程。股利支付给股东的财富正好会使股票市价上升，但发行新股将使股票终值下降，而套利的结果是，股东的股利所得正好被股价终值的下降所抵消。由此推论出，股东对于股利与盈利的留存是没有任何偏好的，并据此得出企业股利政策与企业价值无关这一著名论断。莫迪利安尼和米勒认为，股东财富不受企业现在与将来的股利政策所影响，企业的价值完全取决于企业未来营利能力，而非盈利分配方式。也就是说若公司留存较多的利润用于投资决策，则由于投资的高回报率，公司股票价格上升；这时尽管公司股利较低，但存在现金需求的投资者可出售升值的股票换取现金。相反，若公司发放较多的股利，投资者又可用现金股利再购入公司股票以扩大投资，获取利润。

2. 股利剩余理论

股利剩余理论假设公司的投资者在股利和公司留存盈余之间没有偏好。如果公司有收益率更高的投资项目，投资者愿意利润留在公司；相反，则以股利形式返还给投资者。因此公司在考虑利润分配时，首先考虑的是筹资问题。也就是说，只要公司有报酬率超过股东投资报酬的投资项目，公司就将利润留存在公司作为项目融资。如果满足了投资项目资金需求后利润尚有剩余，则剩余利润将以现金股利的形式分配给投资者。因此，利润分配决策也可看作满足筹资决策方案之后的选择，意味着股利不相关。

这是一个理性的价值最大化的策略，会有助于解释为什么在成长速度比较快的行业的企业里差不多所有的利润都作为留存收益，而在慢速成长的成熟型行业里，企业趋向较高的股利支付政策。这也能解释每个公司股利支付的“生命周期”模型。年轻的公司，成长比较快，极少支付股利，但是这些公司一旦成熟起来，成长速度就会放缓，转向较高的股利支付政策。

股利剩余理论可能有一定的价值，但是却不能解释一个重要的实际问题。如果把股利支付政策看作现金流量等式的剩余策略，股利支付政策并不能像所决策的那样随意地变动。事实上，股利支付是公司现金流入与流出中最稳定的政策，所有可能获得的证据都表明经理人不仅都在采用“平滑”的股利政策（持续、有计划的每股股利支付），而且非常谨慎地变更已经建立起来的股利支付水平。另外，即使公司采用“平滑”的股利支付政策，它们也会发行新股，在交易成本大于零的现实市场中，这种行为应当是非理性的。由上述可以清楚地知道，剩余理论并不是解释股利政策的唯一理论，甚至可能都不是一个重要的解释。此外，由 Michael Jensen 和其他人提出的股利支付的自由现金理论已经为剩余理论提供了更多的解释。

3.7.2 股利相关论

股利相关论有多种观点，但其主旨都认为股利无关论假设是不完善的，因此其结论不成立。

1. “在手之鸟”理论

“在手之鸟”理论也称不确定感消除论。戈登（Gordon）和林特纳认为，MM 理论的假设中投资者对股利和资本利得之间的无偏好是不存在的。戈登和林特纳认为，当股利支付减少时，股东的必要投资报酬率增加，因为投资者对获得股利的肯定程度比从公司盈利中获得资本利得的确定性大，而投资者都是风险厌恶的。实际上，投资者对股利的偏好大于对资本利得的偏好。因为资本利得显然比股利的风险更大。持此观点的学者认为，股利收入比股票价格上涨产生的资本利得收益更为稳定可靠。股利收入是现实可得的，而股票价格的升降并不完全由公司决定，具有很大的不确定性，资本利得收益的风险远远高于股利收入的风险。由于投资者对风险有天生的反感，并且认为风险随时间延长而增大，在他们的心目中，通过保留盈余再投资而来的资本利得收益的不确定性高于股利支付的不确定性，投资者将偏好股利而非资本利得收益。因此，从收益的确定性或低风险性考虑，投资者宁可以较高的价格购买现在就支付较高股利的股票，也不愿意购买将来才有较高资本收益和较高股利的股票。这样，如果把将来较高的资本收益和较高的股利比喻为“双鸟在林”，把现在就支付的较高股利比喻为“在手之鸟”，那么“双鸟在林”不如“在手之鸟”。这就是“在手之鸟”理论的内涵。

“在手之鸟”理论的核心是股利政策将对股票价格或公司价值产生实际的影响。这种理论强调股利发放的重要性。

2. 股利信号理论

詹姆斯·C. 范霍恩认为，现金股利可以看作投资者的一种信号。公司增加股利不仅是提供一份简单的宣告，而且会增加宣告的说服力。当拥有长期固定目标股利支付率的一家公司改变这一比率时，投资者会相信管理当局是在宣告预期未来营利能力的改变。因此增加股利支付传递给投资者的信号是管理层和董事会确信情况比股价反映的要好。当然，这是由于信息不对称，即管理层比外部投资者对公司真实盈利状况要更了解。持此种观点的学者认为，股利提高，表明公司创造未来现金的能力增强，会使该公司股票备受投资者青睐，从而使该公司股票价格或公司价值上升；股利降低，可能意味着公司经营出了问题，会促使投资者抛售该公司股票，从而使该公司股票价格或公司价值下降。在相当多的投资者的观念中，公司的财务报告可能被管理者巧妙地加以粉饰，而股利所传播的信息是无法粉饰的。

3. 假设排除理论

这种理论认为，MM 理论假设的一系列条件在现实生活中并不存在。例如，完善的资本市场尚未出现，股票交易不可能不存在交易成本，投资者对公司的投资机会不可能完全了解，不可能不存在税收等。如果排除这些假设，股利政策会对股票价格产生实际的影响。

3.7.3　税差理论

当我们考虑到税收因素的时候，就会产生各种不同的影响。资本利得的个人税率要比股利收入的税率低一些，这就使得企业保留盈余对投资者有利。此外，资本利得税要递延到股票真正售出的时候才发生（即当任何利得实现的时候），实际上是在企业保留盈余而不支付股利的时候，给了股东一个有价值的时机选择权。而且，如果以后升值的有价证券被作为礼物赠送给慈善事业，或者如果有价证券的所有者去世了，则资本利得税可以完全避免交纳。因而这种理论认为，由于股利的税率高于资本收益的税率，继续持有股票可以延缓资本收益的获得而推迟资本收益纳税的时间。即使资本收益和股利收入的税率相同，这种递延特性依然存在。考虑到纳税的影响，投资者对具有较高收益的股票要求的税前权益要高于低股利收益的股票。为此公司应当采取低股利政策，以实现其资本成本最小化和价值最大化。

3.7.4　追随者理论

这是一种较新的理论，它是上述各种理论折中的产物。这种理论认为，投资者进行股票投资的目的与偏好是不同的，有的投资者希望股利支付比率高一些，而有的投资者则希望股利支付比率低一些。对于那些无所谓是否偏爱本期收益的投资者来说，如果公司确定的投资方案的预期收益率高于他所要求的股利收益率，公司可将他所应得的股利留作公司盈余进行再投资，而不考虑当期是否将支付股利给他们。因此，这一理论强调，公司应当根据本公司股东的具体目的和偏好及公司的投资进行股利决策，而不应强求一致，寻求“统一的”规律。

3.7.5　股利分配的代理理论

该理论认为，股利政策实际上体现的是公司内部人与外部股东之间的代理问题。在存在代理问题的前提下，适当的股利政策有助于保证经理按照股东的利益行事。根据这一理论，在存在代理问题时，股利政策的选择至关重要。较多地派发现金股利至少具有以下几点好处：一是公司管理者要将公司的很大一部分盈利返还给投资者，于是他自身可以支配的“闲余现金流量”就相应减少了，而这又在一定程度上抑制公司管理者为满足个人成为“帝国营造者”的野心，过度地扩大投资或进行特权消费，进而保护了外部股东的利益。二是较多地派发现金股利，可能迫使公司重返资本市场进行新的融资，如再次发行股票。这一方面使公司更容易受到市场参与者的广泛监督，另一方面，再次发行股票不仅为外部投资者借股份结构的变化对“内部人”进行控制提供了可能，而且再次发行股票后，公司的每股税后盈利被摊薄，公司要维持较高的股利支付率，则需要付出更大的努力。这些会迫使管理者为巩固自己的职位，保持对公司的长期控制力，而遵循股东价值最大化的经营目标，并更多地运用公司的资金来提高公司的价值。而这些均有助于缓解代理问题，并降低代理成本。

用代理模型分析股利政策的一个重要结论：股利是利好消息，因为股利发放可以降低企业的自由现金流量，从而缓和经理和股东之间的冲突，解决代理问题。股利可以看作一种担保机制，如果经理不能兑现支付股利的允诺，那么股东可以在资本市场上行使“用脚投票”的权利，转让股票。由此，股利发放可以促使经理多努力工作，少个人享受，审慎地做出投资决策，从而降低委托代理关系而带来的代理成本。

3.8 期权估价理论

3.8.1 期权的基本概念与种类

期权（options），顾名思义，它代表了一种可以购买的权利，拥有该权利的人（期权的买者）可以在规定的期限内以事先约定好的价格买入或卖出一定数量的某种商品（可能是实物，也可能是金融产品，甚至是金融衍生品）。与我们通常了解的期货不同，期权买卖双方的权利并不是对等的，就像我们每个人的政治权利一样，期权的购买者可以选择行使权利，也可选择放弃权利。

从不同的角度，我们可以对期权做出很多种分类。

1. 根据期权代表的不同权利，可以分为买方期权和卖方期权

其中，买方期权又称买权，它赋予其持有人在未来按照约定的价格购买期权标的物的权利。因为一般只有在标的物价格上涨时才会被行使，所以又称作看涨期权。反之，赋予持有人在未来按照约定的价格卖出一定标的物的权利的期权，称为卖方期权，又称卖权。同样，因为一般只有在标的物价格下跌时才会被执行，所以卖方期权又称看跌期权。

2. 根据期权行使的有效期限，可以分为欧式期权和美式期权

对于欧式期权，它的购买者只能在期权到期日这一天行使其权利，而对于美式期权，其购买者可以在购买期权的那一天到期权到期日之间的任何一天行使其权利。不难看出，美式期权代表了更大的选择权，当然它的期权费也就更高了。

3. 根据期权的交易场所的不同，可以分为场内期权与场外期权

场内期权是指在交易所内集中进行的标准化金融期权合约的交易，即由交易所预先给定每一份合约的交易规模，敲定价格、通知日、交易时间等。这种期权的交易一般采用类似股票交易所的做市商制度，每种期权由特定的做市商负责。

而场外期权又称 OTC 期权（over the counter options），它是卖方为满足某一特定购买者的需求而生产出来的。它不在交易所大厅内进行交易，所以没有具体的交易合约，都是由买卖双方自行确定的。

3.8.2　期权的价格及定价方法

1. 期权的价格组成

期权的价格实际上就是我们上面提到的购买这种权利的代价，也就是期权费。从理论上讲期权费由两部分组成：期权的内在价值和时间价值。

期权的内在价值是指期权的持有者立即行使期权合约的情况下获得的利润。它反映了期权合约中事先约定的协定价格和相关标的物的市场价格的关系。例如，一份交割价格为 40 的看涨期权,如果对应的标的资产的现在交易价格为 45,那么它的内在价值为 5。如果标的资产的现在交易价格为 40，那么这份期权的内在价值为 0，因为期权的买方在这种情况下不会行使期权。

根据期权协定价格与标的物市场价格的关系，我们可以把协定价格低于市场价格、内在价值大于零的期权称为实值（in the money）期权，反之，内在价值小于零的期权称为虚值（out of money）期权。内在价值为零的期权称为平价（at the money）期权。

期权的时间价值是指一份期权因具有标的物的市场价格向有利的方向变化的可能性而具有的价值。正是因为这种可能性的存在，期权的买家愿意支付超过期权内在价值的价格。所以我们看到，期权的时间价值实际上是买家购买的未来可能出现的有利状况。

2. 期权价格的主要影响因素

期权的价格由其内在机制和时间价值决定，因而影响期权价格的因素也是通过对这两部分的影响实现的。总的来说，这些因素包含以下五个方面。

1）标的资产的市场价格与协议价格

由于期权在行使时，其持有人的收益等于期权标的资产的协议价格（期权上标明的价格）和标的资产的市场价格的差额，所以这两者的差额越大，自然期权的价格也就越高。

2）期权的有效期

期权的价格还与它的有效期有关，此时就需要将美式期权和欧式期权分开讨论。

对美式看涨或者看跌期权而言，因为期权的持有人可以在有效期内任何时间执行，而有效期越长，多头获利机会就越大，所以有效期越长，美式期权的价格也就越高。

而对于欧式期权，无论是看涨的还是看跌的，因为它都是只能在期末执行，所以有效期长的期权执行机会并不比有效期短的更多，也就是说，有效期长的期权并不意味着

更多的收益。这就使欧式期权的价格和有效期之间的关系变得很复杂。比如，两份标的为股票指数的期权，一份的到期期限为一个月，另一份为两个月。假设预期第六周将有重大利空消息，那么此时这份一个月期的期权价格反而会比两个月期的更高。由此可见，有效期对欧式期权价格的影响与美式期权不同，它是不确定的。

3）标的资产价格波动率

价格的波动率是用来衡量标的资产在未来价格变动的不确定性。波动率越大意味着在未来资产价格变动的可能性也就越高。对资产的持有者来说，由于波动率同时意味着资产价格上升和下降的可能性，这两者可以抵消，并没有什么影响。但是对期权的持有者来说却不一样，因为它的收益是单方向的。无论是看涨期权还是看跌期权，如果波动是向着有利的方向的，意味着期权持有者的收益增加，而如果波动是向着不利的方向的，期权持有者所损失的最多不过是期权费，所以波动率越大，无论是看涨期权还是看跌期权，它的价格都是越大的。

4）无风险利率

无风险利率主要影响的是金融期权，实际上主要是通过对标的资产的影响间接实现的。

通常无风险利率越高，对应标的资产的预期收益率越高，同时由于贴现率较高，标的资产未来收益的现值也就越低。这"一高一低"对看跌期权的影响是相同的，即降低它的价值，而对看涨期权来说，前者使它的价格上升，后者使它的价格下降，并且一般前者的作用大于后者。总的来说，无风险利率越高，看跌期权的价格越低，看涨期权的价格越高。

5）标的资产收益

标的资产分红、付息等收益将会降低标的资产的价格，而协议价格并未变化，因此，在期权有效期内标的资产产生收益将使看涨期权价格下降，看跌期权价格上升。

3. 布莱克–舒尔斯期权定价模型

1）布莱克–舒尔斯微分方程

20 世纪 70 年代初，布莱克和舒尔斯在理论上推导出基于无红利支付股票的任何衍生证券必须满足的微分方程，即布莱克–舒尔斯微分方程。这一方程成为日后布莱克–舒尔斯期权定价模型的基础。

布莱克–舒尔斯微分方程假设如下。

（1）市场无摩擦，包括：①没有交易费用和税收；②所有证券可以无限细分；③没有卖空限制。

（2）证券价格遵循几何布朗运动。

（3）在有效期内标的证券没有红利、股息等现金收益支付。

（4）不存在无风险套利。

（5）证券交易和标的资产价格变化是连续的。

（6）有效期内无风险利率为常数。

在这些假设基础上，他们推导出了布莱克–舒尔斯微分方程：

$$\frac{\partial f}{\partial t}+rS\frac{\partial f}{\partial S}+\frac{1}{2}\sigma^2 S^2\frac{\partial f^2}{\partial S^2}=rf \qquad (3\text{-}45)$$

式中，S 为标的资产市场价格；f 为期权价值；r 为无风险利率；t 为时间；σ 为标的资产收益率标准差。

这里不对推导过程详述，有兴趣的同学可以参考金融工程方面的书。

2）布莱克–舒尔斯公式

1973 年，布莱克和舒尔斯成功地解出了布莱克–舒尔斯微分方程，从而获得了欧式看涨期权和看跌期权的精确定价公式。同样，我们这里不再对推导过程赘述。

（1）欧式看涨期权：

$$c=S(T)N(d_1)-Xe^{-r(T-t)}N(d) \qquad (3\text{-}46)$$

$$d=\frac{\ln[S(T)/X]+(r-\sigma^2/2)(T-t)}{\sigma\sqrt{T-t}} \qquad (3\text{-}47)$$

式中，$d_1=d+\sigma\sqrt{T-t}$；S 为标的资产市场价格；X 为期权执行价格；（$T-t$）为以年计的期权的有效期限；r 为无风险利率；σ 为标的资产收益率标准差；$N(x)$为标准正态分布在 x 处的值。

（2）欧式看跌期权：

$$p=Xe^{-r(T-t)}N(-d)-S(t)N(-d_1) \qquad (3\text{-}48)$$

至此，欧式期权有了较为精确的定价公式，并在此基础上又推导出了支付定额红利、支付固定利率股息的欧式期权定价公式。但美式期权的定价比较困难，目前还没有精确的公式，我们一般可以通过二叉树期权定价模型、蒙特卡罗模拟等近似地求出。下面简单地介绍一下二叉树期权定价模型。

4. 二叉树期权定价模型

就像上面提到的那样，美式期权无法使用布莱克–舒尔斯期权定价模型进行精确的定价，所以就有了我们下面将要讲的，由科克斯、罗斯和鲁宾斯坦于 1979 年提出的二叉树期权定价模型。这里仅介绍标的资产没有收益情况下的定价模型。

1）基本设定

二叉树期权定价模型在风险中性环境下，假设市场无摩擦，所有标的资产的期望收益都是无风险利率，资产价格遵循几何布朗运动，且所有标的资产的未来现金流可以用其期望值按照无风险利率进行折现。

另外，二叉树期权定价模型将一只期权的有效期划分为许多个小的时间间隔，每一段时间间隔用 Δt 表示，并假设在每一段时间间隔 Δt 内，标的资产的价格可能由原先的 S 向 Su 或 Sd 两个方向发展。其中，$u>1$，$d<1$（即标的资产的价格可能上升也可能下降），且两种情况的概率分别是 p 和 $1-p$，如图 3-12 所示。

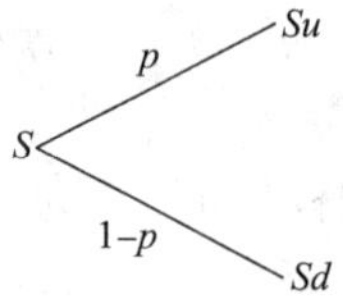

图 3-12 二叉树期权定价模型图

2）参数确定

在有了基本设定后，我们就可以对参数 p、u、d 进行确定了。

我们上面提出假设：期权标的资产的预期收益就等于无风险利率 r，因此，在这一个时间间隔 Δt 末，标的资产的价格由 S 变化到 $Se^{r\Delta t}$。而参数 p、u 和 d 的值必须满足下列方程式：

$$
\begin{aligned}
Se^{r\Delta t} &= pSu+(1-p)Sd \\
e^{r\Delta t} &= pu+(1-p)d
\end{aligned} \tag{3-49}
$$

同时，由于资产价格遵循几何布朗运动，我们还可以推出在时间间隔 Δt 内，标的资产价格变化的方差是 $S^2\sigma^2\Delta t$①。根据方差的定义，我们可以得到如下公式：

$$
\begin{aligned}
S^2\sigma^2\Delta t &= pS^2u^2+(1-p)S^2d^2 \\
\sigma^2\Delta t &= pu^2+(1-p)d^2-\left[pu+(1-p)d\right]^2
\end{aligned} \tag{3-50}
$$

由式（3-49）和式（3-50）可以求得，当 Δt 趋近于零时，

$$
\begin{aligned}
p &= \frac{e^{r\Delta t}-d}{u-d} \\
u &= e^{\sigma\sqrt{\Delta t}} \\
d &= e^{-\sigma\sqrt{\Delta t}}
\end{aligned} \tag{3-51}
$$

3）资产价格的树型结构图

我们连续使用上面的二叉树，第一步，时间为 0 时，资产价格为 S。第二步，当时间为 Δt 时，资产价格要么上涨到 Su，要么下跌到 Sd；第三步，当时间为 Δt 时，资产价格就有了三种可能：Su^2、Sud（等于 S）和 Sd^2，以此类推，我们便可得到图 3-13。

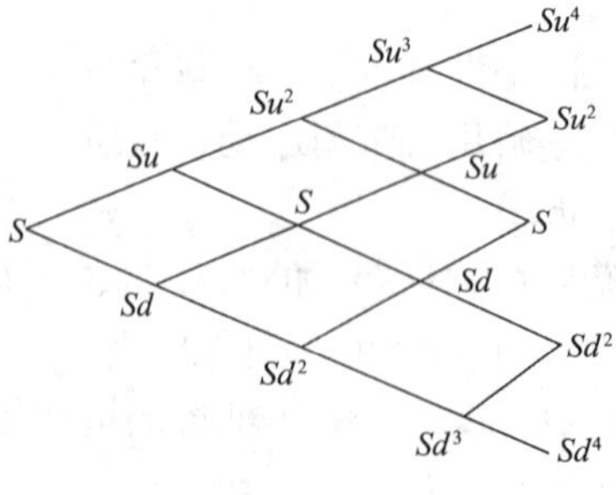

图 3-13 多期二叉树期权定价模型

① 详细内容可参考张亦春和郑振龙主编的《金融市场学》（高等教育出版社）。

4）用倒推定价期权

利用二叉树期权定价模型定价时，定价从树型结构图的末端 n 时刻起，采用倒推法定价。在 n 时刻，期权的价值是已知的。例如，一只看涨期权价值为 $\max(S_n - X, 0)$，一只看跌期权的价值为 $\max(0, X - S_n)$，我们在风险中性条件下求解 $n - \Delta t$ 时刻的每一个结点上的期权价值时，可以通过将 n 时刻期权价值的预期值在 Δt 时间长度内用无风险利率 r 贴现求出。以此类推，一直贴现求出期权价格。如果是美式期权，在倒推时需要多一步，就是要看在每一个结点上提前执行期权是否比将期权再持有 Δt 时间更有利。这样一直倒推，最终求出期权在 0 时刻（当前时刻）的期权价值。

本 章 小 结

本章从公司金融理论的发展演变过程入手，详细介绍了公司金融的基本理论。首先，介绍了股东与经营者之间、股东与债权人之间的利益冲突、背离方式及协调方法。其次，介绍了可分散风险与不可分散风险的内涵、度量方法和资本资产模型。再次，介绍了债券与股票估价的基本模型，并在此基础上介绍资本投资评价的基本原理及方法，投资项目评价分析的方法分为贴现的分析评价方法和非贴现的分析评价方法，前者主要包括净现值法、现值指数法、内含报酬率法等，后者主要包括回收期法、会计收益率法等。本章 3.6 节从资本结构的原理到最佳资本结构理论进行了详细的分析，又从股票无关、相关论介绍到税差理论、追随者理论和股利分配的代理理论。最后，本章 3.8 节介绍了期权估价理论。

思 考 题

1. 简述公司金融理论的发展演变过程。
2. 简述股东与经营者之间、股东与债权人之间的利益冲突、背离方式及协调方法。
3. 不可分散风险和可分散风险的含义是什么？怎样度量系统性风险？
4. 债券与股票估价的基本模型是什么？
5. 简述投资项目评价的基本方法。
6. 简述融资的每股收益分析方法及最佳资本结构理论内涵。
7. 简述股利无关论及股利相关论的内涵。
8. 简述风险投资组合的有效性边界的含义。

相关链接

耶鲁大学公开课——有效市场假说

诺贝尔奖得主 **Fama** 和 **Thaler** 辩论市场是否有效

第 4 章

公司金融决策基础

如果我们能预先知道我们现在所处的地位和走向，我们就能更好地判断应该做些什么和怎样做。

——亚伯拉罕·林肯

➤本章摘要

公司的基本决策过程要以其财务健康状况为基础。本章主要介绍各种财务报表的作用、内容及财务报表附注披露的主要内容，财务报表分析的意义、内容、程序和方法，公司业绩评价的方法等。

4.1 主要财务报表

财务报告是反映公司某一特定日期的财务状况和某一会计期间的经营成果、现金流量等会计信息的文件，它是由资产负债表、利润表、现金流量表、所有者权益（或股东权益）变动表和报表附注所构成的一个完整报告体系，定期向信息使用者提供所需要的财务信息。财务报告包括财务报表和其他应当在财务报告中披露的相关信息和资料。

4.1.1 资产负债表

1. 资产负债表的作用

资产负债表是反映公司在某一特定日期财务状况的报表。它是根据资产、负债和所有者权益（或股东权益）之间的相互联系，按照一定的分类标准和一定的顺序，把公司一定日期的资产、负债和所有者权益各个项目予以适当排列，并对日常工作中形成的大量数据进行高度浓缩整理后编制而成的。它表明公司在某一特定日期所拥有或控制的经济资源、所承担的现时义务和所有者对净资产的要求权。

不同的报表使用者可以根据各自的需要，有选择地利用资产负债表提供的会计信息，了解公司所掌握的经济资源及这些资源的分布与结构；公司资产、负债、所有者权益的结构是否合理，是否有足够的偿债能力；公司的投资者对本公司资产所拥有权益份额的大小和具体构成情况等。同时，资产负债表还能够提供财务分析的基本资料，如通过资产负债表可以计算流动比率、速动比率等，以了解公司的短期偿债能力；通过对不同时期资产负债表相同项目的纵向对比和不同项目的横向对比，还可以看出公司的资产、负债、所有者权益各项目的增减变动情况及其财务状况的变动趋势。

因此，资产负债表能够为公司的经营者、投资者、债权人及其他会计信息使用者提供他们进行经营决策、投资决策和信贷决策所需的信息，是公司财务报告体系中一张重要的财务报表。

2. 资产负债表的基本内容与格式

资产负债表的格式一般采用账户式，分为左右两方，左方反映资产各项目，右方反映负债和所有者权益各项目。资产负债表反映资产、负债和所有者权益之间的内在关系，并达到资产负债表左方和右方的平衡，左右两方的总平衡公式为

$$资产=负债+所有者权益 \tag{4-1}$$

资产项目可以划分为流动资产和非流动资产等。流动资产是指那些可以在一年或者超过一年的一个营业周期内变现、出售或耗用的资产，如存货，除非公司生产过剩，否则它们留在公司的时间很短。非流动资产是指除流动资产以外的资产，其中固定资产是非流动资产的主要组成部分。固定资产是指那些延续时间更长一些的资产。某些固定资产是有形的，如机器和设备；而某些固定资产是无形的，如专利、商标、管理者素质。资产负债表中的资产按持续经营公司的资产正常变现所需时间长短排列，这一部分取决于公司的行业性质和管理行为。管理当局经常要就各种问题做出决策，例如，是持有现金还是购进有价证券，是信用销售还是现金销售，是自制商品还是外购商品，是租赁项目还是购买项目，以及从事何种类型的经营等，这些都影响公司资产的构成。

在公司投资一种资产之前，它必须获得资金，即融资，这意味着公司必须筹集资金来支付投资。资产负债表的右方是负债和所有者权益，它表示公司的融资方式。公司一般通过发行债券、借贷和发行股票来筹资。负债项目划分为流动负债和非流动负债。流动负债是指那些在一年或超过一年的一个营业周期内必须偿还的贷款和债务；而非流动负债是指除流动负债以外的负债。所有者权益被定义为公司资产和负债之差，原则上，权益就是指股东在公司清偿债务后拥有的剩余权益，负债和股东权益按偿付期的先后顺序排列，这一部分反映了公司筹集资金的类型和比例，它取决于管理当局对资本结构的选择，即在负债与权益之间的选择。

资产负债表的具体格式如表 4-1 所示。

表 4-1　2018 年 12 月 31 日 ABC 公司资产负债表　　单位：万元

资产	期末余额	年初余额	负债和所有者权益	期末余额	年初余额
流动资产：			流动负债：		
货币资金	376 200	247 600	短期借款	13 800	9 300
交易性金融资产	300	200	交易性金融负债	0	0
衍生金融资产	0	0	衍生金融负债	0	0

续表

资产	期末余额	年初余额	负债和所有者权益	期末余额	年初余额
应收票据及应收账款	143 700	121 900	应付票据及应付账款	64 000	49 000
预付账款	21 100	8 000	预收账款	0	21 400
其他应收款	114 300	30 900	合同负债	33 100	0
存货	60 200	47 100	应付职工薪酬	12 500	10 300
合同资产	0	0	应交税费	72 500	35 200
持有待售资产	600	0	其他应付款	38 200	37 300
一年内到期的非流动资产	400	400	持有待售负债	900	500
其他流动资产	4 200	4 100	一年内到期的非流动负债	27 500	46 900
流动资产合计	721 000	460 200	其他流动负债	300	500
			流动负债合计	262 800	210 400
非流动资产:			非流动负债:		
债权投资	200	0	长期借款	900	1 000
其他债权投资	100	0	应付债券	35 000	35 000
长期应收款	0	0	其中：优先股		
长期股权投资	31 800	27 900	永续债		
其他权益工具投资	2 600	4 600	长期应付款	0	0
其他非流动金融资产	0	0	预计负债	200	400
投资性房地产	600	400	递延收益	100	100
固定资产	603 200	596 700	递延所得税负债	600	1 000
在建工程	34 600	36 900	其他非流动负债	0	0
无形资产	83 700	79 800	非流动负债合计	36 800	37 500
开发支出	0	0	负债合计	299 600	247 900
商誉	5 100	4 900	所有者权益:		
长期待摊费用	500	1 500	股本（或实收资本）	153 000	153 000
递延所得税资产	9 500	6 800	其他权益工具	64 400	62 200
其他非流动资产	3 700	3 900	其中：优先股		
非流动资产合计	775 600	763 400	永续债		
			资本公积	168 000	168 000
			减：库存股	0	0
			其他综合收益	1 700	1 700
			盈余公积	32 500	26 500
			未分配利润	777 400	564 300
			所有者权益合计	1 197 000	975 700
资产总计	1 496 600	1 223 600	负债和所有者权益总计	1 496 600	1 223 600

注：表中各项目分别设有“期末余额”和“年初余额”两栏，其目的在于通过各项目期末数与年初数进行直接对比分析，以了解其增减变化情况

4.1.2　利润表

1. 利润表的作用

利润表是反映公司一定会计期间经营成果的报表。它是公司对外提供财务报告中最基本的财务报表之一。利润的会计定义式为

$$收入 - 费用 = 利润 \tag{4-2}$$

编制利润表具有如下作用。

（1）利润表中的净利润反映公司最终的经营成果，可用于评价公司的营利能力，也是公司利润分配的依据。

（2）利润表通过收入与成本、费用的配比来确定公司各个会计期间的经营成果，便于分析公司生产经营过程各项收益和成本费用对经营业绩的影响程度，评价公司各部门的工作业绩。

（3）通过不同时期的利润表提供各项目的数据对比，可以分析预测公司利润的发展趋势。

利润表是公司经营业绩的综合体现，又是进行利润分配的主要依据，因此，利润表是财务报表中的主要报表。

2. 利润表的基本内容与格式

利润表通常由几个部分组成，营业部分报告了公司营业收入和各种成本费用及部分收益损失，非营业部分列出营业外收入和支出，另外一个独立的部分列出对利润课征的所得税。利润表的最后一项是净利润，净利润常常被表示成普通股每股收益的形式。具体来说，利润表反映以下几方面内容。

（1）构成营业利润的各项要素。营业利润从营业收入出发，减去为营业收入而发生的相关费用（营业成本+税金及附加）、销售费用、管理费用、研发费用、财务费用、资产减值损失，再加减公允价值变动收益（损失）、投资收益（损失）、资产处置收益（损失）后得出。

（2）构成利润总额（或亏损总额）的各项要素。利润总额（或亏损总额）在营业利润的基础上，加减营业外收支得出。

（3）构成净利润（或净亏损）的各项要素。净利润（或净亏损）在利润总额（或亏损总额）的基础上，减去本期计入损益的所得税费用后得出。

利润表的基本格式如表 4-2 所示。

表 4-2 2018 年 ABC 公司利润表 单位：万元

项目	本期金额	上期金额
一、营业收入	1 284 000	753 100
减：营业成本	812 300	488 900
税金及附加	14 600	9 500
销售费用	37 300	35 700
管理费用	37 500	34 200
研发费用	700	400
财务费用（收益以“－”号填列）	–4 700	2 200
其中：利息费用	4 800	6 800
利息收入	–10 800	–6 400

续表

项目	本期金额	上期金额
资产减值损失	2 100	0
加：其他收益	7 700	5 000
投资收益（损失以“－”号填列）	6 600	20 200
其中：对联营企业和合营企业的投资收益	4 600	1 200
公允价值变动收益（损失以“－”号填列）	200	0
资产处置收益（损失以“－”号填列）	100	700
二、营业利润（亏损以“－”号填列）	398 800	208 100
加：营业外收入	5 900	4 800
减：营业外支出	8 400	800
三、利润总额（亏损总额以“－”号填列）	396 300	212 100
减：所得税费用	89 900	48 000
四、净利润（净亏损以“－”号填列）	306 400	164 100
（一）持续经营净利润（净亏损以“－”号填列）	306 400	164 100
（二）终止经营净利润（净亏损以“－”号填列）		
五、其他综合收益的税后净额	–1 800	–3 100
六、综合收益	304 600	161 000
七、每股收益（发行在外 153 000 万股）	1.99	1.05

注：本表中每股收益的单位为元

4.1.3　现金流量表

1. 现金流量表的作用

现金流量表是反映公司一定会计期间内有关现金和现金等价物流入和流出的报表。它能够为信息使用者提供：公司当期有多少现金流入，来源于何方；公司当期有多少现金，运用于何处；公司当期现金流入与流出的结果如何，是净增加还是减少。现金流量表提供的信息能解决一些利润表和资产负债表上不能回答的问题，能为不同的信息使用者提供他们迫切需要的信息。

（1）编制现金流量表可使公司管理者及时掌握现金流动的信息，以及净利润与相关的现金收支产生的差异的原因，科学规划公司的投资、筹资活动，搞好资金调度，最大限度地提高资金的利用效率。

（2）通过现金流量表所提供的信息，公司现有的投资者、潜在的投资者和债权人可以了解公司如何使用现金，有利于他们正确估计公司的偿债能力、分派股利的能力及未来创造净现金流的能力，有利于他们做出投资决策和信贷决策。

（3）现金流量信息是政府综合经济管理部门，尤其是证券市场监管部门对公司进行监管的重要依据。将现金流量表与资产负债表和利润表所提供的信息进行综合分析，有利于了解公司的真实财务状况及是否潜伏着重大的风险等。监管部门可以将事后监督转为事前监督，防范和化解潜在的风险。

2. 现金流量表的基本内容与格式

现金流量表包含一段时间内流入和流出公司所有现金的信息。它不同于利润表，利润表表示的是公司的收入和费用，现金流量表是利润表的一个有益补充。首先，它集中反映公司在一段时期内现金头寸的变化。对现金流量表的分析有助于公司的管理者和外部人员了解现金是在增长还是在衰减，并明白其原因。其次，现金流量表回避了利润表中对收入和费用的确认。利润表以权责发生制为基础，根据这一方法，并不是每一笔收入都表现为现金流入，也不是每一笔费用都表现为现金支出。公司的账面净收益受到管理层很多主观判断的影响，如存货的估计、有形资产计提折旧和无形资产的摊销的快慢等。而现金流量表则不受权责发生制中这些主观因素的影响。

现金流量表对公司各项经营业务产生或运用的现金流量进行合理的分类，通常按照公司经营业务发生的性质将公司一定期间内产生的现金流量分为经营活动产生的现金流量、投资活动产生的现金流量和筹资活动产生的现金流量三大类。

1）经营活动产生的现金流量

经营活动是指公司从事生产和销售产品及提供劳务等投资活动和筹资活动以外的所有交易和事项，包括销售商品或提供劳务、经营性租赁、购买货物、接受劳务、制造产品、缴纳税款等。

经营活动产生的现金流入分为：①销售商品、提供劳务收到的现金；②收到的税费返还；③收到的其他与经营活动有关的现金。

经营活动产生的现金流出分为：①购买商品、接受劳务支付的现金；②支付给职工及为职工支付的现金；③支付的各项税费；④支付的其他与经营活动有关的现金。

通过上述各项目分别反映的经营活动产生的现金流入和现金流出，可以说明公司经营活动对现金流入和现金流出净额的影响程度，分析经营活动的各项现金流入的来源与流出的去向及其发展趋势，反映公司从事经营活动获取现金的能力。

2）投资活动产生的现金流量

投资活动是指公司购置与处置非流动资产的各项事项，即公司长期资产的购建和不包括在现金等价物范围内的投资及处置活动。投资活动产生的现金流量，既包括对外投资产生的现金流量，也包括对内投资产生的现金流量，但不包括作为现金等价物的投资。作为现金等价物的投资属于现金内部各项目的转换，不会影响现金流量净额的变动。现金流量表中反映的投资活动的流量，对公司现金流量净额会产生影响。

投资活动产生的现金流入分为：①收回投资所收到的现金；②取得投资收益所收到的现金；③处置固定资产、无形资产和其他长期资产所收回的现金净额；④处置子公司及其他营业单位收到的现金净额；⑤收到的其他与投资活动有关的现金。

投资活动产生的现金流出分为：①购建固定资产、无形资产和其他长期资产所支付的现金；②投资所支付的现金；③取得子公司及其他营业单位支付的现金净额；④支付的其他与投资活动有关的现金。

通过上述各项目分别反映的投资活动现金流入和流出，可以说明投资活动对公司现金流量的影响程度，分析投资活动的各项目现金流入和流出及其发展趋势，反映公司从事投资活动获取现金的能力。

3）筹资活动产生的现金流量

筹资活动是指导致公司资本及债务规模和构成发生变化的活动。公司向投资者筹集资金，包括吸收权益性资本、分配股利或利润、减少注册资本等活动；公司向债权人筹集资金，包括短期借款和长期借款的借入与偿还，公司债券发行的到期还本，融资租入固定资产应付款、应付引进设备及其他长期负债的形成与偿还，各种负债筹资应支付的利息费用等。但不包括经营活动中所发生的应付票据、应付账款、其他应付款和应付工资等经营形成的负债项目，虽然这些项目也能形成公司的一定资金来源，但其性质不属于筹资活动而是属于经营活动的范畴。

筹资活动产生的现金流入分为：①吸收投资所收到的现金；②取得借款所收到的现金；③收到的其他与筹资活动有关的现金。

筹资活动产生的现金流出分为：①偿还债务所支付的现金；②分配股利、利润或偿付利息所支付的现金；③支付的其他与筹资活动有关的现金。

通过上述各项目分别反映的筹资活动产生的现金流量，可以分析筹资活动产生的现金流入与流出对公司现金流量净额的影响程度，反映公司筹资的能力。

公司日常活动之外的不经常发生的特殊项目，如自然灾害损失、保险赔款、捐款等，应当在现金流量表中归到相关类别中，并单独反映。

现金流量表的格式如表 4-3 所示。

表 4-3　2018 年 ABC 公司现金流量表　　单位：万元

项目	本期金额
一、经营活动产生的现金流量	
销售商品、提供劳务收到的现金	1 637 800
收到的税费返还	8 300
收到的其他与经营活动有关的现金	6 400
经营活动现金流入小计	1 652 500
购买商品、接受劳务支付的现金	1 045 200
支付给职工及为职工支付的现金	59 300
支付的各项税费	167 600
支付的其他与经营活动有关的现金	19 700
经营活动现金流出小计	1 291 800
经营活动产生的现金流量净额	360 700
二、投资活动产生的现金流量	
收回投资所收到的现金	270 500
取得投资收益所收到的现金	1 600
处置固定资产、无形资产和其他长期资产所收回的现金净额	500
处置子公司及其他营业单位收到的现金净额	0
收到的其他与投资活动有关的现金	10 500

续表

项目	本期金额
投资活动现金流入小计	283 100
购建固定资产、无形资产和其他长期资产所支付的现金	47 500
投资所支付的现金	485 500
取得子公司及其他营业单位支付的现金净额	5 900
支付的其他与投资活动有关的现金	900
投资活动现金流出小计	539 800
投资活动产生的现金流量净额	–256 700
三、筹资活动产生的现金流量	
吸收投资所收到的现金	1 800
取得借款所收到的现金	13 900
收到的其他与筹资活动有关的现金	0
筹资活动现金流入小计	15 700
偿还债务所支付的现金	52 300
分配股利、利润或偿付利息支付的现金	72 800
支付的其他与筹资活动有关的现金	400
筹资活动现金流出小计	125 500
筹资活动产生的现金流量净额	–109 800
四、汇率变动对现金及现金等价物的影响	200
五、现金及现金等价物净增加额	–5 700
加：期初现金及现金等价物余额	104 300
六、期末现金及现金等价物余额	98 600

4.1.4 所有者权益变动表

1. 所有者权益变动表的作用

所有者权益变动表全面地反映了公司一定时期所有者权益的变动情况，其中不仅包括了所有者权益总量的增减变动，还包括了所有者权益增减变动的重要结构性信息，特别是反映了直接计入所有者权益的利得和损失，让报表使用者准确理解所有者权益增减变动的根源。

2. 所有者权益变动表的基本内容和格式

所有者权益变动表是指反映构成所有者权益各组成部分当期增减变动情况的报表。在该表中，应至少单独列示和反映以下项目：①净利润；②直接计入所有者权益的利得和损失项目及其总额；③会计政策变更和差错更正的累积影响金额；④所有者投入资本和向所有者分配利润；⑤提取的盈余公积；⑥实收资本或股本、资本公积、盈余公积、未分配利润的期初余额和期末余额及其调节情况。

所有者权益变动表一般以矩阵的形式进行列示，这样能够清楚地表明构成所有者权益的各组成部分当期的增减变动情况：①列示导致所有者权益变动的交易或事项，从所有者权益变动的来源对一定时期所有者权益变动情况进行全面反映；②按照所有者权益各组成部分（包括实收资本、资本公积、盈余公积、未分配利润和库存股）及其总额列示交易或事项对所有者权益的影响。所有者权益变动表如表 4-4 所示。此外，公司还需要提供比较所有者权益变动表，该表还就各项目再分为“本年金额”和“上年金额”两栏分别填列。

表 4-4　2018 年 ABC 公司所有者权益变动表　　单位：万元

项目	本年金额						
	股本	资本公积	其他综合收益	盈余公积	未分配利润	减：库存股	所有者权益合计
一、上年年末余额	153 000	168 000	63 900	26 500	564 300		975 700
加：会计政策变更							
前期差错更正							
二、本年年初余额	153 000	168 000	63 900	26 500	564 300		975 700
三、本年增减变动金额（减少以“－”号填列）			2 200		224 700		226 900
（一）综合收益总额							
（二）所有者投入和减少资本							
1.所有者投入资本							
2.股份支付计入所有者权益的金额							
3.其他							
小计					789 000		1 202 600
（三）利润分配							
1. 提取盈余公积				6 000	−6 000		0
2. 对所有者（或股东）的分配					−5 600		−5 600
3.其他							
（四）所有者权益内部结转							
1. 资本公积转增资本（或股本）							
2. 盈余公积转增资本（或股本）							
3. 盈余公积弥补亏损							
4.其他							
四、本年年末余额	153 000	168 000	66 100	32 500	777 400	0	1 197 000

4.1.5　财务报表附注

公司对外提供财务报表的种类、格式和内容由国家制定的会计制度统一规定，具有相对固定性，所能反映的财务信息受到一定的限制。财务报表附注对财务报表起补充作用，即对资产负债表、利润表、现金流量表、所有者权益变动表等报表列示项目的文字描述或明细资料，以及对未能在这些报表中列示的内容，或者披露不详尽的内容做进一步的解释说明，以提高财务报表的可比性和会计信息的可理解性，有利于报表使用者更全面、准确地了解公司的财务状况、经营成果和现金流量情况，正确使用公司的会计信息。

1. 公司的基本情况

（1）公司注册地、组织形式和总部地址。
（2）公司的业务性质和主要经营活动。
（3）母公司及集团最终母公司的名称。
（4）财务报告的批准报出者和财务报告批准报出日。

2. 财务报表的编制基础

按照公认的会计原则，企业应当对其本身发生的交易或者事项进行会计确认、计量和报告；会计确认、计量和报告应当以权责发生制为基础，以持续经营为前提。同时，企业会计应当以货币计量，并划分会计期间，按照会计期间分期结算账目和编制财务会计报告。

企业在财务报表附注中披露其财务报表的编制基础有助于报表使用者更好地理解表内会计信息的含义。通常情况，企业在该部分的附注中应披露：①会计期间；②记账本位币；③计量属性在本期发生变化的报表项目及其本期采用的计量属性；④编制现金流量表时现金等价物的确定标准等。

3. 遵循企业会计准则的声明

公司应当明确说明编制的财务报表符合企业会计准则的要求，真实、公允地反映了公司的财务状况、经营成果和现金流量等有关信息，以此明确公司编制财务报表所依据的制度基础。

如果公司编制的财务报表只是部分地遵循了企业会计准则，附注中不得做出这种表述。

4. 重要会计政策和会计估计

公司应当披露采用的重要会计政策和会计估计，不重要的会计政策和会计估计可以不披露。

会计政策是指公司在会计确认、计量和报告中所采用的原则、基础和会计处理方法。一般情况下公司会选择最恰当的会计政策反映其经营成果和财务状况。由于会计政策在具体使用中可以有不同的选择，这样采用不同的会计政策进行核算，所得出的财务报表的数据也不同。为了有助于使用者的理解，有必要以编制财务报表附注的形式加以说明。

另外需要特别指出，说明会计政策时还需要披露下面两项内容：①财务报表项目的计量基础，即披露财务报表中的项目是按照何种计量基础（包括历史成本、重置成本、可变现净值、公允价值等）予以计量的。②会计政策的确认依据，主要是指公司在运用会计政策过程中所做的对报表中确认的项目金额最具影响的判断。

会计估计的披露是指对在会计估计中所采用的关键假设和不确定因素的确定依据的披露。因为假设和不确定因素很可能会导致下一会计期间的资产、负债账面价值的重大调整。

5. 会计政策和会计估计变更及差错更正的说明。

根据企业会计准则的要求,公司采用的会计政策和会计各期方法前后各期应当一致，不得随意变更。如确有必要变更，应当在报表附注中加以说明。主要包括以下事项。

（1）会计政策变更的性质、内容和原因。

（2）当期和各个列报前期财务报表中受影响的项目名称和调整金额。

（3)无法进行追溯调整的,说明该事实和原因及开始应用变更后的会计政策的时点、具体应用情况。

（4）会计估计变更的内容和原因。

（5）会计估计变更对当期和未来期间的影响数。

（6）会计估计变更的影响数不能确定的，披露这一事实和原因。

（7）前期差错的性质。

（8）各个列报前期财务报表中受到影响的项目名称和更正金额。

（9）无法进行追溯重述的，说明该事实和原因及对前期差错开始进行更正的时点、具体更正情况。

6. 报表重要项目的说明

公司应当以文字和数字描述相结合，尽可能以列表形式披露重要报表项目的构成或当期增减变动情况，并与报表项目相互参照。在披露顺序上，一般应当按照资产负债表、利润表、现金流量表、所有者权益变动表的顺序及其报表项目列示的顺序。

7. 或有事项的说明

或有事项是指过去的交易或事项形成的一种状况，其结果必须通过未来事项的发生或不发生予以决定的不确定事项。或有事项分为或有负债和或有资产。

或有负债是指过去的交易或事项形成的潜在义务，其存在必须通过未来不确定事项的发生和不发生予以证实；或过去交易或事项形成的现时义务，履行该义务不是很可能导致经济利益流出公司或该义务的金额不能可靠地计量。

或有资产是指过去的交易或事项形成的潜在资产，其存在必须通过未来不确定性事项的发生或不发生予以证实。

或有负债和或有资产不符合负债和资产的定义和确认条件，公司不应当确认或有负债和或有资产，而应当进行相应的披露。

1）或有负债的披露

（1）或有负债的种类及其形成原因，包括已贴现商业承兑汇票、未决诉讼、未决仲裁、对外提供担保等形成的或有负债。

（2）经济利益流出不确定性的说明。

（3）或有负债预计产生的财务影响，以及获得补偿的可能性；无法预计的，应当说明原因。

2）或有资产的披露

企业通常不应当披露或有资产。但或有资产很可能会给企业带来经济利益的，应当披露其形成的原因、预计产生的财务影响。

8. 资产负债表日后事项的说明

资产负债表日后才发生或存在的非调整事项，虽然不影响资产负债表日存在状况，但若不加以说明，将会影响财务报表使用者做出正确估计和决策，因此必须在财务报表附注中予以说明。资产负债表日后事项主要包括以下几种。

（1）资产负债表日后股票和债券的发行。

（2）资产负债表日后自然灾害导致的资产损失。

（3）资产负债表日后发生巨额亏损。

（4）资产负债表日后资产价格、税收政策、外汇汇率发生较大变动。

（5）资产负债表日后发生重大诉讼、仲裁、承诺。

（6）资产负债表日后公司合并或处置子公司。

对于上述非调整事项，应当在财务报表附注中说明其性质、内容及其对财务状况、经营成果的影响；如无法做出估计，应当说明其原因。

9. 关联方关系及其交易的说明

（1）公司无论是否发生关联方交易，均应当在附注中披露与母公司和子公司有关的下列信息：①母公司和子公司的名称。母公司不是该公司最终控制方的，还应当披露最终控制方的名称。母公司和最终控制方均不对外提供财务报表的，还应当披露母公司之上与其最相近的对外提供财务报表的母公司名称。②母公司和子公司的业务性质、注册地、注册资本及其变化。③母公司对该公司或该公司对子公司的持股比例和表决权比例。

（2）在公司与关联方发生关联交易的情况下，公司应当在财务报表附注中披露关联方关系的性质、交易类型及其交易要素。这些要素包括：①交易的金额；②未结算项目的金额、条款和条件，以及有关提供或取得担保的信息；③未结算应收项目的坏账准备金额；④定价政策。

（3）关联方交易应当分别按关联方及交易类型予以披露，类型相同的关联方交易，在不影响财务报表使用者正确理解的情况下可以合并披露。

（4）企业只有在提供确凿证据的情况下，才能披露关联方交易是公平交易。

4.2 财务报表分析

4.2.1 财务报表分析及其意义

财务报表分析（简称财务分析）是指以财务报表和其他资料为依据和起点，采用专门方法，系统分析和评价公司的过去和现在的经营成果、财务状况、现金流量及其变动，目的是了解过去、评价现在、预测未来，帮助利益相关者改善决策。财务报表分析是个过程，它把整个财务报表的数据分成不同部分和指标，并找出有关指标的关系，以达到认识企业偿债能力、营利能力和抵抗风险的能力的目的。它是搜寻投资及兼并对象的审查工具，是对未来财务状况进行预测的工具，财务报表分析帮助我们筛选和评价信息，使我们能把精力集中在那些对经营决策最有用的可靠信息上。财务报表分析减少了我们对预感、猜测和直觉的依赖，因此其可以减少决策的不确定性。对于包括投资者、债权人、管理者在内的许多人来说，具有财务报表分析的能力是很重要的。不论公司的结构差异和规模大小如何，掌握财务报表分析技能的管理者就能够自己诊断公司的症状，开出治疗药方，并能预测其经营活动的财务成果。

做好财务报表分析工作具有以下重要意义。

（1）评价公司的财务状况、经营成果和现金流量情况，揭示公司经营活动中存在的矛盾和问题，为改善经营管理提供方向和线索。

（2）提供正确完整的财务报表分析资料，检查财务法规、制度的执行情况，促进公司正确处理各方面的财务关系，维护投资者、债权人、协作单位等的合法权益。

（3）预测公司未来的报酬和风险，为投资人、债权人和经营者的决策提供帮助。

（4）检查公司内部各职能部门和单位对分解落实的各项财务指标的完成情况，考核各职能部门和单位的业绩，以利于合理进行奖励，加强公司内部责任制。

4.2.2　财务报表分析的目的及其内容

1. 财务报表分析的目的

对外发布的财务报表是依据全体适用人的一般要求设计的，称作通用财务报表，并不适合特定要求。报表使用人要从中选择自己需要的信息，重新排列，并研究其相互关系，使之符合特定决策要求。

公司财务报表的主要使用人有八种，他们分析的目的并不完全相同。

1）内部使用者

内部使用者主要是公司经理（包括首席执行官、财务总监或内部审计师），他们负责公司的经营或战略决策。作为公司经营的决策者，他们必须兼顾各个不同的利益主体，协调公司和其他各个方面之间的利益关系，因而其必然对公司财务管理的各个方面给予关注，具体而言，即对偿债能力、营运能力、获利能力和社会贡献能力的全方位、全过程的所有信息予以了解和掌握，以便做出正确的经营管理决策，实现公司的目标。

2）外部使用者

外部使用者是并不参与公司经营的个人和单位，包括债权人、权益投资者、雇员和工会、供应商、客户、社会中介机构和监管机构。

（1）债权人。债权人指银行家、债券持有者和其他一些借钱给公司的人。由于其收益分配不随公司剩余收益的多少而变化，而是事前确定的，他们最关心其本金和利息的安全性，关注公司的偿付能力，包括短期偿付能力和长期偿付能力。

（2）权益投资者。权益投资者包括公司现有和潜在的股东。现有股东需要财务信息以确定是继续持有该公司股票还是把它卖出。潜在股东需要财务信息帮助他们在竞争性的投资机会中做出选择。权益投资者通常对评价公司的未来获利能力和风险感兴趣。

（3）雇员和工会。雇员和工会要通过分析判断公司盈利与雇员收入、保险、福利之间是否相适应。

（4）供应商。供应商通过分析，可以判断公司是否可以长期合作，是否应对公司延长付款期等，以确定信用期限。

（5）客户。客户使用财务报表决定是否建立供货关系。

（6）社会中介机构。社会中介机构包括审计师、咨询人员、证券分析师等。审计师通过财务分析可以确定审计的重点和范围。咨询人员、证券分析师等为各类报表使用人提供专业咨询服务。

（7）监管机构。监管机构作为公司经营外部环境和相关政策法规、服务的提供者，其必然关心公司对社会的回报，重视和关注公司对社会的贡献力。监管机构通过财务分析了解企业纳税情况、遵守政府法规和市场秩序的情况与就业状况。

财务报表分析的一般目的可以概括为评价过去的经营业绩，衡量现在的财务状况，预测未来的发展趋势。在进行财务分析时，分析者应确立好自己分析的目的和所持的立场。

2. 财务报表分析的内容

尽管财务报表的不同使用者在对公司财务报表进行分析时有不同的重点，但也有共同的需求。就公司管理人员来说，公司财务报表分析的基本内容主要包括以下几个方面。

（1）评价公司的偿债能力，分析公司权益的结构。估量对债务资金的利用程度，制定公司筹资的策略。

（2）评价公司资产的营运能力，分析公司资产的分布情况和使用情况，测算企业未来的资金需要量。

（3）评价公司的营利能力，分析公司利润目标的完成情况和不同年度的盈利水平的变动情况，预测公司的盈利前景。

（4）从总体上评价公司的资金实力，分析各项财务活动的相互联系和协调情况，揭示公司财务活动方面的优势和薄弱环节，找出改进理财工作的主要矛盾。

以上四个方面的内容相互联系，相互补充，可以综合描述公司生产经营的财务状况、经营成果和现金流量情况，协调各种财务使用者的需要。

4.2.3 财务报表分析的基本程序和方法

1. 财务报表分析的一般程序

财务分析的具体程序是根据分析目的、一般方法和特定分析对象，由分析人员个别设计的，其一般程序如下。

（1）明确分析目的。

（2）收集有关信息。

（3）根据分析的目的把整体的各个部分分割开来，予以适当的安排，使之符合需要。

（4）深入研究各部分的特殊本质。

（5）进一步研究各部分的联系。

（6）解释结果，提供对经营决策有帮助的信息。

2. 财务报表分析的常用方法

进行财务报表分析需要运用一定的方法，财务报表分析的方法主要有比较分析法、比率分析法、趋势分析法和因素分析法等。

1）比较分析法

比较分析法是指通过经济指标数量上的比较来揭示经济指标数量关系的数量和差异，揭示公司财务状况、经营成果和现金流量的一种方法。经济指标存在的某种数量关系（大于或小于，增加或减少）能说明生产经营活动的一定状况，如果经济指标出现了数量差异，往往就说明有值得进一步分析的问题。比较分析法的主要作用就在于：揭示财务活动中的数量关系和存在的差距，从而发现问题，为进一步分析原因挖掘潜力指明方向。比较分析法是最基本的分析方法，没有比较就没有分析，不仅比较分析法本身是最基本的分析方法，而且其他分析方法是建立在比较分析法的基础上的。在比较分析法中常用的指标评价标准有以下几种。

（1）绝对标准，即反映各公司不同时期都普遍适用的指标评价标准。如 2∶1 的流动比率和 1∶1 的速动比率是典型的公认标准，利用这些标准能揭示公司偿债能力及财务风险的一般状况。

（2）行业标准，即反映某行业水平的指标评价标准。在比较分析时，既可以用该公司财务指标与同行业平均水平进行对比，还可以用该公司财务指标与同行业先进指标进行对比。通过行业标准指标比较，有利于揭示该公司在同行业中所处的地位及存在的差距。

（3）目标标准，即反映该公司目标水平的指标评价标准。当公司的实际财务指标达不到目标标准时，应进一步分析原因，以便改进财务管理工作。

（4）历史标准，即反映该公司历史水平的指标评价标准。在财务分析中，运用历史标准的具体方法有三种，即期末与期初对比、本期与历史同期对比，以及本期与历史最高水平对比。财务分析中采用历史标准，有利于揭示公司财务状况、经营成果和现金流量的变化趋势及存在的差距。

应用比较分析法对同一性质指标进行数量比较时，要注意所利用指标的可比性，进行比较的指标在内容、时间、计算方法、计价标准上应当口径一致。必要时，可对所用的指标按同一口径进行调整换算。

2）比率分析法

比率分析法是利用财务报表计算出有关资料中两项相关数值的比率，揭示公司财务状况、经营成果和现金流量情况的一种分析方法。比较分析法所采用的绝对值对比不能深入揭示公司理财活动的内在矛盾，而比率分析法所采用的相对值对比能够将某些条件下的不可比指标变为可比指标，这样有利于进行分析。常用的比率分析法有以下几种。

（1）结构比率分析。结构比率，又称构成比率，主要用以计算某项经济指标的各个组成部分占总体的比重，反映部分与总体的关系。其典型计算公式为

$$\text{结构比率}=\frac{\text{某个组成部分数额}}{\text{总体数额}} \tag{4-3}$$

如固定资产占总资产的比重、负债占总权益的比重、收不回来的应收账款的比重等，都属于结构比率指标。通过结构比率指标的计算与分析，可以考察总体中某个部分的形成和安排是否合理，以便协调各项财务活动。

（2）效率比率分析。效率比率是用以计算某项经济活动中所费与所得的比例，反映投入与产出的关系。如成本费用与销售收入的比率、资金占用额度与销售收入的比率等。通过效益比率指标的计算与分析，可以进行得失比较，考察经营结果，评价经济效益。

（3）相关比率分析。相关比率是用以计算在部分与总体关系、投入与产出关系之外具有相关关系指标的比率，反映有关经济活动的联系。例如，权衡资产总额与相关业务安排是否合理，以保障生产经营活动能够顺畅运行。相关比率指标在财务分析中的应用十分广泛。

3）趋势分析法

趋势分析法是指将两期或连续数期财务报表中的相同指标或比率进行对比，求出它们增减变动的方向、数额和幅度的一种方法。采用这种方法可以揭示公司财务状况和生产经营情况的变化，分析引起变化的主要原因、变动的性质，并预测公司未来的发展前景。趋势分析法的具体运用主要有以下三种。

（1）重要财务指标的比较。重要财务指标的比较，是将不同时期财务报表中的相同指标或比率进行比较，直接观察其绝对额或比率的增减变动情况及变动幅度，考察有关业务的发展趋势，预测其发展前景。

对不同时期财务指标的比较，可以计算成动态比率指标，如利润增长的百分比。由于采用的基期数额不同，所计算的动态指标又可有两种：定基动态比率和环比动态比率。定基动态比率是指以某一时期的数额为固定的基期数额而计算出来的动态比率；环比动态比率则是指以每一分析期的前期数额为基期数额而计算出来的动态比率。其计算公式如下：

$$\text{定基动态比率}=\frac{\text{分析期数额}}{\text{固定基期数额}} \tag{4-4}$$

$$\text{环比动态比率}=\frac{\text{分析期数额}}{\text{前期数额}} \tag{4-5}$$

（2）财务报表金额的比较。这是将连续数期的财务报表的金额数字并列起来，比较其相同指标的增减变动金额和增减变动幅度，来说明公司财务状况和经营成果的一种方法。

财务报表的金额的比较，可以有资产负债表的比较、损益表的比较、现金流量表的比较等。比较时，既要计算出表中有关项目增减变动的绝对额，又要计算出其增减变动的百分比。

（3）财务报表构成的比较。财务报表构成的比较是在财务报表比较的基础上发展而

来的，它是以会计报表中的某个总体指标作为 100%，在计算出其各组成指标占该总体指标百分比的基础上，比较各个项目指标占总体指标百分比的增减变动，以此来判断有关财务活动的变化趋势。

4）因素分析法

因素分析法是通过顺序变换各个因素的数量，来计算各个因素的变动对总的经济指标影响程度的一种方法。因素分析法主要应用于寻找问题成因，寻找管理中出现问题的根源，为下一步有针对性地解决问题提供信息，并为企业内部考核提供依据。因素分析法一般分为以下四个步骤。

（1）确定分析对象，将该指标的实际数与分析标准数进行比较，求出实际脱离标准的差异，即分析对象。

（2）根据经济指标的形成过程明确该经济指标受哪些因素变动的影响。

（3）明确各影响因素与经济指标的数量关系，即建立因素关系式，分清主要因素与次要因素。

（4）按照一定的顺序依次替换各个因素变量，计算某个因素变动对经济指标的影响程度。当计算某一因素变动对经济指标的影响程度时，假定其他因素不发生变动，并且通过每次替换后的计算结果，与前次替换后的计算结果进行比较，即循环比较，来确定各个因素变动的影响程度。

4.2.4　财务报表分析的基本指标

1. 偿债能力分析

偿债能力是指公司偿还到期债务的能力。能否及时偿还到期债务，是反映公司财务状况好坏的重要标志。公司偿债能力包括短期偿债能力和长期偿债能力两个方面。

1）短期偿债能力

短期偿债能力是公司承担经常性财务负担（即偿还负债）的能力。公司如果有足够的现金流量，就不会造成债务违约，并可避免陷入财务困境。会计流动性反映了公司短期偿债能力，它通常与净营运资本相联系。流动负债是指将于自资产负债表编制之日起一年内偿还的债务，而用于偿还这些债务的基本来源就是流动资产。衡量会计流动性时最常用的指标是流动比率和速动比率。反映公司短期偿债能力的财务指标主要有以下几种。

（1）流动比率。流动比率等于流动资产与流动负债的比值。其计算公式为

$$流动比率=\frac{流动资产}{流动负债} \tag{4-6}$$

流动比率可以反映公司的短期偿债能力，广泛用于计量会计流动性，它可以用来衡量：①流动负债偿还能力，流动资产对流动负债的比率越高，其偿债能力越强。②亏损缓冲能力，该比率越高，表示缓冲能力越强，风险越低。如果在最终的处理和清算中非现金资产的价值出现缩水，流动比率反映的正是公司抵御这种价值缩水的安全程度。③流动基金储备，流动比率可以用来计量企业应付现金流量的不确定性和突发事件的安

全程度。

如果企业出现财务上的困难，可能无法按时支付货款（应付账款），则需要向银行申请贷款（应付票据）展期，结果造成流动负债比流动资产增加得快，流动比率下降。因此，流动比率下降可能是企业财务困难的第一个信号。

以 ABC 公司（数据见表 4-1）为例，2018 年该指标计算如下：

$$流动比率=\frac{流动资产}{流动负债}=\frac{721\,000}{262\,800}=2.74$$

一般认为，公司合理的流动比率是 2∶1，这是因为流动资产中变现能力最差的存货金额占流动资产总额的比重较大，剩下的流动性较大的资产至少要等于流动性负债，公司的短期负债能力才能有所保证。流动比率过高，表明流动资金积压过多，没有充分利用；反之，会出现偿债困难。当然，上述合理的流动比率只是就平均而言，实际上具体到各行业又有其行业的不同特点，例如，加工业和制造业的平均流动比率一般要高于商业、旅游业和服务业。在分析流动比率时，一方面要计算历年的流动比率，以便于发现变化趋势；另一方面还要将本公司的流动比率与从事类似经营活动的其他企业的流动比率进行比较，了解公司在行业中所处的水平。

（2）速动比率（酸性测验）。速动比率等于扣除了存货等之后的流动资产（称速动资产）与流动负债的比值。它是衡量企业在某一时点上运用随时可变现资产偿付到期债务的能力，是对流动比率的补充。其计算公式如下：

$$速动比率=\frac{速动资产}{流动负债} \tag{4-7}$$

按表 4-1 数据计算 2018 年 ABC 公司的速动比率为

$$速动比率=\frac{速动资产}{流动负债}=\frac{376\,200+300+143\,700+114\,300+600}{262\,800}=2.42$$

速动资产是指能够快速变现的流动资产。存货是流动性最差的流动资产，公司应能够不依靠卖存货来清偿债务。一般来说，1∶1 被认为是正常的速动比率，但不同的行业也有很大的差别。速动比率过高可能说明企业投资过于保守，过低则被认为是短期偿债能力过低。影响速动比率可信度的重要因素是应收账款的变现能力，账面上的应收账款不一定都能变现，应收账款的实际坏账可能比计提的准备要多。季节性的变化也可能使报表的应收账款数额不能反映平均水平。和流动比率一样，分析速动比率时一般要参考本企业的历史数据和同行业其他企业的资料。

（3）现金比率。如上所述，应收账款不一定能全部收回。所以计算流动性时，现金比率只能计算现金资产与流动负债的比率，现金资产包括货币资金、交易性金融资产等。它计算的是可用于偿还流动负债的现金。计算公式为

$$现金比率=\frac{货币资金+交易性金融资产}{流动负债} \tag{4-8}$$

按表 4-1 计算 2018 年 ABC 公司的现金比率为

$$现金比率=\frac{货币资金+交易性金融资产}{流动负债}=\frac{376\,200+300}{262\,800}=1.43$$

也就是说，即使该公司的应收账款和存货都已抵押出去，公司仍能利用现金资产直接偿还 19%的到期债务。现金比率是速动比率的延伸，是对短期流动性更加严格的计算，但它没有考虑流动资产和流动负债具有的再生性。

2）长期偿债能力分析

长期偿债能力是指公司偿还长期负债的能力。公司的长期负债能力包括长期借款、应付长期债券等。反映这一能力的财务指标主要有以下几种。

（1）资产负债率。资产负债率是指公司的全部负债总额与公司的全部资产总额的比值。资产负债率表示从债权人处所筹集的资金占资产总额的比例，它有助于分析在破产的情况下对债权人的保护程度。从长期能力的观点来看，这一比率越低，公司的财务状况越稳定。资产负债率的计算公式如下：

$$资产负债率 = \frac{负债总额}{资产总额} \times 100\% \tag{4-9}$$

ABC 公司 2018 年的资产负债率如下：

$$资产负债率 = \frac{负债总额}{资产总额} = \frac{299\,600}{1\,496\,600} \times 100\% = 20\%$$

一般来讲，公司的资产总额应大于负债总额，资产负债率应小于 100%。如果公司的资产负债能力较低（50%以下），公司有较好的偿债能力和负债经营能力。在公司资产净利润率高于负债资本成本率的条件下，公司负债经营会因代价较小使所有者的收益增加。因此，所有者总希望用负债经营得到杠杆利益，从而提高资产负债率。但债权人希望公司的资产负债率低一些，因为债权人的利益主要表现在权益的安全方面，如果公司的资产负债率等于甚至大于 100%，说明公司资不抵债，债权人为维护自己的利益可向人民法院申请企业破产。可见，企业负债经营必须适度。

（2）产权比率和权益乘数。产权比率是公司的负债与所有者权益的比值，反映公司资金来源的结构比率关系。该比率可用以衡量公司负债的风险程度及公司对债务的偿还能力。其计算公式如下：

$$产权比率 = \frac{负债总额}{股东权益总额} \tag{4-10}$$

ABC 公司 2018 年的产权比率如下：

$$产权比率 = \frac{负债总额}{股东权益总额} = \frac{299\,600}{1197\,000} = 0.25$$

从投资人的角度来讲，这一比率越大，只要资产报酬率高于贷款利率，通过财务杠杆效应，就能够提高投资报酬率，所以其希望该比率尽可能地大。而从债权人的角度来讲，这一比率越高，风险也就越大，所以其希望该比率越小越好。在西方，财务分析师通常建议公司把负债与权益的比率维持在 1∶1 的水平上。当然，这必须视公司的营运情况而定。

权益乘数是公司的总资产与所有者权益的比值，反映了 1 元的股东权益所拥有的资产。其计算公式如下：

$$权益乘数 = \frac{总资产}{股东权益总额} \tag{4-11}$$

（3）长期资本负债率。长期资本负债率是指公司非流动负债占长期资本的比例，计算公式为

$$长期资本负债率=\frac{非流动负债}{非流动负债+股东权益}\times100\% \tag{4-12}$$

这项指标是资产负债率的延伸，是一项更为客观地评价公司偿债能力的指标。企业的无形资产如商标、专利权、非专利、商誉等，不一定能用来偿还债务，可以将其视为不能偿还的资产，从资产中扣除。这项指标的作用及其分析方法与资产负债率基本相同。这里应注意，在资产总额中若待摊费用和长期待摊费用的金额较大，在计算指标时也应从资产总额中扣除。

（4）利息保障倍数。利息保障倍数是指公司息税前利润与利息费用的比率，反映公司经营所得支付债务利息的能力，其计算公式如下：

$$利息保障倍数=\frac{净利润+利息费用+所得税费用}{利息费用} \tag{4-13}$$

ABC 公司 2018 年的有关计算如下：

$$利息保障倍数=\frac{净利润+利息费用+所得税费用}{利息费用}=\frac{306\,400+4800+89\,900}{4800}=83.56$$

一般来说，利息保障倍数应大于 1。这项指标越大，说明支付债务利息的能力越强。确保利息费用的支付是企业避免破产而必备的条件，利息保障倍数直接反映了企业支付利息的能力。计算该比率时若从利润中减去折旧，在分母中加上其他财务费用（如本金支付和租赁费支付），计算结果将更具现实意义。这需要将该企业的指标与其他企业，特别是本行业的平均水平进行比较，来分析决定本企业的指标水平。同时，从稳健性的角度出发，最好比较本公司连续几年的该项指标，并选择最低指标年度的数据作为标准。

（5）现金流量利息保障倍数。现金流量利息保障倍数是指经营现金流量为利息费用的倍数，其计算公式为

$$现金流量利息保障倍数=\frac{经营现金流量}{利息费用} \tag{4-14}$$

现金基础的利息保障倍数表明 1 元的利息费用有多少倍的经营现金流量做保障。它比收益基础的利息保障倍数更可靠，因为实际用来支付利息的是现金。

（6）现金债务总额比。现金债务总额比是指经营活动所产生的现金净流量与债务总额的比率，其计算公式为

$$现金债务总额比=\frac{经营现金流量}{债务总额}\times100\% \tag{4-15}$$

该公式中的债务总额，一般情况下使用年末和年初的加权平均数，为了简便，也可使用年末数。

2. 营运能力分析

营运能力是指公司管理人员经营管理、运用资产的能力，其中主要是资金管理的能力。公司生产经营资金周转的速度越快，表明公司资金利用的效果越好、效率越高，公

司管理人员的经营能力越强。营运能力主要通过以下财务指标进行分析。

1）营业周期

营业周期是指从取得存货开始到销售存货并收回现金为止的这段时间。营业周期的长短取决于存货周转天数和应收账款周转天数。营业周期的计算公式为

$$营业周期=存货周转天数+应收账款周转天数 \tag{4-16}$$

存货周转天数和应收账款周转天数相加计算出来的营业周期，指的是需要多长时间能将期末存货全部变为现金。一般情况下，营业周期短，说明资金周转速度快；营业周期长，说明资金周转速度慢。

2）总资产周转率

总资产周转率等于会计期内的销售收入总额与平均资产总额的比值。计算公式为

$$总资产周转率=\frac{销售收入总额}{平均资产总额} \tag{4-17}$$

2018 年 ABC 公司的总资产周转率可计算如下：

$$总资产周转率=\frac{销售收入总额}{平均资产总额}=\frac{1\,284\,000}{\dfrac{1\,496\,600+1\,223\,600}{2}}=0.94$$

这一比率用来表示公司对总资产的运用是否有效。若资产周转率高，说明公司能有效运用资产创造收入；若资产周转率低，说明公司没有充分利用资产的效能，因而必须提高销售额，或削减部分资产。在运用这一比率说明资产的使用效果时存在的一个问题是，旧资产的会计价值低于新资产，总资产周转率可能因为旧资产的使用而偏大；另外一个问题是，固定资产投资较少的公司（如零售和批发企业）较之固定资产投资较多的公司（如制造企业），其总资产周转率会更高。

3）应收账款周转率

应收账款周转率等于销售收入与会计期间平均应收账款额（净额）的比值。应收账款周转率是年内应收账款转为现金的平均次数，它说明应收账款流动的速度。用时间表示的周转速度是应收账款周转天数或平均收款期，其计算方法是用应收账款周转率去除一年中总的天数。其计算公式为

$$应收账款周转率=\frac{销售收入}{平均应收账款} \tag{4-18}$$

$$平均收款期=\frac{360}{应收账款周转率} \tag{4-19}$$

ABC 公司 2018 年的应收账款周转率和平均收款期计算如下：

$$应收账款周转率=\frac{销售收入}{平均应收账款}=\frac{1\,284\,000}{\dfrac{143\,700+121\,900}{2}}=9.67$$

$$平均收款期=\frac{360}{应收账款周转率}=\frac{360}{9.67}=37\text{（天）}$$

一般来说，应收账款周转率越高，平均收款期限越短，说明应收账款的回收越快，否则公司的资金过多地呆滞在应收账款上，影响正常的资金周转。财务报表的外部使用

者可以将计算出来的指标与该公司前期、行业平均水平或其他类似公司的指标相比较，以判断该指标的高低。

4）存货周转率

在流动资产中，存货所占的比重较大，存货的流动性将直接影响企业的流动比率，因此必须重视对存货的分析。存货的流动性一般用存货周转率来反映。存货周转率等于产品销售成本与平均存货的比值。存货周转率是衡量和评价公司购入存货、投入生产、销售收回等各环节管理状况的综合性指标。因为存货是按历史成本记录的，所以必须根据产品的销售成本而不是销售收入（销售收入中含有销售毛利，与存货不相匹配）来计算。其计算公式为

$$\text{存货周转率}=\frac{\text{销售成本}}{\text{平均存货}} \tag{4-20}$$

ABC 公司 2018 年的存货周转率为

$$\text{存货周转率}=\frac{\text{销售成本}}{\text{平均存货}}=\frac{812\,300}{\frac{60\,200+47\,100}{2}}=15.14$$

存货周转率衡量了存货生产及销售的速度，它主要受产品的制造技术的影响，例如，生产一个汽油涡轮机比生产一片面包要花更多的时间。另外，存货周转率还与产成品的耐腐蚀性有关。一般地说，存货周转速度越快，存货的占用水平越低，流动性越强，存货转化为现金或应收账款的速度越快。存货周转率的好坏反映着存货的管理水平，不仅影响公司的短期偿债能力，也是公司管理的重要内容。

5）流动资产周转率

流动资产周转率是销售收入与平均流动资产的比值。其计算公式为

$$\text{流动资产周转率}=\frac{\text{销售收入}}{\text{平均流动资产}} \tag{4-21}$$

ABC 公司 2018 年的流动资产周转率如下：

$$\text{流动资产周转率}=\frac{\text{销售收入}}{\text{平均流动资产}}=\frac{1\,284\,000}{\frac{721\,000+460\,200}{2}}=2.17$$

流动资产周转率反映流动资产的周转速度。周转速度越快，越会相对节约流动资产，等于相对扩大资产投入，增强公司的营利能力；反之，延缓周转速度则需要补充流动资产参加周转，会形成浪费，降低公司的营利能力。

6）非流动资产周转率

非流动资产周转率是销售收入与平均非流动资产的比值。其计算公式为

$$\text{非流动资产周转率}=\frac{\text{销售收入}}{\text{平均非流动资产}} \tag{4-22}$$

ABC 公司 2018 年的非流动资产周转率如下：

$$\text{非流动资产周转率}=\frac{\text{销售收入}}{\text{平均非流动资产}}=\frac{1\,284\,000}{\frac{775\,600+763\,400}{2}}=1.67$$

非流动资产周转率反映非流动资产的管理效率，分析时主要是针对投资预算和项目管理，分析投资与竞争战略是否一致、收购和剥离政策是否合理等。

总之，各项资产的周转指标用于衡量公司运用资产赚取收入的能力，如果和反映公司营利能力的指标结合在一起使用，可评价公司的营利能力。

3. 营利能力分析

公司资金运动的直接目的是价值增值，因此，营利能力实际上就是指公司的资金增值的能力，它通常体现为公司收益的大小与水平的高低。

1）销售毛利率

销售毛利率是指毛利润占销售收入的百分比，通常以百分比形式表示。其计算公式为

$$\text{销售毛利率}=\frac{\text{毛利润}}{\text{销售收入}} \tag{4-23}$$

销售毛利率是创造销售利润率的保障，只有较高的销售毛利率才能获取更大的净利。

2）销售利润率

销售利润率（return on sales，ROS）又称销售净利率、利润率，是指净利润占销售收入的百分比，即将净利润表示为销售收入百分比的形式。其计算公式为

$$\text{销售利润率}=\frac{\text{净利润}}{\text{销售收入}}\times 100\% \tag{4-24}$$

一般来说，销售利润率反映了公司以较低的成本或较高的价格提供产品和劳务的能力。由于这是基于销售收入而不是基于公司或权益投资者所投资的资产而计算的利润率，因此不能直接衡量公司的营利能力。比如，商业行业的销售利润率较低，而服务性行业的销售利润率较高，但这并不能直接说明二者营利能力的高低。

3）资产利润率

资产利润率（return on assets，ROA）是衡量公司管理绩效的一个常见指标，是利润占平均总资产的百分比，资产利润率包括税前的和税后的。其计算公式为

$$\text{资产利润率}=\frac{\text{净利润}}{\text{平均总资产}}\times 100\% \tag{4-25}$$

资产利润率可以通过几个财务比率联系在一起来计算，将资产利润率分解成销售利润率和总资产周转率这两个指标，其基本内容如下：

$$\text{资产利润率}=\frac{\text{净利润}}{\text{总资产}}=\frac{\text{净利润}}{\text{销售收入}}\times\frac{\text{销售收入}}{\text{总资产}}=\text{销售利润率}\times\text{总资产周转率} \tag{4-26}$$

公司可以通过提高销售利润率或总资产周转率来增大资产利润率。将资产利润率分解成销售利润率和总资产周转率有助于分析公司的财务策略。

4）净资产利润率

净资产利润率（return on equity，ROE）（股东权益净利率）被定义为净利润（息税后）占股东权益的百分比，其计算公式如下：

$$净资产利润率 = \frac{净利润}{股东权益} \times 100\% \tag{4-27}$$

在投资者及资深管理者中，普遍流行的业绩评价尺度是净资产利润率。净资产利润率之所以被看得如此重要，是因为它反映了一个公司股东权益资本的使用效益，衡量了权益资本中每元钱的盈利。净资产利润率可被分解为

$$\begin{aligned} 净资产利润率 &= \frac{净利润}{股东权益} = \frac{净利润}{销售收入} \times \frac{销售收入}{总资产} \times \frac{总资产}{股东权益} \\ &= 销售利润率 \times 总资产周转率 \times 财务杠杆率 \end{aligned} \tag{4-28}$$

也就是说，管理者可以通过三个杠杆来调控净资产利润率。

5）可持续增长率

可持续增长率是财务分析中一个非常重要的比率，这是公司在不提高财务杠杆的情况下，仅利用内部权益所能达到的最高增长率。可持续增长的价值可按以下公式计算：

$$可持续增长率 = 净资产利润率 \times 留存比率 \tag{4-29}$$

公司的营利能力很难被定义和衡量，没有一种方法能明确地告诉我们公司是否具有较好的营利性。一般来说，会计利润反映了收入与成本之差。财务分析人员至多能衡量当前或既往的会计利润，然而，许多商业机会都是以牺牲当前利润为代价来换取未来利润的。例如，几乎所有的新产品都有很高的初始费用，因此有较低的初始利润，在这种情况下，当前利润就不足以反映未来的营利能力了。以会计为基础来衡量公司营利能力还存在一个问题，即它忽视了风险。当两家公司的风险显著不同时，仅依据二者的当期利润相同而得出二者的营利性也相同的结论是错误的。用会计方法衡量公司的营利能力时，存在的一个最大的概念性问题是这种方法没能给出一个用于比较的尺度。从经济意义上来看，只有当公司的盈利率大于投资者自己能够从资本市场上赚取的盈利率时，才能说公司具有较强的营利能力，而会计衡量方法无法做出这种比较。

6）市场价值比率

普通股股票的每股市场价格是买卖双方在股票交易时确定的。公司普通股权益的市场价值等于普通股每股市场价格乘以发行在外的股数。在一个有效的市场上，市场价格反映了公司的全部相关信息，这时，市场价格就揭示了公司资产的真实价值。

（1）市盈率（P/E）。市盈率（P/E）反映公司获利能力与股票市价之间的关系。计算市盈率的一种方法是用当前市价除以上年普通股每股收益，计算公式为

$$市盈率（P/E）= \frac{每股价格}{每股收益} \tag{4-30}$$

设 ABC 公司普通股每股当前市价为 187.20 元，根据其上年的每股收益 13.60 元，可知其市盈率为

$$市盈率（P/E）= \frac{每股价格}{每股收益} = \frac{187.20}{13.60} = 13.76$$

（2）净资产倍率。净资产倍率等于每股价格与每股账面价值的比值，即

$$净资产倍率 = \frac{每股价格}{每股账面价值} \tag{4-31}$$

事实上，该比率相当于托宾 Q 比率。对于托宾 Q 比率我们将在下一节予以详细说明。

4.2.5 财务报表分析的局限性

在判断一个特定的财务指标是好还是差时，以及在一系列指标的基础上形成对公司的综合性判断时必须小心谨慎，因为上述的分析只是基于有限的观察，受下列因素的影响，我们需要慎重对待分析结论。

1. 财务信息本身的局限性

财务报表是财务信息的载体。由于财务信息本身的局限性，我们只能在一定的意义上使用财务报告数据，不能认为财务报表揭示了企业的全部实际情况。

财务信息以财务报表所提供的信息为主，财务报表信息反映的主要是公司能够用货币表现的经济活动，而非货币信息较少。有时非货币信息包含了影响公司成败的关键因素，如公司管理团队的状况等。此外，货币计量假设币值不变，不按通货膨胀或物价水平调整，因此，按历史成本编制的财务报表不能反映公司资产的现行价值，也不能反映公司按现行成本与现行收入相配比的利润。

一方面，公司按年度（季度或月度）分期报告是短期的陈报，不提供反映长期潜力的信息。而另一方面，当公司一些重大事件发生时，也不能以财务报表的形式及时向使用者提供所需要的信息以便及时做出决策。

不同的公司对同一会计事项的账务处理可能会选择不同的会计政策，可能影响不同公司财务报表之间的可比性。如存货计价方法、折旧方法、所得税费用的确认方法、对外投资收益确认方法等。这些选择一方面会由各种不同方法本身的差异造成会计信息存在一定的误差，另一方面选择的过程也可能会造成会计信息存在一定的出入。因此，会计政策的选择是很容易给会计报表的使用者造成错觉和误解的。

2. 财务报表的真实性问题

从会计准则的要求及其他有关法规的规定来看，公司的会计信息应当真实、准确地反映公司的财务状况及经营成果。公司财务会计报表中反映的会计信息应当是真实、完整的，且根据公司的会计报表应当能较准确地推断出公司的经营状况及现金流量等。但个别公司在会计业务处理过程中由于种种原因会出现管理当局对会计信息进行暗箱操作等情况，从而影响财务报表的真实可信度。

财务报表的真实性问题可从以下几个方面反映。

（1）财务报表所附的审计意见的类型及审计师的信誉。

（2）要注意财务报表是否规范，对于不规范的报告，其真实性也应受到关注。

（3）要注意财务报表是否完整；遗漏可能是故意的，由于不想讲也不能说假话，便有了故意遗漏。

（4）要注意分析数据的反常现象，如无合理的反常原因则要考虑数据的真实性和一贯性是否有问题。

（5）要注意大额的关联方交易和资本利得。

3. 比较基础问题

在比较分析时，必须要选择比较的标准作为评价本公司当期实际数据的参照依据，否则不能说明其含义并得出结论。在财务分析中，常用的标准包括绝对标准、本公司历史数据、同业数据和计划预算数据等。对比较标准本身要准确理解，并且要在限定意义上使用分析结论，避免简单化和绝对化。

4. 财务比率分析的局限性

财务比率分析的根本问题在于，没有一个标准来判断比率是过高还是过低。一个特定比率的高低完全取决于对公司的深刻分析及公司的竞争战略、流动偏好等。比率由会计数据构成，而会计数据常常是主观计算出来的。

4.3 公司业绩评价

财务是公司经营的记分牌，它将一个公司分散的经营活动转化成一组客观的数据，提供有关公司的业绩、问题、远景等信息。公司金融就是根据对这些财务数据的解释来评估公司经营业绩和计划公司的未来活动。

4.3.1 公司业绩评价及其作用

1. 公司业绩评价的概念

公司业绩评价是指运用一定的方法，采用特定的指标体系，对照统一的评价标准，按照一定的程序，对公司一定经营期间的经营效益和经营者业绩做出客观、公正、准确的综合评判。公司业绩评价是评价理论方法在经济领域的具体应用，它是在会计学和财务管理的基础上，运用计量经济学原理和现代分析技术而建立起来的剖析公司经营过程，真实反映公司现实的经济状况，预测公司未来发展前景的一门科学。

公司业绩评价的基本特征是以公司法人作为具体评价对象，评价的内容重点在营利能力、资产运营水平、偿债能力、经营风险和后续发展能力等方面，以能准确反映这些内容的各项定量和定性指标作为主要评价依据，并将各项指标置于全行业和规模的平均水平对比之中，以期求得对某一企业公正、客观的评价结果。它是专业性的技术判断，评价内容广泛，使用指标较多，评价结果综合性强，强调客观公正性。

公司经营业绩的具体评价内容依公司经营类型的不同而不同。就我国工商类竞争性公司而言，业绩评价的内容包括四个方面，即财务效益状况、资产运营状况、偿债能力状况和发展能力状况。其中，财务效益状况主要反映公司的投资回报和营利能力；资产运营状况主要反映公司的资产周转运用能力；偿债能力状况主要反映公司的资产负债比例和偿还债务的能力；发展能力状况主要反映公司的成长性和长远发展潜力。这四部分内容互相联系，相辅相成，各有侧重，从不同的角度揭示了被评价公司当前的实际经营管理状况。通过对这四个方面的内容的综合评价，可以得出反映公司全貌的业绩评价结论。

2. 公司业绩评价的作用

公司业绩评价无论是对政府加强宏观调控，还是对公司改善经营管理，都将发挥重要的作用。其主要作用表现为以下几点。

（1）有利于政府的宏观调控。公司业绩评价是按照市场经济的要求，在一定经营期间结束后，深入分析公司整个经营过程，突出体现公司的财务效益、资产管理和偿债能力及发展能力状况，以反映公司在同行业和区域中的水平和实力，并将信息提供给政府有关部门，为政府宏观调控、间接监督公司提供充分的依据。

（2）有利于正确引导公司的经营行为。公司业绩评价包括了公司营利能力、基础管理、资本运营、债务状况、经营风险及长期发展能力等多方面的内容评价，可以全面系统地剖析影响公司目前经营和长远发展的诸方面因素，全方位地判断公司的真实状况，并促使公司克服短期行为，注重将公司的近期利益与长远目标结合起来。

（3）有助于对管理者业绩的考核，建立激励与约束机制。开展公司业绩评价，可以全面、正确地评定公司经营者的经营业绩，为公司资产所有者或所有者代表考核、奖惩、解雇或聘任经营者提供充分客观的依据。

（4）有利于增强公司的形象意识，提高竞争实力。公司业绩评价的参照系统是经济运行的实际水平值，评价通过横向比较，开阔了公司的视野，能够使公司看到自身的实际水平及在同行业中的地位，使公司更加注重改善其市场形象，有助于提高其市场竞争实力。

（5）有利于促进公司改进管理方法及程序，加强公司管理制度的创新。公司业绩的评价可以促进公司深化内部管理，为公司管理制度创新注入符合市场经济要求的新的驱动力。

4.3.2　公司业绩评价指标

公司业绩评价指标是公司业绩评价内容的载体，也是公司业绩评价内容的外在化表现。公司业绩评价指标必须充分体现公司的基本内容，围绕评价公司业绩的主要方面，建立逻辑严密、相互联系、互为补充的体系结构。我们可从财务指标和非财务指标两方面来评价公司的业绩。

1. 财务评价指标

1）净收益和每股收益额

净收益即公司的净利润，净利润是指公司的税后利润，即利润总额扣除应交所得税后的净额，是未进行任何分配的数额。联系股份数额表示的会计净收益即每股收益额，它反映了每股普通股创造的税后利润，是公司归属于普通股股东的当期净利润与发行在外的普通股股数的比值。其计算公式为

$$\text{每股收益额}=\frac{\text{净利润}-\text{优先股股利}}{\text{普通股流通股数}} \tag{4-32}$$

在其他条件不变的情况下，公司净收益越多，所做的贡献越大，成就也越显著，这与公司的根本目的一致。从表面上看，该指标受收入和成本的影响，实际上它也反映公司产品产量和质量、品种结构、市场营销等方面的工作质量。因而，该指标在一定程度上反映了公司的管理水平。同时，它受各种政策等其他人为因素影响较小，能够比较客观、综合地反映公司的经济效益，准确体现投资者投入资本的营利能力，因此被广泛应用于公司业绩的计量。

每股收益额能够较客观地评价公司的管理效率和营利能力。该指标反映每一股份的获利水平，指标值越大，每一股份可得的利润越多，股东的投资效率越好。反之则差。这个指标同时也可衡量普通股持有者获得报酬的程度。

2）投资报酬率

投资报酬率是收益与投入资本的比值，反映投资的有效性，是个效率指标。它把一个公司赚得的收益和所使用的资产联系起来，评价公司资产使用的效率水平，并且把与维持生产经营必要的资本密切联系的成本考虑在内。因此，投资报酬率是监控资产管理和经营策略的有效性的有用工具。

依据收益与投入资本所选用参量的不同，投资报酬率有许多不同的指标形式，现就投资报酬率的三种主要形式说明如下。

（1）净资产利润率。本章 4.2.4 节已经述及净资产利润率，它是评价公司自有资本及其积累获取报酬水平的最具综合性与代表性的指标，又称权益净利率，反映企业资本运营的综合效益。该指标通用性强，适应范围广，不受行业局限。在我国上市公司业绩综合排序中，该指标居于首位。通过对该指标的综合对比分析，可以看出公司获利能力在同行业中所处的地位，以及与同类公司的差异水平。

一般认为，公司净资产利润率越高，公司自有资本获取收益的能力越强，运营效益越好，对公司投资人、债权人的保证程度越高。净资产利润率充分体现了投资者投入公司的自有资本获取净收益的能力，突出反映了投资与报酬的关系，是评价公司经营效益的核心指标。

（2）资产利润率。本章 4.2.4 节已经述及资产利润率，它表示公司包括净资产和负债在内的全部资产的总体的获利能力，是评价企业资产运营效益的重要指标。

资产利润率表示公司全部资产获取收益的水平，全面反映了公司的资产获利能力和投入产出状况。对该指标的深入分析，可以增强各个方面对公司资产经营的关注，促进公司提高单位资产的收益水平。一般情况下，公司可据此指标与市场利率进行比较，如果该指标大于市场利率，则表明企业可以充分利用财务杠杆，进行负债经营，获取尽可能多的收益。该指标越高，表明企业投入产出的水平越高，企业的资产运营越有效。

（3）成本费用利润率。成本费用利润率是公司一定时期的利润总额与企业成本费用总额的比值。成本费用利润率表示公司为取得利润而付出的代价，从公司支出方面评价公司的获利能力。该指标的计算公式为

$$成本费用利润率 = \frac{利润总额}{成本费用总额} \tag{4-33}$$

成本费用利润率是从公司内部管理等方面对资本收益状况的反映，该指标通过对公司收益与支出直接进行比较，客观评价企业的获利能力。该指标从耗费角度评价公司的收益状况，有利于促进公司加强内部管理，节约支出，提高经营效益。该指标越高，表明企业为取得收益所付出的代价越小，企业成本控制越好，企业的获利能力越强。

3）剩余收益

剩余收益是指净收益与投资成本的差异。剩余收益用绝对数指标来实现利润与投资之间的联系，它克服了使用比率来衡量公司业绩所带来的次优化问题，是除净收益之外的另一个可选用的评价公司业绩的绝对性指标。其计算公式为

$$剩余收益=净收益-投资额\times资本成本 \tag{4-34}$$

式中，资本成本的确定根据资金的不同来源而有所区别，不同的资本成本比率可用来反映不同的风险。正的剩余收益表明公司的利润超过了它的筹资成本。以剩余收益作为评价公司经营业绩的尺度的基本要求是：只要投资的收益率大于投资成本，该项投资便是可行的。该指标避免了投资报酬率的缺陷，使公司能够选择既有利于其自身，又有利于母公司的投资机会。

4）经营现金流量

经营现金流量是指公司正常经营活动所发生的现金流入与现金流出之间的净额。现金流量可以用来评价公司业绩，也可以用来评价公司支付债务利息、支付股息的能力及偿付债务的能力，还可用于现金管理业绩的计量。由于现金流量同净收益相比较受会计估算和分摊的影响较小，它有助于了解一个企业的经营、投资及财务活动的动态。但是，单独的现金流量不能反映业绩的全貌，也不能借以可靠地预测企业将来的业绩。

目前，市场经济发达的西方国家十分重视对公司自由现金流量指标的应用。自由现金流量是指从客户处获得的现金净额减去用以维持公司目前增长所需的现金支出。这一定义用公式定量描述如下：

$$自由现金流量=经营现金净流量-资本支出 \tag{4-35}$$

自由现金流量是公司在不影响其成长前景的前提下，可以分配给股东的最大现金流量，或可以留用以便将来增值的最大自由现金流量。公司的自由现金流量越大，公司的市场价值越高。因此，自由现金流量是投资者进行投资决策时对企业加以评价的重要参考指标。

5）市场价值

在理论上，一个公司潜在的未来收益的综合计量结果是市场所决定的该公司的价值。即在一个有序、有效的股票市场中，股票的价格等于公司预期未来现金流量的现值。因此，就这个意义而言，市场价值的变化是公司业绩的一个恰当的指示器。衡量市场价值的比率主要有市盈率、净资产倍率、托宾 Q 比率等。

（1）市盈率。该指标表示投资者对每赚一元税后利润所愿付出的股票价格。其倒数是以股票市价计算的股东投资报酬率，因此，市盈率越高，表示股东所要求的投资报酬率越低。一般认为市盈率以 10~20 倍为正常。比率小说明股价低，风险小；比率大说明股价高，风险大。发展前景较好的公司通常都有较高的市盈率，前景不佳的公司这个比率也就较低。实际上，市盈率在某种程度上反映了投机收益与投资收益的比较。市盈率

也可理解为收益乘数或本金化系数，它乘上每股净利润可求得每股现行股价即市价。

（2）净资产倍率。该比率反映普通股票本身价值的大小，股票的权益保持率越高，股票市场价值高于账面价值的幅度就越大，股票的价值越高。因此，该比率反映了企业发展的潜在能力。该指标也表示投资者对公司的投资信心。

值得注意的是，公司财务政策中的稳健性原则会影响股票市场价格与账面价值的比率。在其他因素不变时，会计政策中的稳健程度越高，净资产倍率也会越高。

（3）托宾 Q 比率。托宾 Q 比率是指一家公司资产的市场价值（通过其已公开发行并售出的股票和债务来衡量）与这家厂商资产的重置成本的比值。这一方法是由经济学家托宾（Tobin）提出的，其计算公式为

$$托宾Q比率=\frac{资产市场价值}{预计重置成本} \tag{4-36}$$

托宾认为，当托宾 Q 比率大于 1 时，公司有投资的积极性，因为固定资产的市场价值超过了其重置成本；当托宾 Q 比率小于 1 时，公司将终止其投资，因为公司固定资产的市场价值小于其重置成本，这时公司在市场上通过兼并的方式获取资产要比采用购买新资产的方式更便宜。

2. 非财务评价指标

要用非财务指标来评价企业经营业绩，首先就需要将这些非财务因素定量化，即用定量化的指标来表示非财务因素。其中一条很重要的原则就是，所选择的指标要能准确反映出该因素的内在特性。如果有的非财务因素是多层面的，用单个计量指标无法全面地反映出其特性，那么就需要用多个计量因素来对其进行综合反映。非财务指标主要包括以下几个方面。

1）市场占有率

市场占有率指标反映公司市场营销方面的业绩。由于市场在现代商品经济中具有举足轻重的地位，市场占有率在众多非财务指标中雄距榜首。该指标通过对市场占有份额情况的调查来研究公司的经营战略。评价时，视公司战略有所区别。对于战略性的公司，市场份额往往比财务指标更重要。

2）产品品质

产品品质这一因素指的是产品的质量。产品表现出的品质，一个是处于产品制造阶段合乎企业制造标准所表现出的品质；另一个是顾客购买后，合乎其使用要求而表现出的品质。它可以用废品率和顾客退货率这两个计量指标加以综合反映。一般来说，对质量的评价应包括以下几项内容：①对购进原材料的评价；②生产过程中的质量控制；③对产成品的质量评价。

3）可信赖程度和交货效率

可信赖程度是指公司对客户的订货是否按期及时发货。如果公司不能按时发货，一方面可能使公司失去这笔业务，另一方面可能使公司的声誉受到影响。公司应保证即时供货，使客户对其保持高度的信赖。该因素可以用及时发货次数百分比这一计量指标来反映。对交货效率的评价可以从循环时间这一角度来考察，循环时间指的是从订单签订

到将货物交给客户所需要的时间，这一时间越短越好。

4）敏感性与应变能力

在激烈的市场竞争环境中，敏感性常被认为是公司竞争优势的一个重要方面。该因素可以用“从接受订货到发货的时间”来计量。该段时间越短，则表明公司的敏感性越高。对公司生产应变能力的评价主要是从生产调整准备时间这一角度来进行的。生产调整准备时间指的是公司在一批产品生产改成另一批产品生产时，需要调整机器设备来组织生产所花费的时间。一般情况下，这一时间越短证明公司生产越具有应变能力。

5）员工积极性

不能对雇员的生产技术水平、劳动积极性及培训情况等方面做出评价是传统的业绩评价方法受到批评的一个重要的原因。一般而言，对雇员情况进行评价的重要指标是员工流动率即月中离职人数与平均雇用人数的比率。这一比率高，表明公司员工的思想不稳定，对公司没有信心。公司应根据这一指标的变化，仔细分析原因，使公司员工保持旺盛的生产积极性。

6）创新能力和技术领导定位

公司的创新能力指的是公司在生产和改进现有产品时，开发和创造适应市场需要的新产品的能力。公司在开发新产品方面付出的代价及所取得的成果，是评价公司创新能力的主要资料。利用这些资料，可以对公司过去、现在及未来的创新能力进行评价，并根据评价结果，采取适当地增加投入或加强市场调查等方面的措施，来提高公司的创新能力。

7）顾客满意程度

评价顾客的满意程度可以对公司业绩提供反馈。评价顾客满意程度的指标是表明顾客如何判断一个产品或一个公司的可信赖程度。该指标因公司不同而有所不同。一般来讲，确定顾客满意度指标可以依据两条主要原则：①绩效指标对顾客而言必须是重要的；②绩效指标必须能够控制。

财务指标和非财务指标在公司业绩评价中各有优劣。若只注重财务指标，则易于造成公司的短期行为，影响公司的长远发展。若过分注重非财务指标，公司很可能因为财务上缺乏弹性而导致财务失败。事实上，公司财务性的业绩和非财务性的业绩都是公司总体业绩的不可缺少的组成部分。财务业绩是通过会计信息系统表现的表象、结果和有形资产的积累。非财务业绩则是通过经营管理系统获得的内因、过程和无形资产的积累，对公司整体长远的盛衰成败有很大影响，是本质的东西。因此，理想的业绩评价指标应是财务指标和非财务指标的有机结合。

4.3.3　公司业绩评价方法

目前在公司业绩评价方面最活跃的研究领域集中在两个方面：一是公司业绩评价内容的拓展及关系优化；二是评价方法和模型的创新。下面介绍几种比较典型的业绩评价方法。

1. 财务分析体系

1）传统的财务分析体系（杜邦财务分析体系）

公司的各项财务活动、各项财务指标都是相互联系、相互影响的，这便要求财务分析人员应将公司财务活动看作一个大系统，对系统内相互依存、相互作用的各种因素进行综合分析。杜邦财务分析体系（图 4-1），亦称杜邦财务分析法，也是传统的财务分析体系，是指根据各主要财务比率指标之间的内在联系，通过制定多种比率的财务分析指标体系，综合分析公司财务状况的方法。由于该指标体系是由美国杜邦公司最先采用的，故称为杜邦财务分析体系。杜邦财务分析体系的特点是将若干反映公司盈利状况、财务状况和营运状况的比率按其内在联系有机地结合起来，形成一个完整的指标体系，并最终通过净资产利润率这一核心指标来综合反映。要掌握杜邦分析系统，必须掌握有关公式的分解。现介绍公式分解的一般原理。

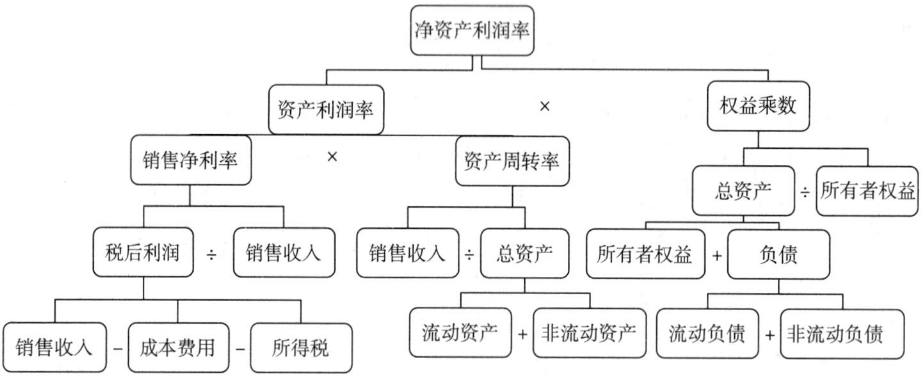

图 4-1　杜邦系统图

（1）与净资产利润率有关的公式分解如下。

$$\text{净资产利润率}=\frac{\text{净利润}}{\text{股东权益}}$$
$$=\frac{\text{净利润}}{\text{资产总额}}\times\frac{\text{资产总额}}{\text{股东权益}}$$
$$=\text{资产利润率}\times\text{权益乘数}$$

即决定净资产利润率的因素有三个：销售净利率、资产周转率和权益乘数。这样分析以后，就可以把净资产利润率这一项综合性指标发生升降变化的原因具体化。

销售净利率可以进一步分解为

销售净利率=税后利润/销售收入

税后利润=销售收入－成本总额+其他利润

成本总额=销售成本+期间费用+税金

式中，

税金=销售税金+所得税

其他利润=其他损益－营业外支出

总资产周转率可进一步分解为

总资产周转率=销售收入/总资产

总资产=流动资产+非流动资产

式中，

流动资产=货币资金+应收账款+存货+其他流动资产

非流动资产=长期投资+固定资产+无形资产+其他资产

（2）与投资报酬率有关的公式分解如下。

投资报酬率=净利润/资产总额

=(净利润/销售收入)×(销售收入/资产总额)

=销售利润率×总资产周转率

（3）与每股盈余有关的公式分解如下。

每股盈余=净利润/普通股股数

=(净利润/股东权益)×(股东权益/普通股数)

=净资产利润率×每股净资产

（4）与每股股利有关的公式分解如下。

每股股利=股利支付额/普通股股数

=(股利支付额/净利润)×(净利润/普通股数)

=股利支付比例×每股盈余

（5）权益乘数有关的公式分解如下。

权益乘数=资产总额/所有者权益

=1/(1－资产负债率)

权益乘数（即财务杠杆率）的高低取决于公司资本的权益结构，负债比重越大，杠杆率就越高。负债经营可以给公司带来财务杠杆效益，但同时公司也要承受较大的风险压力。

通过杜邦体系自上而下地进行分析，不仅可以揭示出企业各项财务指标间的结构关系，查明各项主要指标变动的影响因素，而且为决策者优化经营决策、提高企业经济效益提供了思路。

从图 4-1 中可以看出，杜邦财务分析体系是把有关财务比率和财务指标以系统分析图的形式连在一起。通过这一指标体系图，可以了解如下问题。

（1）净资产利润率由公司的销售利润率、资产周转率和权益乘数所决定，它是指标体系分析的核心内容。净资产利润率是一个综合性较强的财务比率，是与公司财务管理目标相关性最大的一个指标。它代表所有者投入资金的获利能力，反映公司的筹资、投资、资产运营等活动的效率，提高净资产利润率是所有者财富最大化的基本保证。这一比率的高低不仅取决于总资产报酬率，而且取决于股东权益在总权益中的比重。

（2）资产周转率也是一个重要的财务比率，是公司销售净利率与资产利润率的综合表现。销售净利率反映了销售收入与利润的关系，要提高销售净利率，便要增加销售收入，而且应努力降低各项成本。要提高资产周转率，一方面要增加销售收入，另一方面应降低资金的占用。由此可见，资产周转率是销售成果与资产管理的综合体现。

（3）销售净利率反映了公司税后利润与企业销售收入的关系，就此意义而言，提高销售净利率是提高公司营利能力的关键所在。税后利润的提高，一要靠扩大销售收入，二要靠降低成本费用。降低各项成本开支是公司财务管理的一项重要内容，通过各项成本的列示，有利于进行成本、费用的结构分析，加强成本控制。

（4）公司的税后利润是由销售收入扣除成本费用总额再扣除所得税而得到的，而成本费用又由一些具体项目构成。通过对这些项目的分析，能了解公司净利润增减变动的原因。

（5）在资产运营方面，要联系销售收入分析公司资产的结构是否合理，流动资产与非流动资产的比例安排是否适当，因为它们的比例结构是否适当直接影响到资金的周转速度。一般而言，流动资产直接体现公司的偿债能力和变现能力。长期资产则直接体现公司的经营规模、发展潜力，两者之间应该有一个合理的比率关系。如果某一方面资产比重过大，就应深入分析其原因。流动资产和非流动资产各自有其明细项目，通过总资产构成和周转情况的分析，能发现公司资产管理中存在的问题与不足。

（6）权益乘数反映了所有者权益同公司总资产的关系，它主要受资产与负债之间比例关系的影响。在资产总额既定的前提下，负债总额越大，权益乘数就越大，说明公司有较高的负债程度，给公司带来了较大的杠杆收益，同时给公司带来了较大的财务风险。

杜邦财务分析体系自产生以来在实践中得到了广泛的应用与好评。随着经济与环境的发展、变化和人们对公司目标认识的进一步升华，许多人对杜邦财务分析体系进行了变形、补充，使其不断完善与发展。与此同时，现代公司追求的公司价值最大化是一种公司长期价值的最大化，公司的持续增长能力就显得尤其重要。但是，杜邦财务分析体系因为只将净资产利润率作为公司目标，而净资产利润率又没能完全摆脱会计利润短期性的影响，这就不可避免地使杜邦财务分析体系存在某种程度的目标短期化的缺陷。

2）改进的财务分析体系

A.改进的财务分析体系的主要概念

a.资产负债表的有关概念

将资产负债表中的资产项目区分为经营资产和金融资产，负债项目区分为经营负债和金融负债。经营资产是指用于生产经营的资产，而金融资产是指未投入运营的资产。经营负债是指在生产经营中形成的短期和长期无息负债，金融负债是公司筹资活动形成的有息负债。

基本等式为

$$净经营资产=净金融负债+股东权益$$

式中，

$$净经营资产=经营资产-经营负债$$
$$净金融负债=金融负债-金融资产$$

b.利润表的有关概念

将收益区分为经营活动损益和金融活动损益。金融活动损益是指净利息费用，即利息收支净额。经营活动损益是指除金融活动损益外的损益，其可以进一步区分为主要经营利润、其他营业利润和营业外收支。

基本等式为

$$净利润=经营利润-净利息费用$$

式中，

$$经营利润=税前经营利润\times(1-所得税税率)$$

$$净利息费用=利息费用\times(1-所得税税率)$$

B.改进的财务分析体系的公式分解

以下为改进的财务分析体系公式分解的具体过程，其系统图如图 4-2 所示。

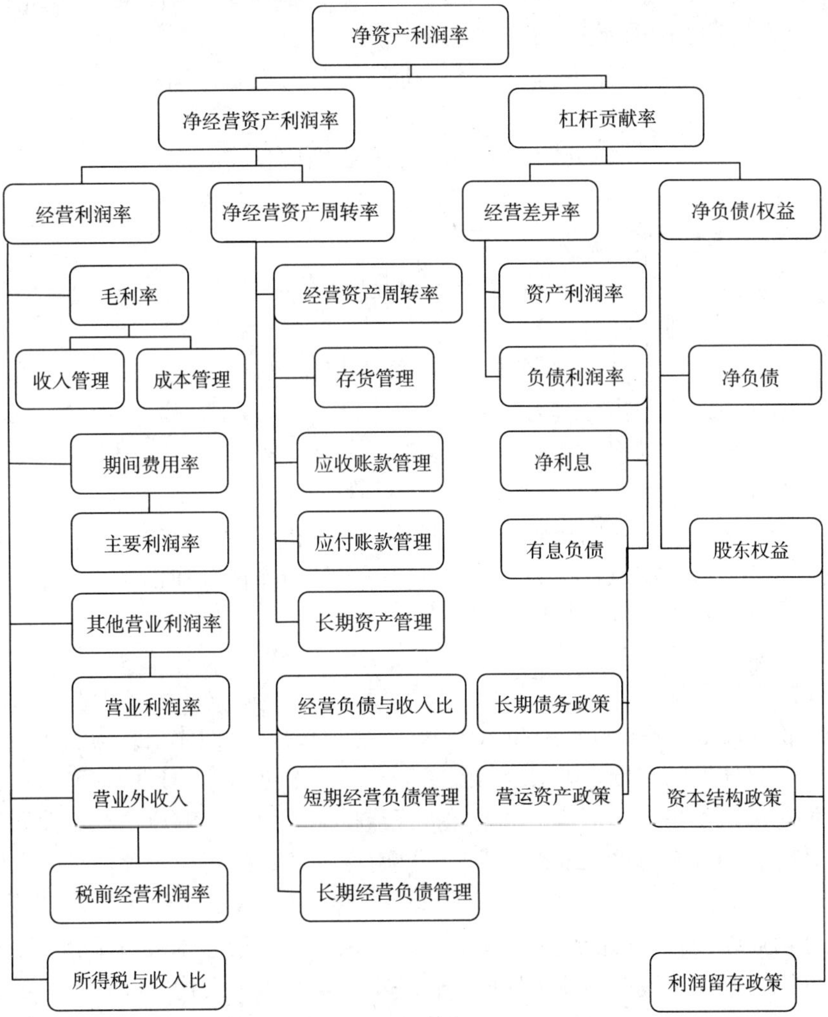

图 4-2　改进的财务分析体系系统图

$$\begin{aligned}
净资产利润率 &= \frac{经营利润}{股东权益} - \frac{净利息}{股东权益} \\
&= \frac{经营利润}{净经营资产} \times \frac{净经营资产}{股东权益} - \frac{净利息}{净负债} \times \frac{净负债}{股东权益} \\
&= \frac{经营利润}{净经营资产} \times \left(1 + \frac{净负债}{股东权益}\right) - \frac{净利息}{净负债} \times \frac{净负债}{股东权益} \\
&= 净经营资产利润率 + (净经营资产利润率 - 净利息率) \times 净财务杠杆
\end{aligned}$$

即决定净资产利润率的因素有三个：净经营资产利润率、净利息率和净财务杠杆。这样分析以后，就可以把净资产利润率这一项综合性指标发生升降变化的原因具体化。

净经营资产利润率可以进一步分解为

$$净经营资产利润率=经营利润率\times 净经营资产周转率$$

式中，

$$经营利润率=经营利润/销售收入$$

$$净经营资产周转率=销售收入/净经营资产$$

净利息率可以进一步分解为

$$净利息率=净利息/净负债$$

净财务杠杆可以进一步分解为

$$净财务杠杆=净负债/股东权益$$

杠杆贡献率可以进一步分解为

$$\begin{aligned}
杠杆贡献率 &= (净经营资产利润率 - 净利息率)\times 净财务杠杆 \\
&= 经营差异率\times 净财务杠杆
\end{aligned}$$

上述指标对净经营资产利润率的分析与传统的分析体系类似，只是数据更合理，得出的结论更准确；对杠杆贡献率的分析，则应分别针对净债务利息率、净经营资产利润率和净财务杠杆三个方面进行分析。

2. 公司业绩综合评价的方法

综合评价（comprehensive evaluation，CE）指对以多属性体系结构描述的对象系统做出全局性、整体性的评价。即对评价对象的全体，根据所给的条件，采用一定的方法给每个评价对象赋予一个评价值，再据此择优或排序。由于影响评价有效性的相关因素很多，而且综合评价的对象系统也常常是一些复杂系统，进行综合评价是一个极其复杂的过程。

构成公司业绩综合评价的基本要素有评价对象、评价指标体系、评价主体及其偏好结构、评价原则、评价模型、评价环境，各基本要素有机组合构成综合评价系统。

总体上可将目前国内外常用的综合评价方法分为专家评价法、经济分析法、运筹学和其他数学方法，现在归纳如下。

（1）专家评价法。专家评价法是以专家的主观判断为基础，通常以“分数”“指数”“序数”“评语”等作为评价的标准来对评价对象做出总的评价的方法，常用的方法有评分法、分等法、加权评分法及优序法等。该方法简单方便，易于使用，但主观性强。

（2）经济分析法。经济分析法是以事先议定好的某个综合经济指标来评价不同对象的综合评价方法。常用的有直接给出综合经济指标的计算公式或模型的方法、费用–效益分析法等。该方法含义明确，便于不同对象的对比；不足之处是计算公式或模型不易建立，而且对于涉及较多因素的评价对象来说，往往很难给出一个统一于一种量纲的公式。

（3）运筹学和其他数学方法。目前常用的方法主要有多目标决策方法（multiobjective decision-making，MODM）、数据包络分析（data envelopment analysis，DEA）方法、层次分析法（analytic hierarchy process，AHP）和数理统计方法等。近年来，多元统计分析法也应用在公司业绩的综合评价上，如聚类分析法、因子分析法、多重回归分析法、主成分分析法等。

多目标决策方法。多目标决策方法是对多个相互矛盾的目标进行科学、合理的选优，然后做出决策的理论和方法。它是 20 世纪 70 年代后迅速发展起来的管理科学的一个新的分支。多目标决策与只为了达到一个目标而从许多可行方案中选出最佳方案的一般决策有所不同。在多目标决策中，要同时考虑多种目标，而这些目标往往是难以比较的，甚至是彼此矛盾的；一般很难使每个目标都达到最优，做出各方面都很满意的决策。因此，多目标决策实质上是在各种目标之间和各种限制之间求得一种合理的妥协，这就是多目标最优化的过程。

数据包络分析方法。数据包络分析方法是一个对多投入、多产出的多个决策单元的效率评价方法，它是 1986 年由 Charnes 和 Cooper 创建的，可广泛使用于业绩评价。

层次分析法。层次分析法是将决策总量有关的元素分解成目标、准则、方案等层次，在此基础之上进行定性和定量分析的决策方法。该方法是美国运筹学家、匹兹堡大学教授萨蒂于 20 世纪 70 年代初，在为美国国防部研究“根据各个工业部门对国家福利的贡献大小而进行电力分配”课题时，应用网络系统理论和多目标综合评价方法，提出的一种层次权重决策分析方法。层次分析法的特点是在对复杂的决策问题的本质、影响因素及其内在关系等进行深入分析的基础上，利用较少的定量信息使决策的思维过程数学化，从而为多目标、多准则或无结构特性的复杂决策问题提供简便的决策方法，尤其适合对决策结果难以直接准确计量的场合。

数理统计方法。数理统计方法是通过建立数学模型，进行有效的收集和整理数据，以便对问题进行统计推断、预测和决策的方法。

聚类分析法。聚类分析法是直接比较各事物之间的性质，将性质相近的归为一类，将性质差别较大的归入不同的类的分析技术。

因子分析法。因子分析法的基本目的就是用少数几个因子去描述许多指标或因素之间的联系，即将相关性比较密切的几个变量归在同一类中，每一类变量就成为一个因子（之所以称其为因子，是因为它是不可观测的，即不是具体的变量），以较少的几个因子反映原资料的大部分信息。

多重回归分析法。多重回归分析简称回归分析，其特点是同时处理多个因变量。回归系数和常数的计算公式与通常的情况相仿，只是由于因变量不止一个，原来的每个回归系数在此都成为一个向量。因此，关于回归系数的检验要用 T^2 统计量；对回归方程的显著性检验要用 Λ 统计量。

主成分分析法。主成分分析也称主分量分析，旨在利用降维的思想，把多指标转化为少数几个综合指标。在实证问题研究中，为了全面、系统地分析问题，我们必须考虑众多影响因素。这些涉及的因素一般称为指标，在多元统计分析中也称为变量。因为每个变量都在不同程度上反映了所研究问题的某些信息，并且指标之间彼此有一定的相关性，所以所得的统计数据反映的信息在一定程度上有重叠。在用统计方法研究多变量问题时，变量太多会增加计算量和增加分析问题的复杂性，人们希望在进行定量分析的过程中，涉及的变量较少，得到的信息量较多。

3. EVA 评价法——部门经营业绩评价法

1）EVA 评价法的原理

EVA（economic value added，经济增加值）是公司经过调整的税后营业净利润（net operating profit after tax，NOPAT）减去该公司现有资产经济价值的机会成本后的余额。计算 EVA 的一般公式为

$$\text{EVA}=\text{NOPAT}-K_W\times \text{NA}$$

式中，K_W 为各部门的加权平均资本成本即机会成本；NA 为各部门期初资产净额的账面价值；NOPAT 为各部门报告期经过调整的营业净利润。

EVA 指标考虑了各部门资本的机会成本，从而使它优越于利润等指标。EVA 是一个绝对数指标，而企业的财富大小一般也是用绝对数指标来衡量的。公司各个部门 EVA 之和就是整个公司的价值增值。在我国应用 EVA 指标时，不能直接使用利润表中营业利润的有关数据，而必须将利息费用加回到营业利润中去求得，然后减去该公司现有资产净额的机会成本。

2）EVA 评价法的意义

对公司来说，各部门及其经营管理者的业绩最终应表现为公司投入资本的价值的增加。公司采用 EVA 指标可以综合评价各部门的经营管理绩效，具有以下优点。

（1）EVA 指标与公司的财务目标根本上是一致的。公司的财务目标是股东财富最大化，实现了各部门 EVA 最大化，也就实现了公司股东财富最大化。

（2）以 EVA 为核心的指标体系向公司较为准确地传递了各部门的业绩信息。

（3）以 EVA 为核心的指标体系适应了公司分权化经营管理的需要。

（4）以 EVA 为核心的指标体系能满足公司对各部门业绩进行综合评价的需要。

从理论上讲，在计算 EVA 的过程中，资产净额应使用资产的市场价值来表示，但也可以使用各部门资产的账面价值来表示，这比使用市场价值和重置价值更符合成本效益原则，也更符合我国的实际。此外，账面价值的缺陷可以用以下方法来解决：不是将各部门管理人员的奖惩与 EVA 的绝对指标相联系，而是与年复一年的 EVA 的变化相联系，EVA 系统应重视财务业绩的不断改进，并根据业绩的改进程度决定对各部门经理人员的奖励。

4. 全方位绩效看板

1）全方位绩效看板的内容

全方位绩效看板由哈佛商学院教授罗伯特·卡普兰（Robert Kaplan）和诺顿研究院

总裁戴维・诺顿（David Norton）于 1990 年提出，旨在克服传统的财务性业绩评价制度忽视了那些对公司营运与长远获利能力有重大影响的因素的不足。全方位绩效看板整合了传统财务性绩效的评价，以公司整体目标在于产生长期经济价值为出发点，短期财务性指标的评价只作为长期绩效的补充要素，其最终目的在于长期获利能力的持续改善，并兼顾到对长期竞争力与成长有重大影响的其他方面。

全方位绩效看板强调以完成公司的整体目标为依据，其内容要根据公司不同的环境与需求予以调整，并非是一成不变的。全方位绩效看板一般强调财务层面、顾客层面、内部层面、革新与学习层面四个方面。指标的设立可多可少，应根据企业环境的不同予以实时调整。

2）实施全方位绩效看板的意义

全方位绩效看板可以说是一种全面性的管理制度，在生产程序、顾客服务和市场开发上具有突破性的改进与激励作用。此外，公司在经营面临困难时，使用全方位绩效看板确实能改进公司经营绩效且帮助公司突破困境，因其评价方式是根据组织的策略目标及竞争的需求而设计，并由管理者监督完成的，故较易取得其预期效果。

因此，实施全方位绩效看板的意义在于：①涵盖企业整体的目标；②维持现有的竞争优势；③维持全体员工高度的对外战斗力；④提供持续改进的通道；⑤维持公司组织内现有的优势。

5. BSC

平衡计分卡（balance scored card，BSC）的提出是基于公司管理者的角度，告诉经理如何使用它来完成公司的使命的。在信息时代，公司要想获得长期、持续的竞争优势，保持其稳定持续发展，绝不能仅仅观察当前财务成果的好坏，还必须重视影响公司长期财务业绩的动因，包括员工的能力和积极性、内部生产经营和创新过程、客户的忠诚和满意程度等，以上这些通常是排除在公司的财务报表之外的，但正是这些成为公司在激烈的市场竞争中取得成功的关键因素。BSC 是把公司及其内部各个部门的任务和决策转化为多样的、相互联系的目标，然后再把目标分解成多项指标的多元的企业业绩评价系统，它贯穿于企业的财务、客户、过程程序和学习成长等四个完整且相互联系的方面。

BSC 从早期的评价系统发展成为支持公司战略的管理系统，能把所有员工的精力、能力和具体知识综合应用于实现公司的长远战略目标。BSC 包括四个维度，即财务方面、客户方面、内部业务流程方面和学习与成长方面。同以往的业绩评价系统相比，其最大的不同就是引入了非财务指标，说明了财务指标这一传统的指标不再是决定性的衡量手段，企业通过对衡量记分卡这一全新制度的应用，将更加重视长远的工作业绩，从而实现了管理制度的革命。但是，该方法也有缺陷，即没有对雇员、供应商、公司所处的社区等利益相关者予以足够的重视。

表 4-5 是公司 BSC 的一般形式。

表 4-5 某公司 BSC

维度	策略主题	目标	指标
财务方面	用超过竞争对手的长期回报率来回报股东	提高利润产品的多样化	净利润； 投资回报率
客户方面	使业务容易开展，实现我们的承诺	开拓目标市场； 保持现有市场	目标客户销售量； 建立、执行令人满意的计划
内部业务流程方面	建立适应市场的策略，支持低成本和有效率的研制与开发	策略执行； 优化分配网络； 最优执行订单	对分配网络进行投资； 分配策略执行百分比
学习与成长方面	通过培训雇员，创造一个有很好业绩的企业	战略性再培训	个人提高计划完成百分比； 花时间学习其他方面的业务技能

本 章 小 结

1. 资产负债表、利润表和现金流量表分别从不同的角度反映公司的财务状况、经营成果和现金流量。资产负债表反映公司一定日期所拥有的资产、需偿还的债务，以及投资者所拥有的净资产的情况；利润表反映公司一定会计期间内的经营成果，即利润或亏损的情况，表明公司运用所拥有资产的能力；现金流量表反映公司一定会计期间内现金的流入和流出，表明公司获得现金和现金等价物的能力。

2. 财务报表分析的基本内容包括偿债能力分析、营运能力分析和营利能力分析。偿债能力是指公司偿还到期债务的能力，通常表现为能否及时偿还到期债务；营运能力是指公司管理人员经营管理、运用资产的能力，通常表现为公司生产经营资金周转速度的有关指标所反映出来的公司资金利用的效率；营利能力是指公司的资金增值的能力，通常体现为公司收益的大小与水平的高低。

3. 由于财务信息本身的局限性、财务报表的真实性问题等因素的影响，我们要遵循稳健原则，谨慎地对待财务报表分析的结论。

4. 公司业绩评价是评价理论方法在经济领域的具体应用，它是指运用一定的方法，采用特定的指标体系，对照统一的评价标准，按照一定的程序，对公司一定经营期间的经营效益和经营者业绩做出客观、公正、准确的综合评判。公司业绩评价指标可以划分为财务评价指标和非财务评价指标，它是公司业绩评价内容的载体，也是公司业绩评价内容的外在化表现。公司业绩评价的方法包括杜邦财务分析体系、公司业绩综合评价的方法、EVA 评价法、全方位绩效看板法和 BSC 法。

思 考 题

1. 简述资产负债表、利润表、现金流量表和所有者权益变动表的概念及其作用。
2. 说明利润表的基本内容有哪些。
3. 列举出财务报表附注应予以披露的主要内容。
4. 说明财务报表分析的一般程序。

5. 列举财务报表分析的常用方法。
6. 简述财务报表分析的基本内容，并且列举出各项内容所涵盖的财务指标。
7. 列举出公司业绩评价的各项指标。
8. 简述进行公司业绩评价的各种方法。

相关链接

如何通过财务报表粗略地了解企业经营状况？

第 5 章

资本预算决策分析

在任何场合，企业的资源都不足以利用它所面对的所有机会或回避它所受到的所有威胁。因此，战略基本上就是一个资源配置的问题。成功的战略必须将主要的资源用于最有决定性的机会。

——威廉·科恩（William Cohen）

➤**内容摘要**

资本预算决策是指利用各种方法对各备选投资项目进行分析，并确定最佳资本预算方案的过程。资本预算决策分析是公司投资管理的关键。本章重点介绍了投资项目现金流量的估算、资本预算决策的基本方法、资本预算中的资本分配、资本预算中的风险等。

5.1 投资项目与现金流量估算

5.1.1 投资项目

1. 投资项目的概念

一般来说，资本预算都是针对特定的一个或一组项目来分析，资本预算中分析的项目具有以下三个特点。

（1）具有很大的前期成本。

（2）特定的时间段产生现金流量。

（3）项目结束时，有项目资产产生的期末残值。

这里的项目指的是狭义上的投资项目，广义的投资项目不仅包括这些内容，而且包括所有关于优化公司资源配置的决策，从这一角度讲，项目决策可以包括战略性决策（开拓新市场、收购其他公司）、经营决策（建立加工厂、开设销售网络）、管理与战术性决策及服务决策等。

2. 投资项目的分类

（1）按项目之间的关系分类，可分为独立项目与互斥项目。

独立项目和互斥项目是两种最常见的项目类型。独立项目是指经济上互不相关的项目，即接受或拒绝某一项目，并不影响其他项目的取舍。例如，企业准备建造仓库、投资新的生产流水线、修建行政办公楼等，各个项目是相互独立的。如果资金不受限制，所有满足企业最低投资标准的独立项目都可以采纳。互斥项目是指存在互不相容、相互间构成竞争的项目。在一组互斥项目中，采纳一个项目就意味着应放弃该组中其他项目。例如，某企业正在考虑提高企业生产能力的项目方案有 3 个，这 3 个项目方案即为互斥。这种接受一个“最佳”项目就自然否决其他项目的决策称为择优决策。互斥项目不仅需要通过采纳与否的决策，而且必须进行择优决策。在资金限量的决策中，独立项目在通过采纳与否决策之后还需进行项目排序。考虑到众多项目争夺这一有限的资金，企业必须把资金分配给使企业股东财富最大化的最佳项目组合。

（2）按项目现金流量形式分类，可分为常规现金流量项目与非常规现金流量项目。

与投资项目有关的现金流量形式可以分为常规的与非常规的两种类型。常规现金流量项目是由在最初的现金流出后一系列现金流入的方式所构成。通常的投资项目都属于常规现金流量项目。例如，企业今天投资 2000 万元，预期在今后 8 年内每年年末将产生 800 万元的净现金流入，这就是常规现金流量项目。非常规现金流量项目是指在最初投资后并不都是净现金流入的方式。例如，某油田项目的初始投资很大，在随后每年年末都有净现金流入，由于油压不够，需要在中期大幅投资注水加压，在项目剩余年限内继续获得净现金流入。该油田项目经历了净现金流量由负变正再由正转负的过程，这就是非常规现金流量项目。由于非常规现金流量项目的评价有一定难度，一般主要讨论的是常规现金流量项目。

3. 项目投资决策的基本方法

项目投资决策的制定有两种基本方法。

（1）权益方法。此种方法注重项目的权益投资者，主要考虑项目的实施是否能给予权益投资者合理的回报。

（2）公司方法。此种方法注重分析公司中的所有投资者——权益投资者、贷款人、优先股股东；它考虑的是项目的总收益能否给予所有投资者合理的回报。

在权益方法和公司方法中都隐含着一个水准基点——最低收益率，即任何一个可被接受的项目的收益率应高于此最低收益率。

权益方法中的最低收益率是权益投资者所要求的投资收益率——权益成本。这一收益率传统上决定于投资的风险预测，风险越高，项目预期收益率越高，相反则越低。

对于公司方法而言，最低收益率是指公司所有投资者共同要求的投资收益率——资本成本。这一比率不仅取决于项目的风险，也取决于项目所需的负债和权益的组合。

不管哪一种方法，都存在一个项目收益的计量。一些方法通过估计预期的会计营业收入来度量项目的收益状况；相反，其他决策方法则注重项目将来为公司带来的现金流入。两种基本的决策方法可以选择一种收益的计量方法。收益的计量方法如下：

股权收益=权益投资者预期收益（或现金流量）－负债 （5-1）

公司收益=公司所有投资者预期的税后营业收入（或现金流量） （5-2）

5.1.2 现金流量

现金流量是指与投资决策有关的在未来不同时点所发生的现金流入与现金流出的数量。净现金流量就是现金流入量与现金流出量之间的差额。估算投资项目的现金流量是资本预算决策的重要步骤。

1. 现金流量估算的原则

项目现金流量的估算是投资决策中最重要也是最难之处，在估算时通常应坚持以下三个原则。

1）实际现金流量原则

实际现金流量原则是指计量投资项目的成本和收益时，是用现金流量而不是会计收益。因为在会计收益的计算中包含了一些非现金因素，如折旧费，在会计上折旧作为一种费用，抵减了当期的收益，但这种费用并没有发生实际的现金支出，只是账面记录而已，因此在现金流量分析中，折旧应加回到收益中。如果将折旧作为现金支出，就会出现固定资产投资支出的重复计算，一次是在期初购买固定资产时，一次是在每期计提折旧计入成本时。除折旧外，其他费用如无形资产摊销等也属于这种情况。除此之外，还应注意剔除收益中的非现金项目。

实际现金流量原则的另一个含义是项目未来的现金流量必须用预计未来的价格和成本来计算，而不是用现在的价格和成本计算，如在通货膨胀时期应注意调整通货膨胀对现金流量的影响。

2）增量现金流量原则

估算现金流量要建立在增量或边际的概念基础上。只有增量现金流量才是与项目相关的现金流量。增量现金流量是根据“有无”的原则，确认有这项投资与没有这项投资现金流量之间的差额。判断增量现金流量，决策者会面临以下四个问题。

（1）附加效应（side effects）。在估算项目现金流量时，要以投资对公司所有经营活动产生的整体效果为基础进行分析，而不是孤立地考察某一项目。例如，某公司决定开发一种新型计算器，预计该计算器上市后，销售收入为2000万元，但会冲击原来的普通型计算器，使其销售收入减少400万元。因此，在投资分析时，新型计算器增量现金流入量应为1600万元，而不是2000万元。

需要注意的是，这种销售损失必须是由该公司生产新型计算器引起的。如果由于其他竞争对手生产和销售这种新型计算器而挤占了该公司普通型计算器的市场份额，不应从该公司生产和销售新型计算器的现金流量中扣除，因为无论公司是否生产和销售新型计算器，这些损失都会发生，它们属于与项目决策无关的成本。

与此相反，某些新项目可能有助于其他项目的发展。例如，某航空公司准备开辟A、B两城市之间的航线，假设A、B之间航线开通后，能使该公司原在B、C之间航线的运输量增加，从而使 B、C 航线收益增加，这种增加的效益对 A、B 航线的投资来说是一种间接效益，在评价 A、B 航线投资收益（计算 A、B 航线现金流入量）时，应考虑这种附加效应。

（2）沉没成本（sunk costs）。沉没成本是指过去已经发生，无法由现在或将来的任何决策所能改变的成本。在投资决策中，沉没成本属于决策无关成本。例如，某投资项目前期工程投资 50 万元，要使工程全部完工，需追加 50 万元。如果工程完工后的收益现值为 60 万元，则应追加投资，完成这一项目。因为公司面临的不是投资 100 万元收回 60 万元的问题，而是投资 50 万元收回 60 万元的问题。此时，工程前期发生的 50 万元投资属于决策无关的沉没成本。如果决策者将沉没成本纳入投资成本总额中，则会使一个有利的项目变得无利可图，从而造成决策失误。一般来说，大多数沉没成本是与研究开发及投资决策前进行市场调查有关的成本。

（3）机会成本（opportunity costs）。机会成本是指在投资决策中，从多种方案中选取最优方案而放弃次优方案所丧失的收益。例如，某公司一投资项目需占用一块土地，该公司刚好拥有一块土地，如果将其出售，可得净收入 10 万元；如果将这块土地用于项目投资，公司将损失 10 万元的出售土地收入，这部分丧失的收入即投资的机会成本。虽然机会成本并未发生现金实体的交割或转让行为，但作为一种潜在的成本，必须加以认真对待，以便为既定资源寻求最佳使用途径。

机会成本与投资选择的多样性和资源的稀缺性相联系，当存在多种投资机会，而可供使用的资源又有限的时候，机会成本就一定存在。当考虑机会成本时，往往会使某些看上去有利可图的投资实际上无利可图甚至是亏本的投资。

（4）制造费用（manufacturing expense）。在确定项目现金流量时，对于制造费用要做进一步分析，只有那些确实由本投资项目的发生引起的费用（如增加的管理人员、租金和动力支出等），才能计入投资的现金流量；与公司投资进行与否无关的费用，则不应计入投资现金流量中。

3）税后原则

如果公司需向政府纳税，在评价投资项目时所使用的现金流量应当是税后现金流量，因为只有税后现金流量才与投资者的利益相关。

2. 现金流量估算方法

投资项目现金流量一般分为初始现金流量、经营现金流量和终结现金流量三部分。

1）初始现金流量

初始现金流量是投资开始时（主要指项目建设过程中）发生的现金流量，主要包括以下方面。

（1）固定资产投资支出，如设备购置费、运输费、安装费等。

（2）垫支的营运资本，是指项目投产前后分次或一次投放于流动资产上的资本增加额。其计算公式为

$$某年营运资本增加额=本年流动资本需用额-上年流动资本 \tag{5-3}$$

式中，

本年流动资本需用额=该年流动资产需用额－该年流动负债需用额

（3）其他费用，指不属于以上各项的投资费用，如投资项目的筹建费、职工培训费等。

（4）原有固定资产的变价收入，指固定资产重置时旧设备出售时的净现金流量。

（5）所得税效应，指固定资产重置时变价收入的税负损益。按规定，出售资产（如旧设备）时，如果出售价高于原价或账面净值，应缴纳所得税，多缴的所得税构成现金流出量；出售资产时发生的损失（出售价低于账面净值）可以抵减当年所得税支出，少缴的所得税构成现金流入量。诸如此类由投资引起的税负变化，应在计算项目现金流量时加以考虑。

2）经营现金流量

经营现金流量是指项目建成后，生产经营过程中发生的现金流量，这种现金流量一般是按年计算的。经营现金流量主要包括：①增量税后现金流入量，即投资项目投产后增加的税后现金收入（或成本费用节约额）；②增量税后现金流出量，即与投资项目有关的以现金支付的各种税后成本费用（即不包括固定资产折旧费及无形资产摊销费等，也称经营成本）及各种税金支出。

经营现金流量的确认可根据有关利润表的资料分析得出。其基本计算公式为

经营(净)现金流量=收现销售收入－经营成本－所得税　　（5-4）

式（5-4）中的所得税在某种程度上依赖于折旧的增量变动。为反映折旧变化对现金流量的影响，式（5-4）可变为

经营(净)现金流量=(收现销售收入－经营成本)×(1－所得税税率)+折旧×所得税税率　　（5-5）

式中，“经营成本”一般是指总成本减去固定资产折旧费、无形资产摊销费等不支付现金的费用后的余额。“折旧×所得税税率”称作税负节余（tax shield），是由于折旧计入成本，冲减利润而少缴的所得税额，这部分少缴的税额形成了投资项目的现金流入量。

如果项目的资本全部来自股权资本，则经营现金流量可按下式计算：

经营(净)现金流量=税后利润+折旧　　（5-6）

在按以上公式估计经营现金流量时，如果项目在经营期内追加流动资产和固定资产投资，其增量投资额应从当年现金流量中扣除。因此，可将式（5-4）改写为

经营(净)现金流量=收现销售收入－经营成本－所得税－追加的流动资产投资
－追加的固定资产投资　　（5-7）

【案例 5-1】 假设某项目投资后第一年的会计利润和现金流量见表 5-1。

表 5-1　投资项目的会计利润与现金流量　　单位：元

项目	会计利润	现金流量
销售收入	100 000	100 000
经营成本	−50 000	−50 000

续表

项目	会计利润	现金流量
折旧费	−20 000	0
税前利润或现金流量	30 000	50 000
所得税（34%）	−10 200	−10 200
税后利润或净现金流量	19 800	39 800

根据表 5-1 中的资料，可分别按式（5-5）和式（5-6）进行如下计算：

经营(净)现金流量=(100 000 − 50 000)×(1 − 34%)+20 000×34%=39 800（元）

经营(净)现金流量=19 800+20 000=39 800（元）

3）终结现金流量

终结现金流量主要指项目经济寿命终了时发生的现金流量，主要包括两部分：经营现金流量和非经营现金流量。经营现金流量与经营期计算方式一样，非经营现金流量主要指以下两部分。

第一，固定资产残值变价收入及出售时的税负损益。固定资产出售时税负损益的确定方法与初始投资时出售旧设备发生的税负损益相同。如果预计固定资产报废时残值收入大于税法规定的数额，就应上缴所得税，形成一项现金流出量，反之则可抵减所得税，形成现金流入量。

第二，垫支营运资本的收回。这部分资本不受税收因素的影响，税法把它视为资本的内部转移，就如同把存货和应收账款换成现金一样，因此，收回的营运资本仅仅是现金流量的增加。

3. 现金流量估算中应注意的问题

1）折旧模式的影响

在不考虑所得税的情况下，折旧额变化对现金流量没有影响。因为不论公司采取什么样的折旧方式，所改变的只是会计利润的大小，不会改变实际现金流量的发生模式。也就是说，折旧额增加（减少）与利润减少（增加）的数额是相等的，因此折旧变化不影响投资价值。但引入所得税后，折旧抵税作用直接影响投资现金流量的大小。

估算项目现金流量的目的是计算项目现金流量的现值，由于不同折旧模式下的各年折旧额不同，各年税负节余不同，在折现率一定的情况下，不同折旧模式下的税负节余现值也不同。但这种影响并不反映投资项目内在的经济效益，只是方法不同而已。

2）利息费用

在投资项目评估中，利息费用对投资项目的影响主要有两种分析模式，一种是将这些影响因素视作费用支出，从现金流量中扣除；另一种是将筹资影响归于现金流量的资本成本（折现率）中，在实务中广泛采用的是后一种方法。这是因为，在给定资本结构的情况下，可随时根据不同的负债水平和风险情况调整项目的折现率。这里的折现率一般是指为项目提供资本的投资者要求的收益率，如果不考虑所得税和筹资费，项目投资者要求的收益率就是项目的资本成本。如果从项目的现金流量中扣除利息费用，然后再按此折现率进行折现，就等于双重计算筹资费用。

【案例 5-2】 假设某投资项目初始现金流出量为 1000 元，一年后产生的现金流入量为 1100 元；假设项目的投资额全部为借入资本，年利率为 6%，期限为 1 年。

与投资和筹资决策相关的现金流量及净现值见表 5-2。

表 5-2 与投资和筹资有关的现金流量 单位：元

现金流量	初始现金流量	终结现金流量	净现值（P/F,6%,1）
与投资相关的现金流量	−1000	+1100	+38
与筹资相关的现金流量	+1000	−1060	0
现金流量合计	0	+40	+38

从表 5-2 中可知，与筹资决策相关的现金流量的净现值为零，因此，即使不考虑项目筹资现金流量（仅考虑投资现金流量）仍可得出相同的净现值。如果从项目未来的 1100 元现金流量中减去 60 元的利息费，再将其差额以 6%的资本成本进行折现，就会出现重复计算问题。

因此，在项目评估中，对债务筹资的调整一般反映在折现率中，而不涉及现金流量。即在项目现金流量估算时不包括与项目举债筹资有关的现金流量（借入时的现金流入量、支付利息时的现金流出量），项目的筹资成本在项目的加权平均资本成本中考虑。

3）通货膨胀的影响

通货膨胀是影响当今经济社会的一个非常重要的因素，在投资项目评估中，通货膨胀可能会同时影响项目的现金流量和投资必要收益率（折现率），从而使项目的净现值有可能保持不变。估计通货膨胀对项目的影响应遵循一致性的原则，即如果预测的现金流量序列包括了通货膨胀的影响，则折现率也应包括这一因素的影响；反之亦然。但是，在计算通货膨胀变化对各种现金流量，如销售价格、原材料成本、工资费用的影响时，应注意不同现金流量受通货膨胀的影响程度是各不相同的，不能简单地用一个统一的通货膨胀率来修正所有的现金流量。

折旧费的计提基础是原始成本，折旧额并不随通货膨胀的变化而变化，导致纳税额增长速度高于通货膨胀增长速度，从而降低投资项目的实际收益率，影响投资决策的正确性。

5.2 资本预算决策的基本方法

选择资本预算决策方法是决策的重要内容。目前企业在资本预算决策中常用的方法主要有两种：静态分析方法和动态分析方法。

静态分析方法是按传统会计观念对投资项目方案进行评价和分析的方法，又称会计方法，主要有回收期法、会计报酬率法。动态分析方法是依据货币时间价值的原理对投资方案进行评价和分析的方法，主要包括净现值法、现值指数法、内含报酬率法等。

5.2.1　回收期法

投资回收期是指一项投资的现金流入逐步累计至等于现金流出总额即收回全部原始投资所需的时间。投资回收期法是以投资回收期的长短作为评价项目方案优劣标准的资本预算决策方法。计算投资项目方案的回收期有两种方法。

（1）项目方案每年现金流入量相等。回收期的计算公式如下：

回收期=投资的初始现金流出总额÷每年的现金流入　　（5-8）

【案例 5-3】　某企业拟进行一项投资，初始投资总额为 500 万元，当年投产，预计寿命期为 10 年，每年的现金流入量预计为 100 万元，试计算其回收期。

该方案的回收期=500÷100=5（年）

（2）项目方案每年的现金流入量不等。在这种情况下只能用逐期累计的办法确定回收期。

【案例 5-4】　项目方案现金流出为 500 万元，寿命期为 5 年，每年的现金流入分别为 80 万元、150 万元、200 万元、240 万元，试测算回收期。

从案例 5-4 中可以看出，该方案的回收期在 3~4 年，即 3+(500－430)/240=3.29（年）。

为对回收期法做进一步分析，现假定有三个项目的相关资料，见表 5-3。

表 5-3　项目 A、B、C 的预期现金流量

年次	A	B	C
第 0 年/万元	−100	−100	−100
第 1 年/万元	20	50	50
第 2 年/万元	30	30	30
第 3 年/万元	50	20	20
第 4 年/万元	60	60	60 000
回收期（年数）/年	3	3	3

通过表 5-3 我们会发现回收期法至少存在三个问题。

第一，未考虑回收期内现金流量的发生时间。我们先比较项目 A 和项目 B，前三年，项目 A 的现金流量从 20 万元增加至 50 万元，与此同时，项目 B 的现金流量从 50 万元降到 20 万元。但由于项目 B 的大额现金流量 50 万元发生的时间早于项目 A，其净现值就相对较高。而二者回收期相等，体现不出这个差别，即回收期法未考虑回收期内现金流量的发生时间。

第二，未考虑回收期以后的现金流量。对比项目 B 和项目 C，二者回收期内的现金流量完全相同。但项目 C 明显优于项目 B，因为在第 4 年它有 60 000 万元的现金流入。也就是说，回收期法存在的另一个问题是它忽略了所有在回收期以后的现金流量。回收期法由此而导致管理人员在决策上的短视，不符合股东的利益。

第三，作为上限标准的最大可接受回收期纯粹是一种主观选择。

尽管回收期法作为项目选择方法存在着一些重大的缺陷，但这一方法也有其独特的优势，它计算简便，通俗易懂，可以简略地判断一个投资项目的风险与流动性。现金流入的时间越早，速度越快，说明项目的流动性越强，风险也越小。对于那些小型公司中的规模较小的投资项目而言，回收期法不失为一个简单适用的效益评价方法。

5.2.2 折现回收期法

由于回收期法存在许多不足，一些投资决策人员转而采用一种变通方法，称为折现回收期法。这种方法先按项目的资本成本对现金流量进行折现，然后求出达到初始投资所需要的折现现金流量的时间。折现回收期是一项投资所实现的现金流入现值累计数正好相当于该项投资全部现金流出量现值所用的时间。折现回收期法则是以现值回收期的长短为标准，评价和分析投资方案的方法。运用该方法进行决策分析时，一般只要现值回收期不大于投资项目的寿命期，投资方案便是可取的。

根据投资所产生现金流量模式的不同，计算折现回收期的方法主要有以下两种。

（1）年金插补法。当一项投资方案所预期的现金流入每年都是一个等量时，可用此方法求折现回收期。按照折现回收期的含义，有以下关系式：

现金流出现值=每年等额现金流入×年金现值系数

【案例 5-5】 某公司拟引进一条生产线，预计直接投资 100 万元，当年建成投产，预计寿命 10 年，每年预计可增加净现金流入 30 万元，公司的必要投资报酬率为 10%，评价该项目的可行性。

据以上资料，可得

$$\text{年金现值系数}=\frac{100}{30}=3.3333$$

查年金现值系数表，没有正好为 3.3333 的现值系数，但当期数为 4 时，系数为 3.1699；期数为 5 时，系数为 3.7908，都与 3.3333 接近。

由此可知，该投资方案的折现回收期在 4~5 年。

因此，用插值法求得折现回收期。

$$\left.\begin{array}{l}\left.\begin{array}{l}4\text{年}\\ ?\end{array}\right\}x\\ 5\text{年}\end{array}\right\}1\text{年}\qquad\qquad \left.\begin{array}{l}\left.\begin{array}{l}3.1699\\ 3.3333\end{array}\right\}0.1634\\ 3.7908\end{array}\right\}0.6209$$

$$x=\frac{0.1634}{0.6209}=0.26$$

$$n=4+0.26=4.26\ (\text{年})$$

该方案的折现回收期为 4.26 年，小于其寿命期，方案是可接受的。

（2）逐年测算法。如果投资所产生的每期现金流入不是相等的，那么，其折现回收期应采用逐年测算的方法来测定。

【案例 5-6】 某公司拟购进一生产线，投资分两期完成。当年投资 30 万元，次年投资 50 万元，现金流入从次年度开始产生，第 1 年为 10 万元，第 2 年为 30 万元，第 3

年为 50 万元，从第 4 年开始估计每年为 60 万元，该项目的寿命期估计为 10 年，公司的投资必要报酬率为 10%，试计算其折现回收期。

用逐年测试法计算见表 5-4。

表 5-4　项目的回收现值　　单位：元

年次	应回收现值	回收现值	未回收现值
0	300 000		300 000
1	500 000×0.909 1=454 550	100 000×0.909 1=90 910	663 640
2		300 000×0.826 4=247 920	415 720
3		500 000×0.751 3=375 650	40 070
4		600 000×0.683 0=409 800	–369 730

以上资料表明，该项投资在第 3 年终了尚有 40 070 元的现值未收回，但在第 4 年，现金流入现值达 409 800 元，比 40 070 元多出 369 730 元，故其折现回收期在 3 年以上、4 年以下，应为

$$n=3+\frac{40\,070}{409\,800}=3.098\text{（年）}$$

折现回收期法克服了传统回收期法不考虑货币时间价值这一重要因素的缺陷，但它同回收期法一样，存在着许多严重的缺陷，它仍然忽略了回收期之后的现金流量，并且首先要求主观确定一个参照的回收期。同时，原本回收期计算上的简便或便于管理控制的好处都已经变得微不足道了。

不过在投资不确定因素较大的情况下，测算并比较各个投资方案的折现回收期，往往是极为必要的。此外，在以长期借款进行长期投资时，也可以按借款利率计算折现回收期，以测算投资本身是否具有如期偿还全部贷款本息的能力。

5.2.3　会计报酬率法

会计报酬率是指一项投资方案的平均每年获得的收益与其账面投资额之比，是一项反映投资获利能力的相对数指标。会计报酬率法则是以投资报酬率为标准评价和分析投资方案的方法。投资报酬率有两种不同的计算方法。

（1）以原始投资额为基础计算投资报酬率，其计算公式如下：

$$\text{投资报酬率}=\frac{\text{平均每年获得的投资税后净利}}{\text{投资的初始投资额}}\times100\%$$

【案例 5-7】　某公司拟进行一项投资，有两个方案可供选择，其有关资料见表 5-5。

表 5-5　不同方案相关数据表

项目	A 方案	B 方案
初始投资额	100 万元	80 万元
预计终了残值	20 万元	10 万元
预计寿命	10 年	10 年
平均每年税后净利	15 万元	10 万元

根据上述资料，计算两方案的投资报酬率为

A 方案：15/100×100%=15%

B 方案：10/80×100%=12.5%

根据计算结果我们可以看出，A 方案的投资报酬率大于 B 方案的投资报酬率，故前者的效益为佳。

（2）以平均投资额为基础计算投资报酬率，以此计算出的报酬率称为平均投资报酬率，它是一项投资在整个寿命期内按年平均增加的税后净利与其平均占用的资金额之比。其计算公式如下：

$$平均投资报酬率=\frac{投资获得的年平均净利}{\left(初始投资额+残值\right)\div 2}\times 100\%$$

依上例，可计算 A、B 两投资方案的平均投资报酬率如下：

$$A方案：\frac{15}{\left(100+20\right)\div 2}\times 100\%=25\%$$

$$B方案：\frac{10}{\left(80+10\right)\div 2}\times 100\%=22.2\%$$

据计算结果，应选择 A 方案。

按会计报酬率评价和分析投资方案的原则是：一项投资方案的投资报酬率越高，其效益越好；反之，则越差。只要投资的报酬率大于或等于公司事先确定的投资报酬率，便是可取方案。这种方法具体计算简单，容易理解，数据也易从会计账目上获得。同样，这种方法也存在不少缺点：首先，该种方法没有考虑投资方案现金流量的时间性和货币时间价值这一重要因素；其次，这种方法在计算时使用会计报表上的数据及普通会计和成本观点，与现金流量相比这一数据受许多人为因素的影响；再次，此种方法只考虑投资所得，而忽略考核投资回收；最后，会计报酬率法也未能提出如何才能确定一个合理的目标收益率。

5.2.4 净现值法

一项投资在其寿命期内的全部现金流入现值减去全部现金流出现值后的余额称为投资的净现值。其计算公式如下：

$$\mathrm{NPV}=\sum_{t=0}^{n}\frac{E_t}{(1+r)^t}-M_0 \tag{5-9}$$

式中，NPV 为投资的净现值；E_t 为投资在 t 年的现金净收入；M_0 为投资的初始现金流出；r 为投资的资本成本（或必要报酬率）；n 为投资的寿命期限。

净现值法是以投资方案的净现值作为标准评价和分析投资方案的方法。运用净现值法评价和分析投资方案需注意两点：第一，合理确定投资的必要报酬率；第二，要正确理解投资净现值的含义，净现值实际上是一项投资在实现其必要报酬率后多得报酬的现值，也可以看作一项投资较要求所节省的投资金额。

【案例 5-8】 某公司拟购置一套机器设备，用于产销产品 A，现有甲、乙两种设备可供选择，公司的必要投资报酬率为 10%，有关资料见表 5-6。

表 5-6 购置设备相关数据表

项目	甲	乙
购入成本	100 万元	80 万元
寿命年限	5 年	5 年
年产销量	10 000 件	9 000 件
单位售价	100 元	100 元
单位变动成本（付现）	60 元	60 元
期终残值	0 元	4 000 元

根据资料，计算两方案的净现值并评价其优劣。

甲设备：

初始现金流出 1 000 000

1~5 年的年现金净流入[(100－60)×10 000] 400 000

乙设备：

初始现金流出 800 000

1~5 年的年现金净流入[(100－60)×9 000] 360 000

第 5 年残值 4 000

$NPV_{甲}=400\ 000\times PVIFA_{5,10\%}-1\ 000\ 000$

$=400\ 000\times 3.7908-1\ 000\ 000$

$=516\ 320$（元）

$NPV_{乙}=360\ 000\times PVIFA_{5,10\%}+4\ 000\times PVIF_{5,10\%}-800\ 000$

$=360\ 000\times 3.7908+40\ 000\times 0.6209-800\ 000$

$=589\ 524$（元）

从计算结果可以看出乙方案较优。

净现值法的原理是：如果一个项目的净现值等于 0，说明该项目的现金流入恰恰回收了投入的资本，并提供了与企业要求报酬率相等的报酬水平。这种情况下，股东的财富状况没有发生任何变化，既没增加也没减少。在企业规模扩大的同时，股票价格即维持在原来的水平上。如果净现值大于 0，正值的净现值所反映的是项目投资所带来的超额利润。由于债权人对企业收益的索偿权金额是固定的，这一超额利润完全属于企业的所有者即股东所有。在有效率的股票市场上，公司的股票价格应当因此而上升。只有当投资项目的报酬率超过公司的要求报酬率的时候，净现值才会为正值。

净现值之所以作为一个广为推崇的资本投资效益评价方法，一个主要的原因是它能够对项目为企业股东所提供的现金收益进行直接的度量。正净现值即表示企业价值的增加值。

5.2.5 现值指数法

一项投资项目的现金流入现值总额与其现金流出现值总额之比称为现值指数。其计算公式如下：

$$现值指数=\frac{现金流入现值}{现金流出现值} \tag{5-10}$$

现值指数法则是以现值指数为标准作为评价和分析投资方案的方法。一项投资的现值指数若小于 1，表明投资效益达不到必要报酬率水平；现值指数若等于 1，则表明投资效益等于必要报酬率要求的水平；现值指数若大于 1，则表明投资效益高于必要报酬率水平。运用现值指数法选择投资方案的标准是投资的现值指数大于1或等于 1。

【案例 5-9】 某公司拟进行一项投资，现有三个方案可供选择，公司的必要报酬率为 12%，各方案每年的现金流量见表 5-7。

表 5-7 各方案年现金流量表 单位：元

年次	A 方案	B 方案	C 方案
0	10 000	−30 000	−18 000
1	2 800	6 000	6 500
2	3 000	10 000	6 500
3	4 000	12 000	6 500
4	4 000	16 000	6 500

根据以上资料，计算得出各方案的现金流入现值：

A=10 281 B=32 039 C=19 742

各方案的现值指数为

A 方案：$\frac{10\,281}{10\,000}=1.0281$ B 方案：$\frac{32\,039}{30\,000}=1.0680$ C 方案：$\frac{19\,742}{18\,000}=1.0968$

投资方案按现值指数由大到小的排序为：C 方案、B 方案、A 方案。

现值指数可以看作 1 元原始投资可望获得的现值净收益，它是一个相对数指标，反映投资的效率。而净现值是绝对数指标，反映投资的效益。

5.2.6 内含报酬率法

1. 内含报酬率的概念及测算方法

投资的内含报酬率是指在投资的整个计算期内，能使投资的现金流入现值总额与现金流出现值总额恰好相等，即净现值为零的那个贴现率。内含报酬率法则是以内含报酬率为标准评价和分析投资方案的方法。运用内含报酬率法进行决策分析时，往往要和企业投资的必要报酬率相比较，若一项投资项目的内含报酬率高于企业的投资必要报酬率，则说明其效益要比企业期望的更好，一般来说，投资项目的内含报酬率越高，其效益就越好。

根据投资的现金流入和现金流出的不同模式，内含报酬率的测算有以下两种方法。

（1）插值法。在一项投资的现金流出现值为已知，投资的寿命期内每期现金流入为等量的条件下，投资的内含报酬率可以采用插值法计算，基本程序如下。

第一，根据在投资内含报酬率下现金流出现值和现金流入现值相等的原理，求投资在寿命期内的年金现值系数。

第二，根据所求年金现值系数，运用年金现值系数表，查找出与所求年金现值系数相等或相近的系数值。相等系数所对应的报酬率即内含报酬率。若无恰好相等系数，则可找出与所求年金现值系数相近的较大和较小的两个系数值，然后采用插值法求出内含报酬率。

【案例 5-10】 某公司拟建一条生产线，计划投资额为 300 万元，当年施工当年投产，预计寿命期为 10 年，该项投资每年的现金流入预计为 50 万元，公司期望能实现 15%的必要报酬率，试用内含报酬率法分析该投资方案的可行性。

根据以上资料，求出年金现值系数：

$$10\text{年年金现值系数}=\frac{300}{50}=6.0000$$

查阅年金现值系数表，没有恰好等于 6.000 的年金现值系数，但 n=10 时，10%利率的年金现值系数为 6.1446，12%的年金现值系数为 5.6502，都与系数 6 接近，故知该投资的内含报酬率在 10%和 12%之间，采用插值法求得

$$\text{内含报酬率}=10\%+2\%\times\frac{0.1446}{0.4944}=10.58\%$$

该内含报酬率小于企业期望报酬率，所以该方案不可行。

（2）逐次测试法。如果一项投资每期的现金流入量不相等，则内含报酬率可用逐次测试法来测定，即用不同的报酬率来逐次计算投资的净现值，直到测到净现值为零时为止，这时所采用的贴现率就是该项目的内含报酬率。若没有恰好使净现值等于零的贴现率，可求出使净现值由正变负的两年相邻贴现率，根据这两个贴现率再采用插值法计算内含报酬率。在实际工作中，用这种方法计算内含报酬率既费事又复杂，在计算工具现代化的今天，这一问题已非常容易地被计算机解决。

内含报酬率法的原理是，一个项目的内含报酬率实质上是其期望报酬率，如果一个项目的内含报酬率超过了投入资本的资本成本，则项目投资带来的超额利润会增加股东财富，公司的股票价格会因此而上升；反之，则下降。

2. 关于内含报酬率运用的几点说明

1）多个内含报酬率

如果一项投资方案所预期产生的现金流量是不规则的，即不是在一次或几次现金流出之后伴随一系列的现金流入，而是在其寿命期的不同时点或在结束终了期时流出大量现金，这种投资方案称为不规则投资方案。在这种情况下，如果运用内含报酬率法对方案进行评价和分析，则会产生较多问题，最常见的问题是投资方案有可能出现多个内含报酬率。

【案例 5-11】 假定某公司正在考虑支出 1.6 亿元开发一个露天矿，该矿将在第 1 年末产生现金流入量 10 亿元，然后在第 2 年末需支出 10 亿元将其恢复原状。将有关数据代入公式：

$$\mathrm{NPV}=\sum_{t=0}^{n}\frac{\mathrm{CF}_t}{(1+\mathrm{IRR})^t}=\frac{-1.6}{(1+\mathrm{IRR})^0}+\frac{10}{(1+\mathrm{IRR})^1}+\frac{-10}{(1+\mathrm{IRR})^2}=0$$

求得，IRR=25%和 IRR=400%时，都有 NPV=0。

这表明，这项投资方案有两个内含报酬率，即 25%和 400%，这种关系可用图 5-1 表示。

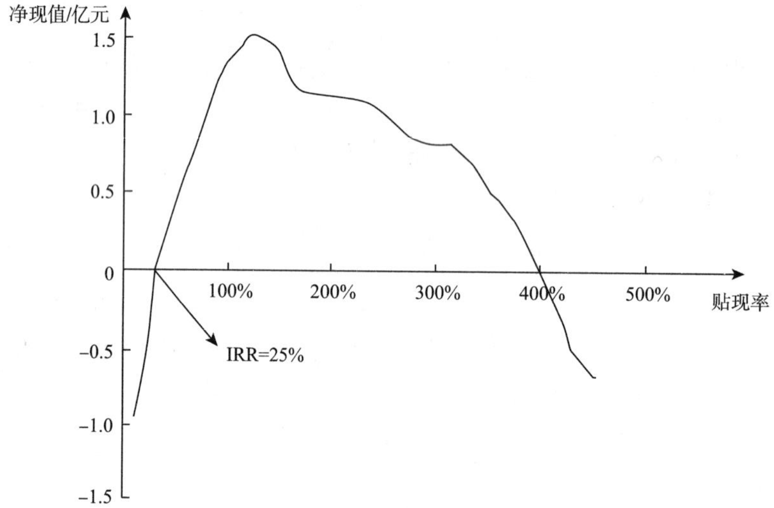

图 5-1　净现值与内含报酬率关系图

多个内含报酬率问题使运用内含报酬率法评价投资方案处于两难境地，而使用净现值法则不会产生这种问题。

2）修正的内含报酬率

尽管学术界对净现值有着强烈的偏好，但管理决策者似乎更喜欢内含报酬率。对管理决策者来说，内含报酬率要比净现值的绝对额更具有直观吸引力。为使内含报酬率法更有效地在预算决策中应用，我们将内含报酬率修正，然后用修正的内含报酬率进行预算决策分析。

根据内含报酬率的含义，现金流出和现金流入的关系可用以下关系式表示：

现金流出现值=现金流入终值的现值　　（5-11）

或

$$\sum_{t=0}^{n}\frac{\mathrm{COF}_t}{(1+K)^t}=\sum_{t=0}^{n}\frac{\mathrm{CIF}(1+K)^{n-t}}{(1+\mathrm{MIRR})^n}=\frac{\mathrm{TV}}{(1+\mathrm{MIRR})^n}\qquad(5\text{-}12)$$

式中，COF 为现金流出量；CIF 为现金流入量（每期）；TV 为现金流入量终值；MIRR 为修正的内含报酬率；n 为项目预计年限；K 为贴现率，即要求的收益率。

式（5-12）左边是以资本成本为贴现率的投资支出现值，右边是以现金流入资本成本为再投资率的终值按 MIRR 贴现的现值。这个使终值现值等于现金流出现值的贴现率为修正的内含报酬率。

修正的内含报酬率法与传统的内含报酬率法相比有明显的优点。修正的内含报酬率法假定所有项目产生的全部现金流量都按资本成本再投资，而传统的内含报酬率法则是假定各项目产生的现金流量按项目的内含报酬率再投资。由于以资本成本再投资更准确一些，所以修正的内含报酬率法是反映项目真实营利能力的较好指标。修正的内含报酬率法解决了项目的多个内含报酬率问题。就上面露天矿开采的例子而言，若 K=10%时，项目的 MIRR=5.6%，小于资本成本 10%，所以项目应该被舍弃。这与净现值法下的决策结果是一致的，因为 K=10%时，NPV=－0.77 亿元。

在进行投资项目的选择方面，净现值法和修正的内含报酬率法始终产生相同的决策结果。但在选择规模不同的互斥项目时，净现值法仍优于修正的内含报酬率法，因为净现值法表明了每个项目所增加的公司价值。

5.2.7　等年值法

等年值法就是按投资的必要报酬率将投资的全部现金流量或净现值换算为相当于整个寿命期内每年平均发生的等额现金流量或净等年值，然后据以分析和评价投资方案的方法。

等年值的计算公式如下：

$$\text{等年值}=\frac{\text{现值总额}}{\text{投资寿命期的年金现值系数}} \tag{5-13}$$

等年值法在一些特殊的投资决策中极为有用。比如，有关产出价格受社会严格限制的投资决策、无直接收益的投资（如防污染投资）决策及寿命年限不等的投资决策等。在投资的产出价格受限或无直接收益的情况下，公司投资决策所需考虑的只是投资的成本问题。只有将投资的等年值费用压缩到最低水平，投资才是有利的。当投资方案具有不同的寿命年限时，等年值法可以将各个方案的现金流量换算为等年值现金流量，将各个方案置于同一可比的基础上。

【案例 5-12】　某公交公司拟购一辆大客车投入运营，现有两个方案可供选择，有关资料见表 5-8。

表 5-8　不同方案现金流量表　　单位：元

年次	A 方案	B 方案
0 年	−100 000	−80 000
1~3 年	−20 000	−25 000
4~6 年	−25 000	−38 000
7~10 年	−30 000	

此外，A 方案在第 10 年末可收回残值 15 000 元，B 方案在第 6 年末收回残值 10 000 元，该公司全部资金均由银行提供，借款年利率为 10%，试用等年值法评价和分析 A、B 两种方案的优劣。

据以上资料，分析计算如下。

A 方案：

投资直接支出的等年值费用为

$$(100\ 000-15\ 000\times0.3855)\div6.1446=15\ 333（元）$$

投资的经营现金流出等年值费用为

$$\begin{aligned}现值&=2.4869\times20\ 000+1.868\ 4\times25\ 000+1.789\ 4\times30\ 000\\&=49\ 738+46\ 710+53\ 682\\&=150\ 130（元）\end{aligned}$$

$$等年值费用=150\ 130\div6.1446=24\ 433（元）$$

A 方案总的等年值费用=24 433+15 333=39 766（元）

B 方案：

投资直接支出的等年值费用为

$$(80\ 000-10\ 000\times0.5645)\div4.355\ 3=17\ 072（元）$$

投资经营现金流出的等年值费用为

$$现值=2.486\ 9\times25\ 000+1.868\ 4\times38\ 000=62\ 172.5+70\ 999.2=133\ 171.7（元）$$

$$等年值费用=\frac{133\ 171.7}{4.355\ 3}=30\ 577（元）$$

B 方案总的等年值费用=17 072+30 577=47 649（元）

对比两个方案，可以看出 A 方案的等年值费用低于 B 方案的等年值费用。因此，A 方案优于 B 方案。

5.3 资本预算中的资本分配

5.3.1 资本分配

资本分配就是指公司在面临资本约束的情况下在可行的项目中选择既定的资本能够满足的项目，并且所投资的项目的预期收益要满足既定资本投资收益最大化。

通常，公司在进行决策时会投资到边际收益等于边际成本的地步。对于以这种方式营运的公司而言，其决策分析的过程如前所述，投资于净现值为正的项目，否决净现值为负的项目，并且在互斥项目中依据其净现值的高低加以抉择。然而，公司对每年的资本预算的规模也会加以限制，这不仅是因为外部资本约束和内部理想负债规模的控制，在很大程度上也是为了避免各个业务部门为了争夺资金夸大项目的价值，资本分配实际上已经成为一种管理手段，而且是一种灵活的管理手段。

在资本限额的情况下应当如何选择其投资项目？如果财务人员面临资本限额的情况，其目标应该是在资本限额的条件下选择投资项目，使各项目的净现值的总和得以最大。

5.3.2　资本分配预算决策方法

1. 营利能力指数法

解决资本分配问题的第一种，也是最简单的一种方法是营利能力指数法。

营利能力指数是一种规模化了的净现值指标。它通过用项目净现值去除以项目初始投资额而得出，用公式表示为

$$营利能力指数(PI)=\frac{净现值}{初始投资额} \tag{5-14}$$

粗略地讲，营利能力指数衡量的是公司每一单位投资额所能获得的净现值大小。在资本限额的情况下，并不是所有净现值为正数的项目都可以被接受，因此利用营利能力指数可以使公司将有限的资本用于能获得最高累积净现值的项目上。

运用营利能力指数选择项目的步骤如下。

（1）明确可用于资本投资的资金数额，这代表资本预算的约束条件。

（2）计算所有可接受项目的净现值，估算每一个项目所需的初始投资额。

（3）计算所有可接受项目的营利能力指数。

（4）按照营利能力指数给所有项目排序。

（5）按照营利能力指数的大小，由高到低，选择项目，同时计算计划所投资项目的累积初始投资额，并把它与公司可利用的投资金额相比较。

（6）项目累积初始投资额达到资本限额时，投资停止，无法再接受其他的项目。

【案例 5-13】　某公司当前可用于项目投资的资本预算为 1 亿元，公司可投资的项目如表 5-9 所示。

表 5-9　公司可投资的项目种类

项目	初始投资额/百万元	净现值/百万元	营利能力指数	评级
A	25	10	0.40	4
B	60	30	0.50	3
C	5	5	1.00	1
D	100	25	025	7
E	50	15	030	5
F	70	20	0.29	6
G	35	20	057	2

项目 A 的营利能力指数为 0.40，意味着该项目每 1 元的初始投资额可赚得净现值 0.4 元。根据营利能力指数，项目 B、C、G 应该被接受；这一投资组合将能够充分利用 1 亿元的资本预算，并且可使所接受项目的净现值达到最大化。

以上分析假设资本分配约束条件仅针对现阶段而言，所有项目的初始投资均发生在现阶段。该分析也明示了该公司资本分配约束条件的成本，因为资本分配约束条件而被

拒绝的所有项目的净现值为 7000 万元。

2. 可变最低收益率法

如果资本分配意味着一个公司无法全部接受它所面对的所有净现值为正值的项目，把项目最低收益率提高到一定程度将肯定会使这一问题消失，或至少暂时被掩盖。

但是把资本分配约束条件与资本成本联系起来考虑会出现以下三个局限性：第一，一旦这种调整发生，当约束条件的严重性发生变化时公司可能无法更正这一调整结果。例如，某公司规模较小，为了反映一个严重的资本分配约束条件，把其资本成本由 12% 调整到 18%，随着公司规模的扩大，该约束条件的严重性降低，但是该公司却无法相应地调回它的资本成本。第二，提高折现率（以反映资本分配约束条件）所产生的净现值无法传达运用正确折现率所计算出来的信息（如经过调整的净现值不能被视为公司价值的增长）。第三，调整折现率将影响所有的项目，而不论该项目是否为资本密集型项目。

3. 资本约束成本最小化法

资本约束成本是指公司因为缺少资金而无法采用的所有好项目的累积净现值。使用线性规划我们可以用放弃项目的成本最小化作为目标函数，而以三种约束作为条件就可以求出一个线性最优化的解，下面我们将对本方法进行说明。

假设项目 A 可能被放弃的比例为 $x_A \in [0,1]$，如果项目 A 不可分割，x_A 就是离散值 0 或者 1，即全部接受或者全部放弃，放弃项目 A 的成本是 $10x_A$，类似地，确定 x_i 为第 i 个项目的放弃比例，目标函数可以写为

$$\text{Min NPV}=\sum_i \text{NPV}_i \times x_i \quad (i=\text{A,B,C,D,E,F,G})$$

约束条件如下。

（1）资本限制，即总投资额不能大于资本限额，这里就要用接受比例 $(1-x_i)$ 去乘各个项目需要的初始投资额。

（2）项目投资比例限制：项目是否可以分割决定了变量的性质。

$$x_i \in [0,1] \text{或} x_i \in \{0,1\} \text{ 或 } x_i=0 \text{ 或 } x_i=1 \quad (i=\text{A,B,C,D,E,F,G})$$

（3）项目之间关系的约束。例如，如果项目 A 和项目 B 互斥，则有 $x_A x_B = 0$

该方法中解出的最小的资本约束成本的用处有以下两点。

第一，当该公司有机会放松资本分配约束条件时，了解这些约束条件所导致的成本是非常有用的。例如，公司可以据此判断是否与其他掌握超额资金的大公司结成战略性伙伴关系，以采用原本会被拒绝的项目，分享这些项目的净现值。

第二，如果该资本分配约束条件是自己施加的，该方法将使决策者被迫面对这些约束条件的成本。在某些情况下，这些被面对的“自我约束”成本数额将足以促使决策者放弃或放松约束。

5.4　不确定性条件下的决策

5.4.1　投资项目的不确定性分析

1. 投资项目风险的类型

1）项目特有风险

风险的第一个来源是项目本身，即项目特有风险：单个项目的现金流量可能比预期低或高。这可能是因为分析人员错误估计该项目的现金流量或者是由项目特有因素造成的。如果公司投资于多个项目，可以认为，大多数这些风险在日常经营过程中已被分散。相比之下，只投资于少数几个项目的公司就不能在项目间进行风险分散了。

2）竞争性风险

风险的第二个来源是竞争性风险，也就是说，项目的收益和现金流量受竞争的影响（积极的或消极的）。虽然一个好的项目分析可能在利润率和增长率估计中考虑了预期竞争对手反应这一因素，然而，竞争者实际采取的行动会与这些预期不同。在大多数情况下，这种风险因素不只影响一个项目，因而难以通过公司正常经营过程予以分散。公司的大部分竞争性风险不能分散，然而，如果公司股东有能力并愿意持有他们竞争对手的股票，那么他们可以分散竞争性风险。

3）行业风险

风险的第三种来源是行业特有风险，它是指主要影响某一特定行业的收益和现金流量的因素。这种风险源于三个方面。

（1）技术风险。技术风险反映的是与项目最初分析预期不同的技术变化和发展而带来的影响。

（2）法律风险。法律风险是指法律和法规变动造成的影响。例如，波音公司因欧洲国家通过一项法律，该法律要求其本地的航空公司只购买空中客车公司的产品，从而使波音公司在欧洲的业务受到一定的影响。

（3）商品风险。商品风险是指反映某一特定行业对商品和劳务的不规则生产和使用而带来的价格变化的影响。例如，钻石开采公司对南非的发展特别敏感，从而导致对钻石价格的影响。如果公司不能通过新项目或收购在行业间分散投资，那么它不能分散行业风险。公司的股东通过持有不同行业股票的投资组合能够分散行业风险。

4）市场风险

市场风险是指影响所有公司和所有项目的，由诸如利率、通货膨胀率、经济增长等宏观经济因素造成的非预期影响。无论对于公司还是投资者来说，市场风险都是无法分散的。但是不同的公司、不同的项目市场风险的特征是不相同的。高科技行业对经济增长的敏感程度远远高于食品行业，类似地，高科技行业项目的市场风险远高于食品行业项目的市场风险。

5）国际风险

风险的第五种来源是国际风险。当公司投资于跨国性的项目时，公司会面临国际风险。在这种情况下，收益和现金流量可能因汇率变动或政治风险而与预期不同。公司可以通过投资不同国家的项目在日常经营中分散这类风险，这里假定这些国家的货币不都按同方向变动。公司还可以选择与项目现金流量相匹配的资本结构，从而减少这种风险的汇率风险。

2. 项目风险的度量

1）市场风险的度量

A.项目市场风险和公司风险的替代

对所有公司都有效的风险度量是市场风险度量。风险收益模型试图确定和度量这些风险：资本资产定价模型估计相对于市场投资组合的β值。市场投资组合被假定为包括所有市场风险，而套利定价理论（arbitrage pricing theory，APT）估计相对于各个宏观经济因素的β值。然而，两个模型都是在公司层面上进行估计。在估计项目风险时，如果公司间的风险不变，为某一些特定项目估计市场风险参数的一种方法是假设项目面临的市场风险和公司面临的市场风险相似，对于只有单一业务范围、所进行的投资项目都类似的公司来说，这种方法是有用的，有广泛业务范围的大公司并不采用这种假设。

在估计项目风险时，如果公司间项目风险变动即公司经营范围不止一种或投资项目的风险特征有差异时，就应该估计市场风险参数。如果不为每个项目估计参数，至少也要为部门或项目种类估计参数。对于那些风险较高的部门和项目，这些市场参数将大于公司参数（导致较高的权益成本）；对于风险较低的部门和项目，市场参数将小于公司参数。对不同风险特征的项目使用同样的市场参数会导致对最高风险的项目投资过多（因为权益成本人为地降低）而对最安全的项目投资不足（因为相对于这些项目的风险，权益成本太高）。

B.可比公司法估计项目市场风险

估计项目或部门市场风险参数的最广泛运用的方法是可比公司法（通常称为纯交易法），在这种方法下，通过考察相同业务范围的上市公司的β值估计公司或部门的市场风险，当然这必须以有效的资本市场为基础。

C.会计β值法估计项目市场风险

为部门或项目估计市场风险参数的第二种方法是利用会计收益而不是交易价格。例如，将某一部门季度或年度收益变化对同期市场收益变化进行回归，从而得到用于资本资产定价模型的会计β值。虽然这种方法直观简明，但它有三个潜在缺陷。第一，会计收益往往是对公司基本价值进行了均衡调整的收益，从而使风险高的公司的β值“偏低”，使风险低的公司的β值“偏高”。也就是说，利用会计数据，β值可能更接近1。第二，会计收益会受非经营因素的影响，如折旧、存货方法的变化，这些会影响收益，或受公司费用在各部门分配的影响。第三，会计收益最多每季度计算一次，通常是每年计算一次，从而使回归分析的样本数据较少，说服力不强。

2）项目风险的调整

项目层面上的相关风险一旦被确定并度量出来，就可以用以下方法将其融入项目分析中。第一种方法，也是较方便的一种方法，就是调整折现率使其反映风险。如果被折现的现金流量是权益现金流量，那么，权益成本要进行调整以反映风险；如果被折现的现金流量是公司现金流量，那么资本成本要进行调整以反映风险。第二种方法是调整现金流量以反映风险并利用无风险收益率作为折现率。

A.调整折现率

项目风险参数一旦被估计出来，折现率就可以调整为反映项目风险的折现率。调整变动取决于折现率是权益成本还是资本成本，取决于被折现的现金流量是权益现金流量还是公司现金流量。

（1）调整权益成本。权益成本的调整取决于所用的风险–收益模型及前面关于哪种类型风险应补偿，哪种不应补偿的分析。如果得到补偿的风险只是市场风险，并利用资本资产定价模型，那么，项目的权益成本为

$$\text{项目权益成本}=\text{无风险收益率}+\text{项目}\ \beta\ \text{值（市场风险溢价）}$$

（2）调整资本成本。从估计权益成本转移到估计资本成本需要两个额外变量：税后债务成本及在资本结构中权益和负债的相对权重。

$$\text{项目资本成本}=\text{项目权益成本}\times\frac{\text{权益}}{\text{负债+权益}}+\text{税后债务成本}\times\frac{\text{负债}}{\text{负债+权益}}\qquad(5\text{-}15)$$

B.调整期望现金流量

调整风险的另一个可供选择的方法是调整期望现金流量以反映它们的风险。直观地看，风险较高的现金流量应向下调整较多，而风险较低的现金流量向下调整较少。调整的幅度会有所不同，这取决于所使用的方法，而且，这些调整可以是主观估计的，也可以根据某个风险–收益模型进行。

（1）主观估计。有时如果现金流量所含风险较高，可通过降低期望现金流量，从而将风险融入现金流量估计中。

（2）风险–收益模型。风险–收益模型虽然传统上是用来估计折现率的，但也可以用来估计项目现金流量的确定等值。例如，如果风险调整折现率和无风险收益率都已知，风险现金流量的确定等值现金流量可以写为

$$\text{CF(确定等值)}_t=\text{期望现金流量}_t(\lambda)^t\qquad(5\text{-}16)$$

式中，λ 为$(1+R_f)/(1+\text{风险调整折现率})$。

确定等值由以下变量确定：现金流量风险越高，确定等值越低。风险溢价上升，确定等值现金流量下降。

一旦所有现金流量换算为各自的确定等值，就可以用无风险收益率将它们折现为现值。如果整个过程计算正确，它总是等于利用期望现金流量和风险调整折现率计算得出的净现值。

5.4.2　投资项目不确定性分析的基本方法

1. 敏感性分析

进行敏感性分析的目的在于，使决策者预见各项预期参数值在多大范围内变动不会

影响原来结论的有效性。

对主要经济指标进行敏感性分析，从相互的联系中，具体掌握各项预期参数值变动的幅度对经济评价指标的影响，从中找出敏感因素，并确定其影响程度。同时针对敏感的不确定因素提出建议，采取一定的措施，提高项目决策的可靠性。

【案例 5-14】 假设有一个投资方案 A，有关的基本数据如表 5-10 所示，方案评价所采用的折现率为 10%。

表 5-10　A 投资方案的基本数据　　单位：元

项目	流出	流入
原始投资额：	10 000 000	
厂房设备（寿命期 10 年，无残值）	10 000 000	
年净现金流量的计算		
销售收入（1 000 000 件，每件售价 5 元）		5 000 000
销售成本		
单位变动成本 2.5 元	2 500 000	
年固定成本	1 000 000	
销售毛利		1 500 000
销售与管理费用		
变动成本：销售收入 × 2%	100 000	
固定成本	100 000	
税前利润		1 300 000
所得税		325 000
税后利润（所得税税率 25%）		975 000
包括在固定成本中的按直线法计提的折旧		1 000 000
净现金流量		1 975 000

A 方案的净现值=1 975 000×6.1446－10 000 000=2 135 585（元）

净现值大于零，说明该方案可以接受。

（1）确定每年净现金流量的下限临界值。

因为净现值为零时，X×6.1446=10 000 000，所以，X=1 627 445（元）。

每年净现金流量低于 1 627 445 元时，净现值为负数，方案 A 不可行。每年净现金流量的变化范围为 347 555（即 1 975 000－1 627 445）元。

（2）确定可回收期限的下限临界点。

年金现值系数=10 000 000÷1 975 000=5.0633

查阅年金现值系数表，在利率 10%栏内，7 年的年金现值系数为 4.8684，8 年的年金现值系数为 5.3349，用插值法计算投资回收年限是

投资回收年限=7 年+12 个月×(5.0633－4.8684)÷(5.3349－4.8684)

=7 年 5 个月

回收期限的变化在 2 年零 7 个月的范围内，净现值不会小于零，如果超出这一范围，则方案 A 不可行。

（3）确定内含报酬率的变动范围。按 10%的折现率计算，有净现值 2 135 585 元，说明内含报酬率一定大于 10%。确定内含报酬率的变动范围就是要计算折现率为何值时，净现值将为负数。已知年金现值系数为 5.0633，查表在 10 年行中，15%利率的年金现值系数为 5.0188，14%利率的年金现值系数为 5.2161，通过插值法计算得 5.0633 对应的利率是 14.77%，说明内含报酬率的变化范围为 10%~14.77%，如对内含报酬率的要求高于 14.77%的话，则方案 A 就不可行。

在实际工作中最常用的敏感性分析是分析内含报酬率指数对各因素的敏感程度，具体做法如下。

（1）计算若干不确定因素单独变化或多因素同时变化后项目的内含报酬率，并列出敏感性分析表。为求得不确定因素变化后的项目内含报酬率，必须按变动后的现金流量表，采用现值法，重新计算内含报酬率。

由于单位售价的变动，产品的销售收入、销售毛利、销售与管理费用中的变动成本等会引起相应的变化。由单位售价变动百分比引起的内含报酬率相应的变动如表 5-11 所示。

表 5-11　单位售价变动的敏感性分析

项目	单位售价变动						
	−30%	−20%	−10%	0	+10%	+20%	+30%
单位售价/元	3.5	4	4.5	5	5.5	6	6.5
销售收入/元	3 500 000	4 000 000	4 500 000	5 000 000	5 500 000	6 000 000	6 500 000
销售成本/元	3 500 000	3 500 000	3 500 000	3 500 000	3 500 000	3 500 000	3 500 000
销售毛利/元	0	500 000	1 000 000	1 500 000	2 000 000	2 500 000	3 000 000
销售与管理费用/元	170 000	180 000	190 000	200 000	210 000	220 000	230 000
税前利润/元	−170 000	320 000	810 000	1 300 000	1 790 000	2 280 000	2 770 000
税后利润/元	−127 500	240 000	607 500	975 000	1 342 500	1 710 000	2 077 500
折旧/元	1 000 000	1 000 000	1 000 000	1 000 000	1 000 000	1 000 000	1 000 000
净现金流量/元	872 500	1 240 000	1 607 500	1 975 000	2 342 500	2 710 000	3 077 500
投资总额/元	10 000 000	10 000 000	10 000 000	10 000 000	10 000 000	10 000 000	10 000 000
内含报酬率	−2.41%	4.12%	9.71%	14.77%	19.47%	23.93%	28.21%

由表 5-11 的计算可以看出，当单位售价增加 10%时，内含报酬率在原来的基础上增加了 4.7 个百分点。售价变动越大，内含报酬率的变动也越大。内含报酬率和单位售价呈同方向变化。相反，在其他条件不变的情况下，当单价为 4.5 元时，内含报酬率为 9.71%，小于必要报酬率 10%，此时应该拒绝接受该项目。

表 5-12 列示了各种因素变化时的内含报酬率，即本方案的敏感性分析表。

表 5-12 敏感性分析表

项目	诸因素不同变动百分比下的内含报酬率						
	–30%	–20%	–10%	0	10%	20%	30%
单位售价	–2.41%	4.12%	9.71%	14.77%	19.47%	23.93%	28.21%
销售量	7.17%	9.82%	12.35%	14.77%	17.11%	19.38%	21.59%
单位变动成本	21.86%	19.56%	17.20%	14.77%	12.24%	9.61%	6.83%
设备投资	28.96%	23.29%	18.66%	14.77%	11.41%	8.45%	5.80%

（2）绘制敏感分析图。以不确定因素变化率为横坐标，根据表 5-12 所示数据绘制敏感分析图（图 5-2），标出基准收益率。

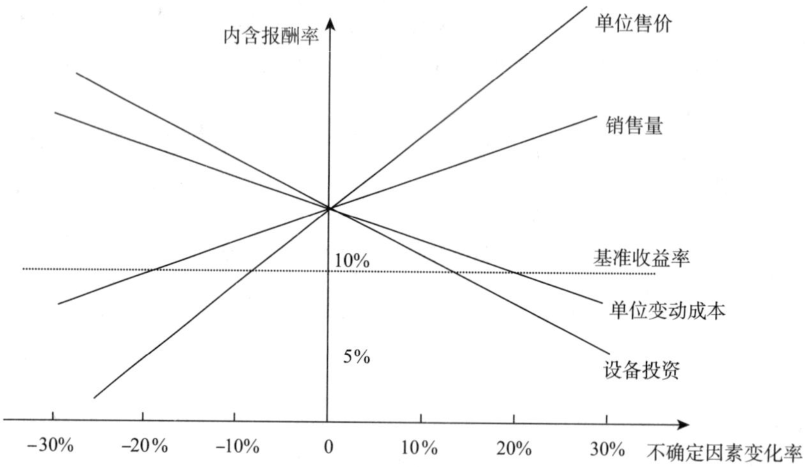

图 5-2 敏感性分析图

（3）求出内含报酬率达到临界点（基准收益率）时，某种因素允许变化的最大幅度，即极限变化。变化幅度超过此极限，项目在经济上不可行。比如，单位售价的临界值为 4.53 元，在其他因素不变的情况下，如果单位售价低于该值，则项目由盈利转为亏损。

（4）从中找出敏感因素，分析这种极限变化的可能性，并提出相应的建议，供决策者参考。必要时对若干最为敏感的因素重新预测和估算，进行项目投资风险的估计。很明显，单位售价是最敏感的因素，所以项目经理在进行项目决策调整时，必须重视该因素的变化对最终结果的影响。

通过敏感性分析可以得知某个因素的变动对最终收益产生的影响，并且能通过对各因素的逐一分析找出哪些因素对收益的影响最大，以此进行针对性的管理和控制。

当然，敏感性分析只是孤立地处理每个变量的变动对结果的影响，而实际上不同变量的变化很有可能是相互关联的。比如，销售价格的提高必然会导致销量的减少，对变动成本和管理费用等都会产生影响。

2. 场景分析法

场景分析属于一种敏感性分析，该分析描绘了项目将来可能出现的不同情形，并分析了每一种情形下项目投资的运营情况。对不同场景的分析可以基于宏观经济因素（如总体经济增长率、利息率或通货膨胀）、产业结构因素（如竞争机制）或公司因素（如营运资本政策或营业毛利率）。该方法消除了敏感性分析法的不足，每一种情况下都有若干不同的变量同时发生变动，有效地将同一背景下不同变量之间的关联关系纳入项目分析的决策过程中。

场景分析的步骤如下。

第一步，选择建立场景分析所需要的因素，通常基于公司经营业务的类型和影响项目未来成功的最大不确定性因素。例如，一个自行车公司将根据经济状况来构造远景规划，一个财务管理公司将着重于不同的利息率，而一个计算机制造商则基于不同的技术发展来设计场景分析。

第二步，估算每一种远景情况下所发生的投资分析变量（收入、增长率、营业毛利率等）的价值。

第三步，估算每一种远景情况下项目的净现值和内部收益率。

第四步，基于所有可能情况下（而不仅在基础状态中）的项目净现值分析，进行项目决策。

【案例 5-15】 航空运输业的健康状况可以被用来分析波音 777 项目未来成功的可能性，在此，我们将整个航空运输业的健康状况分为三种不相关的情况来讨论：如果所有航空公司的整体营利能力超过 50 亿美元，那么表明航空业的财务健康状况已经好转，从而我们可以假设飞机每年的销售量将从基础状态中的 100 架上升到 120 架，并且每架飞机的销售价格也将上升到 1.35 亿美元；如果所有航空公司的整体营利能力介于 0.5 亿美元和 50 亿美元之间，则表明航空业的财务健康状况仍未好转，应该采用基础状态中的假设，即每年销售 100 架飞机，售价为 1.30 亿美元/架；如果所有航空公司的整体营利能力低于 0.5 亿美元，则表明航空业的财务健康状况已经恶化，每年飞机销售量将降到 80 架，每架飞机的销售价格也将降到 1.25 亿美元。具体分析见表 5-13。

表 5-13　波音 777 项目场景分析表

场景分析	飞机销售量/（架/年）	销售价格/（亿美元/架）	净现值/亿美元	内含报酬率
航空业的财务健康状况已好转	120	1.35	109.71	43.42%
航空业的财务健康状况未好转	100	1.30	5.22	27.82%
航空业的财务健康状况恶化	80	1.25	−1.71	11.42%

显而易见，虽然在基础状态的假设下，波音 777 项目是可行的；但当航空业的健康状况恶化时，该项目的净现值为负数，该项目不可行。因此，在进行项目的最终决策时，我们应该考虑到这一种情况发生的可能性。

3. 预期净现值法

预期净现值法是在项目未来的现金流动存在不确定性的条件下，对投资项目进行评估的一种方法。该方法是对场景分析法的延伸，在场景分析法对每一种情况的净现值和内部收益率进行测算的基础上，分析前述每一种可能发生的概率，通过概率加权的方式计算出项目最终净现值。

相比于净现值法，其主要差别点在于，预期净现值法采用的是投资项目的预期净现值（数学上的均值）。现实中在诸多不确定性的情况下，企业决策者对投资项目未来现金流动的预测往往是一个数值范围，而不是发生在某一个时点上的单一数字的系列。

【案例 5-16】 ZZZ 公司正在考虑是否花 1 000 000 元买一台生产水泥板黏合剂的机器。预期这台机器能运行 3 年，但每年从这台机器的运作过程中所获得的净收入是不确定的，它取决于建筑业的盛衰。ZZZ 公司对此投资项目采用 10%的贴现率以反映其所承担的风险。表 5-14 是公司有关管理人员对这台机器的现金流量所做的预测及据此计算的净现值。

表 5-14 对投资项目的现金流量的预测及据此计算的净现值 单位：元

建筑业的盛衰状况	第 0 年	第 1 年	第 2 年	第 3 年	净现值
繁荣	−1 000 000	+500 000	+700 000	+980 000	+769 000
正常	−1 000 000	+500 000	+600 000	+700 000	+477 000
衰退	−1 000 000	+300 000	+300 000	+250 000	−291 000

在面临不确定性的情况下，企业的管理人员不仅要预测投资项目在每一种景气状况下的现金流量，而且要估算这每一种景气状况可能发生的概率。这取决于企业管理者的主观判断，而并非简单地重复过去的景气状况。

在本案例中，根据行业协会的研究报告，建筑行业的未来发展前景及其发生的概率如表 5-15 所示。

表 5-15 建筑行业未来发展前景预测

建筑行业的盛衰状况	概率
繁荣	20%
正常	60%
衰退	20%

在此基础上，ZZZ 公司计算出该投资项目的预期净现值如表 5-16 所示。

表 5-16 投资项目预期净现值

建筑行业的盛衰状况	概率	净现值	预期值
繁荣	20%	769 000	+153 800
正常	60%	477 000	+286 200
衰退	20%	−291 000	− 58 200
预期净现值：+381 800			

由于此项目的预期净现值为正值，ZZZ 公司最终做出的投资决策是接受该项目。

案例 5-16 中，我们假定三种不同的行业景气状况在整个项目的寿命期内一直保持不变。很显然，这不太符合实际。下面我们放松这个假设，对预期净现值做进一步的调整。

【案例 5-17】　WLDN 公司是一家专门从事时尚服饰设计和制作的公司。目前，公司的管理层正在讨论是否要投资 40 000 元以设计和制作一款新颖的貂皮大衣投放市场，估计这个投资项目的寿命期只有两年。

公司的管理层意识到，这个投资项目能否获得成功，关键在于这款大衣投放市场后能否成为时尚，从而引导冬装的潮流。

市场部的专业分析人士解释，这款新式的貂皮大衣在投放市场的第 1 年就成为时髦商品的概率为 50%。在这种情况下，第 2 年继续引领时尚的概率为 60%，成为一般商品的可能性为 30%，而沦为滞销品的可能性最小，仅为 10%。

同时，公司的决策层还被市场调研人员告知，新设计的产品在第 1 年投放市场后没有引起轰动，成为一般商品的概率为 30%。在这种情况下，下一年转而走俏、成为时尚商品的概率为 40%，而继续作为一般商品或沦为滞销品的可能性都为 30%。

还有一种状况是这款大衣的设计理念完全不为市场所接受，在第 1 年就成为滞销货，其可能性为 20%。在这种市场开拓的第一炮没有打响的情况下，要想在下一年转而成为时尚商品的概率仅为 10%，而成为一般商品和滞销品的概率分别为 40%和 50%。

在此基础上，公司负责市场营销和品牌推广的人员对该投资项目在不同市场情况下可能产生的现金流做了如下的预测（表 5-17）。

表 5-17　产品投放市场的两年内市场可能的反应及净现金流入的预测

第 1 年			第 2 年		
投放市场后的反应	概率	净现金流入/元	投放市场后的反应	概率	净现金流入/元
成为时尚商品	50%	+80 000	成为时尚商品	60%	+100 000
			成为一般商品	30%	+80 000
			成为滞销商品	10%	+20 000
成为一般商品	30%	+30 000	成为时尚商品	40%	+80 000
			成为一般商品	30%	+40 000
			成为滞销商品	30%	+10 000
成为滞销商品	20%	+10 000	成为时尚商品	10%	+70 000
			成为一般商品	40%	+40 000
			成为滞销商品	50%	+5 000

根据上述信息，该投资项目在第 2 年的预期现金流的计算按以下方法进行（表 5-18）。

表 5-18　不同市场状态下第 2 年的预期净现金流入　　单位：元

第 1 年的市场状况	第 2 年的预期净现金流入
成为时尚商品	+100 000×60%=+60 000
	+80 000×30%=+24 000
	+20 000×10%=+2 000
	第 2 年的预期净现金流入：+86 000

续表

第 1 年的市场状况	第 2 年的预期净现金流入
成为一般商品	+80 000×40%=+32 000 +40 000×30%=+12 000 +10 000×30%=+3 000 第 2 年的预期净现金流入：+47 000
成为滞销商品	+70 000×10%=+7 000 +40 000×40%=+16 000 +5 000×50%=+2 500 第 2 年的预期净现金流入：+25 500

由于时尚行业的市场风险较大，公司对此类投资项目通常采用 20%的贴现率，投资项目的净现金流入的现值见表 5-19。

表 5-19 投资项目的净现金流入的现值 单位：元

第 1 年市场状况	第 1 年的净现金流入的现值	第 2 年的预期净现金流入的现值
成为时尚商品	$+80\ 000\times(1+20\%)^{-1}=+66\ 667$	$+86\ 000\times(1+20\%)^{-2}=+59\ 722$
成为一般商品	$+30\ 000\times(1+20\%)^{-1}=+25\ 000$	$+47\ 000\times(1+20\%)^{-2}=+32\ 639$
成为滞销商品	$+10\ 000\times(1+20\%)^{-1}=+8\ 333$	$+25\ 500\times(1+20\%)^{-2}=+17\ 708$

至此，我们可以计算出此项目的预期净现值为 45 695 元（表 5-20），公司的决策当然是接受该投资项目。

表 5-20 投资项目的预期净现值

第 1 年的市场状况	期初（第 0 年）的资本支出/元	第 1 年现金流的现值/元	第 2 年现金流的现值/元	概率	净现值/元
成为时尚商品	−40 000	+66 667	+59 722	50%	+43 195
成为一般商品	−40 000	+25 000	+32 639	30%	+5 292
成为滞销商品	−40 000	+8 333	+17 708	20%	−2 792
项目的预期净现值：+45 695					

4. 盈亏平衡分析

传统的盈亏平衡分析是用来计算某项目或某公司在会计条件下达到盈亏平衡时（当净收益为零时）所必需的收入水平。这里，我们还将研究某项目或某公司在财务条件下达到盈亏平衡时（当净现值为零时）所必需的收入水平。由于财务盈亏平衡分析法考虑了项目投资的机会成本，我们可以认为它将不仅产生一个较大的最低收益率，也将产生一个更加现实的最低收益率。

1）会计盈亏平衡分析

会计盈亏平衡是指利润为零时的销售额水平，即处于这一水平时销售额等于总成本。如果项目的成本可以被分为固定成本和变动成本，并且单位贡献边际等于单位销售价格减去单位变动成本，那么会计盈亏平衡可以被计算如下：

$$会计盈亏平衡=\frac{固定成本}{单位产品销售价格-单位产品变动成本}\tag{5-17}$$

这一数值将会随着每年固定成本和单位贡献边际的变动而改变，如图 5-3 所示。

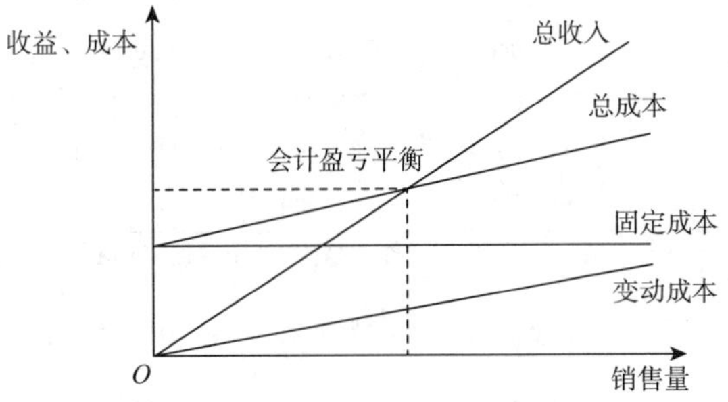

图 5-3　会计盈亏平衡

2）财务盈亏平衡分析

财务盈亏平衡分析关注的是使净现值为零时的销售量。首先估算达到净现值为零时所需的年现金流量，然后推算出产生这些现金流量所必需的收入水平，最后计算出产生这些收入所需的销售量。图 5-4 显示了这一计算过程。

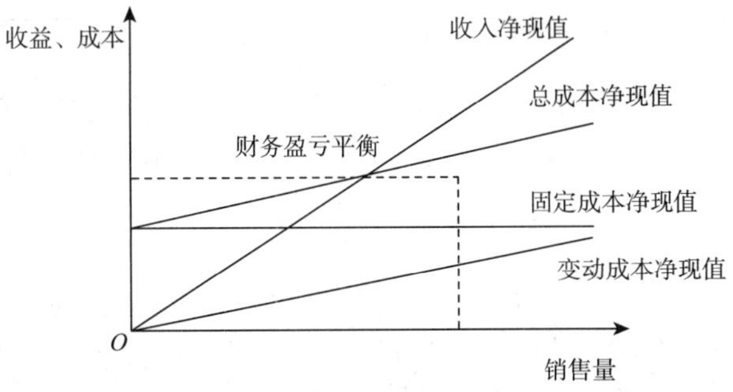

图 5-4　财务盈亏平衡

一般来说，财务盈亏平衡是一个较高的最低收益率，因为为了达到这一平衡，公司必须利用一部分收益来偿付项目投资本身的最低收益率。结果，财务盈亏平衡将高于（按销售数量或销售美元价值计算）会计盈亏平衡。

【案例 5-18】　承案例 5-14。

（1）对投资方案 A 进行会计盈亏平衡分析，结果如表 5-21 所示。

令销售量为 Q，固定成本=1 000 000+100 000=1 100 000（元），变动成本=$2.5Q+5\times Q\times 2\%=2.6Q$。

所以，会计盈亏平衡=1 100 000/(5－2.6)=458 334（件）[①]。

① 根据数学计算结果，此处数值保留两位小数为 458333.33，但是考虑到实际情况，产品是以件为单位出售，不能出现 458333.33 件，而如果是 458333 件，还不足以扭亏为盈，只有是 458334 件，才足以出现扭亏为盈，而盈亏平衡点的实际含义就是扭亏为盈的临界点。所以综合考虑，此处数值为 458334。

表 5-21 投资方案 A 的会计盈亏平衡分析表

初始投资/元	销售量/件	销售收入/元	固定成本/元	变动成本/元	所得税/元	净利润/元
10 000 000	1 000 000	5 000 000	1 100 000	2 600 000	325 000	975 000
10 000 000	700 000	3 500 000	1 100 000	1 820 000	145 000	435 000
10 000 000	500 000	2 500 000	1 100 000	1 300 000	25 000	75 000
10 000 000	458 334	2 291 668	1 100 000	1 191 668	0	0
10 000 000	400 000	2 000 000	1 100 000	1 040 000	−35 000	−105 000
10 000 000	350 000	1 750 000	1 100 000	910 000	−65 000	−195 000

注：本表中销售收入 2 291 668 元是销售量为 458 334 件、净利润为 0 元时倒挤出的销售收入，尾差为 2 元

（2）对投资方案 A 进行财务盈亏平衡分析，结果如表 5-22 所示。

表 5-22 投资方案 A 的财务盈亏平衡分析表

初始投资/元	销售量/件	销售收入/元	固定成本/元	变动成本/元	净利润/元	年折旧/元	年净现金流/元	净现值/元
10 000 000	1 000 000	5 000 000	1 100 000	2 600 000	975 000	1 000 000	1 975 000	2 135 520
10 000 000	900 000	4 500 000	1 100 000	2 340 000	795 000	1 000 000	1 795 000	1 029 498
10 000 000	806 914	4 034 581	1 100 000	2 097 976	627 445	1 000 000	1 627 445	0
10 000 000	800 000	4 000 000	1 100 000	2 080 000	615 000	1 000 000	1 615 000	−76 524
10 000 000	700 000	3 500 000	1 100 000	1 820 000	435 000	1 000 000	1 435 000	−1 182 546

注：本表中销售收入 4 034 581 元是销售量为 806 914 件、净现值为 0 元时，倒挤出的销售收入，尾差为 11 元

由此可知，在考虑了货币的时间价值后，财务盈亏平衡点的销售量出现了大幅上升。因此，机会成本作为项目投资决策中重要的因素，必须受到投资经理的重视。

5. 蒙特卡洛模拟

蒙特卡洛模拟又称随机抽样或统计试验方法，是一种随机模拟方法，是对现实性世界的不确定性建立模型的进一步尝试，是以概率和统计理论方法为基础的一种计算方法。它将所求解的问题同一定的概率模型相联系，用电子计算机实现统计模拟或抽样，以获得问题的近似解。

我们可以运用敏感度分析、观察和测算某一变量的变化对目标项目净现值的影响；若我们想观测所有可能变动组合下的结果，蒙特卡洛模拟无疑是一种较为理想的工具。蒙特卡洛模拟不是只考虑有限的几种情形，而是考虑了无穷多的情形。

蒙特卡洛模拟的一般步骤如下。

步骤一：构建基本模型。

步骤二：确定模型中每个变量分布。

步骤三：通过计算机抽取一个结果。

步骤四：重复上述过程。

步骤五：计算净现值。

【案例 5-19】 某自行车公司正在考虑投资一种迎合我国年轻消费者偏好的休闲自行车项目，先准备规划该项目的蓝图。

根据蒙特卡洛模拟的思路，该目标项目的模拟过程如下。

步骤一：针对目标项目建立一个模型，确定该项目净现值与基本变量之间的关系。

该项目的现金流模型为

年净现金流=(年收入－年成本－年折旧)×(1－所得税税率)+年折旧

年收入=市场规模×市场份额×单位售价

年成本=市场规模×市场份额×单位变动成本+固定成本

初始投资=申报专利成本+试销成本+生产设备成本

步骤二：给出基本变量的概率分布。

第一，分析师需要模拟出中国休闲自行车的市场规模和分布。分析师需要模拟出整个行业休闲自行车市场的预计销售总量，然后，根据预测和判断，对下一年度中国休闲自行车市场的销售量做出概率分布预测。分析师预测下一年度行业销售量的概率分布如表 5-23 所示。

表 5-23　下一年度中国休闲自行车行业销售量的概率分布预测

概率	20%	60%	20%
销售量	1.5 万辆	2.5 万辆	3.5 万辆

接下来，分析师对目标项目的市场占有率进行预测。经分析后，分析师给出了下一年度目标项目市场份额的概率分布，并假设整个行业休闲自行车销售额与该项目市场份额无关。分析师预测下一年度目标项目市场占有率的概率分布如表 5-24 所示。

表 5-24　下一年度目标项目市场占有率的概率分布预测

概率	10%	20%	30%	25%	10%	5%
目标项目市场占有率	2%	4%	6%	8%	9%	10%

第二，预测单位售价的分布。分析师认为，从其他竞争对手的定价来看，未来休闲自行车的价格为 1000 元。分析师还认为，休闲自行车价格与整个市场规模大小有关。经审慎分析后，给出了休闲自行车定价模型：

下一年度休闲自行车价格=800 元+0.1 元×行业销售额（单位：万元）± 5 元

由上式可知，单位售价由行业销售额而定，且通过“± 5 元”浮动来模拟随机变量。即 50%的概率出现+5 元，50%的概率出现－5 元。当下一年度行业销售额达到 2000 万元时，休闲车的售价将出现以下两种情形。

情形一：800+0.1×2000+5=1005（元）（50%概率）。

情形二：800+0.1×2000－5=995（元）（50%概率）。

第三，分析师预测后年整个行业销售额的增长率。分析师预测后年行业销售额增长率的概率分布如表 5-25 所示。

表 5-25 后年行业销售额增长率的概率分布预测

概率	20%	60%	20%
后年行业销售额增长率	2%	4%	6%

根据下一年度行业销售额的分布及后年行业销售额增长率，分析师就可以计算后年行业销售额的概率分布，并推算后年市场占有率、单位售价的概率分布情况。这个过程可以一直循环下去，模拟出今后各年行业销售额、市场占有率、售价三个变量的概率分布。

同理，运用步骤二，分析师也可以完成对成本和投资两类变量概率分布的模拟。

步骤三：从关键变量的概率分布中随机选取变量的数值。

根据步骤一所构建的收入模型，下一年度的收入由市场规模、市场份额和单位售价三个变量决定。假设通过电脑随机抽取样本，如果整个行业销售额为 1500 万元（即销量为 1.5 万辆），该公司的市场占有率为 4%，售价的随机变动量为+5 元，那么，下一年度休闲自行车的售价为

下一年度休闲自行车的模拟售价=800+0.1×1500+5=955（元）

据此，可得下一年度的收入：1.5 × 4%×955=57.3（万元）。鉴于销售量 1.5 万辆的概率为 20%，市场份额 4%的概率为 20%，以及随机价格变动+5 元的概率为 50%，收入的这一结果出现的概率仅为 2%（即 20%×20%×50%）。

我们需要模拟出未来每一年的收入和成本及初始投资。通过对模型中每个变量的模拟，我们可以得到未来每一年的现金流。

步骤四：多次重复步骤三，直至获取目标项目净现值具有代表性的概率分布为止。

步骤三仅给出了一种结果，然而，我们需要的是每年各种结果产生的现金流的概率分布。因此，需要不断重复步骤三来获取未来现金流的概率分布。事实上，蒙特卡洛模拟的核心是通过大量重复操作来实现预期目标的。当我们模拟出休闲自行车项目未来每年的现金流分布后，我们就可以据此计算出该项目的净现值。

步骤五：评估目标项目净现值的概率分布，它反映了目标项目的特有风险。

借助步骤四，我们可以得到休闲自行车项目未来每年的现金流分布，在选定一个适当的资本成本（贴现率）之后，我们就可以计算出该项目的净现值。

5.4.3 贴现率的影响

1. 影响贴现率的因素

1）公司资本成本

在无杠杆公司（100%权益资本公司），公司全部资产的贝塔值（β）就是公司股票的贝塔值（β）。在引入债务资本之后，公司全部资产的贝塔值（β）为

$$\beta_{\text{公司总资产}}=\frac{S}{S+B}\beta_{\text{权益资本}}+\frac{B}{S+B}\times\beta_{\text{债务资本}}$$

由于债权人承担的风险小于股东所承担的风险，债务的贝塔值（β）非常小。因此，

分析人员常常将债务的贝塔值（β）假设为零。若债务贝塔值（β）为零，则公司全部资产的贝塔值（β）为

$$\beta_{公司总资产}=\frac{S}{S+B}\beta_{权益资本}$$

因而有

$$\beta_{权益资本}=(1+\frac{B}{S})\times\beta_{公司总资产}$$

由此可知，在公司存在债务融资的情况下，公司总资产的贝塔值（β）一定小于权益资本的贝塔值（β）。因此，债务融资将提升公司股票的贝塔值（β），即增加权益资本成本。将原先公司总资产的贝塔值（β）作为资本结构改变后公司股票的贝塔值（β）的近似，这种做法会低估权益资本成本。

当目标项目的风险与该项目持有公司的风险基本一致时，可将该公司加权平均资本成本作为目标项目的贴现率。但若目标项目更多地使用了债务资本，那么，该目标项目的贴现率通常低于公司加权平均资本成本；反之，则高于公司加权平均资本成本。

2）利率

市场利率的变化是影响资本成本的最直接和最重要的因素。在利率市场化的条件下，利率波动成为常态，对公司资本成本的影响也逐渐呈常态化。当市场利率变化，债务资本成本将最直接地受到影响。同时，权益资本成本也会受到影响。鉴于国债利率与存款利率具有相关性，因此，债务利率的上升将推高无风险利率，从而提升权益资本成本。

3）税率

投资者的期望收益率会因为税收政策的调整而变化，税收政策的调整包括公司所得税税率、股利税税率、资本利得税税率、利息税税率等的调整。公司所得税税率的调整将会直接影响公司的债务资本成本，间接影响公司的权益资本成本。如果调高公司所得税税率，那么，公司债务资本成本将会下降，权益资本成本也将下降，债权人和股东的期望收益率均会有所下降。

4）股利政策

股利政策是指关于公司股利发放方式和发放数量的政策，不同的股利政策对公司资本成本产生不同的影响。公司改变或调整股利政策之后，对公司资本成本的影响是多维度的。第一，股利政策改变之后，公司的融资政策可能随之发生改变。如果公司采取高股利政策，那么，公司对外部的资金需求可能会增加，公司的资本结构随之发生变化，公司杠杆的变化会改变公司整体风险水平，从而影响公司资本成本。第二，资本成本与股利政策直接相关。根据永续股利定价模型，股票价值由年金股利（D）贴现而来，即 $P_0=D/r$。显然，股利与资本成本存在很强的相关性。

5）投资决策

公司投资可能会改变公司现有的风险水平，公司风险水平的预期变化将改变投资者对公司的平均要求收益率。若公司投资仅限于对现有业务的简单再生产或扩大再生产，那么，此类投资并不会改变公司整体的风险水平，对于公司的资本成本几乎也没有影响。若公司投资于高风险项目，那么，公司的整体风险将提升，投资者对公司的平均要求收

益率也将提升。

2. 单一（固定）贴现率的困惑

在讨论投资项目资本预算时，我们假定投资项目的风险不会随时间推移而变化，项目风险具有稳定性。于是，我们使用单一贴现率对目标项目不同时点的现金流进行贴现。然而，由于公司面临的风险始终在变化，前文关于单一贴现率的假定在实际中并不完全可靠。那么，我们什么时候对目标项目使用单一贴现率，什么时候不能使用单一贴现率呢？

1）基于确定性等值的价值评估及贴现率

由于未来具有不确定性，目标项目未来预计的现金流中均含有风险。如果我们能够将风险溢酬从未来现金流中分离出来，那么，余下的现金流便是确定性等值。

确定性等值是指不含风险的未来现金流量，某时间点的确定性等值是该时间点现金流贴现值与相应的货币时间价值之和。如何将不确定现金流转化成确定性等值呢？风险收益模型、资本资产定价模型和套利定价模型都是比较有效的方法，以风险收益模型为例予以说明。

$E(\tilde{C})$ 为现金流量期望值，$\mathrm{CE}(\tilde{C})$ 为未来不确定的预期现金流量的确定性等值，$\overline{r}_M$ 为市场组合的期望收益率，r_f 为无风险利率。那么，我们可以借用风险收益模型来描述确定性等值，即

$$\mathrm{CE}(\tilde{C})=E(\tilde{C})-\beta(\overline{r}_M-r_f)$$

式中，$\beta=\dfrac{\mathrm{Cov}(C,\overline{r}_M)}{{\sigma_M}^2}$，表示未来现金流量的贝塔系数，等于未来现金流量与市场组合收益的协方差。

确定性等值法中，目标项目未来现金流的贝塔值（β）的计算是关键，该贝塔值（β）可以运用情景分析法求得。一旦确定了确定性等值，就可以使用无风险利率作为单一贴现率对目标项目不同时点的现金流进行贴现。

2）使用单一贴现率的情形

由上文可知，如果将目标项目所有含风险的现金流转换成确定性等值，那么，我们可以将无风险利率作为单一贴现率对目标项目进行估值。但是，对于含风险的现金流，我们是否可以使用单一贴现率计算其现值呢？

除确定性等值外，我们也可以使用单一贴现率（即与目标项目具有相同风险投资机会的资本机会成本）对目标项目不同时点的不确定现金流进行贴现。如果使用单一贴现率对投资项目不同时点的含风险现金流进行贴现，那么，我们可以这样看待投资项目未来现金流的风险：未来现金流的风险以一个确定的比率积聚，现金流的发生时点越靠前，该现金流积聚的风险越小，而现金流发生的时间越靠后，该现金流积聚的风险越大。通过使用单一贴现率，可对前期现金流进行较少的扣减，而对后期现金流进行更多的扣减。事实上，我们既可以使用无风险利率作为单一贴现率对目标项目不同时点的现金流进行贴现，也可以用与项目同风险的贴现率对不同现金流进行贴现。

【案例 5-20】 A 公司拟投资某一项目，项目的存续期为两年，投资额为 100 万元，

一次性投资。该目标项目每年年底给公司带来 200 万元的现金净流量。无风险利率为 5%，市场风险溢酬为 10%，贝塔值为 0.7，项目存续期内的现金流及现值见表 5-26。

表 5-26　A 公司目标项目现金流

时点	现金流/万元	现值（按 12%贴现）/万元
0	−100	−100
1	200	178.57
2	200	159.44
		NPV（12%）=238.01

由表 5-26 可知，净现值根据目标项目的资本机会成本贴现求得，A 公司的目标项目净现值也可用无风险利率对确定性等值进行贴现求得，该公司投资项目的确定性等值见表 5-27。

表 5-27　A 公司投资项目现金流确定性等值

时点	现金流确定性等值/万元	现值（按 12%贴现）/万元
0	−100	−100
1	187.50[1)]	178.57
2	175.78	159.44
		NPV（12%）=238.01

1）187.50=178.57×(1+5%)

由表 5-27 可知，时点 1 含风险现金流和确定性等值分别是 200 万元和 187.50 万元，时点 2 含风险现金流和确定性等值分别是 200 万元和 175.78 万元。可见，确定性等值随风险的积聚而逐步降低。通过使用单一贴现率，就能够对前期和后期现金流中的风险进行恰当的扣减。如果目标项目风险不变，对前期现金流和后期现金流就应该采用单一贴现率进行贴现，而对前期、后期现金流采用由低到高不同的贴现率进行贴现是不恰当的，会高估后期现金流中的风险。

3）不能使用单一贴现率的情形

在现实经济中，确实会出现不能使用单一贴现率对目标项目不同时间点的现金流进行贴现的情形。比如，如果目标项目需经过试验性生产和市场测试后才能决定是否投资，那么，只有试验性生产和市场测试获得成功，目标项目才能正式启动。在这种项目投资案例中，试验性生产和市场测试的风险与目标项目正式投资后的风险是不同的，因此，就需要使用两种不同的贴现率分别对两个阶段的现金流进行贴现。再比如，如果在项目存续期内，持有目标项目的公司的风险等级产生变化，那么，使用单一贴现率进行贴现也是不妥当的。

【案例 5-21】　B 公司正在试生产一种新产品，预计投资 10 万元，期限为 1 年。如果试生产成功，则投资 1000 万元建设生产线，进行批量生产，预计每年可产生自由现金流 200 万元。成功和失败的概率各有 50%。公司资本成本为 10%，无风险利率为 5%。

如果试生产成功，那么，时点 1 的净现值为

$$NPV_1=-1000+200/10\%=1000(万元)$$

如果试生产不成功，那么，时点 1 的净现值为

$$NPV_1=0(万元)$$

由于成功和失败的概率各占 50%，时点 1 的加权平均净现值为

$$NPV_1=1000\times 50\%+0\times 50\%=500（万元）$$

由于加权平均净现值为确定性等值，应该按无风险利率进行贴现，即

$$NPV_0=500/(1+5\%)=476.2(万元)$$

此时，如果还是按照 10%进行贴现，则会高估现金流风险，低估该项目的净现值。

本 章 小 结

资本预算决策分析是在有限的资本限额内，通过利用各种资本预算决策方法对项目进行投资决策，投资于最有效率的项目从而实现利润最大化的过程。

1. 现金流量是资本预算决策所涉及的重要概念，是指实施投资而引起的现金流出量与现金流入量的总称。现金流量估算是资本预算决策分析中最主要也是最困难的一个环节。在估算时通常应坚持三个原则，即实际现金流量原则、增量现金流量原则和税后原则。

2. 资本预算决策中的常用的分析方法主要有两种：静态分析方法和动态分析方法。静态分析方法又称会计方法，主要有回收期法、投资报酬率法。动态分析方法则是依据货币时间价值的原理对投资方案进行评价和分析的方法，主要包括净现值法、现值指数法、内含报酬率法等。

3. 公司在面临资本限额时，要将有限的资本在备选项目中选取最佳的投资组合，进行合理的资本分配，以实现公司价值的最大化。资本限额条件下的资本预算决策方法包括营利能力指数法、可变最低收益率法、资本约束成本最小化法。

4. 敏感性分析、场景分析和盈亏平衡分析为决策者在面临项目不确定性时提供了有效的决策信息，但会受到决策者个人主观因素的影响。

思 考 题

1. 简述公司现金流量估算必须遵循的三个原则。
2. 简述现金流量估算的基本方法。
3. 简述公司资本预算决策分析的基本方法。
4. 比较内含报酬率法和净现值法的异同。
5. 简述资本分配约束条件下的资本预算决策方法。
6. 简述敏感性分析的作用和局限性。
7. 简述项目风险的类型及其度量。

第 6 章

筹资决策分析

登高而招，臂非加长也，而见者远；顺风而呼，声非加疾也，而闻者彰。假舆马者，非利足也，而致千里；假舟楫者，非能水也，而绝江河。君子生非异也，善假于物也。

——荀子《劝学》

➢本章摘要

公司的筹资活动是公司日常经营中的一个重要内容，如何对筹资做出合理的安排成为公司管理者关注的话题。公司的筹资分为两类，一类是长期资本的筹集，另一类是营运资本，也就是短期资本的筹集。本章主要介绍各筹资方式、筹资方式的资本成本、加权平均资本成本、资本结构分析及营运资金筹集的管理。

6.1 筹资方式概述

6.1.1 权益类筹资方式

1. 普通股

1）普通股的概念

普通股是股份有限公司发行的无特别权利的股份，也是最基本的、标准的股份。通常情况下，股份有限公司只发行普通股。

持有普通股股份者为普通股股东。依《公司法》的规定，普通股股东主要有如下权利：出席或委托代理人出席股东大会，并依公司章程规定行使表决权，这是普通股股东参与公司经营管理的基本方式；股份转让权，股东持有的股份可以自由转让，但必须符合《公司法》、其他法规和公司章程规定的条件和程序；股利分配请求权；对公司账目和股东大会决议的审查权和对公司事务的质询权；分配公司剩余财产的权利；公司章程规定的其他权利。

同时，普通股股东也基于其资格对公司负有义务。《公司法》中规定了股东具有遵守公司章程、缴纳股款、对公司负有限责任、不得退股等义务。

2）普通股的种类

股份有限公司根据有关法规的规定及筹资和投资者的需要，可以发行不同种类的普通股。

（1）按股票有无记名，可将股票分为记名股和不记名股。

记名股是在股票票面上记载股东姓名或名称的股票。这种股票除了股票上所记载的股东外，其他人不得行使其股权，且股份的转让有严格的法律程序与手续，需办理过户。

不记名股是票面上不记载股东姓名或名称的股票。这类股票的持有人即股份的所有人，具有股东资格，股票的转让也比较自由、方便，无须办理过户手续。

（2）按股票是否标明金额，可将股票分为面值股票和无面值股票。

面值股票是在票面上标有一定金额的股票。持有这种股票的股东，对公司享有的权利和承担的义务大小，依其所持有的股票票面金额占公司发行在外股票总面值的比例而定。

无面值股票是不在票面上标出金额，只载明所占公司股本总额的比例或股份数的股票。无面值股票的价值随公司财产的增减而变动，而股东对公司享有的权利和承担义务的大小，直接依股票标明的比例而定。

（3）按投资主体的不同，可将股票分为国家股、法人股、个人股等。

国家股是有权代表国家投资的部门或机构以国有资产向公司投资而形成的股份。

法人股是企业法人依法以其可支配的财产向公司投资而形成的股份，或具有法人资格的事业单位和社会团体以国家允许用于经营的资产向公司投资而形成的股份。

个人股是社会个人或公司内部职工以个人合法财产投入公司而形成的股份。

（4）按发行对象和上市地区的不同，可将股票分为 A 股、B 股、H 股和 N 股等。

A 股是由我国境内的公司发行的，以人民币标明票面金额并以人民币认购和交易的股票。

B 股也称人民币特种股票，是指在中国大陆注册，以人民币标明面值，以外币认购和买卖，在中国境内证券交易所（深圳和上海）上市交易的外资股。H 股是注册地在内地、上市地在香港的中资企业股票。N 股是在中国大陆注册、在纽约证券交易所上市的外资股票。

以上后两种分类是我国目前实务中为便于对公司股份来源的认识和股票发行而进行的分类。在其他一些国家，还有的按是否拥有完全的表决权和获利权，将普通股分为若干级别。比如，A 级普通股卖给社会公众，支付股利，但一段时期内无表决权；B 级普通股由公司创办人保留，有表决权，但一段时期内不支付股利；E 级普通股拥有部分表决权等。

3）普通股筹资的优缺点

（1）普通股筹资的优点。与其他筹资方式相比，普通股筹资具有如下优点。

第一，发行普通股筹资具有永久性，无到期日，不需归还。这对保证公司对资本的最低需要、维持公司长期稳定发展极为有益。

第二，发行普通股筹资没有固定的股利负担，股利的支付与否和支付多少，视公司有无盈利和经营需要而定，经营波动给公司带来的财务负担相对较小。普通股筹资没有固定的到期还本付息的压力，所以筹资风险较小。

第三，发行普通股筹集的资本是公司最基本的资金来源，它反映了公司的实力，可作为其他方式筹资的基础，尤其可为债权人提供保障，增强公司的举债能力。

普通股的预期收益较高并可一定程度地抵消通货膨胀的影响（通常在通货膨胀期间，不动产升值时普通股也随之升值），因此普通股筹资容易吸收资金。

（2）普通股筹资的缺点。普通股的资本成本较高。从投资者的角度讲，投资于普通股风险较高，相应地要求有较高的投资报酬率。而对于筹资公司来讲，普通股股利从税后利润中支付，不像债券利息那样作为费用从税前支付，因而不具抵税作用。此外，普通股的发行费用一般也高于其他证券。

以普通股筹资会增加新股东，这可能会分散公司的控制权。此外，新股东分享公司未发行新股前积累的盈余，会降低普通股的每股净收益，从而可能引发股价的下跌。

2. 留存盈余

公司不但可以从外部融资，同样也可以从公司内部获得所需要的资金，这就涉及留存盈余的概念。留存盈余通常也被称为内源融资，是指公司将税后利润的一部分以保留盈余的方式留下来使用，增加了公司可运用资金总量，实际上是公司的一种融资活动。

1）留存盈余的优点

（1）留存盈余不发生筹资费用。公司向外界筹措资金，不论是采取发行股票、债券的方式，还是采取向银行借款的方式，都需要支付一定的融资费用，而公司利用留存盈余，则无须支付融资费用。因此，留存盈余对公司非常有益。

（2）留存盈余可使股东获得税收利益。留存盈余的资金来源于税后利润，属于所有者权益范畴。如果公司将实现的利润以股利的方式全部分配给股东，股东收到股利要缴纳个人所得税，税率一般很高。如果公司适当地利用留存盈余，少发股利，相当于股东对公司追加投资，所有者权益并未减少，股东不用缴纳所得税。同时，随着公司以保留盈余的方式追加股本，公司股票价格就会上扬，股东可出售部分股票获取资本利得来代替股利收入，而出售股票收入所缴纳的资本利得税税率一般较个人所得税税率低。

（3）留存盈余属于权益融资的范畴，可增加对债权人的保障程度，增加公司的信用价值。

2）留存盈余的缺点

（1）留存盈余的数量常常会受到某些股东的限制。有些股东依靠股利维持生活，希望多发股利；有些股东对风险有反感，宁愿目前收到较少的股利，也不愿等到将来再收到不确定的较多的股利或较高价格出售股票的价款。所以，有些公司的股东总是要求股利支付比例维持在一定的水平上。

（2）留存盈余过多，股利支付过少，可能会影响到公司今后的外部融资。有研究发现，股利支付比例较高的公司的股票比股利支付比例较少的公司的股票容易出售，因此，较多地支付股利，虽然不利于内源融资，但会有力地说明公司具有较高的盈利水平和较好的财务状况。

（3）留存盈余过多，股利支付过少，可能不利于股票价格的稳定或上升。

实质上，留存盈余与股利政策是同一个问题的两个方面，所以在这里，不再对留存盈余做更多的解释，有兴趣的读者，可以参见本书第7章“股利分配决策”。

6.1.2 负债类筹资方式

1. 长期借款

长期借款是指企业向银行或其他非银行金融机构借入的使用期超过一年的借款，主要用于购建固定资产和满足长期流动资金占用的需要。

1）长期借款的种类

长期借款的种类很多，各企业可根据自身的情况和各种借款条件选用。我国目前各金融机构的长期借款主要有以下几种分类。

按照用途的不同，长期借款可分为固定资产投资借款、更新改造借款、科技开发和新产品试制借款等。

按照提供贷款的机构的不同，长期借款可分为政策性银行贷款、商业银行贷款等。此外，企业还可从信托投资公司取得实物或货币形式的信托投资贷款、从财务公司取得各种中长期贷款等。

按照有无担保，长期借款可分为信用贷款和抵押贷款。信用贷款指不需要企业提供抵押品，仅凭其信用或担保人信誉而发放的贷款。抵押贷款指要求企业以抵押品作为担保的贷款。长期贷款的抵押品常常是房屋、建筑物、机器设备、股票、债券等。

2）取得长期借款的条件

按照《中华人民共和国商业银行法》第四章的规定，我国商业银行对企业发放贷款的原则是：对借款人的借款用途、偿还能力、还款方式等情况进行严格审查；实行审贷分离、分级审批的制度；借款人应当提供担保。商业银行应当对保证人的偿还能力，抵押物、质物的权属和价值及实现抵押权、质权的可行性进行严格审查。经商业银行审查、评估，确认借款人资信良好，确能偿还贷款的，可以不提供担保。应当与借款人订立书面合同。合同应当约定贷款种类、借款用途、金额、利率、还款期限、还款方式、违约责任和双方认为需要约定的其他事项。

3）长期借款的保护性条款

由于长期借款的期限长、风险大，按照国际惯例，银行通常对贷款企业提出一些有助于保证贷款按时足额偿还的条件。这些条件写进贷款合同中形成了合同的保护性条款。归纳起来，保护性条款主要有以下两类。

（1）一般性保护条款。一般性保护条款应用于大多数借款合同，但根据具体的情况会有不同内容，主要包括：对借款企业流动资金保持量的规定，其目的在于保持借款企业资金的流动性和偿债能力；对支付现金股利和再购入股票的限制，其目的在于限制企业现金外流；对资本支出规模的限制，其目的在于减少企业日后不得不变卖固定资产以偿还贷款的可能性，仍着眼于保持借款企业的资金流动性；限制其他长期债务，其目的在于防止其他贷款人获得对企业资产的优先求偿权；借款企业定期向银行提交财务报表，其目的在于及时掌握企业的财务状况；不准在正常情况下出售较多资产，以保持企业正常的生产经营能力；如期缴纳税金和其他到期债务，以防被罚款造成的现金流失；不准以任何资产作为其他承诺的担保和抵押，以避免企业过重的负担；不准贴现应收票据或出售应收账款，以避免或有负债；限制租赁固定资产的规模，其目的在于防止企业负担过多的租金以致削弱其偿债能力，还在于防止企业以租赁固定资产的办法摆脱对其资本支出和负债的约束。

（2）特殊性保护条款。特殊性保护条款是针对某些特殊情况而出现在部分借款合同中的，主要包括：贷款专款专用；不准企业投资于短期内不能收回资金的项目；限制企业高级职员的薪金和奖金总额；要求企业主要领导人在合同有效期间担任领导职务；要求企业主要领导人购买人身保险等。

此外，短期借款筹资中的周转信贷协定、补偿性余额等条件，也同样适用于长期借款。

4）长期借款的偿还方式

长期借款的偿还方式不一，包括：定期支付利息、到期一次性偿还本金的方式；如同短期借款那样的定期等额偿还方式；平时逐期偿还小额本金和利息、期末偿还余下的大额部分的方式。第一种会加大企业借款到期时的还款压力，而定期的等额偿还又会提高企业使用贷款的实际利率。

5）长期借款筹资的特点

与其他长期负债筹资相比，长期借款筹资具有筹资速度快、借款弹性大和借款成本低的特点。

（1）筹资速度快。长期借款的手续比发行债券简单得多，得到借款所花费的时间较短。

（2）借款弹性大。借款时企业与银行直接交涉，有关条件可以谈判确定；用款期间发生变动，亦可以与银行再协商。而债券筹资面对的是社会广大投资者，协商改善筹资条件的可能性很小。

（3）借款成本低。长期借款利率一般低于债券利率，且由于借款属于直接筹资，筹资费用也很少。

长期借款的限制较多，制约了企业的生产经营和借款的作用。

2. 债券

债券是经济主体为筹集资金而发行的，用以记载和反映债权债务关系的有价证券。由企业发行的债券称为企业债券或公司债券。这里所说的债券指的是期限超过一年的公司债券，其发行的目的通常是为建设大型项目筹集大笔长期资金。

1）债券的种类

（1）按债券上是否记有持券人的姓名或名称，债券可分为记名债券和无记名债券。这种分类类似于记名股票和无记名股票的划分。在公司债券上记载持券人姓名或名称的为记名公司债券，反之为无记名公司债券。两种债券在转让上的差别也与记名股票和无记名股票相似。

（2）按是否能转换为公司股票，债券可分为可转换债券和不可转换债券。若公司债券能转换为本公司股票，为可转换债券；反之为不可转换债券。一般来讲，可转换债券的利率要低于不可转换债券，按照《公司法》的规定，发行可转换债券的主体只限于股份有限公司中的上市公司。

以上两种分类为《公司法》所确认。除此之外，按照国际通行做法，公司债券还有另外一些分类。

（3）按有无特定的财产担保，债券可分为抵押债券和信用债券。发行公司以特定财产作为抵押品的债券为抵押债券；没有特定财产作为抵押，凭信用发行的债券为信用债券。抵押债券又分为：一般抵押债券，即以公司产业的全部作为抵押品而发行的债券；不动产抵押债券，即以公司的不动产作为抵押而发行的债券；设备抵押债券，即以公司的机器设备为抵押而发行的债券；证券信托债券，即以公司持有的股票证券及其他担保证书交付给信托公司作为抵押而发行的债券；等等。

（4）按是否参加公司盈余分配，债券可分为参加公司债券和不参加公司债券。债权人除享有到期向公司请求还本付息的权利外，还有权按规定参加公司盈余分配的债券为参加公司债券；反之为不参加公司债券。

（5）按利率的不同，债券可分为固定利率债券和浮动利率债券。将利率明确记载于债券上，按这一固定利率向债权人支付利息的债券，为固定利率债券；债券上明确利率，发放利息时利率水平按某一标准（如政府债券利率、银行存款利率）的变化而同方向调整的债券，为浮动利率债券。

（6）按能否上市，债券可分为上市债券和非上市债券。可在证券交易所挂牌交易的债券为上市债券；反之为非上市债券。上市债券信用度高，价值高，且变现速度快，故而较吸引投资者；但上市条件严格，并要承担上市费用。

（7）按照偿还方式，债券可分为到期一次债券和分期债券。发行公司于债券到期日一次集中清偿本金的，为到期一次债券；一次发行而分期、分批偿还的债券为分期债券。分期债券的偿还又有不同办法。

（8）按照其他特征，债券可分为收益公司债券、附认股权债券、附属信用债券等。收益公司债券是只有当公司获得盈利时方向持券人支付利息的债券。这种债券不会给发行公司带来固定的利息费用，对投资者而言收益较高，但风险也较大。附认股权债券是附带允许债券持有人按特定价格认购公司股票权利的债券。这种认购股权通常随债券发放，具有与可转换债券类似的属性。附认股权债券与可转换债券一样，票面利率通常低于一般公司债券。附属信用债券是当公司清偿时，受偿权排列顺序低于其他债券的债券，为了补偿其较低受偿顺序可能带来的损失，这种债券的利率高于一般债券。

2）债券的发行价格

债券的发行价格是债券发行时所使用的价格，亦即投资者购买债券时所支付的价格。公司债券的发行价格通常有三种：平价、溢价和折价。

平价是指以债券的票面金额为发行价格；溢价是指以高出债券的票面金额为发行价格；折价是指以低于债券的票面金额为发行价格。债券发行价格的形成受诸多因素的影响，其中主要是票面利率与市场利率的一致程度。债券的票面金额、票面利率在债券发行前已参照市场利率和发行公司的具体情况确定下来，并载明于债券之上。但在发行债券时已确定的票面利率不一定与当时的市场利率一致。为了协调债券购销双方在债券利息上的利益，就要调整发行价格，即当票面利率高于市场利率时，以溢价发行债券；当票面利率低于市场价格时，以折价发行债券；当票面利率与市场价格一致时，则以平价发行债券。

3）债券的信用等级

公司公开发行债券通常需要由债券评信机构评定等级。债券的信用等级对发行公司和购买人都有重要影响。

国际上流行的债券等级是 3 等 9 级。AAA 级为最高级，AA 级为高级，A 级为上中级，BBB 为中级，BB 级为中下级，B 级为投机级，CCC 级为完全投机级，CC 为最大投机级，C 级为最低级。

我国债券评级工作正在开展，但尚无统一的债券等级标准和系统评级制度。根据中国人民银行的有关规定，凡是向社会公开发行的企业债券，需要由经中国人民银行认可的资信评级机构进行评信。这些机构对发行债券企业的企业素质、财务质量、项目状况、项目前景和偿债能力进行评分，以此评定信用级别。

4）债券筹资的特点

与其他长期负债筹资方式相比，发行债券的突出优点在于筹资对象广、市场大。但是这种筹资方式成本高、风险大、限制条件多，是其不利的一面。

6.1.3　权益类筹资方式和负债类筹资方式的比较

筹措长期资金主要有股权筹资和债务筹资两种方式。如前所述，股权筹资主要是股票筹资，债务筹资包括发行债券和向金融机构借入长期借款两种。股权筹资与债务筹资相比主要有以下几个方面的不同。

1. 收益的固定性不同

股权筹资现在多表现为普通股筹资，普通股与债券相比具有永久性，没有到期日，具有不需要归还的特点。普通股股票的红利分配是根据公司盈利情况，经股东会讨论批准发放的。盈利多，红利分配也多；盈利少，红利分配也少。在亏损年份通常不分配股利。股东持有股票的收益性通常具有不确定性。公司债券则不同，债券的利息是在债券发行时已明确标于债券上的，无论是浮动利率债券还是固定利率债券，债券的持有人在一定时期都能按事先的约定，按期取得利息，持有债券的收益具有固定性。

2. 索偿权的顺序不同

负债是债权人对企业资产的索偿权；而股权是股东对企业净资产的索偿权。股权和债券的索偿权在索偿顺序上有很大区别。若企业经营发生意外，出现破产或倒闭的情况，企业在清偿时，首先清偿企业所欠的债务，包括银行借款和发行的债券，之后如有资产剩余才可清偿股权部分。清偿完债务之后的剩余资产，有限责任公司按照股东出资比例分配，股份有限公司按照股东持有股份的比例分配。因此，持有公司股权的投资者往往在公司破产或倒闭时得到的补偿极为有限。

3. 管理权限不同

股权的持有者是公司的股东，无论他持有的股份数量多少都有权参加企业的股东大会，拥有投票权，有权就公司的经营情况、经营决策发表自己的意见，通过选举董事行使对公司的经营决策权和监督权，参加公司的管理。股东对公司有着法定的管理权和委托他人管理公司的权利。而债券的持有者只是公司的债权人，他只有要求公司按期按规定还本付息的权利。无论其拥有多少债权都无权参加公司的管理。债权人与公司只有债权债务关系，没有参加公司管理的权利。

4. 税收优惠不同

债务筹资无论是银行借款筹资还是发行债券筹资，从税收方面考虑，对公司都是有利的。作为银行借款的利息支出，借款企业可以将其列入财务费用，在所得税前扣除；作为发债的利息支出，发债公司同样可以在利息支出当期将其列为费用开支，在所得税前扣除。作为股权融资支付的股利，从会计角度来讲是从所得税后的净利润中支付的，不能作为税前费用扣除。因此，股权融资没有税收优惠，而债务筹资可以拥有此优惠，这也是很多公司倾向于债务融资的一个主要原因。

6.1.4 混合类筹资方式

1. 优先股

优先股是相对于普通股来讲的，是指在公司股利支付及财产清偿方面相对于普通股具有优先索取权。

1）优先股的种类

（1）按是否参与公司利润分配，可以将优先股分为参与分红优先股和不参与分红优先股。

参与分红优先股是指拥有参与分配股利权利的优先权的优先股。在企业年度收益额增长幅度较大时，优先股股东除可以分到优先股股利外，经董事会决定还可以分到额外的股利。这种股票的发行量一般较少。

不参与分红优先股是指除分配定额股利外，不再与普通股共同分配剩余收益的优先股。

（2）按股利是否可以累积，可以将优先股分为累积优先股和非累积优先股。

累积优先股是指拥有累积股利权利的优先股。即公司收益不够分配优先股股利时，欠付的数额应累积起来以后补付。只有对累积优先股股利付清后，才能支付普通股股利。

非累积优先股是指公司净收益不足以支付优先股定额股利时，以后不再补发。

（3）按股票是否可以转换，可以将优先股分为可转换优先股和不可转换优先股。

可转换优先股是指可以在未来某一个既定日期或时期，按既定价格转换为一定股份的普通股的优先股。

反之则为不可转换优先股。

（4）按是否可以赎回，可以将优先股分为可赎回优先股和不可赎回优先股。

可赎回优先股是指按规定可以在某一时期以后按一定价格赎回的优先股。其赎回价格通常高于面值。

反之为不可赎回优先股。

2）优先股筹资的优缺点

优先股筹资的优缺点见表 6-1。

表 6-1　优先股筹资的优缺点

优缺点	具体内容
优点	（1）优先股筹资的风险比较小，因为优先股没有固定的到期日，不用偿还本金； （2）优先股筹资具有一定的弹性，因为当公司财务状况不佳时，可以暂时不支付优先股股利，且优先股有时可以收回，或转换成普通股，有利于减轻公司的财务负担； （3）与债券相比，优先股使公司能够保有抵押性的资产； （4）优先股股东没有经营管理投票权，所以可保持普通股股东的控制权； （5）优先股同普通股一样，作为企业的自有资金，可降低企业资产负债率，改善企业资本结构
缺点	（1）优先股的资金成本较高，因为优先股股利与普通股股利一样要从税后盈余中扣除； （2）优先股发行的限制条件多，降低了公司经营的灵活性； （3）优先股的优先权利，对于一般的普通股股东来说，降低了他们的收益水平，增加了投资回报风险

2. 可转换债券

可转换债券又称为可转换公司债券，是指发行人依照法定程序发行，在一定期间内依据约定的条件可以转换为股份的公司债券。

1）可转换债券的要素

可转换债券的要素指构成可转换债券的基本特征的必要因素，它们说明了可转换债券与普通债券的区别。

（1）标的股票。可转换债券对股票的可转换性，实际上是一种股票期权或股票选择权，它的标的物就是可以转换成的股票。可转换债券的标的股票一般是其发行公司自己的股票，但也有的是其他公司的股票，如可转换债券发行公司的上市子公司的股票。

（2）转换价格。可转换债券发行之时，明确了以怎样的价格转换为普通股，这一规定的价格，就是可转换债券的转换价格（也称为转股价格），即将可转换债券转换为每股股份所支付的价格。我国相关法规规定，可转换债券的转股价格应在募集说明书中约定。价格的确定应以公布募集说明书前 30 个交易日公司股票的平均收盘价格为基础，并上浮一定幅度。

（3）转换比率。转换比率是每张可转换债券能够转换的普通股股数。可转换债券的面值、转换价格、转换比率之间存在下列关系：

$$转换比率=债券面值/转换价格 \tag{6-1}$$

（4）转换期。转换期是指可转换债券转换为股份的起始日至结束日的期间。可转换债券的转换期可以与债券的期限相同，也可以短于债券的期限。

（5）赎回条款。赎回条款是可转换债券的发行企业可以在债券到期日之前提前赎回债券的规定。赎回条款包括下列内容。

第一，不可赎回期。不可赎回期是可转换债券从发行时开始，不能被赎回的那段期间。设立不可赎回期的目的在于保护债券持有人的利益，防止债券发行企业滥用赎回权，强制债券持有人过早转换债券。不过，并不是每种可转换债券都设有不可赎回条款。

第二，赎回期。赎回期是可转换债券的发行公司可以赎回债券的期间。赎回期安排在不可赎回期之后，不可赎回期结束之后，即进入可转换债券的赎回期。

第三，赎回价格。赎回价格是事前规定的发行公司赎回债券的出价。赎回价格一般高于可转换债券的面值，两者之差为赎回溢价。赎回溢价随债券到期日的临近而减少。

第四，赎回条件。赎回条件是对可转换债券发行公司赎回债券的情况要求，即需要在什么样的情况下才能赎回债券。赎回条件分为无条件赎回和有条件赎回。无条件赎回是在赎回期内发行公司可随时按照赎回价格赎回债券。有条件赎回是对赎回债券有着一些条件限制，只有在满足了这些条件之后，才能由发行公司赎回债券。

设置赎回条款的目的是促使债券持有人转换股份，因此，又被称为加速条款；同时也能使发行公司避免市场利率下降后，继续向债券持有人支付较高的债券票面利率所蒙受的损失；或限制债券持有人过分享受公司收益大幅度上升所带来的回报。

（6）回售条款。回售条款是在可转换债券发行公司的股票价格达到某种恶劣程度时，债券持有人有权按照约定的价格将可转换债券卖给发行公司的有关规定。回售条款也具体包括回售时间、回售价格等内容。设置回售条款是为了保护债券投资人的利益，使他们能够避免遭受过大的投资损失，从而降低投资风险。合理的回售条款可以使投资者具有安全感，因而有利于吸引投资者。

（7）强制性转换条款。强制性转换条款是在某些条件具备后，债券持有人必须将可转换债券转换为股票，无权要求偿还债券本金的规定，设置强制性转换条款，在于保证可转换债券顺利地转换成股票，实现发行公司扩大权益筹资的目的。

2）可转换债券筹资的优缺点

（1）可转换债券筹资的优点具有以下几个方面。

第一，筹资成本较低。可转换债券给予了债券持有人以优惠的价格转换公司股票的好处，故而其利率低于同等风险条件下的不可转换债券（或普通债券）的利率，降低了公司筹资成本；此外，在可转换债券转换为普通股时，公司无须支付筹资费用，又节约股票的筹资成本。

第二，便于筹集资金。可转换债券一方面可以使投资者获得固定利息；另一方面又向其提供了进行股权投资的选择权，对投资者具有一定的吸引力，有利于债券的发行，便于资金的筹集。

第三，有利于稳定股票价格和减少对每股收益的稀释。由于可转换债券规定的转换价格，一般要高于其发行时的公司股票价格，因此，在发行新股票或配股时机不佳时，可以发行可转换债券，然后通过转换实现较高价位的股权筹资。事实上，一些公司正是认为当前其股票价格太低，为避免直接发行新股而遭受损失，才通过发行可转换债券变相发行普通股的。首先，这样不至于因为直接发行新股而进一步降低公司股票市价；其次，因为可转换债券的转换期较长，即使在将来转换股票时，对公司股价的影响也较温和，从而有利于稳定公司股票的价格。

可转换债券的转换价格高于其发行时的股票价格，转换成的股票股数会较少，相对而言就降低了增发股票对公司每股收益的稀释度。

第四，减少筹资中的利益冲突。由于日后会有相当一部分投资者将其持有的可转换债券转换成普通股，发行可转换债券不会太多地增加公司的偿债压力，其他债权人对此的反对较小，受其他债务的限制性约束较少。同时，可转换债券持有人是公司的潜在股东，与公司有着较大的利益趋同性，因而冲突较少。

（2）可转换债券筹资的缺点具有以下几个方面。

第一，股价上扬风险。虽然可转换债券的转换价格高于其发行时的股票价格，但如果转换时股票价格大幅度上扬，公司只能以较低的固定转换价格换出股票，便会降低公司的股权筹资额。

第二，财务风险。发行可转换债券后，如果公司业绩不佳，股价长期低迷；或虽然公司业绩尚可，但股价随大盘下跌，持券者没有如期转换普通股，则会增加公司偿还债务的压力，加大公司的财务风险。特别是在存在回售条款的情况下，公司短期内集中偿还债务的压力会更明显。

第三，丧失低息优势。可转换债券转换成普通股后，其原有的低利息优势不复存在，公司将要承担较高的普通股成本，从而导致公司的综合资本成本上升。

3. 认股权证

1）认股权证的概念

认股权证是由股份公司发行的，允许其持有人在指定的时期内以确认的价格直接向股份公司购买普通股的一种权利证书。因为认股权证与期权中的看涨期权都是以普通股为标的物，而且只有当普通股的市场价格超过执行价格时，认股权证才会被执行（否则投资人可以去买更便宜的股票而不会执行认股权证），所以有些人将认股权证视为看涨期权的一种。

认股权证主要由认股数量、认股价格和认股期限三个要素构成。认股数量是指认股权证认购股份的数量；认股价格是公司在发行认股权证时，确定的认股价格；认股期限是指认股权证的有效期。在有效期内认股权证的持有人可以随时认购股份；超过有效期，认股权证自动失效。认股权证的发行一方面保证原有股东的所有者权益不被稀释，另一方面投资人可以将认股权证单独进行交易，而不必动用原来持有的股票，具有一定的灵活性，所以也是一种比较好的筹资方式。

2）认股权证的基本特征

（1）认股权证是优先购买公司发行普通股的权利证书，它不是公司的资金来源。认股权证往往是随公司债券或优先股一起发行的，或者是公司按发行证券的一定比例赠送给投资者，或者是公司按发行证券的一定比例低价出售给投资者，认股权证持有者有权按照某种优惠价格优先购买公司发行的普通股，因此，认股权证通常被认为有助于吸引投资者购买公司新发行的债券或优先股。

（2）认股权证上规定了每张认股权证所能认购的固定的普通股股数。当认股权证持有人行使认股权时，应将认股权证交回公司。

（3）认股权证上规定了认购普通股的价格，这个价格通常称为执行价格。执行价格一般高于该种普通股当前市场价格的10%~30%。执行价格一般是固定的，也可以随普通股的市场行情进行调整，调整趋势通常是随时间的推移而逐渐提高。

（4）认股权证上规定了认股权证持有人行使认股权的有效时间。在有效时间内，认股权证持有人可以行使认股权，也可放弃认股权。

3）认股权证筹资的优缺点

认股权证筹资的优缺点见表6-2。

表6-2 认股权证筹资的优缺点

优缺点	具体内容
优点	（1）赋予了投资者按既定的认购价格优先认购普通股的权利，刺激投资者的投资欲望，有利于公司证券的发行； （2）认股权证是用来优先认购普通股的，有助于公司降低债券的利率或优先股的股利率，降低公司的融资成本； （3）融资条款较宽松，公司处于主动地位； （4）扩大公司潜在资本来源
缺点	（1）资本来源时间不确定，有可能使公司融资陷入被动局面； （2）如果公司对未来普通股市场价格上升预期不准，有可能产生高资本成本

6.1.5 其他筹资方式

1. 融资租赁

租赁是指出租人在承租人给予一定报酬的条件下，授予承租人在约定的期限内占有和使用财产权的一种契约性行为。租赁行为实质上具有借贷性质，但它直接涉及的是实物而不是资金。在租赁业务中，出租人主要是各种专业租赁公司，承租人主要是企业，租赁的对象主要是机器设备等固定资产。

租赁主要有经营租赁和融资租赁两种方式。经营租赁是一种以提供设备短期使用权为特征的租赁形式，主要为满足临时性的生产经营需要，体现了短期筹资的特点。这里主要介绍作为长期筹资方式之一的融资租赁。

1）融资租赁的含义和特点

融资租赁是指出租人对承租人所选定的租赁物件，进行以其融资为目的的购买，然后再以收取租金为条件，将该租赁物件中长期出租给该承租人使用的信用性租赁业务。融资租赁具有以下基本特点：①由承租人选定拟租赁投资物件，由出租人出资购买。对于设备的质量、数量、技术上的检验由承租方负责。②租赁合同相对稳定。在合同有效期内双方均无权单方面撤销合同，这既保证了承租人使用资产的长期性，又保证了出租人能够在基本租期内收回投资并获得一定利润。③融资租赁期限较长。按照惯例，租赁期超过租赁资产经济寿命的75%为融资租赁。④融资租赁业务中，出租方的主要责任是融通资金。因此，在租赁期内有关设备的保养维修费用全部由承租人承担。

2）融资租赁的种类

融资租赁按其业务的不同特点，可分为如下几种形式。

（1）直接租赁。直接租赁是融资租赁业务中最为普遍的一种形式。它是指承租人直接向出租人租入所需资产，并向出租人支付租金。直接租赁的主要出租人是制造商、租赁公司、金融机构等，其主要特点是出租人既是租赁物的全资购买者，又是租赁物的出租者。

（2）售后租回。售后租回是指承租人由于资金的需要将原属于自己且需继续使用的资产卖给出租人，然后再将其租回的租赁形式。这种租赁方式，承租人既可以获得出售资产的资金，又保留了资产使用权。这是当公司缺乏资金时，改善其业务状况的有效筹资方式。

（3）杠杆租赁。杠杆租赁要涉及承租人、出租人和资金出借者三方当事人。在杠杆租赁形式下，出租人一般只支付相当于租赁资产价款的 20%~40%的资金，其余 60%~80%的资金由其将欲购置的资产做抵押，并以转让收取部分租金的权利作为担保，向资金出借者（银行或长期贷款提供者）申请贷款，然后购入设备再出租给承租人。这一租赁形式适用于巨额资产的租赁业务。从承租者角度看，杠杆租赁与其他融资租赁形式并无区别，同样是按合同的规定，在租期内获得资产的使用权，按期支付租金。但对出租方却不同：第一，出租方既是出租人又是借款者，据此既要收取租金又要支付债务；如果还款不及时，资产的所有权要归资金出借者所有。第二，出租方以较少投资（20%~40%）换得 100%的折旧扣除或投资减税额（指外国的投资减税优惠），从而获得税务上的好处，降低出租方的租赁成本。在正常情况下，杠杆租赁的出租人一般愿意将上述利益以低租金的方式转让一部分给承租人，使杠杆租赁的租金低于一般融资租赁的租金。

3）融资租赁的程序

第一，选择租赁公司。在我国，进行融资租赁业务的公司要有金融许可证，设立条件较严格。因此，当企业决定采用融资租赁方式筹取设备时，应对从事该业务的金融机构的综合情况（如经营范围、业务能力、资信情况等）进行比较和选择。

第二，办理租赁委托。企业选定出租人后，便可提出融资租赁申请，并提供公司自身财务状况的会计报表，办理租赁委托。

第三，签订租赁合同。租赁合同由承租人与出租人签订，是具有法律效力的重要文件。

第四，办理验货。承租人收到租赁物后，要按照购货协议中的有关条款进行验收，验收合格证明要交给出租人，出租人据此向制造商或销售商付款。

第五，支付租金。承租人在租赁期内按租赁合同规定的租金数额、支付方式向出租人支付租金。

第六，租赁期满的设备处理。融资租赁期满，承租人可依据合同约定选择续租、退租或留购。

4）融资租赁租金的确定

在租赁性筹资方式下，承租企业要按合同规定向租赁公司支付租金。租金的数额和支付方式对承租企业的未来财务状况具有直接的影响。

A.融资租赁租金的构成

融资租赁的租金主要包括设备价款和租息两部分，其中租息又可分为租赁公司的融资成本、租赁手续费等。

设备价款是租金的主要内容，它由设备的买价、运杂费和途中保险费等构成。融资成本是指出租人为购买租赁设备所筹资金的成本，实际是设备租赁期间的利息。租赁手续费包括出租人承办租赁设备的营业费用和一定的盈利，租赁手续费由承租企业与租赁公司协商确定，其高低并无固定标准。

B.融资租赁租金的支付方式

租金的支付方式也影响每期租金的多少。租金的支付方式一般有以下几种。按支付时间长短，可以分为年付、半年付、季付和月付等方式。按在期初和期末支付，可以分为先付租金和后付租金两种。按每次是否等额支付，分为等额支付和不等额支付。

5）租赁筹资的优缺点

（1）租赁筹资的优点具有以下几个方面。

第一，可以迅速获得所需资产。租赁一般比借款后再购置资产设备更迅速、更灵活。租赁是筹资与设备购置同时进行，可以缩短企业设备购进时间，使企业尽快形成生产能力。

第二，保存企业借款能力。利用租赁筹资并不使企业负债增加，不会改变企业资本结构，不会直接影响承租企业的借款能力。

第三，限制条件较少。企业运用股票、债券、长期借款方式筹资都受到许多条件限制，而相比而言，租赁筹资限制较少。

第四，可以避免设备淘汰和陈旧过时的风险。随着科学技术的不断进步，设备陈旧被淘汰的可能性很大，而多数租赁协议规定由出租人承担这种风险，承租企业可避免这种风险。

第五，租金在整个租期内分摊，不用一次归还大量资金。

第六，租金费用可在税前扣除，能享受税收上的优惠。

（2）租赁筹资的缺点具有以下几个方面。

第一，成本较高。租金总额往往超过设备价值总额。

第二，承租企业在经济不景气、财务困难时，固定的租金支付成为企业的沉重负担。

第三，丧失资产残值。租赁期满，资产的残值一般归出租人所有。但若购买资产，则可享受资产残值，这也应视为承租企业的一种机会损失。

第四，难于改良资产。承租企业未经出租人同意，不得擅自对租赁资产加以改良。

2. 私募股权融资

1）私募股权融资的特点

资本有两种基本形态，一种是债务资本，另一种是股权资本。企业的融资方式按照是否在公开市场融资分为私募融资和公募融资两种。把两者结合起来，则形成四种融资手段，即私募债务融资、私募股权融资、公募债务融资和公募股权融资。

私募股权融资具有以下特点：①私募不同于公募，募集人可以节省大量的注册登记费用，同时可以减少对注册会计师和律师服务的要求，因此降低了整个募集费用。尤其是在我国的中小民营企业，私募股权融资是占绝对优势的一种融资方式。②私募股权可以有效解决企业和投资者在风险承担与收益分配方面的分歧。另外，私募股权融资不像股票市场那样要求有公开的信息披露，有利于募集人保护自己的商业秘密。③私募可以提高企业的再融资能力，中小企业一个明显的财务特征就是资产负债率过高，过高的资产负债率增加了中小企业的财务风险，降低了中小企业的债务融资能力。

解决资金短缺问题是私募股权融资的主要目的，此外还有其他目的：①帮助原股东套现；②帮助企业快速扩张；③企业股权多样化，调整企业治理结构；④引进战略投资者，帮助整合产业价值链；⑤帮助引进高水平的经营管理人才；⑥帮助企业进入国际市场，融入国际产业链，帮助收购和兼并；⑦帮助企业海外红筹上市；⑧帮助企业进行管理层收购（management buy-outs，MBO）。

在美国，私募是相对于公募而言的。私募的对象是合格的机构投资人，主要包括保险公司、资产管理公司等金融投资者，私募的载体也包括股票、债券、可转换债券等多种形式。而在中国特定市场环境下，我们所说的私募更多的是指通过非公共市场的手段定向引入具有战略价值的股权投资人的一种融资方法。

2）风险资本

私募资本市场可以分为风险资本市场和非风险资本市场。对于风险资本（venture capital）的定义，目前仍没有形成一致的意见。欧洲风险投资协会（European Venture Capital Association，EVCA）认为，风险投资是为公司的创立、发展、扩展、重组或并购投入的一种资本。它是为未在股票市场上上市的企业提供的一种权益资本，也被称作私人权益资本。美国国家风险投资协会（National Venture Capital Association，NVCA）认为，风险投资是由职业金融家投入到新兴的、迅速发展的、有巨大竞争潜力的企业的一种权益资本。经济合作与发展组织（Organization for Economic Co-operation and Development，OECD）认为，凡以高科技与知识为基础，生产与经营技术密集的创新产品或服务的投资，都可以视为风险投资。

不过从总体上看，风险投资具有这样几个基本特点。

（1）属于私人权益资本，即不必经过证券监督管理机构审批登记，在私人之间或各金融与非金融机构之间交易的权益资本。

（2）由职业的风险投资家或天使投资者负责运作。

（3）投资于新兴企业的创立、发展、扩展、重组阶段或用于并购。大部分的风险投资协会都将风险投资分为两类：一类是专业从事对新创与年轻的、快速成长且通常是技术型企业的投资；另一类则专业投资于企业重组过程。古典风险投资仅指前一类。

（4）风险投资的目的是获取高额资本增值回报，而不是利息或分红。

（5）风险投资主要依靠 IPO（initial public offering，首次公开募股）、并购、清算等方式退出。

戴维·格拉斯通（David Gladstone）对风险企业发展的四阶段划分很有代表性。不同阶段风险企业有不同的特点，对风险投资的需求都是不一样的。

（1）开创阶段，也称种子资金阶段。在这个阶段，风险企业专注于产品研发、探索有效的商业模式或制造出产品原型。通常，创业者会投入自己的个人资金或向亲戚朋友借钱，资金需求规模多在5万~50万美元。

（2）创立阶段。在该阶段，风险企业已经形成商业模式或开发出产品，但是公司尚没有成功记录，也没有利润。对风险投资者而言，该阶段风险最大，因为一方面企业资金需求量大，另一方面又缺乏证明企业可以成功的可靠证据。有相当一部分的企业在这个阶段就夭折了。根据行业的不同，创立期从半年到一年不等，典型的资金需求在50万~200万美元。

（3）扩展阶段。在这个阶段，企业已经完全创立，并有了良好的财务记录。但是急需资金扩大经营和市场营销能力。典型融资在200万~1000万美元，有部分企业已经转向银行融资。

（4）成熟阶段。这个阶段的融资也称麦则恩融资、夹层融资或上市前融资，旨在帮助企业做好上市前准备，筹集的资金也可能用于并购。而麦则恩投资者通常具备丰富的上市运作经验，同时可以引进部分名人为董事，进行企业包装。此阶段的资金需求在1000万~5000万美元。

3. 项目融资

1）BOT模式

BOT模式是国际上近十几年来逐渐兴起的一种基础设施建设的融资模式，是一种利用外资和民营资本兴建基础设施的融资模式。BOT是build（建设）、operate（经营）和transfer（转让）三个英文单词第一个字母的缩写，代表着一个完整的项目融资过程。BOT模式的基本思路是，由一国财团或投资人作为项目的发起人，从一个国家的政府或所属机构获得某些基础设施的建设特许权，然后由其独立或联合其他方组建项目公司，负责项目的融资、设计、建造和运营。整个特许期内，项目公司通过项目的运营来获得利润，并用此利润来偿还债务。在特许期满之时，整个项目将由项目公司无偿或以极低的名义价格转交给东道国政府。BOT模式一出现，就引起了国际金融界的广泛重视，被认为是代表国际项目融资发展趋势的一种新型形式。

BOT模式主要由以下三方组成。

（1）项目的最终所有者（项目发起人）。项目发起人是项目所在国政府、政府机构或政府指定的公司。从项目所在国政府的角度考虑，采用BOT融资模式的主要吸引力在于：第一，可以减少项目建设的初始投入。大型基础设施项目，如发电站、高速公路、铁路等公共设施的建设，资金占用量大，投资回收期长，而资金紧缺和投资不足是发展中国家面临的一个普遍性的问题。利用BOT模式，政府部门可以将有限的资金投入到更多的领域。第二，可以吸引外资，引进先进技术，改善和提高项目管理水平。

（2）项目的直接投资者和经营者（项目经营者）。项目经营者是BOT融资模式的主体。项目经营者从项目所在国政府获得建设和经营项目的特许权，负责组织项目建设和生产经营，提供项目开发所必需的股本资金和技术，安排融资，承担项目风险，并从项目经营中获得利润。项目经营者的角色一般由一个专门组织起来的项目公司承担，项目公司的组成以在这一领域具有技术能力的经营公司和工程承包公司作为主体，有时也吸收项目产品的购买者和一些金融性投资者参与。在特许权协议结束时，项目最终要交给项目发起人。

（3）项目的贷款银行。BOT 模式中的贷款银行组成较为复杂。除了商业银行组成的贷款银团，政府的出口信贷机构和世界银行或地区性开发银行的政策性贷款在 BOT 模式中通常也扮演很重要的角色。

2）BOT 模式的特点

BOT 模式实质上是一种债权与股权相混合的产权组合形式，整个项目公司对项目的设计、咨询、供货和施工实行一揽子总承包。

（1）能减轻政府的直接财政负担，减少政府的借款负债，所有项目融资责任都被转移给项目发起人，政府无须保证或承诺支付项目的借款。

（2）BOT 项目通常都由外国的公司来承包，这会给项目所在国带来先进的技术和管理经验，既给本国的承包商带来较多的发展机会，也促进了国际经济的融合。

（3）有利于提高项目的运作效率。BOT 被视为提高设计和管理实效的一种方式。因为 BOT 项目一般具有巨额资本投入和项目周期长等因素带来的风险，项目公司为了减少风险，获得较多的收益，客观上就会加强管理，所以，尽管项目前期工作量较大，但一旦进入实施阶段，项目的设计、建设和运营效率就会比较高。

4. 资产证券化

1）资产证券化的概念

资产证券化（asset-backed securities，ABS）是近 30 年来金融领域最重大的创新之一。资产证券化是指将缺乏流动性，但在预期未来具有稳定现金流的资产汇集起来，形成一个资产池，通过结构性重组，将其转变为可以在金融市场上出售和流通的证券，据以融资的过程。证券化的实质是融资者将被证券化的金融资产的未来现金流收益权转让给投资者，而金融资产的所有权可以转让，也可以不转让。

资产证券化在国外使用相当普遍，是当前颇为流行的主要融资工具之一。资产证券化开始于美国 20 世纪 60 年代末的住宅抵押贷款市场，现已成为仅次于联邦政府债券的第二大市场。除了美国，资产证券化在国际资本市场上的发展也是极为迅速的。

2）资产证券化的前提条件

要保证资产证券化交易结构严谨、有效，必须满足以下五个条件：①将被证券化的资产能产生固定的或者循环的现金流。②原始权益人对资产拥有完整的所有权。③该资产的所有权以真实出售的方式转让给特设信托机构（special purpose vehicle，SPV）。④特设信托机构本身的经营有严格的法律限制和优惠的税收待遇。⑤投资者具备资产证券化的知识、投资能力和投资意愿。

以上条件缺乏其一，都会使资产证券化面临很大的交易结构风险。

3）资产证券化的操作步骤

在以上基本交易结构的基础上，资产证券化的运作还需要一套行之有效的程序。

（1）组建特设信托机构。

（2）筛选可证券化的资产，组成资产池。

（3）原始权益人将资产“真实出售”给特设信托机构，有效实现风险隔离，最大限度降低发行人的破产风险对证券化的影响。

（4）特设信托机构发行资产支撑证券。这一阶段包括构造完善的交易结构，进行内部评级，进行信用升级及安排证券销售等步骤。这一阶段是整个资产证券化过程中最复杂、参与者最多、技术要求最高的实质性阶段。

（5）特设信托机构清偿债务阶段。在这一阶段，特设信托机构从证券承销商获取证券发行收入，向原始权益人支付购买价格。同时，原始权益人自己或委托资产管理公司管理资产池中的资产，将其现金收入存入托管行，然后对投资者还本付息，并支付聘用机构的费用。

4）资产证券化融资特点

（1）以转让资产的方式获取资金，所获资金不表现为负债，因此不影响资产负债率。

（2）将多个发起人所需融资的资产集中成一个资产池进行证券化，基础资产多样性，风险小，资金成本低。

（3）有限追索权。投资者仅追索剥离出去的基础资产。

（4）对投资人来说，由于设立特设信托机构，特设信托机构以一定价差收购受益人的资产。该资产从发起人的资产负债表上移开，实现了真实出售，资产证券化收益不受发起人的破产牵连；另外，资产证券化信用增级后，可获得高于普通储蓄的收益率。

5. 售后回购

1）售后回购的确认

售后回购是一种特殊形式的销售业务，它是指销售方在销售商品的同时，与购货方签订合同，并按照合同条款（如回购价格）等内容，将售出的商品重新买回的一种方式。售后回购方式下是否按销售、回购两项业务分别处理，主要看其是否满足收入确认的条件。

《企业会计准则第 14 号——收入》对收入的实现做了如下原则性的规定。

第一，企业已将商品所有权上的所有风险和报酬都转移给了买方。

第二，企业既没有保留通常与所有权相联系的继续管理权，也没有对已出售的商品实施控制。

第三，与交易相关的经济利益能够流入企业。

第四，相关的收入能够可靠地计量。

第五，与收入相关的成本能够可靠地计量。

对照这五个条件，销货方没有回购选择权的情况下，分两种情况讨论。第一，在销货方回购商品时，如果回购价格是以当日的市场价格确定，这种情况下商品价格变动产生的风险和报酬都转移给了买方，但买方无权对该商品进行处理，商品的控制权仍在卖方；第二，销货方在商品销售后的一定时间内回购，且回购价格在合同中订明，这种情况下商品价格变动产生的风险和报酬由卖方所有或控制，且卖方仍对售出的商品进行控制。通过以上分析，售后回购业务与收入确认的第二个条件不符，同时如果回购价格在合同中订明，与收入确认的第一个条件也不符。所以，一般而言，售后回购不能确认为收入，其实质上是一种融资行为。在会计核算中，该业务不作为收入处理，体现了实质重于形式的原则。

当然，如果销货方有回购选择权，并且回购价以回购当日的市场价确定，同时回购的可能性很小，那么也可在售出商品时确认收入的实现。

但是，在税收上不承认这种融资，而是将其视为销售和采购两项经济业务，销售方在销售实现时要按规定开具发票并收取价款，从税法上讲，这本身已构成计税收入的实现，因此销售方要按规定上税。

2）售后回购与售后租回的区别

第一，从业务形式上来看，售后租回交易是租赁业务，承租方对于资产的使用需要付出租金；售后回购业务是销售业务，卖方把资产买回来需要付出相应的价款。

第二，从交易对象的性质来看，售后租回交易一般出售的是固定资产，而售后回购业务一般出售的是流动资产，如库存商品、原材料等。

第三，从资产的最终所有权来看，在售后租回交易中要确认的是融资租赁还是经营租赁，如果是融资租赁，资产的所有权归承租方；如果是经营租赁，资产的所有权归出租方。而在售后回购业务中，资产的所有权不会转移，归原所有者拥有。

3）售后回购融资的优缺点

优点：售后回购业务为销货方提供了一种新的融资渠道，是以自己的商品作为抵押的一种融资。这种融资方式容易获得买方的信任，资金的取得较为方便，在销货的同时就能够获得所需的资金。

缺点：售后回购业务存在着信用风险，销货方没有按照合同要求回购所销售的商品，则此业务就会成为变相促销的方式。另外，作为一种融资方式，售后回购业务在税收上没有获得相应的优惠。

6.2　资本成本与资本结构

6.2.1　资本成本概述

1. 资本成本的内涵

资本成本是指企业为筹集和使用资金而付出的代价。广义上讲，企业筹集和使用任何资金，不论短期的还是长期的，都要付出代价。狭义的资本成本仅指筹集和使用长期资金（包括自有资本和借入长期资金）的成本。由于长期资金也被称为资本，长期资金的成本也称为资本成本。

资本成本可有多种计量形式。在比较各种筹资方式中，使用个别资本成本，包括普通股成本、留存收益成本、长期借款成本、债券成本；在进行资本结构决策时，使用加权平均资本成本；在进行追加筹资决策时，则使用边际资本成本。

2. 资本成本的内容

资本成本是一个非常重要的概念。首先，资本成本是企业的投资者对投入企业的资本所要求的收益率；其次，资本成本是投资本项目的机会成本。

对于企业筹资来讲，资本成本是选择资金来源、确定筹资方案的重要依据，企业力求选择资本成本最低的筹资方式。对于企业投资来讲，资本成本是评价投资项目、决定投资取舍的重要标准。资本成本还可用作衡量企业经营成果的尺度，即经营利润率应高于资本成本，否则表明业绩欠佳。

3. 决定资本成本高低的因素

在市场经济环境中，多方面因素的综合作用决定着企业资本成本的高低，其中主要因素有总体经济环境、证券市场条件、企业内部的经营和融资状况、融资规模。

总体经济环境决定了整个经济中资本的供给和需求，以及预期通货膨胀的水平。总体经济环境的变化的影响反映在无风险报酬率上。显然，如果整个社会经济中的资金需求和供给发生变动，或者通货膨胀水平发生变化，投资者也会相应改变其所要求的收益率。具体来说，如果货币需求增加，而供给没有相应增加，投资人便会提高其要求的投资收益率，企业的资本成本就会上升，反之，则会降低其要求的投资收益率，使资本成本下降。如果预期通货膨胀水平上升，货币购买力下降，投资者也会提出更高的收益率要求来补偿预期的投资损失，导致企业资本成本上升。

证券市场条件影响证券投资的风险。证券市场条件包括证券的市场流动难易程度和价格波动程度。如果某种证券的市场流动性不好，投资者想买进或卖出证券相对困难，变现风险加大，要求的收益率就会提高；或者虽然存在对某证券的需求，但其价格波动较大，投资的风险大，要求的收益率也会提高。

企业内部的经营和融资状况，指经营风险和财务风险的大小。经营风险是企业投资决策的结果，表现在资产收益率的变动上；财务风险是企业筹资决策的结果，表现在普通股收益率的变动上。如果企业的经营风险和财务风险大，投资者便会有较高的收益率要求。

融资规模是影响企业资本成本的另一个因素。企业的融资规模大，资本成本较高。比如，企业发行的证券金额很大，资金筹集费和资金占用费都会上升，而且证券发行规模的增大还会降低其发行价格，由此也会增加企业的资本成本。

6.2.2 资本成本的计算

1. 个别资本成本

1）债务成本

公司一般从各种金融机构取得长期贷款或通过发行公司债券来获取所需的资本，并根据债务合同定期支付利息和按期偿还本金。公司从银行取得的债务的成本就是银行的贷款利率，而发行公司债券的成本则可由下列公式获得，即 K_d：

$$P_0=\sum_{t=1}^{n}\frac{I_t}{\left(1+K_d\right)^t}+\frac{P_n}{\left(1+K_d\right)^n} \tag{6-2}$$

式中，P_0为举债取得的实际资本额；I_t为第 t 期的利息支出；P_n为第 n 期偿还的本金；K_d为债务成本。

但是，考虑到所得税对债务的实际成本的影响，得出如下公式：

$$K_i=K_d\left(1-T\right) \tag{6-3}$$

式中，K_i为实际的税后债务成本；T为公司的所得税税率。

2）普通股成本

新发行的普通股成本是能够使公司所付的普通股股利的现值与公司通过普通股取得的实际资本额相等的贴现率。

当公司预期每年支付等额的普通股股利时，新发行的普通股成本是

$$K_e=\frac{D}{P_0} \tag{6-4}$$

式中，P_0为发行普通股取得的实际资本额；D为各期的等额股利；K_e为普通股成本。

当公司预期支付的普通股股利每年按相同的速度增长时，新发行普通股成本可用戈登公式计算：

$$K_e=\frac{D_0\left(1+g\right)}{P_0}+g \tag{6-5}$$

式中，P_0为发行普通股取得的实际资本额；D_0为发行股票当期宣布的股利额；g为股利平均增长率；K_e为普通股成本。

3）优先股成本

优先股成本是指能够使优先股存在期内公司所付优先股股利和赎回价格的现值与公司通过发行优先股取得的实际资本额相等的贴现率。由于股利是从公司税后利润中分派，优先股成本不会受到所得税的影响。当优先股不可赎回，并且股利按期分派，每股股利相等时，优先股成本的计算公式如下：

$$K_p=\frac{D_p}{P_0} \tag{6-6}$$

式中，P_0为发行优先股取得的实际资本额；D_p表示各期所发放的股利额；K_p表示优先股成本。

4）留存盈余成本

假定所有者收回留存盈余代表的资本并将其重新投资于原公司，留存盈余成本可以用原公司股票的预期报酬率衡量，计算原公司股票的预期报酬率有三种方法：资本资产定价模型法、现金流贴现法和债券+风险溢酬法，在这里，仅讨论资本资产定价模型法的计算方法。

$$K_s=K_e=R_f+\left(R_M-R_f\right)\beta \tag{6-7}$$

式中，K_s为留存盈余成本；K_e为普通股要求收益率；R_M为市场要求收益率；β为系统性风险系数；R_f为无风险收益率。

2. 加权平均资本成本

对公司来自各个渠道的资本来源进行综合可以计算出资本组合的平均成本 K_W，简称 WACC。计算如式（6-8）所示，以各类资本额占总资本额的比重即资本结构为权数，对各类资本成本进行加权，得到加权平均资本成本。公司全部资本的加权平均资本成本反映了公司的平均风险。

$$\text{WACC} = K_W = \sum_{i=1}^{n} W_i K_i \tag{6-8}$$

式中，K_W 为加权平均资本成本；W_i 为第 i 类资本额占总资本额的比重；K_i 为第 i 类资本的资本成本。

也可以采用如下公式计算加权平均资本成本：

$$\text{WACC} = K_W = W_d K_d (1-T) + W_p K_p + W_e (K_s \text{或} K_e) \tag{6-9}$$

式中，K_W 为加权平均资本成本；W_d、W_p、W_e 分别为债务资本、优先股资本和普通股资本占总资本额的比重。K_d、K_p、K_s 或 K_e 分别为税前债务成本、优先股成本和普通股成本。

3. 边际资本成本

公司无法以某一固定的资本成本来筹措无限的资金，当其筹集的资金超过一定限度时，原来的资本成本就会增加。在公司追加筹资时，需要知道筹资额在什么数额上会引起资本成本怎样的变化。

边际资本成本是指资金每增加一个单位而增加的成本。边际资本成本也是按加权平均法计算的，是追加筹资时所使用的加权平均成本。下面举例说明边际资本成本的计算和应用。

【案例 6-1】 某企业拥有长期资金 400 万元，其中长期借款 60 万元，资本成本 3%；长期债券 100 万元，资本成本 10%；普通股 240 万元，资本成本 13%。平均资本成本为 10.75%。由于扩大经营规模的需要，拟筹集新资金。经分析，认为筹集新资金后仍应保持目前的资本结构，即长期借款占 15%，长期债券占 25%，普通股占 60%，并测算出了随筹资的增加各种资本成本的变化，见表 6-3。

表 6-3 资本成本表

资金种类	目标资本结构	新筹资额	资本成本
长期借款	15%	45 000 元以内	3%
		45 000~90 000 元	5%
		90 000 元以上	7%
长期债券	25%	200 000 元以内	10%
		200 000~400 000 元	11%
		400 000 元以上	12%
普通股	60%	300 000 元以内	13%
		300 000~600 000 元	14%
		600 000 元以上	15%

注：本表分组遵循“下组限不在内”原则

（1）计算筹资突破点。

因为花费一定的资本成本只能筹集到一定限度的资金，超过这一限度多筹集资金就要多花费资本成本，引起原资本成本的变化，于是就把在保持某资本成本的条件下可以筹集到的资金总限度称为现有资本结构下的筹资突破点。在筹资突破点范围内筹资，原来的资本成本不会改变；一旦筹资额超过筹资突破点，即使维持现有的资本结构，其资本成本也会增加。筹资突破点的计算公式为

$$\text{筹资突破点}=\frac{\text{可用某一特定成本筹集到的某种资金额}}{\text{该种资金在资本结构中所占的比重}} \tag{6-10}$$

在花费 3%资本成本时，取得的长期借款筹资限额为 45 000 元，其筹资突破点则为

$$\frac{45\,000}{15\%}=300\,000(\text{元})$$

而在花费 5%资本成本时，取得的长期借款筹资限额为 90 000 元，其筹资突破点则为

$$\frac{90\,000}{15\%}=600\,000(\text{元})$$

按此方法，案例 6-1 中各种情况下的筹资突破点的计算结果如表 6-4 所示。

表 6-4　筹资突破点表

资金种类	目标资本结构	资本成本	新筹资额	筹资突破点
长期借款	15%	3% 5% 7%	45 000 元以内 45 000~9 0000 元 90 000 元以上	300 000 元 600 000 元
长期债券	25%	10% 11% 12%	200 000 元以内 200 000~400 000 元 400 000 元以上	800 000 元 1 600 000 元
普通股	60%	13% 14% 15%	300 000 元以内 300 000~600 000 元 600 000 元以上	500 000 元 1 000 000 元

注：本表分组遵循“下组限不在内”原则

（2）计算边际资本成本。

任何项目的边际成本都是该项目每增加一个产出量相应增加的成本。例如，目前平均人工成本为每人 10 元；如果增加 10 个人，人工的边际成本可能是每人 15 元；如果增加 100 人，人工的边际成本可能是每人 20 元。这种现象可能是比较难找到愿意从事该项工作的工人导致的。同样的观念用于筹集资本，企业想筹措更多的资金时每 1 元的成本也会上升。边际资本成本就是取得 1 元新资本的成本，筹措的资金增加时边际资本成本会上升。

根据上一步计算出的筹资突破点，可以得到 7 组筹资总额范围：①300 000 元以内；②300 000~500 000 元；③500 000~600 000 元；④600 000~800 000 元；⑤800 000~1 000 000 元；⑥1 000 000~1 600 000 元；⑦1 600 000 元以上。对以上 7 组筹资总额范围分别计算加权平均资本成本，即可得到各种筹资总额范围的边际资本成本，计算结果见表 6-5。

表 6-5　筹资结构表

筹资总额范围	资金种类	资本结构	资本成本	加权平均资本成本
300 000 元以内	长期借款	15%	3%	3%×15%=0.45%
	长期债券	25%	10%	10%×25%=2.5%
	普通股	60%	13%	13%×60%=7.8%
				10.75%
300 000~500 000 元	长期借款	15%	5%	5%×15%=0.75%
	长期债券	25%	10%	10%×25%=2.5%
	普通股	60%	13%	13%×60%=7.8%
				11.05%
500 000~600 000 元	长期借款	15%	5%	5%×15%=0.75%
	长期债券	25%	10%	10%×25%=2.5%
	普通股	60%	14%	14%×60%=8.4%
				11.65%
600 000~800 000 元	长期借款	15%	7%	7%×15%=1.05%
	长期债券	25%	10%	10%×25%=2.5%
	普通股	60%	14%	14%×60%=8.4%
				11.95%
800 000~1 000 000 元	长期借款	15%	7%	7%×15%=1.05%
	长期债券	25%	11%	11%×25%=2.75%
	普通股	60%	14%	14%×60%=8.4%
				12.2%
1 000 000~1 600 000 元	长期借款	15%	7%	7%×15%=1.05%
	长期债券	25%	11%	11%×25%=2.75%
	普通股	60%	15%	15%×60%=9%
				12.8%
1 600 000 元以上	长期借款	15%	7%	7%×15%=1.05%
	长期债券	25%	12%	12%×25%=3%
	普通股	60%	15%	15%×60%=9%
				13.05%

将以上计算结果用图形表达，可以更直观地看出筹资总额增加时边际资本成本的变化（图 6-1），企业可依此做出追加筹资的规划。

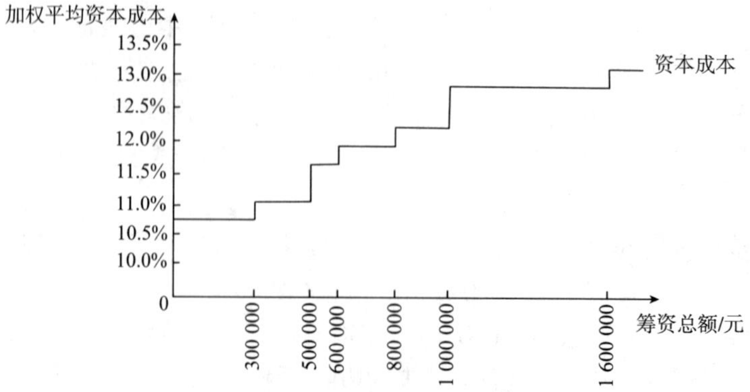

图 6-1　边际资本成本图

6.2.3 杠杆系数

1. 经营风险和财务风险

1）经营风险

经营风险指企业由经营上的原因而导致利润变动的风险。影响企业经营风险的因素很多，主要有以下几种。

（1）产品需求。市场对企业产品的需求越稳定，经营风险就越小；反之，经营风险则越大。

（2）产品售价。产品售价变动不大，经营风险则小；否则经营风险便大。

（3）产品成本。产品成本是收入的抵减，成本不稳定，会导致利润不稳定，因此，产品成本变动大的，经营风险就大；反之，经营风险就小。

（4）调整价格的能力。当产品成本变动时，若企业具有较强的调整价格的能力，经营风险就小；反之，经营风险则大。

（5）固定成本的比重。在企业全部成本中，固定成本所占比重较大时，单位产品分摊的固定成本额就多，若产品量发生变动，单位产品分摊的固定成本会随之变动，最后导致利润更大幅度的变动，经营风险就大；反之，经营风险就小。

2）财务风险

一般来讲，企业在经营中总会发生借入资金。企业负债经营，不论利润多少，债务利息是不变的。于是，当利润增大时，每 1 元利润所负担的利息就会相对地减少，从而使投资者收益有更大幅度的提高。这种债务对投资者收益的影响称作财务杠杆。

财务风险是指全部资本中债务资本比率的变化带来的风险。当债务资本比率较高时，投资者将负担较多的债务成本，并经受较多的负债作用所引起的收益变动的冲击，从而加大财务风险；反之，当债务资本比率较低时，财务风险就较小。

2. 经营杠杆系数

在上述影响企业经营风险的诸因素中，固定成本比重的影响很重要。在某一固定成本比重的作用下，销售量变动对利润产生的作用被称为经营杠杆。经营杠杆对经营风险的影响最为综合，因此常常被用来衡量经营风险的大小。

经营杠杆的大小一般用经营杠杆系数表示，它是企业计算息前税前盈余变动率与销售量变动率之间的比率。计算公式为

$$\mathrm{DOL}=\frac{\dfrac{\Delta \mathrm{EBIT}}{\mathrm{EBIT}}}{\dfrac{\Delta Q}{Q}} \tag{6-11}$$

式中，DOL 为经营杠杆系数；ΔEBIT 为息前税前盈余变动额；EBIT 为变动前的息前税前盈余；ΔQ 为销售变动量；Q 为变动前销售量。

假设企业的成本—销量—利润保持线性关系，可变成本在销售收入中所占的比例不变，固定成本也保持稳定，经营杠杆系数便可通过销售额和成本来表示。这又有两

种公式：

$$\mathrm{DOL}_Q=\frac{Q(P-V)}{Q(P-V)-F} \tag{6-12}$$

式中，DOL_Q为销售量为 Q 时的经营杠杆系数；P 为产品单位销售价格；V 为产品单位变动成本；F 为总固定成本。

$$\mathrm{DOL}_S=\frac{S-\mathrm{VC}}{S-\mathrm{VC}-F} \tag{6-13}$$

式中，DOL_S为销售额为 S 时的经营杠杆系数；S 为销售额；VC 为变动成本总额。

在实际工作中，式（6-12）可用于计算单一产品的经营杠杆系数；式（6-13）除了用于计算单一产品的经营杠杆系数外，还可用于计算多种产品的经营杠杆系数。

【案例 6-2】 某企业生产 A 产品，固定成本为 60 万元，变动成本率为 40%，当企业的销售额分别为 400 万元、200 万元、100 万元时，经营杠杆系数分别为

$$\mathrm{DOL}_{(1)}=\frac{400-400\times40\%}{400-400\times40\%-60}=1.33$$

$$\mathrm{DOL}_{(2)}=\frac{200-200\times40\%}{200-200\times40\%-60}=2$$

$$\mathrm{DOL}_{(3)}=\frac{100-100\times40\%}{100-100\times40\%-60}\to\infty$$

以上计算结果说明这样一些问题。

第一，在固定成本不变的情况下，经营杠杆系数说明了销售额增长（减少）所引起的利润增长（减少）的幅度。比如，$\mathrm{DOL}_{(1)}$说明在销售额为 400 万元时，销售额的增长（减少）会引起利润 1.33 倍的增长（减少）；$\mathrm{DOL}_{(2)}$说明在销售额为 200 万元时，销售额的增长（减少）将引起利润 2 倍的增长（减少）。

第二，在固定成本不变的情况下，销售额越大，经营杠杆系数越小，经营风险也就越小；反之，销售额越小，经营杠杆系数越大，经营风险也就越大。比如，当销售额为 400 万元时，$\mathrm{DOL}_{(1)}$为 1.33；当销售额为 200 万元时，$\mathrm{DOL}_{(2)}$为 2。显然后者利润的不稳定性大于前者，故而后者的经营风险大于前者。

企业一般可以通过增加销售额、降低产品单位变动成本、降低固定成本比重等措施使经营杠杆系数下降，降低经营风险，但这往往要受到条件的制约。

3. 财务杠杆系数

与经营杠杆作用的表示方式类似，财务杠杆作用的大小通常用财务杠杆系数表示。财务杠杆系数越大，表明财务杠杆作用越大，财务风险也就越大；财务杠杆系数越小，表明财务杠杆作用越小，财务风险也就越小。财务杠杆系数的计算公式为

$$\mathrm{DFL}=\frac{\dfrac{\Delta\mathrm{EPS}}{\mathrm{EPS}}}{\dfrac{\Delta\mathrm{EBIT}}{\mathrm{EBIT}}} \tag{6-14}$$

式中，DFL 为财务杠杆系数；ΔEPS 为普通股每股收益变动额；EPS 为变动前的普通股

每股收益；ΔEBIT 为息前税前盈余变动额；EBIT 为变动前的息前税前盈余。

上述公式还可以推导为

$$\mathrm{DFL}=\frac{\mathrm{EBIT}}{\mathrm{EBIT}-I} \tag{6-15}$$

式中，I 为债务利息。

【案例 6-3】 A、B、C 为三家经营业务相同的公司，它们的有关情况见表 6-6。

表 6-6　基本财务状况

项目		A	B	C
情况总览	普通股本/元	2 000 000	1 500 000	1 000 000
	发行股数/股	20 000	15 000	10 000
	债务（利率 8%）/元	0	500 000	1 000 000
	资本总额/元	2 000 000	2 000 000	2 000 000
情形一	息前税前盈余/元	200 000	200 000	200 000
	债务利息/元	0	40 000	80 000
	税前盈余/元	200 000	160 000	120 000
	所得税（税率 33%）/元	66 000	52 800	39 600
	税后盈余/元	134 000	107 200	80 400
	财务杠杆系数	1	1.25	1.67
	每股收益/元	6.7	7.15	8.04
情形二	息前税前盈余增加/元	200 000	200 000	200 000
	债务利息/元	0	40 000	80 000
	税前盈余/元	400 000	360 000	320 000
	所得税（税率 33%）/元	132 000	118 800	105 600
	税后盈余/元	268 000	241 200	214 400
	每股收益/元	13.4	16.08	21.44

表 6-6 说明了以下几点。

第一，财务杠杆系数表明的是息前税前盈余增长所引起的每股收益的增长幅度。比如，A 公司的息前税前盈余增长 1 倍时，其每股收益也增长 1 倍（13.4÷6.7－1）；B 公司的息前税前盈余增长 1 倍时，其每股收益增长 1.25 倍（16.08÷7.15－1）；C 公司的息前税前盈余增长 1 倍时，其每股收益增长 1.67 倍（21.44÷8.04－1）。

第二，在资本总额、息前税前盈余相同的情况下，负债比率越高，财务杠杆系数越高，财务风险越大，但预期每股收益（投资者收益）也越高。比如，B 公司比起 A 公司来，负债比率高（B 公司资本负债率为 500 000÷2 000 000×100%=25%，A 公司资本负债率为 0），财务杠杆系数高（B 公司为 1.25，A 公司为 1），财务风险大，但每股收益也高（B 公司为 7.15 元，A 公司为 6.7 元）；C 公司比起 B 公司来，负债比率高（C 公司资本负债率为 1 000 000÷2 000 000×100% = 50%），财务杠杆系数高（C 公司为 1.67），财务风险大，但每股收益也高（C 公司为 8.04 元）。

负债比率是可以控制的。企业可以通过合理安排资本结构，适度负债，使财务杠杆利益抵消风险增大所带来的不利影响。

4. 总杠杆系数

从以上介绍可知，经营杠杆通过销售量变动影响息前税前盈余，而财务杠杆通过息前税前盈余的变动影响每股收益。如果两种杠杆共同起作用，那么销售稍有变动就会使每股收益产生更大的变动。通常把这两种杠杆的连锁作用称为总杠杆作用。

总杠杆作用的程度可用总杠杆系数（DTL）表示，它是经营杠杆系数和财务杠杆系数的乘积。其计算公式为

$$\mathrm{DTL} = \mathrm{DOL} \times \mathrm{DFL} = \frac{Q(P-V)}{Q(P-V)-F-I}$$

或 （6-16）

$$= \frac{S-\mathrm{VC}}{S-\mathrm{VC}-F-I}$$

例如，甲公司的经营杠杆系数为 2，财务杠杆系数为 1.5，总杠杆系数为

$$\mathrm{DTL}=2\times1.5=3$$

总杠杆作用的意义，首先，在于能够估计出销售变动对每股收益造成的影响。比如，上例中销售每增长（减少）1 倍，就会造成每股收益增长（减少）3 倍。其次，在于它使我们看到了经营杠杆与财务杠杆之间的相互关系，即为了达到某一总杠杆系数，经营杠杆和财务杠杆可以有很多不同的组合。比如，经营杠杆度较高的公司可以在较低的程度上使用财务杠杆；经营杠杆度较低的公司可以在较高的程度上使用财务杠杆，等等。这有待公司在考虑了各有关的具体因素之后做出选择。

6.2.4 资本结构——模型与应用

1. 资本结构原理

资本结构是指企业各种长期资金筹资来源的构成和比例关系。短期资金的需要量和筹集是经常变化的，且在整个资金总量中所占比重不稳定，因此不列入资本结构管理范围，而作为营运资金管理。

在通常情况下，企业的资本结构由长期债务资本和权益资本构成。资本结构指的就是长期债务资本和权益资本各占多大比例。

1）早期的资本结构理论

A.净收益理论

净收益理论认为，负债可以降低企业的资本成本，负债程度越高，企业的价值越大。这是因为债务利息和权益资本成本均不受财务杠杆的影响，无论负债程度多高，企业的债务资本成本和权益资本成本都不会发生变化。因此，只要债务成本低于权益成本，那么负债越多，企业的加权平均资本成本就越低，企业的净收益或税后利润就越多，企业的价值就越大。当负债比率为 100%时，企业加权平均资本成本最低，企业价值将达到

最大值。如果用 K_b 表示债务资本成本、K_s 表示权益资本成本、K_W 表示加权平均资本成本、V 表示企业总价值，则净收益理论可用图 6-2 来描述。

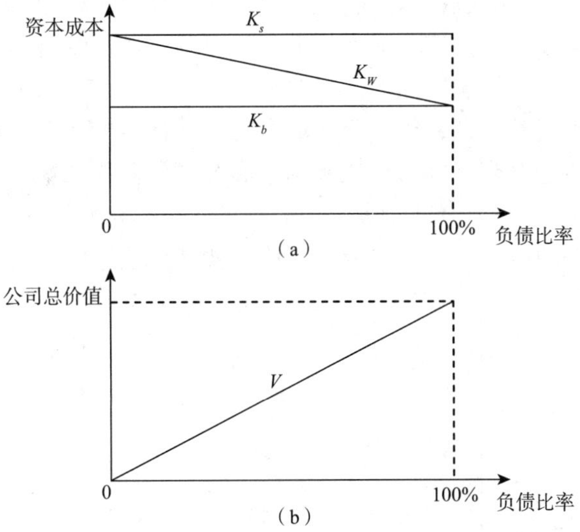

图 6-2　净收益理论

B.营业收益理论

营业收益理论认为，不论财务杠杆如何变化，企业加权平均资本成本都是固定的，因而企业的总价值也是固定不变的。这是因为企业利用财务杠杆时，即使债务资本成本本身不变，但由于加大了权益的风险，也会使权益资本成本上升，于是加权平均资本成本不会因为负债比率的提高而降低，而是维持不变。因此，资本结构与公司价值无关；决定公司价值的应是其营业收益。营业收益理论下资本成本与公司总价值之间的关系可用图 6-3 来表示。

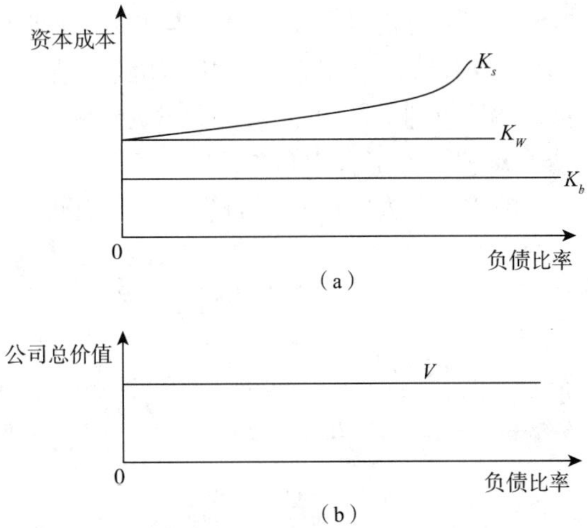

图 6-3　营业收益理论

按照这种理论推论，不存在最佳资本结构，筹资决策也就无关紧要。可见营业收益理论和净收益理论是完全相反的两种理论。

C.传统理论

传统理论是一种介于净收益理论和营业收益理论之间的理论。传统理论认为，企业利用财务杠杆尽管会导致权益资本成本的上升，但在一定程度内却不会完全抵消利用成本率低的债务所获得的好处，因此会使加权平均资本成本下降，企业总价值上升。但是超过一定程度地利用财务杠杆，权益资本成本的上升就不再能为债务的低成本所抵消，加权平均资本成本便会上升。以后，债务资本成本也会上升，它和权益资本成本的上升共同作用，使加权平均资本成本上升加快。加权平均资本成本从下降变为上升的转折点，是加权平均资本成本的最低点，这时的负债比率就是企业的最佳资本结构，见图 6-4。

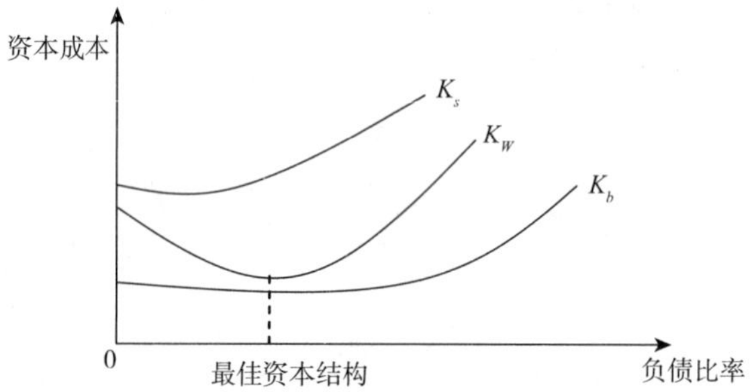

图 6-4　传统理论

2）MM 理论

完全市场假定是新古典资本结构理论的基础，完全市场的一系列假定归纳如下。

（1）无成本的资本市场。该市场无交易成本，没有政府的限制，可自由地进行交易活动，且资本资产可被无限分割。

（2）中性的个人所得税。无个人所得税或对股利、股息和资本所得课税是平等的；对特定的个人，其股利、股息和资本所得税率是无差异的。

（3）完全竞争的市场。不管投资者和企业的行为如何，企业在任何时候都可按不变的价格转换证券；另外企业没有什么行动能影响市场的利率结构。

（4）借贷平衡。投资者和企业同时可借入、借出资金和发行证券。

（5）相同的期望值。每一个人都有相同的期望。

（6）没有信息成本。企业和个人的可利用的信息都是相同的，而且获得这些信息都是没有费用的。

（7）无财务危机成本。企业或个人可能发生财务危机或破产，但是不会发生财务危机和破产成本。

莫迪利安尼和米勒提出了 MM 理论，开创了现代企业资本结构理论研究的先河。MM 理论假设：①企业资本结构与企业价值无关；②企业股利政策独立于股票价值或投资收益率。

莫迪利安尼和米勒在 1958 年提出了以套利为基础，后来被称为 MM 定理 1 的理论框架。

MM 定理 1：在完全市场假设条件下，如果无税，一个企业的均衡市场价值与它的债务权益比是无关的。

MM 定理 1 是在严格的完全市场假设条件下得出的，该市场没有企业所得税，无市场交易成本，债务是无风险的，资本市场是完全竞争的，显然，这与现实有极大的矛盾。如果考虑企业所得税，前述的无企业所得税的 MM 定理就可能不再成立了。在考虑企业所得税的情况下，由于利息支出为税前列支项目，而股利为税后项目，因而在其他条件和假设不变的情况下，用债务融资能产生税盾效应，达到节税的目的，提高企业的净资产收益率。因此，MM 提出了考虑企业所得税情况下的定理，即 MM 定理 2。

MM 定理 2：在完全市场假设的条件下，企业需要缴纳所得税且借款的利息可在税前作为财务费用支付，则有举债企业的市场均衡价值为

$$V_L = V_U + t_C B \tag{6-17}$$

式中，V_U 为规模相同的无负债企业均衡价值；t_C 为企业所得税税率；B 为企业债务的市场均衡价值。

3）权衡理论

权衡理论（也被称为企业最优资本结构理论）的观点是：当边际税盾利益恰好与边际财务困境成本相等时，公司价值最大，此时的负债率即为公司最佳资本结构。权衡理论认为，由于税收政策，企业可以通过增加负债而增加公司的市场价值，但是随着负债的上升，公司陷入财务困境的概率也同时增加，甚至可能导致公司破产。财务困境一旦发生，就会导致各种直接费用和间接费用，因而未来出现财务困境的可能性就会降低企业现在的价值，并提高股东所要求的收益率和加权平均资本成本。出现财务困境的可能性越高，债券所要求的收益率也越高，从而债务融资的成本也会越来越高，最终会导致企业市场价值的下降。图 6-5 为权衡理论的图示。

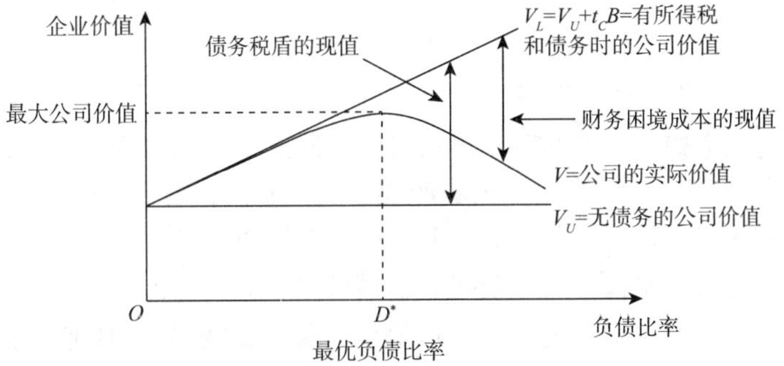

图 6-5　权衡理论

在股份公司中，股东和债权人都是公司资产的所有者，他们投入公司的资本是由董事会及其聘任的经理人员代其管理的，这就形成一种代理关系。随着公司债务资本的增加，债权人与经营者之间的代理关系会产生导致公司资产价值下跌或潜在价值丧失的因素，这就是运用债务资本的代理成本。代理成本主要包括债务资本成本变动引起的代理成本和债权人对公司举债的制约引起的代理成本两个方面。

考虑到财务困境（或破产成本）和代理成本后，修正的 MM 定理就演变为权衡理论。在该理论中，最优的资本结构选择就可以具体化为负债筹资的利益和负债筹资的成本之

间的权衡。由于运用债务资本对提高公司资产价值和降低资本成本是有利的，但同时又存在着财务危机成本与代理成本，财务杠杆的运用受到了一定的制约。

4）其他资本结构理论

A.啄食顺序理论

20 世纪 60 年代初，美国哈佛大学教授唐纳森对企业的资本结构进行了广泛的实地调查，得到以下结果。

（1）企业偏爱的筹资对象为留存收益、折旧基金等内部资金。

（2）企业的剩余留存收益或用于偿还债务，或投资于有价证券；当企业没有足够的留存收益可用于投资重要的项目时，就会首先想到通过出售有价证券的方式来筹资。

（3）当企业需要外部筹资时，首先会发行债券，不得已时才通过股票筹资。

（4）企业股利的发放率是建立在正常情况下留存收益和折旧基金能适应资本性支出要求的水平上，并根据其未来投资机会和预期未来现金流量确定目标股利发放。

（5）在短期内股利具有“刚性”，使企业不愿意在现金股利上有较大的变动，特别是在削减股利难以让股东满意的情况下。

在对这些结果进行理论提炼的基础上，形成了啄食顺序理论。其基本原理是：企业实行固定的股利政策，偏爱于使用内部资金而厌恶发行新股。当企业需要资金进行资本性支出时，首先是使用内部留存收益，其后举借外债，最后才是发行股票。

就财务动机而言，啄食顺序理论是完全合理的。理由是企业使用内部留存收益既不需要为此而付出额外的成本，也不会受到来自投资者和资金市场的诸多限制，而举借外债和发行股票在成本和使用上受限制因素和程度都依次增加。

反观这一理论，企业的负债率仅仅反映了企业积累和发展中对外部资金的需求，而对于企业内部的权益资本，在筹资选择顺序上也是不同的，如此，可以认为，企业不存在最佳的资本结构。

B.税差理论——需求中的个人所得税分析

米勒在权衡理论如日中天的时候对它提出了质疑。米勒认为权衡理论忽略了两个基本事实：其一，根据当时所做的对美国破产成本实例分析，破产成本只占企业资产的 5%，不足以抵消免税优惠；其二，在美国，企业利润率从 20 世纪 20 年代的平均 10%增加到 20 世纪 50 年代的 50%左右，而此期间非金融机构企业负债比并没有很大变化。继而，米勒引入个人所得税的作用，提出了对理解企业负债比例不为 100%的新观点——企业追求无限大免税优惠的冲动被个人所得税抵消了。1977 年米勒在《债务和税收》一文中，第一次系统地从理论上阐述了个人所得税对企业债券和股票宏观平衡的影响，并且重新回到了自己的古典结论——企业资本结构和其市场价值无关。

按照 1987 年以前的美国税法的有关规定，针对债券和股票的利息或红利收入与股票的资本利得所课征的个人所得税实际税率是不同的。理由如下。

（1）虽说绝大多数的股息收入和债息收入均要计入个人收入，按级付税，但考虑到股票资本收益中最初的 60%的长期资本收益是免税的，且仅当资本收益确实实现时（即出卖股票后）才付税，潜在的未实现资本收益是免税的。这使得从实际税率的平均值来看，股票和债券的红利或利息收入部分高于股票收益中的资本利得部分。

（2）由于对个人实行累进税制，不同的个人实际所付税率也是不一样的。

基于以上两点，尽管企业因税收屏蔽作用而乐于提高资产负债率，但投资者却因股票利得的所得税优惠而愿意购买股票，致使企业的借债欲望受到了抑制。换言之，企业所得税中的借款免税优惠显然被个人所得税中的股票优惠所抵消。如此，米勒回答了权衡理论对 MM 修正定理的批评。

米勒进而提出了一个把企业所得税和个人所得税都包含在内的模型来估算负债对企业价值的影响，以说明个人所得税的股票优惠能在多大程度上抵消企业所得税对债券的优惠。

C.新综合理论——引入不稳定因素的市场均衡分析

尽管米勒的分析方法相对完美，但也并非无懈可击。比如，他过分地忽视了企业破产成本对企业借债行为的影响，在其所做的破产分析中，只考虑了直接破产成本。在 1981 年，戈登和马克尔对 4 个破产企业进行研究，其结果表明：若计入间接破产成本，破产成本是个不容忽视的量。再比如，米勒模型和 MM 理论一样，都没有考虑不定因素。将企业免税现值定为常量，认为这与企业债务无关，显然有悖于现实。为此，莫迪利安尼、金和罗斯等试图解决这些问题。其基本方法是在米勒的债券市场一般均衡理论分析中引入不稳定因素和风险成本。鉴于这些观点综合了权衡理论和米勒模型，故被称为综合理论。

D.非对称信息理论

梅耶斯（Myers）的非对称信息理论认为，经理人有更多的关于企业经营和发展的信息，而且所有参与者具有相同信息的假设是不成立的，这些研究成果对公司经理人决策公司财务结构产生着巨大影响。当投资者对公司未来发展前景十分看好时，公司发行普通股后市场股价上涨，从而把投资收益转让给新的股东，老股东无法独享企业价值增值的全部利益。所以当公司发展前景看好时，公司管理层将倾向于更多的负债而尽量避免发行新股，甚至不管公司的负债水平是否突破目标财务结构。这种做法对于公司原有债权人利益是巨大的损害。

非对称信息理论的含义和政策主张：①经营境况和前景被看好的企业倾向于负债融资，公司股东可尽享企业价值增值的利益；②经营境况和前景不好的企业倾向于股权融资，使新老股东分摊可能的损失；③投资者获知公司将发行新股时，投资者会把这个信息看作坏消息而抛售股票，引起股价下跌，使公司融资成本增大；④唐纳森观察到的“先内后外，先债后股”的融资顺序是有道理的，因此需要企业将相当数额的留存收益用作公积金累积，降低负债率以保持企业的“储备举债能力”。

2. 最佳资本结构的确定

理论界许多学者认为，最佳资本结构是一种能使财务杠杆利益、财务风险、筹资成本、企业价值等因素实现最优均衡的资本结构。资本结构决策的实质就是寻求企业最佳的资本结构并将其应用于实际工作之中。有鉴于此，人们提出了许多对企业最佳资本结构进行判断与衡量的分析方法及其定量标准，其中最主要的有以下几种。

1）加权平均资本成本法

顾名思义，这项指标就是在本书所介绍的加权平均资本成本的基础上，通过计算和比较各种预案的加权平均资本成本，最终认定加权平均资本成本最低的那个方案中所对应的资本结构为最佳资本结构。

在现实中，尽管该指标具有一定的合理性和可使用性，而且每个企业都试图以最低的成本获取所需的资本，以实现自身加权平均资本成本最小化，但是始终存在着一些不确定因素，使其在应用中具有某些局限性，集中体现在：①权益资本成本、债务资本成本和各种资金占筹资总额的比重往往不是固定不变的，而是处于不断变化之中的，从而给准确计算加权平均资本成本带来困难；②在权益资本成本的计算中，涉及资本价值问题，人们在使用账面价值还是市场价值作为资本价值表述的问题上，尚未形成一致的看法；③使用这个指标进行决策，有过分强调筹资成本，忽视筹资收益之嫌。

2）权益资本收益率

权益资本收益率是评估企业因借入资金而对权益资本收益产生影响的指标。其数学表达式是

$$\begin{array}{c}\text{权益}\\\text{资本}\\\text{收益率}\end{array}=\left[\frac{\text{借入资本}}{\text{自有资本}}\times\left(\begin{array}{c}\text{息税前}\\\text{资金}\\\text{利润率}\end{array}-\begin{array}{c}\text{借入}\\\text{资本}\\\text{利润率}\end{array}\right)+\begin{array}{c}\text{息税前}\\\text{资金}\\\text{利润率}\end{array}\right]\times\left(1-\begin{array}{c}\text{所得税}\\\text{税率}\end{array}\right) \tag{6-18}$$

由式（6-18）可知，权益资本收益率主要受到息税前资金利润率、借入资本利润率、企业资金的构成（借入资本/自有资本）和所得税税率等因素影响。

通过对式（6-18）的分析，可以从理论上得出这样的推论：只要当权益资本收益率的增长率超过息税前资金利润率的增长率、息税前资金利润率大于借入资本利润率时，企业就有借入资金的必要。然而，在现实中，一旦企业过度负债，不仅会加剧企业的财务风险，加大企业的破产概率，而且会因与法定资本金制度的有关规定相抵触而难以实现。因此，这种反映西方早期资本结构理论——净收入理论的观点缺乏在实际工作中的可操作性。

3）企业价值最大化

越来越多的财务学者认为，企业价值最大化是企业最佳资本结构的决策标准。

企业的价值就是企业总的资产价值。关于这一价值，当前有两种基本的度量方法：一种是会计度量上的账面价值，另一种是金融或财务度量上的市场价值。会计度量是根据资产所发生的历史成本减去折旧后所剩的净价值来核算的。金融或财务度量则是将该项资产未来所创造的收入的现金流量用资产预期收益率或资本成本折现后的现值作为资产的价值。后一种方法实际上是市场对这项资产价值的评价，反映了资产的市场价值。

可以说，会计的账面价值度量面对过去，是整个企业所有资产账面价值的加总；而金融或财务度量则面向未来，只要有金融市场存在，企业的价值就可以通过市场进行度量。其基本含义是将企业视为一种商品，并假定通过市场进行拍卖时，投资者所给予的均衡估价。鉴于这种估价充分考虑了现金流量、货币时间价值和风险报酬等因素，因而合理性较大。

从理论上分析，企业市场价值的数学表达公式如下：

$$V=\sum_{t=1}^{n}P_t/(1+i)^t \tag{6-19}$$

式中，V 为企业价值；P_t 为企业在第 t 年的预期报酬；i 为折现率或市场利率；t 为取得报酬的年份；n 为取得报酬的总年限。

在西方资本结构的实证分析中，企业价值的具体计量原理是通过股票价值来计算的。

在实践中，企业管理者可以计算出各种备选方案中的企业价值，进而运用企业价值最大化的原则进行选择。值得强调的是，企业价值金融或财务度量的方法尽管具有很大的合理性，但也并非十全十美，理由是：①这种方法是以完全的资本市场为前提的，然而即便是在西方发达国家，这样的应用前提也是难以完全满足的；②由于不同企业的资产账面价值往往有所不同，通过企业市场价值的绝对大小衡量不同企业的财务管理成果——企业价值最大化，不免有失公允。

鉴于后一种缺憾，本书用企业账面资产价值——总资产的倒数为权数对企业价值指标进行调整，所调整后的指标被称为“市价账面价值比”，即

市价账面价值比=企业市场价值/总资产　（6-20）

尽管市价账面价值比并没有克服以完全的资本市场为前提的弱点，但与企业市场价值相比，在实际应用上具有以下优势：企业市场价值侧重于企业的未来价值，忽视了企业当前的账面价值；而对于企业的所有者、债权人和潜在投资者来说，企业的账面价值也是他们考虑的重要内容。一旦采用市价账面价值比，就可以两者兼顾。

可以发现，市价账面价值比实际上是体现了企业单位账面总资产的市场价格。这个指标越高，说明企业单位现有资产的增值潜力越大，市场越看好该企业，自然，企业管理者为实现企业价值最大化所做出的贡献也应该越多。

4）融资的每股收益分析

判断资本结构合理与否，其一般方法是以分析每股收益的变化来衡量。能提高每股收益的资本结构是合理的；反之则不够合理。由此前的分析已经知道，每股收益的高低不仅受资本结构（由长期债务资本和权益资本构成）的影响，还受到销售水平的影响，处理以上三者的关系，可以运用融资的每股收益分析（EBIT－EPS 分析）的方法。

每股收益分析是利用每股收益的无差别点进行的。所谓每股收益的无差别点，指每股收益不受融资方式影响的销售水平。根据每股收益无差别点，可以分析判断在什么样的销售水平下适于采用何种资本结构。

每股收益无差别点可以通过计算得出。

每股收益（EPS）的计算为

$$\text{EPS}=\frac{(S-\text{VC}-F-I)(1-T)}{N}=\frac{(\text{EBIT}-I)(1-T)}{N} \tag{6-21}$$

式中，S 为销售额；VC 为变动成本；F 为固定成本；I 为债务利息；T 为所得税税率；N 为流通在外的普通股股数；EBIT 为息前税前盈余。

在每股收益无差别点上，无论是采用负债融资，还是采用权益融资，每股收益都是相等的。若以 EPS_1 代表负债融资，以 EPS_2 代表权益融资，有

$$EPS_1 = EPS_2$$

$$\frac{(S_1 - VC_1 - F_1 - I_1)(1-T)}{N_1} = \frac{(S_2 - VC_2 - F_2 - I_2)(1-T)}{N_2} \quad (6\text{-}22)$$

在每股收益无差别点上，S_1=S_2，则

$$\frac{(S - VC_1 - F_1 - I_1)(1-T)}{N_1} = \frac{(S - VC_2 - F_2 - I_2)(1-T)}{N_2} \quad (6\text{-}23)$$

能使得上述条件公式成立的销售额（S）为每股收益无差别点销售额。

【案例 6-4】 某公司原有资本 700 万元，其中债务资本 200 万元（每年负担利息 24 万元），普通股资本 500 万元（发行普通股 10 万股，每股面值 50 元）。由于扩大业务，需追加筹资 300 万元，其筹资方式有二：一是全部发行普通股，增发 6 万股，每股面值 50 元；二是全部筹借长期债务，债务利率仍为 12%，利息为 36 万元。

公司的变动成本率为 60%，固定成本为 180 万元，所得税税率为 33%。

将上述资料中的有关数据代入条件公式：

$$\frac{(S - 0.6S - 180 - 24)\times(1-33\%)}{10+6}$$

$$= \frac{(S - 0.6S - 180 - 24 - 36)\times(1-33\%)}{10}$$

$$S=750（万元）$$

此时的每股收益额为

$$\frac{(750 - 750\times0.6 - 180 - 24)\times(1-33\%)}{16} = 4.02(元)$$

上述每股收益无差别分析可描绘如图 6-6 所示。

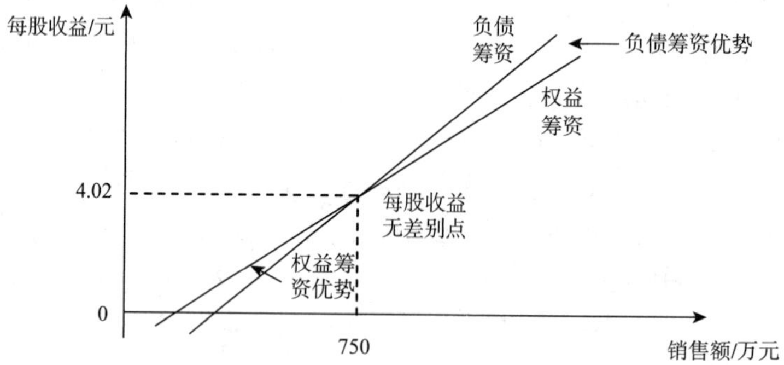

图 6-6 每股收益无差异分析

从图 6-6 中可以看出，当销售额高于 750 万元（每股收益无差别点的销售额）时，运用负债筹资可获得较高的每股收益；当销售额低于 750 万元时，运用权益筹资可获得较高的每股收益。

企业的管理者可以在依据式（6-23）计算出不同筹资方案间的无差别点之后，通过比较相同息前税前盈余（EBIT）情况下的每股收益（EPS）数值大小，分析各种每股收益（EPS）与临界点之间的距离及其不同息前税前盈余（EBIT）发生的可能性，来选择

最佳的筹资方案。可见，这种分析方法的实质是寻求不同筹资方案之间的每股收益无差别点，以使企业能够获得对股东最为有利的“最佳资本结构”。

3. 资本结构决定的其他因素

1）行业效应

大量研究表明，同一国家不同行业间的资本结构差异较大。未来投资机会大的高成长性行业，如制药、电子及计算机行业的负债水平较低；有形资产比重大的行业，如房地产、建筑和标准机械行业的负债水平较高。这里影响因素较多，但是权衡理论和非对称信息理论给出了较好的解释：未来投资机会好、成长性高的行业通过保守负债以储备负债能力，当面临投资获利机会时能够及时把握；财务危机的成本不仅在于破产概率，还在于财务危机发生后的资产状况，如破产公司的清算价值。

表 6-7 是 1997 年美国一些行业的负债率，我们可以发现房屋建筑行业的负债率高达 60.2%，而制药和化学行业的负债率仅有 4.8%。

表 6-7　1997 年美国部分行业负债率（平均数）

项目	债务占资产市场价值的比率
房屋建筑	60.2%
旅馆及房地产	55.4%
机场	38.8%
金属	29.1%
纸业	28.2%
制药和化学	4.8%
电子	9.1%
计算机	9.6%
管理服务	12.3%
健康服务	15.2%

2）公司经营环境和经济周期状况

当公司经营环境较好，宏观经济处于上升周期时，面临发展机会的公司会采纳更激进的融资政策，较多地使用负债。经济成长性好，公司预期收益稳定增长的概率大，公司发生财务危机的可能性小。此外，非对称信息理论也揭示了在预期经济成长性高的情景下公司经理人和股东的融资倾向。反之，在公司经营环境不好和经济处于衰退周期时，公司应较少负债。

3）公司控制权的考虑

公司发行新股，公司的股权结构就会发生变化，为了保持公司原有的权利结构，当公司需要外部资本时，公司管理人一般首先选择债务融资。只有当公司经营出现潜在危机时，公司管理人考虑到不能进一步举债使公司雪上加霜，不得已选择发行新股。然而公司管理人还会考虑到公司未来重组时他们的地位，一般来说公司负债比例小，管理层被接管的可能更大，这就需要权衡和判断。

4）管理者的风险观

管理者对待风险的态度不外乎有三类：激进型、保守型和中庸型。不同类型的管理者对待收益-风险关系的价值判断存在差异。一般情况下，管理者更关心潜在危机，如果采取激进的融资政策，公司预期收益的现值风险较大，情况严重的就会危及公司管理人的收益、地位和信誉，所以公司管理层的外在目标是公司股价最大化，但在实际操作时常常是趋于保守型的融资选择。

6.3 营运资金政策

本章 6.1 节和 6.2 节是围绕着企业长期资本的筹集进行研究的。然而，企业在营运的过程中，不能将眼光仅仅放在长期资本上。在某种程度上，短期负债对企业的要求更为严格，如果不能如期偿付短期负债，那么企业将马上陷入支付危机之中。所以，一个正常运作的企业，必须对营运资金做出合理的安排。

营运资金政策包括营运资金持有政策和营运资金筹集政策，它们分别研究如何确定营运资金持有量和如何筹集营运资金两个方面的问题。这两个方面同时又是密不可分的，只有确定了营运资金的持有量，才可能找到最有效率的筹集营运资金的方式；在营运资金的筹集方式受到某种程度的限制的时候，企业将不得不考虑转变自身的营运资金持有政策。

6.3.1 营运资金持有政策

营运资金包括流动资产和流动负债两部分，是企业日常财务管理的重要内容。流动资产随企业业务量的变化而变化，业务量越大，其所需的流动资产越多。由于规模经济、使用效率等的作用，流动资产以递减的比率随业务量增长。这就产生了如何把握流动资产投资量的问题。

营运资金持有量的高低影响着企业的收益和风险。较高的营运资金持有量，意味着在固定资产、流动负债和业务量一定的情况下，流动资产额越高，企业拥有着较多的现金、有价证券，这会使企业有较大把握按时支付到期债务，从而保证经营活动平稳地进行，风险性较小。但是，由于流动资产的收益性一般低于固定资产，较高的总资产拥有量和较高的流动资产比重会降低企业的收益性。而较低的营运资金持有量带来的后果正好相反。此时，因为较低的总资产拥有量和较低的流动资产比重会使企业的收益率较高；但较少的现金、有价证券量却会降低偿债能力，造成信用损失，加大企业的风险。

营运资金持有量的确定，就是在收益和风险之间进行权衡。我们将持有较多的营运资金称为宽松的营运资金政策；而将持有较少的营运资金称为紧缩的营运资金政策。前者的收益、风险均较低；后者的收益、风险均较高。介于两者之间的是适中的营运资金政策。在适中的营运资金政策下，营运资金的持有量既不过高也不过低，恰好现金足够支付所需，除非利息高于资本成本，一般企业不保留有价证券，也就是说，适中的营运资金政策对于企业价值最大化来讲，理论上是最佳的。企业应根据自身的具体情况和环境条件，按照适中营运资金政策的原则，确定适当的营运资金持有量。

6.3.2　营运资金筹集政策

营运资金筹集政策是营运资金政策的研究重点。研究营运资金筹集政策，需要先对构成营运资金的两要素——流动资产和流动负债做进一步的分析，然后再考虑两者间的匹配。

1. 流动资产和流动负债分析

一般来说，我们经常按照周转时间的长短对企业的资金进行分类，即周转时间在一年以下的为流动资产，周转时间在一年以上的为长期资产。对于流动资产，如果按照用途再做区分，则可以分为临时性流动资产和永久性流动资产。临时性流动资产指那些受周期性影响的流动资产；永久性流动资产则指那些即使企业处于经营低谷也仍然需要保留的、用于满足企业长期稳定需要的流动资产。

企业的负债按照债务时间的长短，以一年为界限，分为短期负债和长期负债。短期负债包括短期借款、应付账款、应付票据等；长期负债包括长期借款、长期债券等。短期负债的特点主要是成本低、风险大。与流动资产按照用途划分的方法相对应，流动负债也可分为临时性负债和自发性负债。临时性负债指为了满足临时性流动资金需要所发生的负债；自发性负债指直接产生于企业持续经营中的负债，如商业信用筹资和日常运营中产生的其他应付款，以及应付工资、应付利息、应付税金等。

2. 流动资产和流动负债的匹配

营运资金筹集政策主要是就如何安排临时性流动资产和永久性流动资产的资金来源而言的，一般可以区分为三种，即配合型筹资政策、激进型筹资政策和稳健型筹资政策。

1）配合型筹资政策

配合型筹资政策的特点是：对于临时性流动资产，运用临时性负债筹集资金满足其资金需要；对于永久性流动资产和固定资产（统称为永久性资产），运用长期负债、自发性负债和权益资本筹集资金满足其资金需要。配合型筹资政策见图 6-7。

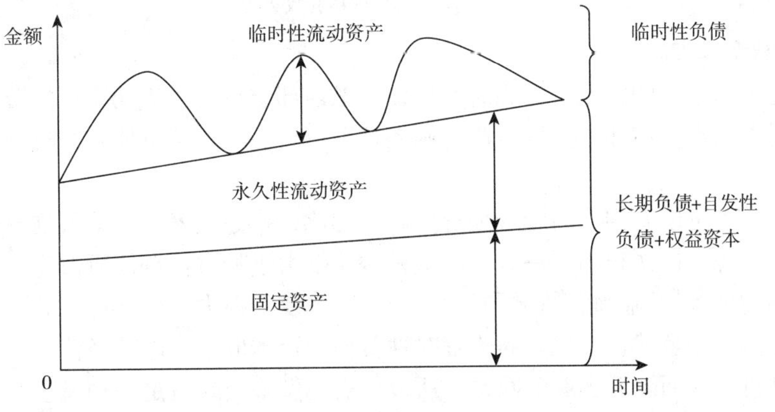

图 6-7　配合型筹资政策

配合型筹资政策要求企业临时负债筹资计划严密,实现现金流动与预期安排相一致。这种筹资政策的基本思想是将资产与负债的期间相配合，以降低企业不能偿还到期债务的风险和尽可能降低债务的资本成本。但是，事实上由于资产使用寿命的不确定性，往往达不到资产与负债的完全配合。因此，配合型筹资政策是一种理想的、对企业有着较高资金使用要求的营运资金筹集政策。

2）激进型筹资政策

激进型筹资政策的特点是：临时性负债不但融通临时性流动资产的资金需要，还解决部分永久性资产的资金需要。

从图 6-8 中可以看到，激进型筹资政策下临时性负债在企业全部资金来源中所占比重大于配合型筹资政策。由于临时性负债（如短期银行借款）的资本成本一般低于长期负债和权益资本的资本成本，而激进型筹资政策下临时性负债所占比重较大，所以该政策下企业的资本成本较低。另外，为了满足永久性资产的长期资金需要，企业必然要在临时性负债到期后重新举债或申请债务展期，这样企业便会更为经常地举债和还债，从而加大筹资困难和风险；还可能面临由于短期负债利率的变动而增加企业资本成本的风险。所以激进型筹资政策是一种收益性和风险性均较高的营运资金筹集政策。

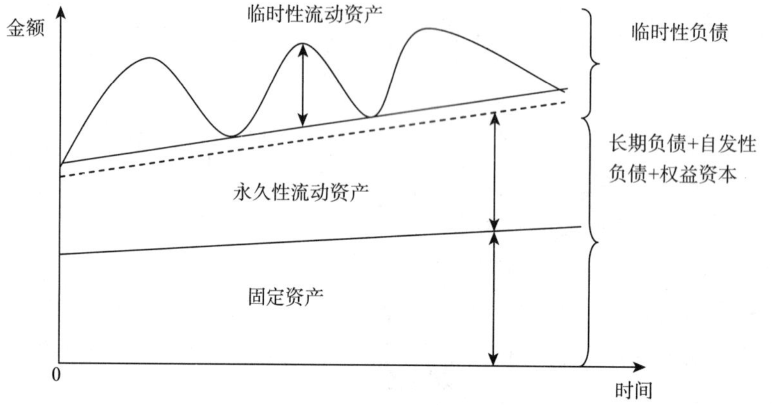

图 6-8 激进型筹资政策

3）稳健型筹资政策

稳健型筹资政策的特点是：临时性负债只融通部分临时性流动资产的资金需要，另一部分临时性流动资产和永久性资产，则由长期负债、自发性负债和权益资本作为资金来源。

从图 6-9 中可以看到，与配合型筹资政策相比，稳健型筹资政策下临时性负债占企业全部资金来源的比例较小。一方面，这种做法下由于临时性负债所占比重较小，企业无法偿还到期债务的风险较低，同时蒙受短期利率变动损失的风险也较低。然而，另一方面，却会因长期负债资本成本高于临时性负债的资本成本，以及经营淡季时仍需负担长期负债利息，从而降低企业的收益。所以，稳健型筹资政策是一种风险性和收益性均较低的营运资金筹集政策。

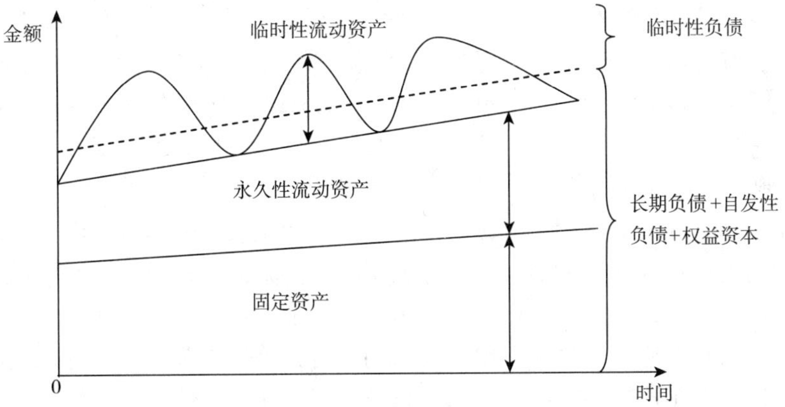

图 6-9　稳健型筹资政策

一般来说，如果企业能够驾驭资金的使用，采用收益和风险配合较为适中的配合型筹资政策是有利的。

6.3.3　利用短期负债筹资及时补充营运资金

1. 短期负债筹资的特点

短期负债筹资所筹资金的可使用时间较短，一般不超过一年。短期负债筹资具有如下一些特点。

1）筹资速度快，容易取得

长期负债的债权人为了保护自身利益，往往要对债务人进行全面的财务调查，因而筹资所需时间一般较长且不易取得。短期负债在较短时间内即可归还，故债权人顾虑较少，容易取得。

2）筹资富有弹性

举借长期负债，债权人或有关方面经常会向债务人提出很多限定性条件或管理规定；而短期负债的限制则相对宽松些，使筹资企业的资金使用较为灵活、富有弹性。

3）筹资成本较低

一般来讲，短期负债的利率低于长期负债，短期负债的筹资成本也就较低。

4）筹资风险高

短期负债需要在短期内偿还，因而要求筹资企业在短期内拿出足够的资金偿还债务，若企业届时资金安排不当，就会陷入财务危机。此外，短期负债利率的波动较大，一时高于长期负债的水平也是可能的。

2. 短期负债筹资的主要形式

短期负债筹资最主要的形式是商业信用和短期借款。

1）商业信用

商业信用是指在交易中由于延期付款或预收货款所形成的企业间的借贷关系。商业信用产生于商品交换之中，是“自发性筹款”。它运用广泛，在短期负债筹资中占有相当大的比重。商业信用筹资最大的优越性在于容易取得。首先，对于多数企业来说，商业信用是一种持续性的信贷形式，且无须正式办理筹资手续。其次，如果没有现金折扣或使用不带息票据，商业信用筹资不负担成本。其缺陷在于期限较短，在放弃现金折扣时所付出的成本较高。商业信用的具体形式有应付账款、应付票据、预收账款等。

A.应付账款

应付账款是企业购买货物暂未付款而拖欠对方的账项，即卖方允许买方在购买货物后一定时期内支付货款的一种形式。卖方利用这种方式促销，而对买方来说延期付款则等于向卖方借用资金购进商品，可以满足短期的资金需要。

与应收账款相对应，应付账款也有付款期、折扣等信用条件。应付账款可以分为：免费信用，即买方企业在规定的折扣期内享受折扣而获得的信用；有代价信用，即买方企业放弃折扣而付出代价而获得的信用；展期信用，即买方企业超过规定的信用期推迟付款而强制获得的信用。

a.应付账款成本

倘若买方企业购买货物后在卖方规定的折扣期内付款，便可以享受免费信用，这种情况下企业没有因为享受信用而付出代价。

【案例 6-5】 某企业按照 2/10、*N*/30 的条件购入 10 万元的货物。如果该企业在 10 天内付款，便享受了 10 天的免费信用期，并获得折扣 0.2 万元（10×2%），免费信用额为 9.8 万元（10－0.2）。

倘若企业放弃折扣，在 10 天后（不超过 30 天）付款，该企业便要承受因放弃折扣而造成的隐含利息成本。一般而言，放弃现金折扣的成本可由下式求得

$$\frac{放弃现金}{折扣成本}=\frac{折扣百分比}{1-折扣百分比}\times\frac{360}{信用期-折扣期} \tag{6-24}$$

运用式（6-24），该企业放弃折扣所负担的成本为

$$\frac{2\%}{1-2\%}\times\frac{360}{30-10}=36.7\%$$

式（6-24）表明，放弃现金折扣的成本与折扣百分比的大小、折扣期的长短同方向变化，与信用期的长度反方向变化，可见，如果买方企业放弃折扣而获得信用，其代价是较高的。然而企业在放弃折扣的情况下，推迟付款的时间越长，其成本便会越小。比如，如果企业延至 50 天付款，其成本则为

$$\frac{2\%}{1-2\%}\times\frac{360}{50-10}=18.4\%$$

b.利用现金折扣的决策

在附有信用条件的情况下，为获得不同信用要负担不同的代价，买方企业便要在利用哪种信用之间做出决策。一般来说，如果能以低于放弃折扣的隐含利息成本（实质是一种机会成本）的利率借入资金，则应在现金折扣期内用借入的资金支付贷款，享受现金折扣。比如，与案例 6-5 同期的银行短期借款年利率为 12%，则买方企业应利用更便宜的银行借款在折扣期内偿还应付账款；反之，企业应放弃折扣。

如果在折扣期内将应付账款用于短期投资，所得的投资收益率高于放弃折扣的隐含

利息成本，则应放弃折扣而去追求更高的收益。当然，假使企业折扣优惠，也应将付款日推迟至信用期内的最后一天（如案例 6-5 中的第 30 天），以降低放弃折扣的成本。

如果企业因缺乏资金而欲展延付款期（如将案例 6-5 中的付款期推迟到第 50 天），则需要在降低的放弃折扣成本与展延付款带来的损失之间做出选择。展延付款带来的损失主要是指因企业信誉恶化而丧失供应商乃至其他贷款人的信用，或日后招致苛刻的信用条件。

如果面对两家以上提供不同信用条件的卖方，应通过衡量放弃折扣成本的大小，选择信用成本最小（或所获得的利益最大）的一家。比如，案例 6-5 中若另有一家供应商提出 1/20、*N*/30 的信用条件，其放弃折扣的成本为

$$\frac{1\%}{1-1\%}\times\frac{360}{30-20}=36.4\%$$

与案例 6-5 中 2/10、*N*/30 信用条件的情况相比，后者的成本较低，如果买方企业估计会拖延付款，那么宁肯选择第二家供应商。

B.应付票据

应付票据是企业进行延期付款商品交易时开具的反映债权债务关系的票据。根据承兑人的不同，应付票据可以分为商业承兑汇票和银行承兑汇票两种，支付期最长不超过 6 个月。应付票据可以带息，也可以不带息。应付票据的利率一般比银行借款的利率低，且不用保持相应的补偿金额和支付协议费，所以应付票据的筹资成本低于银行的借款成本。但是应付票据到期必须归还，如若延期便要交付罚金，因而风险较大。

C.预收账款

预收账款是卖方企业在交付货物之前向买方预先收取部分或全部货款的信用形式。对于卖方来讲，预收账款相当于向买方借用资金后用货物抵偿。预收账款一般用于生产周期长、资金需要量大的货物销售。

此外，企业往往还存在一些在非商品交易中产生、但亦为自发性筹集的应付费用，如应付工资、应交税金、其他应付款等。应付费用是企业受益在前、费用支付在后，相当于享受了受款方的借款，一定程度上缓解了企业的资金需要。应付费用的期限具有强制性，不能由企业自由斟酌使用，但通常不需花费代价。

2）短期借款

短期借款指企业向银行和其他非银行金融机构借入的期限在一年以内的借款。

A. 短期借款的种类

我国目前的短期借款按照目的和用途分为若干种，主要有生产周转借款、临时借款、结算借款等。按照国际通行做法，短期借款还可分为一次性偿还借款和分期偿还借款；依利息支付方法的不同，分为收款法借款、贴现法借款和加息法借款；依有无担保，分为抵押借款和信用借款等。

企业在申请借款时，应根据各种借款的条件和需要加以选择。

B.借款的取得

企业举借短期借款，首先必须提出申请，经审查同意后借贷双方签订借款合同，注明借款的用途、金额、利率、期限、还款方式、违约责任等；然后企业根据借款合同办

理借款手续，借款手续完毕，企业便可取得借款。

C.借款的信用条件

按照国际通行做法，银行发放短期借款往往带有一些信用条件，主要有以下几种。

（1）信贷限额。信贷限额是银行对借款人规定的无担保贷款的最高额。信贷限额的有效期限通常为一年，但根据情况也可延期一年。一般来讲，企业在审批的信贷限额内，可随时使用银行借款。但是，银行并不承担必须提供全部信贷限额的义务。如果企业信誉恶化，即使银行曾同意过按信贷限额提供贷款，企业也可能得不到借款。这时，银行不会承担法律责任。

（2）周转信贷协定。周转信贷协定是银行具有法律义务地承诺提供不超过某一最高限额的贷款协定。在协定的有效期内，只要企业的借款未超过最高限额，银行必须满足企业任何时候提出的借款要求。企业享用周转信贷协定，通常要就贷款限额的未使用部分付给银行一笔承诺费。

例如，某周转信贷额为 1 000 万元，承诺费率为 0.5%，借款企业年度内使用了 600 万元，余额为 400 万元，借款企业该年度就要向银行支付承诺费 2 万元（400×0.5%）。这是银行向企业提供此项贷款的一种附加条件。

周转信贷协定的有效期通常超过一年，但实际上，贷款每几个月发放一次，所以这种信贷具有短期和长期借款的双重特点。

（3）补偿性余额。补偿性余额是银行要求借款企业在银行中保持按贷款限额或实际借用额的一定百分比（一般为 10%~20%）的最低存款余额。从银行的角度来讲，补偿性余额可降低贷款风险，补偿遭受的贷款损失。对于借款企业来讲，补偿性余额则提高了借款的实际利率。

【案例 6-6】 某企业按年利率 8%向银行借款 10 万元，银行要求维持贷款限额 15%的补偿性余额，那么企业实际可用的借款只有 8.5 万元，该项借款的实际利率则为

$$\frac{10\times 8\%}{8.5}\times 100\%=9.4\%$$

（4）借款抵押。银行向财务风险大的企业或对其信誉不甚有把握的企业发放贷款，有时需要有抵押品担保，以减少自己蒙受损失的风险。短期借款的抵押品经常是借款企业的应收账款、存货、股票、债券等。银行接受抵押品后，将根据抵押品的面值决定贷款金额，一般为抵押品面值的 30%~90%。这一比例的高低，取决于抵押品的变现能力和银行的风险偏好，抵押借款的成本通常高于非抵押借款，这是因为银行主要向信誉好的客户提供非抵押贷款，而将抵押贷款看成一种风险投资，故而收取较高的利率；同时银行管理抵押贷款要比管理非抵押贷款困难，为此往往会另外收取手续费。企业向贷款人提供抵押品，会限制其财产的使用和将来的借款能力。

（5）偿还条件。贷款的偿还有到期一次偿还和在贷款期内定期（每月、季）等额偿还两种方式。一般来讲，企业不希望采用后种偿还方式，因为这会提高借款的实际利率；而银行不希望采用前种偿还方式，因为这会加重企业的财务负担，增加企业的拒付风险，同时会降低实际贷款利率。

（6）其他承诺。银行有时还要求企业为取得贷款而做出其他承诺，如及时提供财务

报表、保持适当的财务水平（如特定的流动比率）等。如企业违背所做出的承诺，银行可要求企业立即偿还全部贷款。

D.企业对贷款机构的选择

随着金融信贷业的发展，可向企业提供贷款的银行和非银行金融机构增多，企业有可能在各贷款机构之间做出选择，以图对己最为有利。

选择银行时，重要的是要选用适宜的借款种类、借款成本和借款条件，此外还应考虑下列有关因素。

（1）银行对贷款风险的政策。通常银行对其贷款风险有着不同的政策，有的倾向于保守，只愿承担较小的贷款风险；有的富于开拓，敢于承担较大的贷款风险。

（2）银行对企业的态度。不同银行对企业的态度各不一样。有的银行肯于积极地为企业提供建议，帮助企业分析潜在的财务问题，有着良好的服务，乐于为具有发展潜力的企业发放大量贷款，在企业遇到困难时帮助其渡过难关；也有的银行很少提供咨询服务，在企业遇到困难时一味地为使企业清偿贷款而对其施加压力。

（3）贷款的专业化程度。一些大银行设有不同的专业部门，分别处理不同类型、行业的贷款。企业与这些拥有丰富专业化贷款经验的银行合作，会更多地受益。

（4）银行的稳定性。稳定的银行可以保证企业的借款不致中途发生变故。银行的稳定性取决于它的资本规模、存款水平波动程度和存款结构。一般来讲，资本雄厚、存款水平波动小、定期存款比重大的银行稳定性好，反之则稳定性差。

E.短期借款筹资的特点

短期借款可以根据企业的需要安排，便于灵活使用，且取得亦较简便。但其突出的缺点是短期内要归还，特别是在带有诸多附加条件的情况下更使风险加剧。

本 章 小 结

1. 公司的筹资方式可以分为权益类筹资方式、负债类筹资方式及混合类筹资方式。权益类筹资方式主要包括普通股、留存盈余等；负债类筹资方式主要包括长期借款、债券等；混合类筹资方式主要包括优先股、可转换公司债券及认股权证等。

2. 资本成本是指企业为筹集和使用资金而付出的代价。在计算资本成本的时候，不但要计算个别资本的资本成本，也要对加权平均资本成本进行计算。而资本结构是指企业各种长期资金筹资来源的构成和比例关系。早期的资本结构理论包括净收益理论、营业收益理论和传统理论。而现代企业资本结构理论则是从 MM 理论开始的。其他资本结构理论包括权衡理论、啄食顺序理论、税差理论、新综合理论等。通过最佳资本结构的确定，企业可以获得最佳的资本结构及最低的资本成本。

3. 营运资金政策包括营运资金持有政策和营运资金筹集政策。营运资金持有政策是指企业要在收益和风险之间进行衡量，确定适当的营运资金持有政策。营运资金筹集政策包括配合型、激进型和稳健型三种。企业可以通过商业信用和短期借款的方式来补充营运资金。

思 考 题

1. 公司长期资本的筹集方式有哪些？各具有哪些方面的特征？

2. 简述可转换公司债券的要素及特征。

3. 如何计算股票、债券、留存盈余的资本成本？如何计算加权平均资本成本及边际资本成本？

4. 简述MM理论的主要内容。

5. 确认最佳资本结构理论有哪些？影响最佳资本结构的因素还有哪些？

6. 营运资本的筹集政策有哪些？

7. 利用短期负债筹资来补充营运资本的主要方式有哪些？各有何特点？

相关链接

次贷危机是如何发生的

资产证券化举例

第 7 章

股利分配决策

如果增长没有被转化到人民生活中，它的意义何在?

——联合国《1995 年人类发展报告》

➢本章摘要

本章主要介绍公司利润及其分配管理，讨论股利的来源、性质，股利政策的内涵、影响因素、股利政策理论及其类型，并结合实际说明我国上市公司股利分配的特征、现状、动因及对我国上市公司股利政策的制定和股利分配的规范发展。

7.1 利润及其分配管理

7.1.1 利润的构成

利润是企业在一定会计期间的经营成果，反映了企业经济效益的高低。通常情况下，如果企业实现了利润，表明企业的所有者权益将增加，业绩得到了提升；反之，如果企业发生了亏损，表明企业的所有者权益将减少，业绩下滑了。利润往往是评价企业管理层业绩的一项重要指标，也是投资者等财务报告使用者进行决策时的重要参考。企业的利润一般包括收入减去费用后的净额、直接计入当期利润的利得和损失等。

1. 收入减去费用后的净额

收入减去费用后的净额反映的是企业日常活动的经营业绩，是企业利润的主要来源，主要指营业利润。

营业利润这一指标能够比较恰当地代表企业管理者的经营业绩。具体的计算公式如下：

营业利润=营业收入－营业成本－营业税金及附加－销售费用－管理费用－财务费用
－资产减值损失+公允价值变动损益（－公允价值变动损失）
+投资收益（－投资损失）

2. 直接计入当期利润的利得和损失

直接计入当期利润的利得和损失反映的是企业非日常活动的业绩，是指应当计入当期损益、最终会引起所有者权益增减变动的、与所有者投入资本或向所有者分配利润无关的利得或者损失。

直接计入当期利润的利得和损失=营业外收入－营业外支出

利润总额=营业利润+直接计入当期利润的利得和损失

3. 净利润

净利润=利润总额－所得税费用

7.1.2 利润分配的原则

企业实现的利润必须依法进行分配，利润分配是一项影响企业筹资活动和投资活动的重要工作，也是一项涉及国家、企业、投资者、职工等有关各方利益关系，涉及眼前利益与长远利益、整体利益与局部利益及整个社会积累与消费关系的重要工作。企业在进行分配时，应遵循下列原则。

1. 依法分配原则

为规范企业的收益分配行为，国家制定和颁布了若干法律、法规，规范了企业利润分配的基础要求、一般程序和重大比例。企业在进行利润分配时应严格遵守国家的财经法律、法规，依据法定的程序进行分配。首先应该依法缴纳所得税，纳税后的净利润应当按法定的比例及要求，提留后再按法定的程序在投资者之间进行分配。对此企业只能执行，不能违反。

2. 利益兼顾原则

利润分配不是一般的收益分配，要涉及国家、企业、投资者、职工等有关各方的经济利益。国家作为社会的管理者，为行使其自身职能，必须要有充分的资金保证，要求企业有利润时必须及时上缴所得税，以保证国家财政收入。发生亏损时，国家也不应再予弥补，而应由企业用以后年度实现的利润进行弥补，企业做到盈亏自负，以减少国家财政负担，真正在利润分配中兼顾国家利益。投资者作为资本投入者，是企业的所有者，依法享有利润分配权。只有将净利润归投资者所有，所有者才会有投资的动力。因此在利润分配中应兼顾投资者的利益。职工作为利润的直接创造者，除了获得工资、奖金外，还要以适当的方式参与净利润的分配，要求从净利润中提取公益金，用于职工集体福利设施的支出。可见，在利润分配中也应同时兼顾职工的利益。总之，利润分配中贯彻利益兼顾原则，既可以满足国家集中财力的需要，又考虑企业自身发展的要求；既可维护投资者的合法权益，又可保障职工的切身利益。

3. 公平分配原则

利润分配中贯彻公平分配原则，其具有两层含义。一层是所有的企业在市场经济体制下均站在同一起跑线上，应本着公平的原则遵守同样的法律法规，履行同样的社会责任，进行公平竞争，避免因利润分配而人为地造成不公平合理的竞争，使盈利越多的企业，从分配中留成的利润越多。另一层含义是所有的投资者因其投资行为而享有分配权，并与其投资的比例相适应。这就要求企业在向投资者分配利润时，也应本着公平的原则，按照各方投入资本的份额来进行分配，做到同股同权、同股同利，不允许发生任何一方多拿多占的现象，从根本上保护投资者的利益。

4. 分配与积累、积累与消费并重的原则

企业在进行利润分配时，除按规定提取法定盈余公积金外，还允许提取一定比例的公益金，另外还可以留存适当的利润作为积累，最后才向投资者分配利润，暂时未向投资者分配的留存利润，其所有权仍属于投资者。一定比例的留存是为企业扩大再生产筹措资金，增加抵御风险的能力，提高经营的安全系数和稳定性，同时有利于增加所有者的回报。另外，留存利润还可以丰补歉，平抑收益分配数额波动幅度，稳定投资报酬的效果，使长远利益与近期利益有机结合，做到分配与积累并重。为真正发挥上述留存利润所起的积累作用，还必须合理安排内部的积累与消费的关系，规定留存利润的用途，防止出现将留存利润向消费倾斜的现象。所以企业在利润分配中应正确处理好分配与积累，以及积累与消费的关系。

7.1.3　利润分配的程序

作为分配基础的利润的范畴有两个方面，一是企业的利润总额即税前利润，二是净利润即税后利润。因此，利润分配的基本程序包括以下内容。

1. 依法缴纳所得税

企业所得税是企业按照国家税收法律规定，对某一经营年度所得，按规定的税率计算并缴纳的税款。所得税是企业履行法人社会责任与义务的重要体现，它具有强制性和无偿性。

1）税前利润弥补亏损

企业发生经营性亏损，应由企业自行弥补。当年亏损可以用下一年度的税前利润弥补。下一年度利润不足弥补的，可以在五年内延续弥补。五年内不足弥补的，用税后利润弥补。

2）计算应纳税所得额

对企业利润进行调整后，即可计算应纳税所得额。其计算公式为

应纳税所得额=企业利润总额－弥补以前年度亏损－国家规定其他项目应调减的利润
+国家规定应调增的计税利润

3）计算应纳所得税税额

其计算公式为

应纳所得税税额=应纳税所得额×税率

2. 税后利润分配

（1）弥补公司以前年度的亏损。只有在以前年度出现亏损，并且公司的法定公积金不足以弥补上一年度的公司亏损时，才会用净利润弥补亏损，否则即可进入下一程序。

（2）提取法定盈余公积金。法定盈余公积金按照税后利润的 10%提取，直至该项公积金已达注册资本的 50%时为止，如需弥补亏损，则应按税后利润弥补亏损之后的余额提取。

（3）支付优先股股利。如无优先股，则可直接进入下一程序。

（4）提取任意盈余公积金。根据公司章程的有关规定进行。

（5）支付普通股股利。计算公司的可分配利润，再根据公司的股利分配政策确定分配给股东的股利。

7.1.4 利润分配的项目

按照上述程序，利润分配形成以下几个项目。

1. 盈余公积金

盈余公积金是从净利润中提取形成的积累资金，是企业用于防范及抵御风险、补充资本的重要来源。盈余公积金分为法定盈余公积金和任意盈余公积金。在不存在年初累计亏损时，法定盈余公积金的计提基数是当年的税后净利，应当按照税后净利的 10%提取；当法定盈余公积金达到注册资本的 50%时，可不再继续提取。任意盈余公积金是为了满足企业经营管理需要，按照企业章程或股东会议决议计提的公积金，其比例视企业的需要而定。股份制企业的任意公积金应在优先股股利之后及普通股股利之前计提。企业提取的盈余公积金主要用于以下几个方面。

（1）弥补亏损。企业以前年度的亏损，一般按法定年限（一般为五年）先用税前利润弥补，超过法定年限后未被弥补完以前，后续分配是不予进行的。为维护股票信誉，股份制企业可用盈余公积金补亏，补亏后经股东大会特别决议，还可用盈余公积金按照不超过股票面值 6%的比例向股东支付股利。不过支付股利后的法定盈余公积金不得低于注册资本的 25%。

（2）用于扩大生产经营。盈余公积金作为积累亦可用于扩大生产经营，但动用后的法定盈余公积金仍不得低于注册资本的 25%。

（3）用于转增注册资本。企业的盈余公积金经股东大会特别决议后，可以用于增加注册资本，但在转增资本后，盈余公积金仍不得低于注册资本的 25%。

2. 向投资者分配利润

企业向投资者分配利润是投资者从企业获得现实收益的有效途径，要在提取盈余公积金及公益金之后，利润的分配应以该投资者在企业所持有投资额为依据。每一投资者分得的利润与其持有的投资额成正比。如果企业当年无利润，一般不得向投资者分配利润，即“无利不分”的原则。向投资者分配利润主要包括以下两个方面。

1）优先股股利

优先股股利是指公司按优先股发放章程的有关规定，按约定的股息率或金额发放给优先股股东的报酬，优先股股利从性质上来讲不是公司的负债，其股息率一般也与债务应付的利息不同，这是由优先股股票具有一种混合性证券的特征所决定的。根据我国的有关规定，企业向普通股股东分配股利时，要以付清当年的或积久的优先股股利为条件，所以，优先股股利的分配必须在普通股股利分配之前。

关于优先股股利分配的有关规定，如优先股的股利率、优先股股东是否参与企业红利分配、优先股股利是否积累计算、优先股股东参与企业红利分配的具体标准等，一般都必须在企业优先股发行的有关章程、协议的条款中做出明确规定，并且要做到十分具体、细致。所以对于优先股股利的分配，一般在有盈利的情况下，只要按企业有关章程执行便可，不存在决策问题。股份公司利润分配的重点是如何确定任意公积金的提取比例和股利发放标准等。

2）普通股股利

普通股股利是指公司按照董事会提交股东大会审议批准的股利率或每股股利额，向股东发放的投资报酬。普通股股利的实质是公司财富中属于普通股股东的那一部分盈余收益。因此，股利的来源是公司的盈利，即会计账面上必须要有税后盈余，这是股利分配的前提。虽然世界上不同国家对股利发放的法律规定有所不同，但对于有税后盈利才能派发股利这一点来说是相同的。

我国有关制度规定，企业当年无利润一般不得向投资者分配股利。但如果用盈余公积金弥补了亏损后，经股东大会特别决议，可以按照股票面值较低比率用盈余公积金支付股利。这样做是为了维护企业的信誉，避免股票价格的大幅度波动。但公司在用盈余公积金分配股利后，其企业的法定公积金不得低于注册资本的 25%。

当企业在当年有盈利的情况下，在税后利润中提取了法定盈余公积金、公益金并支付了优先股股利后，余下的部分便可向普通股股东发放股利。但企业财务管理和经营决策部门可能根据企业发展的要求，建议提取一定比例的任意盈余公积金，经董事会和企业股东大会通过后，便要将这部分任意盈余公积金先在可供股东分配利润中扣除，剩余部分便成为真正可向股东分派股利的利润。

股份公司宣告股利发放后，这部分盈利便成为公司的一项负债，如是上市公司，由于一般股东人数众多，股份交易频繁，在宣布股利发放时，公司往往要规定股票转户的截止日期和股利支付的起讫日期等。

7.2　股利政策概述

7.2.1　股利政策的几个基本问题

1. 股利的性质

在股东享有的各项权利中一般均有三项基本权利：参与经营权（表决权）、剩余财产分配权和股利请求权。由于参与经营权只是股东实现利润的手段，而剩余财产分配权是在公司破产之后，对其清算财产的一种剩余请求权。因而，股利请求权成为最重要的一项权利。股票价格的经济本质在于股利请求权。就公司而言，分配股利给股东也是应尽之责。那么，分享股利就是股东实现投资盈利的基本手段。什么是股利呢?有以下几种代表性的定义。

（1）股息——股份公司按照股票的数量分给各股东的利润，也叫股利（中国社会科学院语言研究所词典编辑室，1996）。

（2）股利、股息——从保留盈余而来的对股东的盈余分配。任何非出自保留盈余而对股东的分配，在借用“股利”或“股息”名称时，其前面应有适当的形容词，以免引起误解，如清算性股利、股票股利等（丁文拯，1996）。

（3）股利——公司向某类股东的分配，由现金或其他负债，或发行者资本股份构成，一般将金额冲销留存收益。只有在董事会作了正式的宣告后，股利才得以在公司报告中表示。股利宣告包括：①支付的形式；②支付的金额；③比率（用每股金额或百分比表示）；④宣告日；⑤除权日；⑥支付日。冲减留存收益以外的账户，诸如缴入盈余（paid-in surplus）、重估盈余（revaluation surplus）、折耗或折旧储备，为清算性股利（Cooper and Ijiri，1983）。

综合以上关于股利的定义，可以总结出三个共同特点：第一，股利只能源于公司当前或过去的利润，即可分配利润；第二，股利的支付必须符合一定的程序，并遵守有关的法律原则及其规定；第三，股利支付的形式不限于现金，可以是现金、非现金资产、公司负债或公司本身股票。

因而，可以将股利定义为公司依法定条件和程序从其可分配利润中向股东所支付的一种财产利益。

在我国除了“股利”外，还有“股息”“红利”之说，并且在很多场合不加区分使用，但是从发展的角度看，我国是先有“股息”“红利”之说，后有“股利”。从语义上推测，“股利”当为“股息”与“红利”的缩略语。我国较为一致的看法是：股息是指公司根据股东持有的股份，按确定的比率向其支付的公司盈余；红利一词具有广义和狭义之分。狭义的红利指股息之外向股东分配的公司盈余，红利的比率事先并不确定，根据盈余情况临时决定；广义的红利还包括向公司雇员分配的奖金等。根据股东的持股种类，股利可分为比率确定型股利（股息）与比率浮动型股利（红利），股息虽与债务利息接近，但两者有着本质的区别，前者受法律保护，后者则由公司灵活掌握。红利有时也指对公司管理者和职员的额外奖赏，但与作为利润分配的普通股股利也是截然不同的。尽管实务界也将股利分配称为“分红派息”，但含义与理论界大不一样，“分红”是指发放股票股利，又称“送股”，而“派息”则是指支付现金股利。

2. 有关股利的几个基本概念

1）每股股利

每股股利（dividend per share）是指公司支付给普通股股东的每股股票的股利金额。

$$每股股利=分配股利总额\div发行在外普通股股票数$$

如甲公司发行在外的普通股共计 1000 万股，经公司董事会决定支付股利 500 万元，则每股股利=500 ÷ 1000=0.5（元）。

2）股利支付率

股利支付率（dividend payout ratio）是指普通股股利占公司净收入的比例。股利支付率主要反映公司的股利分配政策和股利支付能力。股利支付率的计算公式如下：

股利支付率=（普通股每股股利 ÷ 普通股每股净收益）×100%

或

股利支付率=（普通股股利 ÷ 普通股净收益）×100%

公司究竟确定何种水平的支付率，国外很多学者对此进行了长期深入、细致的研究。虽然研究的出发点、方法各有侧重，但总的来说不外乎考虑以下几个因素：公司的筹资成本与投资机会、投资报酬率、公司经营的财务杠杆和经营杠杆的使用情况，公司可预计的增长速度、公司所处的增长阶段，以及公司未来现金流量、经营风险等。股利支付率的确定除受上述因素影响外，公司的盈余水平在一定程度上决定公司的分配数额。公司盈利多，存在多分配股利的资金基础。但公司股利政策的变动通常滞后于公司盈利水平的变动，因为股利政策具有黏性。股利政策黏性是指一些公司不愿意每期变动股利政策的现象。出现这种现象的一个主要原因是公司对市场前景的不确定性及公司未来盈余的不确定性。

3）股票收益率

股票收益率（dividend yield or dividend rate）反映股利和股价的关系。计算公式如下：

股票收益率=（普通股每股股利 ÷ 普通股每股市价）×100%

股东获取收益主要有两条渠道：一是股价上涨带来的资本利得；二是公司所发放的股利。

股东持有股票的预期收益=资本利得+股利收入

因此，当公司股价上涨时，股东可以接受较低的股票收益率，但当股价无法准确预测能否上涨时，股票收益率就成为评价是否进行股票投资的主要指标。

3. 股利政策的内涵

股利政策是指公司管理当局对与股利有关的事项所采取的方针策略，是公司对其净利润进行分配或者留存用于再投资的决策问题，是股份制公司确定股利及与股利有关事项所采取的方针和政策。它既影响公司的市场价值，进而关系到公司股东的经济利益，又影响公司的外部筹资能力和积累能力，以及公司的未来发展。股利政策以公司发展为目标，以股价稳定为核心，在平衡企业内外相关利益的基础上，是对于净利润在提取了公积金和公益金后如何在两者之间进行分配而做出的一种权衡。

股利政策的基本内容主要包括五个方面。

（1）股利支付率的高低政策，即确定每股实际分配盈余与可分配盈余的比率的高低。

（2）股利支付具体形式的选择，即确定合适的支付形式，如现金股利、财产股利、负债股利、股票股利、股票回购。

（3）股利支付率增长政策，即确定公司未来股利增长速度，它将制约着某一时期股利支付率的高低。

（4）选择什么样的股利策略，是采取稳定增长股利政策还是剩余股利政策抑或固定股利政策等。

（5）股利支付程序的策划，如股利宣告日、股权登记日、除息日和股利发放日的确定等。

7.2.2 公司股利的发放程序

股份有限公司向股东支付股利的过程，经历股利宣告日、股权登记日、除息日和股利发放日。

（1）股利宣告日，即公司董事会按股利发放的周期举行董事会会议，决定股利分配的预分方案，交由股东大会讨论通过后，由董事会将股利支付情况正式予以公告的日期。

（2）股权登记日，即有权领取本期股利的股东资格管理的截止日期，也称为除权日。只有在股权登记日前登记在公司名册上的股东，才有权分享本次股利，而在股权登记日之后，登记在册的股东即使在股利发放日之前买进股票，也无权分享本次股利。先进的计算机系统为股权登记提供了很大的方便。

（3）除息日，即领取股利的权利与股票相互分离的日期，在除息日前，股利权从属于股票持有者即享有领取股利的权利；除息日始，股利权与股票相分离，新购入股票的人不能分享股利，从此日起，公司股票的交易称为无息交易，其股票称为无息股。证券业一般规定在股权登记日的前四日为除息日，这是因为过去股票买卖的交割、过户需要一定的时间，如果在除息日之后股权登记日之前交易股票，公司将无法在股权登记日得知更换股东的信息，但是现在先进的计算机交易系统为股票的交割过户提供了快捷的手段，股票交易结束的当天即可办完全部的交割过户手续。因此，现在的除息日是在股权登记日的次日（工作日）。

（4）股利发放日，即向股东发放股利的日期。

【案例 7-1】 某公司于 2012 年 12 月 16 日举行的股东大会决议通过股利分配方案，并于当日由董事会对外发布公告，宣告股利分配方案为当年每股派发 1 元正常股利加 0.5 元额外股利，公司于 2013 年 2 月 5 日将股利支付给 2013 年 1 月 16 日在册的公司股东。

上例中：

2012 年 12 月 16 日	股利宣告日
2013 年 1 月 13 日	除息日（证券业的一般规定）
2013 年 1 月 14 日	
2013 年 1 月 15 日	
2013 年 1 月 16 日	股权登记日
2013 年 1 月 17 日	除息日（现行制度）
2013 年 2 月 5 日	股利发放日

7.2.3　股利支付的方式

股利支付方式一般有现金股利、财产股利、负债股利、股票股利和股票回购等。

1. 现金股利形式

现金股利是以现金形式支付的股利，它是股利支付的常见及主要方式。该形式能满足大多数投资者希望得到一定数额的现金这种实在的投资要求，最易使投资者接受，但这种股利支付方式增加了企业现金流出量，加大了企业支付现金的压力。只有在企业有盈余并有充足现金的前提下才能使用。

2. 财产股利形式

财产股利形式是以现金之外的其他资产支付股利的方式，主要包括：实物股利，如实物资产或实物产品等；证券股利，如公司拥有的其他公司的债券、股票等。其中，实物股利形式并不增加企业的现金流出，适用于企业现金支付能力较低的时期。证券股利形式既保留了公司对其他公司的控制权，又不增加企业目前的现金流出，且由于证券的流动性较强，为股东所乐于接受。

3. 负债股利形式

负债股利形式是公司以负债支付的股利，通常以公司的应付票据支付给股东，不得已的情况下，也可发行公司债券抵付股利，由于负债均须还本付息，这种股利支付方式对公司的支付压力较大，只能作为现金不足时的权宜之计。

4. 股票股利形式

股票股利形式是公司将应支付的股利以增发股票的方式支付，其好处是能使企业用股票的形式代替企业现金的流出。公司发放股票股利，既不影响公司的资产和负债，也不影响股东权益总额，仅仅是将股东权益中留存收益的一部分转入股本账户，增加了企业的永久性资本，从而避免了企业现金的流出。获取股票股利的股东，虽然其股份数有所增加，但其在公司中所占权益的比重仍未变动，这是因为，股票股利是按照比例来分配，仍保持原有股份比例。对公司而言，发放股票股利无须支付现金，又在心理上给股东以投资回报的影响，使公司留存了大量现金，便于满足投资机会的需要并缓解现金紧张的状况，另外，发放股票股利可以降低股票市价，当公司股票价格较高，不利于交易时，股票股利具有稀释股价的作用，从而吸引更多的投资者，促进交易更加活跃。但发放股票股利的费用较高，增加了公司的负担；在某些情况下股票股利向投资者传递的是企业资金周转不灵的信息，降低了投资者对公司的信心，加剧了股价的下跌，这是股票股利给公司带来的负面影响。

5. 股票回购

公司股票回购将减少流通在外的普通股股数，如果公司营利能力不变，则会引起每股收益的增加，再假定股票回购后市盈率保持不变，从而引起每股市价的提高。每股市价的提高使股东获得更多的资本利得，从而以资本利得代替股利收入。这是因为股票回购有分配超额现金的作用。如果一个公司的现金超过其投资的需要量但又没有较好的投资机会时，可以使用这笔资金，最好是分配股利，但出于股东逃税、控股等多种因素的考虑，就有可能通过股票回购而非现金股利的方式进行分配，即股票回购也是现金股利的替代品。

7.2.4 股利政策理论

1. 股利无关论

股利无关论是由米勒和莫迪利安尼两位经济学家于 1961 年提出的。他们认为，股利政策不会影响公司的价值，无所谓哪一种股利政策是最佳的股利政策；也可以说，任何股利政策都是最佳股利政策。

米勒和莫迪利安尼提出的股利无关论是根据以下几个重要假定发展起来的。

（1）一个完全资本市场（perfect capital market）。

（2）没有个人或公司所得税存在，即资本利得与股利收入之间没有所得税差异。

（3）公司有一既定的不会变化的投资决策。

（4）各投资者都有把握地预计未来的价格和股利。

在米勒和莫迪利安尼的股利无关论的假设下，股利政策只是股利分配在不同时点之间的权衡，米勒和莫迪利安尼关于股利分配政策与企业价值无关的证明如下。

假设某公司为全权益资本的公司，$d(t)$为公司 t 期的每股股利，$X(t)$为公司 t 期的净收益，$I(t)$为公司 t 期的投资额，$n(t)$为公司 t 期初的股票数量，$m(t+1)$为 $t+1$ 期所增发的股票数量，$p(t)$为公司 t 期初股票价格（发放前一期股利后的价格），$V(t)$为公司 t 期的市场价值，$\rho(t)$为股票报酬率，$D(t)$为公司 t 期发放的股利总额，则有

$$\frac{d(t)+p(t+1)-p(t)}{p(t)}=\rho(t) \tag{7-1}$$

公司 t 期的总价值

$$V(t)=n(t)\cdot p(t) \tag{7-2}$$

公司 t 期发放的股利总额

$$D(t)=n(t)\cdot d(t) \tag{7-3}$$

等式两边同乘 $n(t)$，又根据 $n(t+1)=n(t)+m(t+1)$，即可得到公司总体价值的表示式：

$$V(t)=\frac{1}{1+\rho(t)}\left[D(t)+n(t)\cdot p(t+1)\right]=\frac{1}{1+\rho(t)}\left[D(t)+V(t+1)-m(t+1)\cdot p(t+1)\right] \tag{7-4}$$

根据公司的资金来源与资金运用相等，所以 $t+1$ 期公司所增发的股票价值等于公司预期投资额与 t 期发放该期股利后的净收益之间的差额，如式（7-5）所示：

$$m(t+1)\cdot p(t+1)=I(t)-[X(t)-D(t)] \tag{7-5}$$

将式（7-5）代入式（7-4），得到式（7-6）：

$$V(t)=\frac{1}{1+\rho(t)}\left[X(t)-I(t)+V(t+1)\right] \tag{7-6}$$

从式（7-6）中不难发现，公式中并没有股利 $D(t)$出现，表明只要企业的投资额不因为发放股利而变化，其市场价值就不因股利的不同而变化，即股利政策与企业价值无关。

米勒和莫迪利安尼的股利无关论的关键在于存在一种套利机制，通过这一机制使支付股利与外部筹资这两项经济业务所产生的效益与成本正好相互抵消。当公司做出投资决策后，它就必须决定是将其盈利留存下来，还是将盈利以股利形式发放给股东，并发行新股票筹措等同金额的资金，以满足投资项目的资金需要。如果公司采用后一方案，就存在股利发放与外部筹资之间的套利过程。股利支付给股东的财富正好会使股票市价上升，但发行新股票将使股票终值下降，而套利的结果是，股东的股利所得正好被股价终值的下降所抵消。筹资和股利支付后，每股市价等于股利支付前的每股市价。由此，米勒和莫迪利安尼认为，股东对于盈利的留存与股利发放没有任何偏好。由于股东的无偏好性，股东财富也不受企业现在与将来的股利政策所影响。企业的价值完全取决于企业未来的营利能力，而非盈利分配方式。米勒和莫迪利安尼正是根据套利机制推论出股东对于股利与盈利的留存没有任何偏好，并据此得出企业的股利政策与企业的价值无关这一著名论断。然而，如前所述，股利无关论是建立在十分严格的假设基础上的，而这些假设显然与现实世界有一定距离，学术界对此提出了质疑并提出了与之相反的理论，因此就出现了下面的股利相关论之说。

2. “在手之鸟”理论

该理论的前提假设包括以下几项。

（1）市场中信息完全对称，且不存在发行与交易成本。

（2）股利与资本利得不存在税差交易。

（3）相比于资本利得，现金股利所要求的报酬率更低。

“在手之鸟”理论认为股利政策对公司价值有影响，该理论有两个重要结论：一是股票价格与股利发放率成正比，高股利政策有助于公司价值的提高；二是资本成本会发生变动，且 $k_{t+1}>k_t$ 。投资者将更注重眼前利益，当股利发放水平下降时，投资者会认为公司把更多的留存收益进行不确定性投资，因此，他们会相应提高收益率要求，贴现率提高，股票价格将随之下降。

3. 税差理论

法勒（Farrar）和塞尔文（Selwyn）最先从事税差理论的研究，并于 1967 年提出了第一个税差模型，该模型放宽了无税 MM 理论的无税假设，其假设如下。

（1）有税环境，即同时考虑公司所得税和个人所得税的影响。

（2）公司将净利润作为股利全部发放给股东。

（3）资本利得税税率低于股利所得税税率。

法勒和塞尔文认为，如果公司将净利润全部以股利形式发给股东，那么，第 i 个股东获取的税后股利总额为

$$Y_i^d=\left[(\text{EBIT}-rB_c)(1-\tau_c)-rB_{pi}\right](1-\tau_{pi}) \tag{7-7}$$

式中，EBIT 为公司每期（年）息税前收益；r 为借款利率（假设个人可以同公司一样以同样的利率借款）；B_c 为公司债务水平；τ_c 为所得税税率；B_{pi} 为第 i 个股东的个人债务（股东为进行股票投资而举借的债务）；rB_{pi} 为第 i 个股东举借债务所需承担的每期还款利息；τ_{pi} 为第 i 个股东的股利所得税税率；$(\text{EBIT}-rB_c)$ 为公司的税前利润。

在无税、无交易成本的理想情境下，净利润$(\text{EBIT}-rB_c)$全部以股利形式发放后，股价将同样下跌$(\text{EBIT}-rB_c)$，资本利得总额等于股利总额。因此，如果公司不决定发放股利，全部资本利得可以通过投资者立即抛售股票实现，那么，第 i 个股东获得的税后资本利得总额为

$$\begin{aligned}Y_i^q&=(\text{EBIT}-rB_c)(1-\tau_c)(1-\tau_{qi})-rB_{pi}(1-\tau_{pi})\\&=\left[(\text{EBIT}-rB_c)(1-\tau_c)-rB_{pi}\right](1-\tau_{qi})+rB_{pi}(\tau_{pi}-\tau_{qi})\end{aligned} \tag{7-8}$$

式中，τ_{qi} 为第 i 个股东的资本利得税税率。

将式（7-7）和式（7-8）进行比较，可得

$$\frac{Y_i^q}{Y_i^d}=\frac{\left[(\text{EBIT}-rB_c)(1-\tau_c)-rB_{pi}\right](1-\tau_{qi})+rB_{pi}(\tau_{pi}-\tau_{qi})}{\left[(\text{EBIT}-rB_c)(1-\tau_c)-rB_{pi}\right](1-\tau_{pi})} \tag{7-9}$$

由式（7-9）可知，当$\tau_{pi}>\tau_{qi}$时，无论 EBIT 的取值是否为正数，也无论利率和债务大小如何，两种税后所得的比率必须大于 1。也就是说，税后资本利得必须大于税后股利所得。因此，相对于股利所得，股东偏好资本利得。

税差理论的结论有两个：一是股票价格与股利发放率成反比；二是权益资本成本与股利发放率成正比。因此，按照税差理论，公司在制定股利政策时，必须采取低股利政策，才能使公司价值最大化。

7.3 股利政策的类型

7.3.1 影响股利政策的因素

发放股利采用何种政策，虽然可以由公司管理当局做出决定，但实际上其决定范围是有一定限度的，在客观、主观上有许多制约因素，迫使企业管理当局遵循当时的经济环境与法律环境做出选择。制约股利分配的因素主要有以下几个方面。

1. 法律因素

任何公司总是在一定的法律环境条件下从事经营活动。因此，法律会直接制约公司的股利政策。这种制约表现在以下几个方面。

1）维护法定资本的完整

按照这一要求，股利只能依据公司本期的净收益来分配；然而，如果公司动用以前年度的留存收益分配股利，条件必须是在先弥补完亏损后进行，而且仍要保留一定数额

的留存收益。特别是不能因发放股利而使股东权益降到核定的股本金额以下，否则，债权人的利益便失去了应有的保障。

2）企业积累

规定企业的年度税后利润必须提取 10%的法定公积金，法律还鼓励企业提取任意盈余公积金，只有当企业提取公积金达到注册资本的 50%时，才可以不再计提。对企业积累所作的法律规定是任何股份公司都必须遵守的，它制约了公司股利支付的任意性，有效地保障了债权人的利益。

3）超额累积利润

企业发给股东的股利，股东要缴纳个人所得税，而股票交易的资本利得可能免税或税率较低，因此，公司可以通过超额累积利润使股价上涨来帮助股东避税。从另一个角度讲，公司超额累积利润必然使国家税收流失。许多国家为了防止少数股东利用操纵股利分配达到其逃避个人所得税的目的，就用法律规定公司不得超额累积利润，一旦公司的保留盈余超过法定认可水平，将被加征额外税额。我国法律对此尚未做出限制性规定，随着我国股份制企业的日益成熟和市场经济运作的日趋规范，我国也将对公司累积利润做出明确的限制性规定。

2. 企业因素

1）现金支付能力

公司盈利并不表明有相应的现金流量，这不仅因为公司以往累积的盈利早已化为各种形式的资产或投资，而且公司当期的利润也会沉积在各种实物资产上，而不是以现金形式反映在账面上。这样，公司若要发放现金股利，就会受其现金支付能力的制约。一般来说，公司现金越多，资产流动性越大，它支付股利的能力也就越强。反之，有些公司即使过去时期有丰富的盈余，而且留存利润账户中的金额很大，仍然会因资金的流动性不足而无法发放现金股利。

2）投资机会

股利政策同企业的资金需求量密切相关，企业的投资项目需要有强大的资金支持。当企业有良好的投资机会时，将会把大部分盈余用于再投资而少发股利，甚至放弃发放股利，以加快企业的发展，为股东获取更大的收益，这是股利分配合理化的重要标志之一，大多能被股东所接受；反之，如企业并无良好投资机会，则可以采用较高股利政策。因此，处于成长中的公司多采取低股利政策；陷于经营收缩的公司多采用高股利政策。

3）筹资能力和资本成本

企业的股利政策直接影响到企业筹资能力，从而会影响到企业的资本结构和资本成本。企业用积累利润、少发股利的方法进行筹资，具有比发行股票和债券成本低、稳定性高和隐藏好的优点。所以，从财务角度看，充分利用留存利润来筹资是理想的筹资方法，当然，过分强调留存利润，过少支付股利，会使企业的信誉受到影响，可能使企业股价下跌，造成企业股票不易出售，同样不利于企业外部筹资。另外，如果企业不顾负债风险而盲目支付高额股利，则会使其大大丧失偿债能力，造成资金周转的困难，并可能引起财务危机，这从长远来看对企业的发展极为不利。

4）盈利的稳定性

一般而言，一个公司的盈利越稳定，则其股利支付率就越高，这是因为盈利稳定的公司能够更好地把握自己，对保持较高的股利支付率更具有信心。对于盈利稳定的公司，由于其经营和财务风险较小，相比其他盈利不稳定的公司，其更能以较低的代价筹集负债资金。另外，对于盈利不稳定的公司，低股利政策可以减少盈利下降而造成的股利无法支付、股价急剧下降的风险。

3. 股东因素

1）稳定的收入

依赖企业发放股利维持生活的股东，往往要求企业能够支付稳定的股利，公司意欲留用较多的利润，将首先招致这些股东的反对。有些股东认为，企业留用利润带来股票价格上升而产生的资本收益有很大的不稳定性。对他们来说，与其有不确定的未来困惑，不如得到实实在在的现有股利。

2）控制权的稀释

公司支付较高的股利，就会导致留存利润的减少，这意味着将来举借新债或发行新股的可能性加大。公司若举借新债，除要付出资本成本的代价外，还会加大企业的财务风险；若要通过再发行新的普通股的方式筹集资金，企业的老股东虽然有优先认股权，但必须拿出可观的现金，否则企业的控制权就有被稀释的危险。另外，随着新普通股的发行，流通在外的普通股股数必将增加，最终将导致普通股的每股收益和每股市价的下降，这些都是公司老股东所不愿意看到的局面。

3）避免双重课税

由于股份公司只能在税后支付股利，而股东取得股利后又要交纳20%的个人所得税，对股东来说，存在双重课税的问题。公司增加留存利润，减少股利派发，可以增大公司价值，使每股价值越来越大，则转让股票获得的资本利得要大于股利的收益。在我国，还没有开征股票转让资本利得税，因此就避免了双重课税。一个由少数几位个人税率很高的纳税人所拥有的公司，其所发股利可能微不足道，然而在持股人众多的公司中，股东可能对较高的股利比较有兴趣。有时候在大公司中，适用较高税率的股东，有可能会和适用较低税率的股东产生利益上的冲突。这时，这类公司的股利政策可能是两者折中的产物——中等的股利发放比率。

4）股东的投资机会

如果公司将留存利润用于再投资所得报酬，低于股东个人单独将股利收入投资于其他投资机会所得的报酬，则该公司不应多留存利润，而应多支付现金股利给股东。因为这样做，将对股东更为有利。尽管难以对每位股东的投资机会及其报酬率加以评估，但是，公司至少应对风险相同的企业的外部投资机会可获得的投资报酬率加以评估。

4. 其他因素

1）股票市价

如果企业股票市价趋于下跌趋势，为了防止有人趁机达到控制企业的目的，可采用多发股利来刺激股票市价的上升。

另外，在已发放的可转换债券即将到期的情况下，企业也可以通过多发股利来促使股票市价上升，以期达到使债券早日转换成企业股票的目的。有时为了缓解企业管理当局与股东之间的矛盾，阻止股价的下跌，也可以通过增发股利的方法，争取股东对企业管理方针的支持等。

2）契约性限制

当公司以长期借款协议、债券协议、优先股协议及租赁合约等形式向外部筹资时，常常应对方的要求，接受一些有关股利支付的限制条款。常见的条款包括：①未来的股利只能以签订贷款合同之后的盈利来发放，即不能以过去留存利润来发放；②公司营运资金应保持一定金额，若低于某一特定金额则不得发放股利；③利息保障倍数低于一定标准时不得支付股利。确定这些限制性条款，目的在于促使企业把利润的一部分按有关条款要求的某种形式（如偿还基金准备等）进行再投资，以扩大企业的经济实力，从而保障债款的如期偿还，维护债权人的利益。

3）通货膨胀限制

企业的资产按原始成本计价，在其消耗时则按原始成本转销，所求得的利润是按现时价格计量收入与已耗资产的原始成本相匹配的结果。这样，在物价上涨时，较高的收入与较低的原始成本相配比，产生出较高的利润。而事实上，较高的利润中有一部分是物价上涨的结果（即持产利得），而不是企业的经营业绩。在通货膨胀情况下，按历史成本配比的存货成本和固定资产的折旧费，是不可能在实物上补偿其生产经营过程中的实际消耗，因而在通货膨胀时期，企业倾向于采取偏紧的股利政策，留用一定的利润以消除物价上涨对企业的影响。但由于通货膨胀使企业货币购买力下降，股东也要求得到更多的货币补偿，往往对企业施加发放更多股利的压力。

此外，企业的经营状况、经营环境及国家的税收政策，都会对股利政策产生影响，企业必须综合考虑这些因素来制定股利政策。

7.3.2　股利政策的类型

1. 剩余股利政策

剩余股利政策就是指公司在有良好的投资机会时（即投资机会的预期报酬率高于股东要求的必要报酬率时），根据目标资本结构的要求，将税后净利首先用于满足投资所需的权益资本，然后将剩余的净利润再用于股利分配。在这种股利分配政策下，投资分红额（股利）成为企业新的投资机会的函数，随着投资资金的需求变化而起伏。只要存在着良好的投资机会，就应当首先考虑其资金需要，最后考虑企业剩余收益的分配需要。因此，当企业投资机会较好时，为了降低资本成本，通常会采用剩余股利政策。这种政策的优点是能充分利用筹资成本最低的资金来源，满足投资机会的需要并能保持理想的资本结构，使加权平均资本成本最低。但这种股利政策往往导致股利支付不稳定，不能满足希望取得稳定收入的股东的要求，也不利于树立企业良好的财务形象。

剩余股利政策的一般步骤如下。

（1）确定投资方案所需的资金额度。

（2）确定企业目标资本结构，使得在此结构下的加权平均资本成本最低。

（3）进一步确定为达到目标资本结构，投资需要增加的权益资本的数额。

（4）使用税后净利润能满足投资方案所需权益资本的最大限额。

（5）在满足上述需要后，将剩余利润作为股利支付。

【案例 7-2】 某公司 2012 年税后利润总额为 2400 万元，按规定提取 10%的盈余公积金和 5%的公益金，2013 年的投资计划需要资金 2100 万元，公司的目标资本结构是维持借入资金与自有资金的比例为 1∶2，按照剩余股利政策确定该公司 2012 年向投资者分红的数额。

解：投资方案所需的资金总额=2100 万元

目标资本结构为 1/3 负债，2/3 所有者权益

可供分配利润=2400×(1－10%–5%)=2040（万元）

投资所需增加的权益资本数额=2100×2/3=1400（万元）

税后净利润能满足投资需要的最大限额=1400（万元）

向投资者分红数额=2040－1400=640（万元）

2. 稳定股利政策

许多事实表明，绝大多数企业和股东理性地喜欢稳定股利政策。长期的稳定股利政策表现为每股股利支付额固定的形式。其基本特征是，不论经济情况如何，也不论公司经营好坏，绝对不降低年度股利的发放金额，而将公司的每股股利支付额固定在某一特定水平上保持不变，只有公司管理当局认为公司的盈利确已增加，而且未来的盈利足以支付更多的股利时，公司才会提高每股股利支付额。

一般而言，稳定股利政策可以吸引投资者，在其他因素相同的情况下，采用稳定股利政策的公司股票市价会更高些。投资者之所以会高估此类股票，其原因有以下几点。

（1）股利可以消除投资者内心的不确定性。当盈余下降时公司并不削减其股利，则市场对这种股票将更具有信心。许多投资者认为，股利变化可以传递某些信息内容，稳定的股利政策表明公司未来的经营前景将会更好。因此，公司管理当局可以通过股利的信息内容改变投资者的预期。当然，管理当局不可能一直愚弄市场，如果公司盈利趋于下滑，则稳定的股利将不会永远传递美好的未来的信息。而且，如果一个公司处于盈利大幅度波动的不稳定行业之中，则稳定股利政策不会显示其潜在稳定性。

（2）许多需要依靠固定股利收入满足其现金收入需要的股东更喜欢稳定的股利支付方式。尽管投资者在股利不足以满足其当期现金需要时，可以出售部分股票以获得收入，但许多投资者往往因要支付交易成本而不愿意出售股票；更何况当公司削减股利时，盈利通常已下滑，股价也会随之下跌。因此，投资者将更喜欢稳定的股利。

（3）稳定和成长型股利政策，可以消除投资者关于未来股利的不安全感。管理当局相信，投资者将对股利稳定的公司股票支付更高的价格，由此，可以降低公司权益资金的成本。

（4）具有稳定股利的股票有利于机构投资者购买。在西方，各种政府机构对退休基

金、信托基金和人寿保险公司等机构投资者进行证券投资做了法律上的规定。只有具有稳定的股利记录的公司，其股票才可能成为这些机构投资者证券投资的对象。

3. 固定股利支付率政策

固定股利支付率政策是公司确定一个股利占盈余的比率，长期按此比率支付股利的政策。在这一股利政策下，各年股利额随公司的经营好坏而上下波动，获得较多盈余的年份股利额高，获得盈余少的年份股利额低。有些公司愿意选择这种股利政策，它们只要将每年盈利的某一固定百分比作为股利分配给股东即可。这一股利政策的问题在于，如果公司的盈利各年间波动不定，则其股利也将随之波动。然而，主张实行这一政策的公司认为，只有维持固定的股利支付率，能使股利与公司盈余紧密配合，以体现多盈多分、少盈少分的原则，才算真正做到公平对待每一股东。但由于股利通常被认为是公司未来前途的信息来源，这样做将对公司的股票产生不利影响。

4. 低正常股利加额外股利政策

低正常股利加额外股利政策，顾名思义，是指一般情况下，公司每年只支付数额较低的正常股利，只有在公司经营非常好时，除正常股利之外，加付额外股利给股东（又称“红利”）。这种股利政策的优点是：①向股东发放固定（稳定）股利，可以增加股东对公司的信心。②给公司以较大的弹性，即使公司盈利很少或需要多留存盈利时，公司仍可发放固定的股利；而当公司盈利较多时，还可以给股东以红利。但必须注意的是，额外股利的支付不能使股东将它视同为正常股利的组成部分，否则，不仅会失去其原有的意义，而且会产生负面影响。例如，一个连年支付额外股利的公司，如果其股东将它视为正常股利的组成部分，则某一年因盈利下降而取消额外股利，其股东很有可能就据此错误地认为公司财务发生了问题，公司的股价就有可能因之而下降，由此而影响到公司的筹资能力。

7.4　我国上市公司股利政策实践

7.4.1　我国上市公司股利政策现状和特点

在我国，上市公司出现于 20 世纪 90 年代初。1990 年 12 月和 1991 年 7 月，上海证券交易所和深圳证券交易所分别正式营业，标志着我国股票市场开始进入实验阶段。2005 年 4 月 29 日，中国证券监督管理委员会（简称证监会）正式发布《关于上市公司股权分置改革试点有关问题的通知》，标志着股权分置改革工作正式启动，2007 年 12 月 31 日已完成或进入股权分置改革程序的上市公司市值占应改革上市公司总市值的比重达到 98%，股权分置改革基本完成。在 2005 年股权分置改革以前，市场体系人为分割严重，国家股和法人股暂时不能流通；2005 年股权分置改革开始，逐步将暂不流通的国家股和法人股变为可流通的股份。公司的股利政策既受到股权结构的制约，也对股权结构产生影响。图 7-1 和图 7-2 是 1998~2017 年我国上市公司 A 股派息分红情况。

由图 7-1 和图 7-2 可看出，1998~2017 年，我国上市公司 A 股派息分红的公司数量逐年递增，尤其在股权分置改革之后，现金分红的公司数量增多。从相对数看，股权分置改革后派息公司比例也有提高。

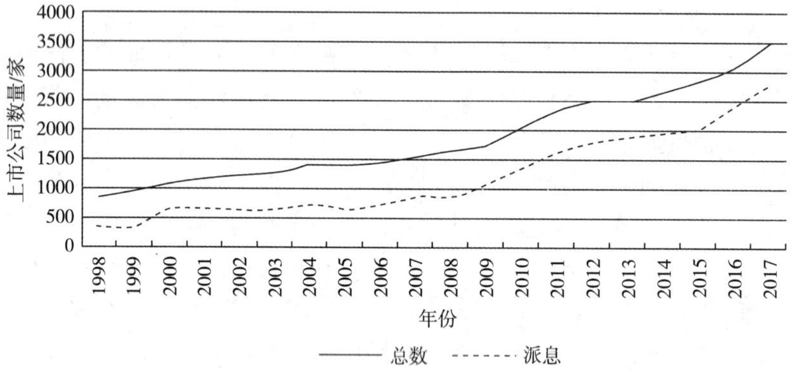

图 7-1　我国上市公司 A 股派息分红情况（一）

资料来源：由 RESSET 金融研究数据库、中宏统计数据库整理得出

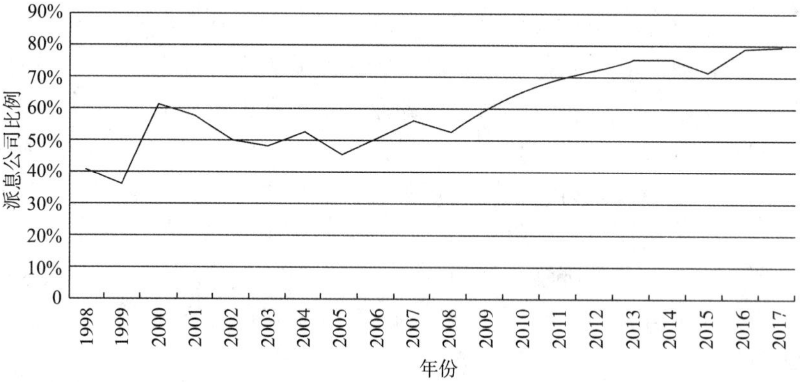

图 7-2　我国上市公司 A 股派息分红情况（二）

资料来源：由 RESSET 金融研究数据库、中宏统计数据库整理得出

具体来说，目前我国上市公司股利分配的特点有以下几个方面。

第一，采用现金股利分配形式的公司比重有一定提高。

2005 年始，我国开始进行股权分置改革。改革前，上市公司股利分配中不分配股利的比重很大，即使有股利分配，采取派现方式的比率也很低。股权分置改革后，采用现金股利分配形式的公司比重有一定提高。从 2015 年到 2017 年，A 股实现现金分红的上市公司家数占同期 A 股上市公司总家数的比例分别为 71%、79%、80%，现金分红金额分别为 6842 亿元、8307 亿元和 9792 亿元；平均每股分红金额分别为 0.14 元、0.16 元和 0.18 元；三项指标都呈上升趋势。但从股利支付率来看，A 股的分红比例尤其是现金分红比例总体仍然不高。2016 年国内上市公司的平均股利支付率达到高峰，为 35.38%，之后几年略有下降，目前稳定在 30%左右，但国际成熟市场这一指标水平一般在 40%~50%，且上市公司一年两次分红是非常普遍的。

第二，股利政策缺乏稳定性和连续性，短期行为严重。

由于缺乏长远的股利政策，我国上市公司“盈利多不多分，盈利少不少分”的现象比较普遍。2008 年证监会发布《关于修改上市公司现金分红若干规定的决定》，为鼓励和引导分红，要求上市公司发行新股必须符合“最近三年以现金方式累计分配的利润不少于最近三年实现的年均可分配利润的百分之三十”，还允许上市公司实施半年度现金分红，为降低分红成本，允许上市公司进行中期现金分红的财务会计报告可以不经会计师事务所审计。强有力的政策引导使上市公司不分红的现象有所改观，上市公司分红意识有所增强。但现实状况与市场期望的目标仍有较大差距，同时带来一个新的问题，即上市公司普遍存在操纵股利分配，进而达到操纵利润指标以实现配股资格的动机。

第三，分红缺乏透明度。

对比国外资本市场，我国 A 股市场上市公司的分红还缺乏透明度。目前，国内上市公司一般都是按年度分红。半年分红的公司数量较少，且具体分红方案和分红比例投资者只有等到公司年报或半年报公布才知道。在美国，绝大多数公司都是按季度向投资者分红，极少数公司按年度或半年分红，按季度分红的分红目标和分红政策几乎是既定的、一贯的，也是透明的，使投资者很容易了解各家上市公司每年、每季度分红水平，从而制订投资计划。2012 年证监会发布《关于进一步落实上市公司现金分红有关事项的通知》（简称《通知》），以进一步加强上市公司回报，包括：第一，首次公开发行股票公司应当合理制定和完善利润分配政策，并按照《通知》中的要求在公司章程（草案）中载明相关内容。保荐机构在从事首次公开发行股票保荐业务中，应当督促首次公开发行股票公司落实《通知》的要求。第二，要求所有上市公司应采取措施完善分红政策及其决策机制，科学决定公司的分红政策，要对分红安排进行具体规划，增强红利分配的透明度。这些措施的出台对提高我国资本市场分红的透明度有一定帮助。

第四，股利政策经常侵犯小股东权益。

我国上市公司从 2005 年开始进行股权分置改革，至 2011 年，除国家需控股的行业，其余公司股权分置改革基本完成。但是，股权分置后上市公司仍然依靠控股的优势通过派发现金股利对中小股东的利益进行侵占，第二至第十大股东尚不能够对第一大股东形成有效的制衡作用，出于维护自身的利益，这些股东还会和第一大股东一起共同侵占和掠夺中小股东的财富。而中小股东在股权结构中处于不利地位，实际放弃了对经理人的监督。而在董事会中，股东个人持股数量也相当有限，自身作为公司所有人所获得的剩余报酬微不足道，也缺乏监督的动力，在这种约束机制软化和激励机制失效的情况下，公司董事缺乏维护股东利益的根本动力，从而使他们的价值取向反而与同为代理人的公司经理人更为一致，董事与经理人员往往同属内部人，牢牢掌握着公司控制权。

7.4.2　上市公司股利政策的影响

1. 对证券市场的影响

在成熟的资本市场条件下，股票的市场价格是以股票的内在价值为轴上下波动的。一般说来。能够连续派现并实施稳定的股利政策的公司，通常是业绩优良且稳定增长的公司，投资者对这类公司抱有良好的投资预期，其股价也相应保持稳定。但我国的情况却并非如此。一些连续派现且股利支付率较高的公司，股价表现平平，股票长时间遭到市场的冷落。而一些大比例送股的公司，在送股消息出台前或出台后股价大幅度攀升，但公司的业绩并未同步增长。这违背了市场自然的和本来的逻辑，扭曲了股利政策与股价决定之间的关系，导致股价严重失真。股价是金融资源配置的指示器，失真的股价无法实现金融资源配置的优化，而且可能导致金融资源的浪费。从而将严重阻滞市场功能的发挥，削弱市场存在和发展的意义。

2. 对上市公司自身的影响

大量的上市公司热衷于送红股，不仅导致股本规模急剧扩张，原有股权被高度稀释，而且使公司业绩大幅度下滑，严重损害了公司的市场形象。同时。市场无法形成客观、公正的公司价值评价机制，并有可能因此动摇规范公司的分配理念而使其在“从众心理”的驱使下改弦更张。这种“传染效应”会进一步加剧上市公司股利政策的非理性化，形成“劣币驱逐良币”的现象。

3. 对投资者的影响

上市公司现在的股利政策对投资者有三方面影响：①损害了投资者（更多是中小投资者）的利益。投资者进行股票投资，都要求股票发行方支付合理的报酬。然而，大量上市公司不分配，或为了达到再融资标准进行分红，使投资者承担的投资风险与所获投资收益严重不对称。而且，公司的控制性股东出于维护自身利益的目的左右公司的股利分配，打乱公司计划的长期股利分配方案，甚至使公司根本无法从长远利益考虑制定适度的股利政策，侵占中小股东利益。而中小股东在股票市场中处于弱势地位，对上市公司股利分配中存在的利益侵害问题缺乏自我保护的手段。②不利于投资者做出正确的投资决策。出于均衡股利水平和维持公司良好形象的考虑，国外上市公司一般都倾向于保持连续、稳定的股利政策。然而我国大多数上市公司的股利分配短期性现象严重，股利政策缺乏连续性，没有长远的打算，股东很难从现行的股利政策预知未来股利如何变化。③不利于投资者树立正确的投资理念。投资者投资理念的形成，受体制条件、市场环境、历史文化传统、公司行为、投资者自身的风险偏好程度等多方面因素制约。而公司行为则是一个不容小觑的因素。很难设想在一个对连年“不分配”泰然处之、歧视投资者利益的公司行为背景下，会造就出一支崇尚价值投资和长线投资的投资者队伍。投资者在企盼现金股利而不可得的情况下，只能通过股票的频繁换手博取短期价差以获取收益。而不规范的市场又在很大程度上使投资者的这一愿望能够得到满足。可以说，不规范的股利政策对投资者投机行为的生成难辞其咎。

7.4.3 规范我国上市公司股利政策的措施

1. 上市公司自身角度

1）提高自身营利能力

企业有较强的营利能力是股东获得长期稳定的投资回报的经济基础。作为同行业企业中的佼佼者，上市公司具有较高的收益水平和成长性。然而，在充满竞争的时代里，上市公司只有不断寻找新利润增长点、强化经营管理、提高营利能力，才能维持高额且稳定的股利。上市公司要完善公司治理结构，形成内部制约机制，尊重广大投资者的权益，提高经营管理水平，增强公司核心竞争力，在综合考虑各种相关因素的基础上最终选择一种符合本公司特点且符合公司长远发展的股利政策。

2）采用适度股利分配政策

适度股利分配政策可概括为：满足公司营利性投资需求而能达到融资成本最低、股权结构稳定，进而实现公司价值较大幅度提高的可操作性的股利政策。适度股利分配政策是一个阶段性连续的概念，应随公司发展阶段的更替而做相应的调整。在初生期，推行低股利加额外股利的股利政策较符合企业与投资者双方的利益；在成长期阶段，公司需要集中力量、竭力以最低成本获取足够多的资金来源，最有效的措施便是大量留存利润，用自有资本，避免举债或多分股利；在成熟期，公司应采取稳定的股利发放政策。

3）优化股权结构

我国的上市公司多为国有企业改制而成，在股权分置改革之前，国有企业占有大量的非流通股份。现在股权分置改革基本完成，理论上优化了上市公司股权结构，降低了股权集中度，消除了导致上市公司非理性股利政策形成的制度性缺陷。但从现实情况来看，股权分置改革之后大量非流通股处于限售状态，还未进入“全流通”。因此，应进一步优化上市公司股权结构，使股东利益趋于一致，最终在制定股利政策时，结合证券市场和本公司具体情况，全面分析股利政策的影响因素，以企业理财目标为基础对股利政策进行中长期规划，使股利政策与企业发展的生命周期相适应。

4）引入独立董事制度

为有效解决董事不能独立参与公司治理的问题，在公司董事会架构中引入独立董事制度成为潮流。独立董事不拥有企业股份，不代表特定群体的利益，公正性强，可以确保董事会集体决策，防止合谋行为，保护中小股东的利益。而且独立董事大多为财务、管理、法律、技术方面的专家，具有决策所需要的各种知识，有利于提高决策的正确性和科学性。

2. 监管机构角度

1）完善相关法律法规

目前，上市公司的违规、违法行为大多是利用法制的空缺牟利。因此，监管机构可以在法律法规中规范股利分配行为，明确规定上市公司的分红时间和大概的比例范围等，限制上市公司大幅度保留盈余或者非理性分配红利的行为。还可以成立专门的证券投资者保护机构，建立中小股东集体诉讼机制，保护中小股东合法权益，监督大股东的行为。

2）强化监管，适度引导

政府和证券监管部门应加大对上市公司的监管力度，规范其经营行为和市场操作行为。例如，规范股利分配的信息披露，关注公司剩余资金的投资效率；将是否派发现金股利作为再融资条件之一；对其派现比例与来源进行限制。坚决杜绝有因需达到再融资的目的而“微量派现”或先高息举债派现再融资还债的现象发生。要求不分配的上市公司应在年报中披露其不分配的理由，对于故意不分配的上市公司要追究负责人的责任。监管机构通过对上市公司股利分配进行制度化、规范化建设，鼓励和引导公司股利政策向稳定的、以现金股利支付为主的方向发展。对于送股等容易侵犯中小股东利益和影响公司长远发展的分配行为，还应根据国家产业政策及上市公司的成长性等特点进行宏观调控。

3. 大力发展机构投资者

我国股市投资者以中小散户为主，机构投资者所占比重较小，而中小散户并不以持有证券获得分红或控制公司管理为目的，更较热衷于股价的变动，对公司股利变动反应冷淡，这就促使了管理层不重视股利政策对投资者的回报。因此，应大力发展追求长期稳定回报和资本保值增值的机构投资者，如养老基金、保险公司和共同基金。这些机构投资者更关注公司分红所带来的稳定收益，当上市公司采取不当的股利分配政策，就会面临市场压力，迫使上市公司改变不利于公司持久发展的股利分配决策，注重股利政策的持续性与科学性。

4. 发展资本市场，优化市场环境

公司的管理者在决策外部融资时需要权衡两种融资成本的大小，即银行借款和上市融资成本孰高孰低。银行借款需要还本付息；上市融资虽然不用还本付息，但是股票市场需要企业建立完善的信息披露制度，需要有公正的信息服务机构，需要有代表各方出资者利益而监督经营层的机制，还需要企业在盈利的情况下发放股利，这些都构成了企业上市融资的成本。正是因为我国当前上市融资成本小于负债融资成本现象的存在，上市公司都偏好将利润留存于企业发展，普遍存在不分配股利的情形。因此，通过大力发展资本市场，缩小不同融资手段的筹资成本差距，拓宽我国企业的融资渠道，使上市公司不必只靠从股市圈钱来维持经营或发展的需要，从而改变目前上市公司利用股利分配政策大量进行股权融资的现状。

本章小结

1. 企业利润一般包括营业利润、投资净收益及营业外收益净额三个部分，这是指税前利润，作为分配基础的利润范畴包括税前利润和税后利润两个方面。利润分配应严格按照原则进行从而照顾好各方利益。

2. 股利来源于净利润中提取公积金和公益金之后的部分，股利分配应当贯彻当年“无利不分”的原则。向投资者分配利润主要包括优先股股利和普通股股利，但本章讨论的主要是普通股股利。

3. 股利是指公司依法定条件和程序从其可分配利润中向股东所支付的一种财产利益。每股股利是指股利总额与期末普通股股份数之比，这里要强调的是，本章讲的只是普通股的股利，而不讨论优先股的股利分配情况。股利支付率是指普通股股利占公司净收入的比例，它的确定是股利政策制定的重点，是研究股利政策的核心所在，如何确定合适的股利支付率要根据公司实际情况而定。

4. 股利政策是指公司在留存利润和分配给投资者利润之间如何进行分配所做出的一种权衡。有的理论者认为它属于筹资决策的内容，利用留存利润进行企业筹资具有低成本和较易取得等优点。

股利政策理论主要包括两种：股利无关论和股利相关论。前者在严格的假定条件下认为股利政策和公司价值无关，即无所谓最佳股利政策，任何股利政策都是最佳的；后者认为前者的假设与现实生活有很大的距离，即排除这些假设之后股利政策是与公司股票价值相关的，换言之，股利政策与公司价值有着一定的关系，也就存在着最佳股利政策。

5. 股利支付方式主要有现金股利、财产股利、负债股利、股票股利和股票回购五种，其中最常用的两种就是现金股利和股票股利。股利政策的类型有剩余股利政策、稳定股利政策、固定股利支付率政策和低正常股利加额外股利政策。在这四者中低正常股利加额外股利政策有着较大的弹性和灵活性，它使公司在盈利较少时保持正常股利支付水平，而在盈利较多时，可以给股东分配额外红利。

6. 我国特有的经济体制变迁使我国上市公司的股利分配政策也有着较“中国特色”的特征。现阶段我国上市公司的股利政策并不是以企业价值最大化或股东财富最大化为目标的，而是配合公司的增资扩股的战略方针，实现公司规模最大化。在这种情况下公司的股利分配政策必须要进行改革。

思　考　题

1. 试述股份公司税后利润分配的顺序及其各部分的特点。
2. 什么是股利政策？公司为什么要制定股利政策？
3. 公司制定的股利政策将受哪些因素制约？
4. 股利支付方式具体有哪些？分别在什么情况下使用？
5. 股利政策可分为哪几类？其适用条件有无限制？
6. 请结合股利理论分析现阶段我国上市公司股利政策存在哪些问题及如何解决。
7. 某股份公司有普通股 200 000 股，每股面值 2 元，没有优先股。该公司明年的计划投资总额为 800 000 元，今年的预计税后利润为 2 000 000 元。

假定该公司明年投资计划的资金来源完全以今后的留存利润来内部筹资完成。投资计划的预计利润率达 20%。

试问：

（1）今年以剩余资金所能达到的每股股利是多少？

（2）今年的股利支付率是多少？

（3）如企业明年有一半投资资金可向外筹资获利，资金贷款利率为 15%，是否有利？如准备向外筹资的话，其最大的每股股利额和股利率各为多少？

8. 某公司 2019 年税后利润为 600 万元，2020 年初公司讨论决定股利分配的数额。预计 2020 年需要再增加投资资本 800 万元。公司的目标资本结构是权益资本占 60%，债务资本占 40%，今年继续保持。按法律规定，至少要提取 15%的公积金和公益金。公司采用剩余股利政策。筹资的优先顺序是留存利润、借款和增发股份。

试问：公司应分配多少股利？

第 8 章

公司金融战略与公司价值

战略制定者的任务不在于看清企业目前是什么样子，而在于看清企业将来会成为什么样子。

——约翰·W. 蒂兹（John W. Teels）

➢本章摘要

公司金融战略是对公司金融活动进行的全局性、长远性和创造性的谋划，在公司的战略结构中，属于公司职能战略。公司金融战略的主要目标就是增加公司价值。本章介绍公司金融战略的理论基础，公司金融战略的类型、特征，公司金融战略的环境分析，快速扩张型、稳健发展型及防御收缩型金融战略的判定和公司金融的可持续增长。

8.1 公司金融战略概述

8.1.1 公司金融战略的理论基础

1. 战略管理理论的发展

纵观战略管理理论的产生与发展，大体经历了以下三大阶段。

（1）以环境为基础的经典战略管理理论。其核心思想为：①公司战略的基点是适应环境；②公司战略的目标在于提高市场占有率；③公司战略的实施要求组织结构变化与之相适应。然而，需指出的是，以环境为基点的经典战略理论存在以下不足之处：①该理论缺乏对企业将投入竞争的产业进行分析与选择。②该理论缺乏对企业内在环境的考虑，它只是从企业的外部环境（即现存的、已结构化的产业市场环境）来考察企业战略问题。

（2）以产业结构为基础的竞争战略理论。它指出了公司在分析产业结构竞争环境的基础上制定竞争战略的重要性，从而有助于公司将其竞争战略的眼光转向对有吸引力的产业的选择上。然而，竞争战略理论仍缺乏对公司内在环境的考虑，因而无法合理地解释为什么在无吸引力的产业中仍能有盈利水平很高的公司存在，而在吸引力很高的产业中却又存在经营状况很差的公司。

（3）以资源、知识为基础的核心竞争力理论。该理论认为，在行业竞争普遍加剧的形势下，公司内部的独特资源和能力才是企业超越竞争对手，获得超额利润的基础和决定性因素。因此，要培养和发展核心竞争力，企业应首先分析自身的资源状况，选择其中某一方面或几个方面，充分发挥其优势。此外，在选择那些可能成为核心竞争力的因素的同时，还应关注未来新的核心竞争力的培养。

2. 公司金融管理理论的发展

近一百年来，公司金融管理理论获得了飞跃性发展。

（1）筹资财务管理时期。20 世纪初期，西方国家股份公司迅速发展，企业规模不断扩大，市场商品供不应求。企业普遍存在如何为扩大生产经营规模筹措资金的问题。当时企业财务管理的职能主要是预计资金需要量和筹措企业所需资金，融资是当时企业财务管理理论研究的根本任务。从一定意义上讲，当时财务管理问题就是融资管理问题。因此这一时期称为筹资财务管理时期。

（2）资产财务管理时期。1929 年至 1933 年的经济危机，使如何维持企业生存成为投资者和债权人关注的首要问题。危机使许多企业意识到，财务管理的任务并不仅是融资问题，还应包括对资金的科学管理与使用，只有注重资金的使用效益，保持资本结构的合理性，严格控制财务收支，才能使经营立于不败之地。这样，20 世纪 30 年代后，财务管理的重点开始向防御性的内部资金控制转移，各种财务目标和预算的确定、债务重组、资产评估、保持偿债能力等问题，开始成为这一时期财务管理研究的重要内容。这一时期资产管理成为财务管理的重中之重，因此这一时期称为资产财务管理时期。

（3）投资财务管理时期。第二次世界大战结束以来，科学技术迅速发展，产品更新换代速度加快，国际市场迅速扩大，跨国公司日益增多，金融市场日益繁荣，市场环境日益复杂，投资风险日益增加，企业必须更加注重投资效益，规避投资风险，这对已有的财务管理提出了更高要求。20 世纪 60 年代中期以后，财务管理的重点转移到投资问题上，因此这一时期称为投资财务管理时期。

（4）通货膨胀财务管理一度成为热点问题。20 世纪 70 年代，西方世界普遍遭遇了旷日持久的通货膨胀。物价不断上涨，严重影响到企业的财务活动。大规模的持续通货膨胀导致资金占用迅速上升，筹资成本随利率上涨，有价证券贬值，企业融资更加困难，企业利润虚增，资金流失严重。严重的通货膨胀给财务管理带来了一系列前所未有的问题，于是，西方各国开展了关于通货膨胀条件下怎样进行有效财务管理的研究工作，财务管理的任务主要是应对通货膨胀。

（5）国际财务管理成为现代财务学的分支。世界各国经济交往日益密切，企业不断朝着国际化和集团化的方向发展，国际贸易和跨国经营空前活跃，在新的经济形势下，财务管理理论的注意力转向国际财务管理领域。20 世纪 80 年代中后期以来，进出口贸易融资、外汇风险管理、国际转移价格问题、国际投资分析、跨国公司财务业绩评估等，成为财务管理研究的热点，并由此产生了一门新的财务学分支——国际财务管理。

3. 金融管理与战略管理的融合

当今时代，知识经济兴起、全球经济一体化、企业购并波涛汹涌，企业面对的经营环境更加严峻。战略管理在构建企业核心竞争力时，需要金融管理的支持；企业实施金融管理时需要战略管理的指导。因此，金融管理与战略管理的融合成为必然趋势。金融管理进入金融战略管理的新阶段。

8.1.2　公司金融战略的内涵

1. 公司金融战略的概念

公司金融战略是指企业面对激烈变化、严峻挑战的经营环境，为求得长期生存和不断发展而进行总体性、长期性、创新性财务谋划。

（1）公司金融战略是一种计划。公司金融战略具有两个基本特征：一是公司金融战略需在企业经营活动之前制定，以备人们使用；二是公司金融战略是有意识、有目的地开发和制定的。总之，从本质上讲，公司金融战略是行动之前的一种概念。

（2）公司金融战略是一种计谋。这是指在特定的环境下，企业将金融战略作为威胁和战胜竞争对手的一种具体手段。这种威胁通常是由企业发出的一些“市场信号”所组成的，一些市场信号可能见诸行动，而更多的只是对竞争对手的一种恫吓手段。例如，一个企业在得知竞争对手想要扩大生产能力占领更多市场时，便提出自己的战略是增加研究与开发费用以推出更新的产品占领市场，竞争对手在得知这种信号后，深知该企业资金雄厚，为避免竞争升级，便放弃扩大生产能力的设想。

（3）公司金融战略是一种模式。公司金融战略是企业为了实现价值最大化的目标而对企业资源进行分配，构建核心竞争力的一种模式。

2. 公司金融战略的特征

公司金融战略是企业整体经营战略的组成部分，可成为一个相对独立的分战略包含在整体之中。因此，公司金融战略具有经营战略的一般属性，具有全局性、长远性、方向性、从属性、风险性等特征。

1）全局性

公司金融战略是以全局及整体经营活动中的财务活动为研究对象，是为谋求企业良好的财务状况和财务成果做出的筹划，并从全局上规定企业的财务行为，使之与企业的整体行动相一致，保证企业经营目标的实现。所以，凡是关系到企业全局的财务问题，如资本结构、投资方案、股利分配、财务政策等，都是公司金融战略要研究的问题。公司金融战略的研究必须根据上述要求，从整体上分析和评价企业的战略管理活动。

2）长远性

公司金融战略的着眼点在于企业长远的发展。所以，公司金融战略应研究长期资金筹集和使用、企业积累的形成等方面的问题，要在预测分析的基础上，提出长期金融战略方案。

3）方向性

公司金融战略是对企业生存和发展的支持，所以必须从财务管理的角度分析评价企业的发展方向，研究如何把有限的资金投放到有利于企业发展的项目上，或为调整企业经营方向提出调整资金投放的谋略。

4）从属性

公司金融战略必须服从企业经营战略总体发展目标,必须服从企业总体发展的方向。

5）风险性

企业的理财环境变化不定，国内外政治经济形势、价格波动、税率变更、投资环境、技术水平等诸因素的影响，都将会使企业在制定金融战略时遇到困难。公司金融战略如何适应企业理财环境中的不可控因素，主要由财务决策者的知识、经验和判断力来决定。科学合理的金融战略一旦实现，就会给整个企业带来生机和活力，使企业得以迅速发展。反之，则会给企业带来较大损失，甚至使企业陷入破产。

3. 公司金融战略要素

从形成过程及组成内容看，公司金融战略由战略总目标、战略环境分析、战略具体目标、战略重点、战略阶段、战略对策等六个要素组成。

1）战略总目标

公司金融战略目标可分为公司金融战略总目标和公司金融战略具体目标。公司金融战略总目标是制定和实施金融战略的指导思想，也是企业财务活动的核心部分。公司金融战略总目标突出了企业战略特点，要求高瞻远瞩，放眼未来，积极进取，运筹全局。公司金融战略总目标不仅影响金融战略的制定，而且指导金融战略的实施。

制定公司金融战略总目标要与公司有关的诸多利益集团的各自目标联系起来，因为公司金融战略总目标是这些利益集团共同作用和相互妥协的结果。公司价值最大化目标是通过公司金融战略具体目标——投资战略目标、融资战略目标和股利分配战略目标来实现的。投资战略目标是满意的投资报酬率和现金流量；融资战略目标是为投资的需要而源源不断地提供资金，并使资金成本最低；股利分配战略目标一方面要满足筹资的需要，另一方面要满足股东收益的需要。当投资报酬率小于或等于资本成本时，或仅仅是微利，则是竞争战略的结果；当企业所要求的投资报酬率必须大于资本成本时，往往是企业采取稳定战略的结果。

2）战略环境分析

战略环境分析是事前对影响公司金融战略的因素进行系统的预测分析，从而确定公司金融战略的具体目标。战略环境分析是公司金融战略形成过程中的一个重要环节，战略环境分析的准确程度直接影响金融战略的质量。进行战略分析时应从外部环境分析和内部环境分析两方面考虑。有关战略环境分析的具体内容将在本章的8.2节做具体的介绍。

3）战略具体目标

公司金融战略具体目标包括投资战略目标、融资战略目标和股利分配战略目标。公司金融战略具体目标是公司金融战略总目标的具体化，它既规定金融战略行动的方向，又是制定理财策略的依据，在金融战略中居于核心地位。公司金融战略具体目标正确，能取得筹资、投资的成功，增强营利能力和积累能力，促进企业的发展；公司金融战略具体目标错误，可能使筹资、投资失败，恶化财务状况，丧失营利能力，造成企业经营危机。所以，公司金融战略具体目标制定的正确与否，直接关系到企业的财务成果和经营的兴衰成败。

4）战略重点

战略重点是指实现公司金融战略具体目标过程中，必须予以解决的重大而又薄弱的环节和问题。在制定公司金融战略具体目标时，一般都要充分利用企业外部的机会和内部的优势，但也不能完全回避外部威胁和内部劣势所潜伏的威胁性影响。外部威胁和内部劣势正是实现战略目标的薄弱环节，例如，它们对实现战略目标有重大影响，或有长期影响，则如何转化和解决此薄弱环节就是战略重点。一般来说，筹资中的风险、投资中的风险往往会使筹资、投资环节成为战略重点；企业产品市场的变化、营利能力的下降、资产负债率的升高等会使企业的劣势增大，也都会成为战略重点。

5）战略阶段

战略阶段是为实现战略目标而划分的阶段。战略的规划期一般是 5 年、10 年，或更长一些。要在较长的时期内实现战略目标，必须要经过若干阶段。为使公司金融战略方案有序地执行，必须分期规定各阶段的具体任务和目标，才能保证届时实现公司金融战略目标。因此，在制定公司金融战略时，必须根据现有条件和对理财环境变化和发展趋势的分析，划分战略阶段，提出各战略的时间、任务、目标及措施，明确各战略阶段的重点，使其趋于完整。

6）战略对策

战略对策是保证战略目标实现的一整套重要方针、措施的总称，是保证战略实现的手段。战略对策是紧紧围绕战略目标这个中心而提出的，所以它不同于一些解决非战略性问题的具体措施，是与实现战略目标有密切联系的、重大的基本方针与措施。

战略对策是战略的实施部分，也可称之为战术。在研究公司金融战略对策时，必须以企业的财务状况和营利能力为分析基础，注意形成自己的优势，才能在选择对策时保持主动权。

综上所述，公司金融战略的六个要素组成了一个完整的公司金融战略，其中战略总目标是导向，战略环境分析是基础，战略具体目标是核心，战略重点是关键，战略阶段是步骤，战略对策是措施。这六个要素相互依存、相互制约、相互促进，缺一就不能称之为完整的金融战略。

8.1.3　公司金融战略的类型及特征

公司金融战略与企业战略密不可分，但同时公司金融战略又侧重于资金的筹措和使用。因此，公司金融战略类型也应该主要从资金筹措与使用特征的角度进行划分。从这一角度出发，可以将公司金融战略划分为快速扩张型公司金融战略、稳健发展型公司金融战略和防御收缩型公司金融战略。

1. 快速扩张型公司金融战略

快速扩张型公司金融战略是指以实现企业资产规模的快速扩张为目的的一种战略。

为了实施这种战略，企业往往需要在将绝大部分乃至全部利润留存的同时，大量地进行外部融资，更多地利用负债，以弥补内部积累相对于企业扩张需要的不足；更多地利用负债而不是股权筹资，因为负债筹资既能为企业带来财务杠杆效应，又能防止净资产收益的稀释。企业资产规模的快速扩张，也往往会使企业的资产收益率在一个较长时期内表现出相对较低的水平，因为收益的增长与资产的增长总具有一定的滞后效应。

总之，快速扩张型公司金融战略一般会表现出“高负债、低收益、少分配”的特征。

2. 稳健发展型公司金融战略

稳健发展型公司金融战略是指以实现企业财务绩效的稳定增长和资产规模的平稳扩张为目的的一种战略。实施这种战略的企业，一般将优化现有资源的配置和提高现有资源的使用效率作为首要任务，将利润积累作为实现企业资产规模扩张的基本资金来源。为避免产生过重的利息负担，这类企业对利用负债实现企业资产和经营规模的扩张往往持十分谨慎的态度。

所以，实施这种战略企业的一般财务特征是“低负债、高收益、中分配”。当然，随着企业逐步走向成熟，内部利润积累就会越来越成为不必要，在这种情况下，“中分配”的特征也就越来越趋于不明显，直至消失。

3. 防御收缩型公司金融战略

防御收缩型公司金融战略是指以预防出现财务危机和求得生存及新的发展为目的的一种战略。

由于这类企业多在以往的发展过程中遇到挫折，也很可能曾经实施过快速扩张型金融战略，历史上形成的负债包袱和当前经营上面临的困难就成为迫使其采取防御收缩型金融战略的重要原因。实施防御收缩型金融战略的企业一般将尽可能减少现金流出和尽可能增加现金流入作为其首要任务，通过削减分部或精简机构等措施，盘活存量资产，节约成本支出，集中一切可以集中的人力，用于企业的主导业务，以增强企业主导业务的市场竞争力。由于企业缺少发展机会，股东一般要求企业将手中掌握的现金尽可能分配给股东。

“高负债、低收益、多分配”是实施这种金融战略企业的主要财务特征。

8.1.4 公司金融战略的目标

公司金融战略的目标是合理配置资源，构建核心竞争力，源源不断创造价值，最终实现企业价值最大化。

8.1.5 公司金融战略与总体战略的关系

1. 企业总体战略决定金融战略

企业总体战略是企业的大政方针，具有独立性，它决定了企业经营的领域、产品发展方向和技术水平，规定了企业投资的方向，即企业必须在总体战略规定的范围之内进行投资活动，并保证资金及时、足额到位。金融战略从属于总体战略，是总体战略的具体化，它必须保证总体战略目标的实现。财务目标必须在总体战略所规定的范围内确定、落实。

2. 金融战略制约着企业总体战略

金融战略具有相对独立性，对总体战略牵制性较强。在总体战略的实施过程中，由于外部环境的不可控因素的影响，企业的金融战略无法实施时，就必须调整总体战略；或财务的成功实施改善了企业的外部环境和内部条件时，也要及时调整总体战略，以便在新的环境下向更高的层次发展。

无论如何，金融战略与总体战略要形成一种匹配和平衡的关系。当两者关系的变化、发展破坏了这种平衡，企业就会陷入危机；当两者平衡发展，经常能使企业的财务资源比较有效地支持企业总体战略。企业总体战略也往往能够在一个富有弹性的财务资源中，不断地寻求对环境制约的突破和自身发展。

8.1.6　公司金融战略与公司价值的关系

1. 公司价值是公司金融战略的目标

现代公司经营的最高目标是实现公司价值最大化，如何实现这个目标，如何进行规划、资源分配、资源整合的问题，就是如何进行金融战略设计的问题。公司的生存、发展壮大都离不开价值创造，现代公司财务理论中的投资组合理论、资本资产定价模型、资本结构理论、股利理论等无一不是以价值最大化为目标。

从公司价值创造的角度出发，可以将金融战略管理理解为公司为实现价值创造而选择从事哪些经营活动，以及在这些活动中如何规划实施金融战略决策。公司价值决定了公司金融战略的方向和行为。现代公司金融战略的目标就是通过金融战略决策，实现公司价值最大化。

2. 公司金融战略对公司价值的实现起决定性作用

从价值管理的角度来看，公司金融战略管理是指公司价值创造的模式，决定了公司价值创造的潜力。

公司金融战略决定了公司基本的价值创造模式，从而决定了公司长期获取经济利润和保持竞争优势的能力。任何一项财务决策的制定与执行，都会影响公司价值的大小。科学、有效的金融战略能提高公司价值；错误、低效的金融战略将减少公司价值。

8.2　公司金融战略环境分析

企业处于变幻莫测的社会经济环境中，作为金融战略生成的起点，首要的任务是对企业所处的内外战略环境进行分析。战略环境分析的准确程度将直接影响金融战略的质量。

8.2.1 外部环境分析

对于企业来说，其外部环境包括两方面：一方面是其所在行业的环境，另一方面则是它未来打算进入的行业的环境。从产业经济学的角度看，一个产业的产出就是另一个或一些产业的投入，一个产业的投入就是另一个或一些产业的产出。可见，产业之间的关联形成了企业的外部价值链，它反映了价值链上每一产业的边际利润，这一指标综合反映了该产业内所有企业的平均营利能力，因此外部环境分析主要就是对影响外部价值链的各种可能因素进行分析，确定行业的吸引力。表 8-1 总结了这些因素，并将它们分为三大类，即总体市场因素、行业竞争结构因素和其他环境因素。

表 8-1　外部环境分析的主要因素

方面	影响因素
总体市场因素	市场规模大小 行业的市场增长率 周期性因素：商业周期 产品生命周期 季节性因素等
行业竞争结构因素	新进入者的威胁 买方议价能力 现有公司间的竞争 替代品的威胁 供方议价能力
其他环境因素	技术、政治法规、经济、金融和社会文化等

1. 总体市场因素分析

（1）市场规模大小。市场规模大小表明了一种产品从市场获得收入去补偿所投入的成本的可能性。由于大市场比小市场更有细分的可能性，无论是大型公司还是小型公司都会认为大的市场更具有诱惑力。但从另一方面看，大的市场往往要求竞争者投入大量的资源，对某些小公司来说不一定具有吸引力。所以仅凭市场规模大小并不能充分判断是否是一个良好的投资机会。

（2）行业的市场增长率。行业的市场增长率是波士顿咨询公司所推崇的评价行业吸引力的关键市场因素。如果行业的市场增长率大于整个经济的增长水平，就具有较高的增长率；反之，就具有较低的增长率。与较低的行业的市场增长率相比，较高的行业的市场增长率意味着美好的前景和机会；而较低的行业的市场增长率则隐藏着黯淡的前景和威胁。因此，行业的市场增长率就在一定程度上影响着企业的扩张方向。此外，由于行业生命周期的影响，对这一增长率的确定还应具备战略眼光，不但要看到目前的市场增长，还要注重预测整个战略规划阶段的市场增长。

（3）周期性因素。不同的时期有不同的环境，企业如果不能正确识别所处时期的环境特征，就不能制定正确的金融战略，不能对环境的变化做出恰当的反应。周期性因素主要包括商业周期、产品生命周期，以及季节性因素等。

2. 行业竞争结构因素——五种竞争力量

虽然总体市场因素是评价一个行业吸引力的重要指标，但是，它们不能提供任何关于行业竞争结构方面的信息。而行业结构强烈地影响着竞争规则的确立及潜在的可供公司选择的战略，它通常对行业内在的营利能力起决定性的作用，因此，为了保证企业的长期营利能力，企业的金融战略就需要对行业竞争结构进行分析。迈克尔·波特在他的《竞争战略》一书中提出了一种被人们所普遍接受的行业结构分析模型。这个模型包括了五种竞争力量，即新进入者的威胁、买方议价能力、现有公司间的竞争、替代品的威胁和供方议价能力。它们之间的关系如图 8-1 所示。

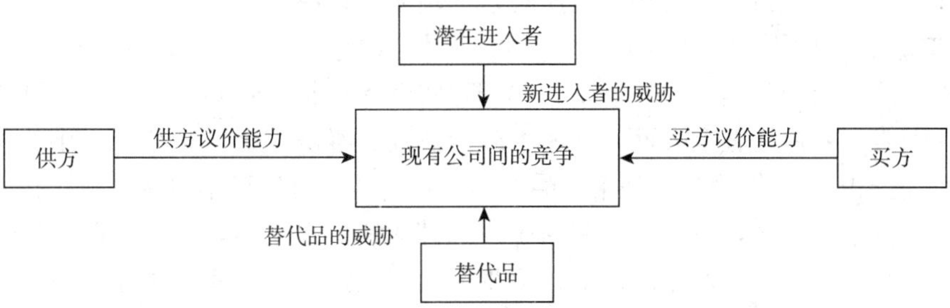

图 8-1　驱动行业竞争的五种力量

上述五种竞争力量确定了企业产品的价格、成本和投资，因此也就决定了行业的长期盈利水平。不同行业中这五种竞争力量的大小是不一样的，因而也就造成了不同行业有着高低不同的利润率。五种竞争力量又受到一些具体因素的影响，如新进入者的威胁力量取决于行业壁垒的高低，而规模经济、产品差异化、资本需求等都是影响行业进入障碍大小的因素。这些具体的因素总括如表 8-2 所示。

表 8-2　五种竞争力量及其主要影响因素

因素	具体内容
决定新进入者的威胁的因素	进入壁垒（规模经济、产品差异化、资本需求、转换成本、销售渠道、成本劣势、政府的政策、预期的报复）等
决定买方议价能力的因素	购买的数量、购买的产品无差异化、买方后向整合的威胁、转换成本低、买方盈利低、买方对产品无偏好、掌握充分信息等
决定现有公司间的竞争的因素	众多势均力敌的竞争者、行业增长缓慢、高固定成本、产品缺乏差异、退出壁垒高等
决定替代品的威胁的因素	替代品数量的多少、替代品的相对价格、买方对替代品的购买倾向等
决定供方议价能力的因素	供应商高度集中、供应的商品无替代品、产品的差异化、转换成本高、供方产品是买方业务的主要投入品、供方前向整合的威胁等

五种竞争力量是行业竞争结构的函数，构成行业结构的共性。一方面，在每一个行业中这五种竞争力量的大小不同，使得每个行业都有自己独特的结构，展现出独特性。

例如，制药行业的进入壁垒就很突出，巨额的研发费用、一定的销售规模、替代品开发相对缓慢、买方对价格不敏感、专利的存在导致模仿的减少等，上述因素的共同作用使制药行业具有较高的利润率。另一方面，五种竞争力量的大小会随行业的发展而有所变化，这就使得行业的结构也随之发生变化，因此行业结构的稳定性不是绝对的，它具有一定的变动性。行业竞争结构的独特性和变动性使行业结构分析的重要性体现在两个方面：一是行业结构分析必然是一个反复不断的过程，以随时监测行业结构的重大变化，及时做出战略调整，使企业适应外部环境的变化；二是结构分析可以用于预测行业未来的发展潜力，即通过考察每一种竞争作用力、预测每一深层次动因的大小，然后描绘出可能的行业利润潜力的综合前景。显然，行业结构分析对于维持长期营利能力、创造企业价值起着重要的作用。

3. 其他环境因素

其他环境因素是指不被公司和它所在行业控制的那些因素，它们对企业投资战略的影响不如前两种因素明显，但可以通过前两种因素对企业的金融战略起间接作用，因此，那些能很好地适应和利用这些环境变化的企业将能保持长期营利能力，实现可持续性发展。这些因素主要包括五个方面：技术、政治法规、经济、金融和社会文化。

（1）技术因素。科学技术是第一生产力，它包括了自然科学技术、组织技术、管理技术和信息技术等内容。技术的进步对生产合理化和提高生产效率具有重要作用，同时对企业的资金投向起导向作用。例如，不少公司会收购或控股一些研究机构，达到获取最新技术的目的。

（2）政治法规因素。政治法规包括政治主体的目标、纲领和政策、法律和法规体系、对外方针和政策等内容，安定的政治法规环境是企业实现有效投资的重要保障之一，并且国家还会通过有关政策，如对投资高新科技产业的公司给予税收优惠等，来引导企业的投资方向。每个行业都受不同法规体制的影响，所以总结归纳出政策、法规影响的一般来源是不可能的。因此，要与行业结构因素相结合，找出政策、法规对五种竞争力量的影响，针对行业的具体情况进行分析。

（3）经济因素。经济环境表明了经济资源的分配和使用方式，它的内容主要包括利息率、经济增长率、国民收入、物价变化、通货膨胀等。企业是经济组织，因此它受经济因素的影响最大、最直接。经济环境的变化将影响资金供给与需求的总规模，影响资金成本和融资方式，从而影响企业的融资战略。

（4）金融因素。在市场经济条件下，企业筹资、投资等都必须借助金融环境。金融机构的种类和数量、金融业务的范围和质量、金融市场的发展程度、有价证券的种类等都会对企业的资金流动产生重要的影响。事实证明，我国不断发展完善的证券市场正在为企业财务战略的实现提供更广阔的空间。

（5）社会文化因素。社会公众的生活方式、人生观及价值观等的变化趋势对消费品制造商来讲是特别重要的，而社会公众对工业品的需求经常是由消费品行业派生出来的，即消费品行业需求的变化会明显地影响工业品的需求。因此，社会文化因素的变化最终将影响一连串相关的行业。很明显，向热门产品行业提供产品或服务的行业会更有吸引力，因而也就成为企业战略性投资的重点。

8.2.2　内部环境分析

与外部环境相对应，内部环境分析也包括两种：一种是本企业的内部环境分析，另一种是目标企业的内部环境分析。外部环境分析给出了特定产业的平均营利能力，但企业能否获得这种能力还取决于企业本身的因素。对内部价值链进行分析，就是通过考察企业内部各项活动对边际利润的影响，对企业所拥有的各项资源进行价值评估。

根据迈克尔·波特的价值链理论，价值活动可以分为两大类：基本（primary）活动和支持（support）活动。基本活动是指与产品或服务实质创造有关的活动，包括内部后勤、生产作业、外部后勤、市场和销售、服务等各项活动；而支持活动是指可使基本活动得以顺利进行的活动，包括企业结构、人力资源管理、技术开发和采购。

内部环境分析的主要目的是评估企业的资源和战略价值，发现企业自身的长处和短处，分析其成因，以确定企业的竞争优势，充分挖掘企业的潜力。内部价值链分析框架通过识别企业的价值活动，指出企业价值活动对利润的影响和贡献，因此这种分析方法对认识企业的内部环境有着重要作用。

（1）确认成本驱动因素。每一项成本活动均取决于影响成本的一切因素，如规模经济、学习曲线、生产力利用模式、联系、整合、时机选择、自主政策、地理位置和机构因素。成本驱动因素是一项活动成本的结构性原因，各种活动的成本驱动因素有所差别，即使内容相同，各种因素之间的比例也会存在差异，因此，判定每种价值活动的成本驱动因素，将使企业对其自身活动的成本构成及其来源有一个深刻的认识，从而确定自身的成本优势和劣势。

（2）确认独特性驱动因素。除成本优势外，企业可能具有的另一种竞争优势是差异化。仅从有形产品或市场行为的角度看待差异化是远远不够的，价值链分析将有助于我们发现价值链中任何一处可能产生经营差异化的环节。差异化可以给企业带来有别于竞争对手的特征，如果企业因差异化而获得的溢价超过为此追加的成本，那么差异化就会使企业获得较好的业绩。因此，与成本驱动因素相对应，用价值链分析差异化的关键在于识别造成差异化的独特性因素。这些因素包括公司政策选择、价值链的内外部联系、时间性、地理位置和制度等。通过了解独特性驱动因素，企业就可以在保持差异化的持久优势方面做出努力。

（3）识别已有的关联。外部价值链基于产业经济的假设和模型。在这种观点下，每个公司在价值链中占据某一个位置。从这一角度看，企业的扩张战略艺术就是为公司在价值链中寻找一个合适的位置，即合适的业务、产品、市场和增值活动。但现实中，大多数企业都不只是在一条价值链上经营一种业务，而是由属于不同价值链上的若干个业务单元构成的价值群体。此时，作为公司的整体战略有必要协调各业务单元之间的关系，价值链分析将有助于揭示不同业务单元之间各种活动的关联情况。

（4）追踪企业边界外的关联。企业很少在与其目前业务单元有关的所有产业中竞争。因此，有必要识别企业内现有业务单元和未来潜在的业务组合内的产业之间的关联。

企业可以通过分析重要的价值活动，以物色具有共享潜力的相关产业。例如，企业应探寻与其他产业在品牌名称、分销渠道、后勤系统、技术开放活动和其他重要的价值活动等方面共享的潜在机会。

8.3 快速扩张型公司金融战略

在企业的快速扩张阶段，一方面，企业可以充分利用现有的核心能力，强化、扩大企业核心能力；另一方面，企业可以借助组织内的资源，通过与关键价值增值活动形成协同，进行业务扩展，扩大知识的转移与内化，建立一些新的能力。这时在财务上企业应实行快速扩张型金融战略。

8.3.1 快速扩张型公司金融战略分析

快速扩张型公司金融战略是指企业为追求成长而进行的财务谋划。它是以实现企业资产规模的快速扩张为目的的一种战略。在此期间，企业财务策划以增加财务杠杆利益为出发点，采用积极的筹资策略，大量提高债务比重，同时加强管理，降低资金成本，减少筹资风险，从而提高企业的权益资本收益率，获得较大的财务杠杆利益，为企业核心能力的成长发挥积极作用。在核心能力成长期实行快速扩张型公司金融战略，需要防止在资源的配置上盲目扩张。将资源从企业熟悉的领域投入到并不熟悉的领域，无疑加大了企业的经营风险。盲目扩张的结果是，投资的预期目标难以实现，财务预算不断处于超支状态，最后使企业从资源丰富型变成资源不足型。企业处在核心能力成长期的主要任务是把主业“做大”，而不是分散资源去“做多”。因此，快速扩张型公司金融战略主要应通过一体化公司金融战略和集中化公司金融战略来实现资源配置。

8.3.2 一体化公司金融战略

1. 定义

一体化公司金融战略是指企业充分利用自身资源优势，沿着价值链的纵向或水平方向，不断地扩大其业务经营的深度和广度来创造企业价值而进行的财务谋划。

2. 一体化公司金融战略的财务动机

前向一体化使企业提高其生产经营活动的深度，从而提高原有产品的商业化程度，提高附加值，增加收益水平。对原材料、半成品企业来讲，通过前向一体化可以使其摆脱初级产品市场上激烈的价格竞争及由此导致的经营困难局面，转向一个新的、以差别化竞争为主的更为宽松有序的市场。对产品生产企业来讲，通过前向一体化控制产品的分销、零售渠道可带来明显的成本节约，降低产品的销售价格，提高产品的销售效率，从而增加企业收益水平。

后向一体化使企业获得价格稳定、相对低廉的原材料供应，降低产品生产成本。对那些关乎企业生产正常进行的、需求量大的主要能源性原料和企业生产所需的关键性技术、配套产品来讲，掌握它们的生产技术或找到稳定的来源将使企业摆脱供应商的控制和影响，减少企业生产经营停顿的风险。

横向一体化可使企业迅速简单地扩张生产能力，扩大生产经营规模，使企业获得规模经济的好处，新增产品业务可与原有产品业务共用企业的某些资源，从而增强协同作用，降低成本，获得竞争优势。通过实施横向一体化，可以减少竞争对手的数量，降低产业内相互竞争的程度，为企业的进一步发展创造一个良好的产业环境，提高企业产品市场占有率，提升收益水平。

3. 一体化公司金融战略的成本

（1）一体化要求企业克服移动壁垒，这就需要付出成本。例如，需克服规模经济、资本需求及由专有技术或合适的原材料而具有的成本优势引起的壁垒等。

（2）一体化增加了企业的固定成本部分，因此增加了企业的经营杠杆，增加了企业的经营风险。

（3）纵向一体化意味着企业的部分命运将由其内部供应者的能力决定。与某些外部独立实体交易相比，纵向一体化增加了改换其他供应商及顾客的成本，降低经营的灵活性。

（4）一体化降低了企业配置其资源的灵活性。由于纵向链中的每道经营环节是相互依赖的，企业可能被迫在边际部分投资以维护整体，而不能向其他地方分配资源。实施一体化或将造成企业资源的分散，如果企业资源不充裕或实施一体化方式不对，其结果将造成对企业原有核心产品或业务资源投入的减少，可能影响其竞争优势的保持和提高。

（5）纵向一体化意味着企业通过固定的关系来进行购买与销售。上游企业的经营激励可能会因为上游企业的产品在内部销售而不是企业为进行市场竞争进行的销售而有所减弱。反过来，从整合体内部另一个单位购买产品时，企业不会像与外部供应商做生意时那样激烈地讨价还价。因此，内部交易减弱了激励。

（6）在实施一体化时，如果企业决策不慎，不能给企业带来明显竞争优势的话，将可能给企业带来负担和麻烦。它将使一家企业深深地陷入某一行业中，如果这一行业出现衰退，对企业的打击将是致命的。

4. 一体化公司金融战略的实施条件

（1）企业参与竞争的行业快速增长。企业的发展只有融入行业的发展当中去，才能有更好的市场机会。行业的发展前景如何是企业决定是否实施一体化金融战略的关键因素。若由于决策的失误而将资源投向了"夕阳产业"，则意味着企业也将走向没落。

（2）一体化存在较高的利润机会。企业的经营目标就是追求利润的最大化，利润的大小决定着企业资源的投向。正是由于存在着较大的利润空间，企业才具有实施一体化金融战略，不断扩大其经营的深度和广度的内在动力。

（3）企业具备一体化所需的资源。经济学中有一条假设，即资源的稀缺性。在企业的生产经营中，资源的短缺往往成为制约其进一步发展的瓶颈。企业实施一体化金融战略必须具备足够的资源，以保证其战略的成功实施。

8.3.3 集中化公司金融战略

1. 定义

集中化公司金融战略是指企业将资源高度集中于一项最有前途的业务中，力求将其做大做强，建立企业的市场地位和竞争优势而进行的财务谋划。

2. 集中化公司金融战略的财务动机

（1）集中化公司金融战略因其具有“专业化”特点，有利于企业实现规模经济和获取“学习曲线”带来的好处，提高运行效率。

（2）该战略对追加资源要求低，有利于发挥企业已有能力。

3. 集中化公司金融战略的成本

集中化公司金融战略将全部资源投入到单一行业、集中于单一市场从事经营，当市场变得饱和、行业发生萎缩时，采取这一战略的企业容易受到较大打击。

4. 集中化公司金融战略的实施条件

（1）行业前景良好。行业的发展前景是企业决定继续停留还是退出一个行业的决定性因素，集中化金融战略更是如此。由于在实施这一战略时，资源投向相对单一、集中，决策的失误带给企业的将是灾难性的毁灭。

（2）其他企业还未大规模进入该行业。这一点在上一节的环境分析中已经提到。一方面，在其他企业没有进入的情况下，企业有足够的时间来发展壮大自己，以对后进入者构成进入威胁；另一方面，企业还可以在原材料的供应和产品的提供上，提升自己的议价能力。

（3）企业资源有限，但经营该业务具有竞争优势。资源的有限可得性决定了企业的大规模的进入会提高边际生产成本，理性的投资者并不会贸然行事，从而使企业能够保持竞争优势。

8.4 稳健发展型公司金融战略

稳健发展型公司金融战略是以实现企业财务绩效的稳定增长和资产规模的平稳扩张为目的的一种金融战略。稳健发展型公司金融战略的目的是分散财务风险，有效地利用资源，实现企业财务绩效的稳定增长和资产规模的平稳扩张。稳健发展型公司金融战略必须采取多元化公司金融策略。多元化公司金融策略可以通过相关多元化和非相关多元化两种形式来实现。相关多元化可以使企业在保持主要核心业务的同时，将其竞争优势运用于多个相关的业务，充分发挥企业的资源与经验优势，这主要通过多元化公司金融战略来实施。非相关多元化的着眼点是追求未来的财力协同作用，主要通过结成战略联盟实现。

8.4.1　多元化公司金融战略

1. 定义

多元化公司金融战略是指企业根据新行业的状况及自身资源情况决定在新的市场领域开拓而进行的财务谋划。

2. 多元化公司金融战略的财务动机

（1）有利于企业持续成长。当企业面临一个已经成熟的甚至是衰退的行业时，继续在此行业中投入以获取增长是不明智的，为寻求企业的进一步成长，企业必须进入一个新行业。

（2）分散风险。企业经营的好坏不仅取决于企业管理者，还受宏观环境的影响。因此，多元化经营的一个非常重要的优势就是通过减少企业利润的波动来达到分散经营风险的目的。以此目的而实行的多元化，应确立使企业风险最小、收益最大的业务组合。一般来说，企业应选择在价格波动上是负相关的业务组合，这样最有利于分散风险。

（3）挖掘企业内部资源潜力。企业在日常的经营活动中常常积累有未充分利用的资源，企业可以通过多元化经营来提高企业的经济效益。

（4）形成内部资本的收益。企业如果在外部资本市场上筹集资金是要花费较高成本的，同时，还涉及资格审定等问题。因此，实行多元化的企业可以在其企业内部建立资本市场，通过资金在不同业务领域之间的流动来实现各业务领域的资金需求。

（5）实现企业规模经济、范围经济。企业从事多种经营，扩大企业规模，能在质量和数量方面占有丰富的经营资源，能享受规模经济和范围经济效益，降低成本，提高企业的盈利水平。

3. 多元化公司金融战略的成本

（1）管理冲突。由于企业在不同的业务领域经营，企业的管理与协调工作（对不同业务单位的业绩评价、集权与分权的界定、不同业务单位间的协作等）就大大复杂化了，多元化经营有可能造成经营理念、企业文化上的冲突，使管理效率大大降低。

（2）新业务领域的进入壁垒。多元化经营需要克服行业进入壁垒，这就必须付出成本，如额外的促销费用等。同时，在一个企业完全陌生的新的行业环境中经营，由于不具备在此行业中的经营经验，缺乏必要的人才、技术等资源，往往会冒较大的风险。

（3）分散企业资源。企业的资源是有限的，实行多元化经营必然要分散企业的资源，从而对企业原有业务产生不利影响。如果企业在原有业务领域并未真正获得竞争优势就迫不及待地进入新的业务领域，就很容易使企业的新旧业务同时陷入困境，造成经营上的失败。

4. 多元化公司金融战略资源配置顺序

企业的管理者应该决定在各种业务单元间应该采用怎样的优先顺序进行资源配置，明确哪些业务在企业的资源支持和新资本的投资方向上应该享有较高的优先权，哪些只能有最低的优先权。企业在将业务从最高到最低进行排序的过程中也应该弄清楚每个业务单元的基本的战略途径应该是什么：投资和增长、设防和防卫、彻底修整和重新定位、放弃和清算。在进行排序时，应当特别注意的是企业的资源和能力怎样增强核心竞争力。

5. 多元化公司金融战略的实施条件

（1）企业的主营业务已经步入成熟期。现有业务继续扩大投资时，其边际收益较低。寻找新的利润增长点是多元化公司金融战略的必然选择。

（2）新行业具有良好的发展前景。企业在实施多元化公司金融战略时，处于起步阶段的新兴产业是其首选，如新型材料、生命科学等领域，这些具有良好发展前景的行业能够在较长的一段时间内保证投资的持续不断的高回报。

（3）企业拥有充裕的资源。当企业将触角伸向其他行业时，保证源源不断的资源供给显得尤为重要。同时，还要有熟悉这些行业的管理人员，对于企业来说，进入一个陌生的行业，套用原有的经营模式有时是行不通的。

（4）增加新业务会显著提高企业的竞争优势。多元化公司金融战略的实施是要挖掘企业潜力，实现企业规模经济、范围经济，降低企业成本，提高企业的盈利水平，保持企业的持续竞争优势。

8.4.2 公司金融战略联盟

1. 定义

公司金融战略联盟是指不同的企业由于相同或相似的金融安排而结成的战略联盟。

2. 公司金融战略联盟的动机

公司金融战略联盟的起因在于解决资本稀缺问题，其目的是使财务部门参与价值创造，提高资本的效率，通过资金流推动企业可持续快速发展，实现企业质和量的扩张。

3. 实施战略联盟的条件

在企业扩张和增长过程中，企业之所以选择战略联盟策略而不选择市场购买，也不选择企业内部化策略，原因就在于公司自身在扩张经营中仍缺少某种资源或条件使战略目标无法实现。对于企业自身单一独立地面对市场谋求扩张，比较有效的财务途径是并购活动，但并购活动必须满足一定条件：①优势企业的并购活动必须符合公司战略目标要求，必须具备实施兼并的能力，必须有较强的筹资能力；②要有被兼并的对象，该目标企业拥有某种比较稀缺的资源或能力，这种资源或能力对优势企业具有极高的价值；③并购者必须拥有整合此种资源或能力的实力，经过适当的经营能获得预期收益。可见，优势企业选择市场购买谋求扩张是有条件的，不是轻而易举的事情。公司通过内部分工、重构和优化谋求扩张增长，需要建立内部和谐的经营秩序，并且企业作为一个完整的实体应该随时都可变现。很明显，多数企业不具备这种自身可以随时进出市场创造价值的变现能力或资源。企业只有通过与互补企业之间的联合获得某种稀缺的资源，才能得到发展和扩张。战略联盟就是两个或两个以上的企业，为了达到企业某些方面的共同战略目的而在一定时期内进行合作的安排，从而解决公司自身因能力或资源所限难以发展的问题，它是一种双方或多方协商控制的不完全合同。

两个或两个以上的企业，为了实现技术创新、市场创新、资源创新、知识创新的战略目标，通过各种契约形式结成松散的网络组织，该组织能够实现优势互补、风险和成本共担、要素双向或多向流动，达到共同扩张和增长的效果。

8.5　防御收缩型公司金融战略

防御收缩型公司金融战略是指以预防出现财务危机和求得生存及新的发展为目的的一种财务谋划。防御收缩型公司金融战略具体又可分为调整型、放弃型、清算型、重组型金融战略。

8.5.1　成本收益分析

1. 防御收缩型公司金融战略的收益

（1）能帮助企业在外部环境恶劣的情况下，节约开支和费用，顺利地渡过难关。

（2）能在企业经营不善的情况下最大限度地降低损失。在许多情况下，盲目且顽固地坚持经营无可挽回的业务，而不是明智地采取防御收缩型公司金融战略，会给企业带来致命的打击。

（3）能帮助企业更好地实行资产的最优组合。如果不采取防御收缩型金融战略，企业在面临一个新的机遇时，只能运用现有的剩余资源进行投资，这样做势必会影响企业在这一领域发展的前景，相反，通过采取适当的防御收缩型公司金融战略，企业往往可以将不良运作处的资源转移部分到这一发展点上，从而实现企业长远利益的最大化。

2. 防御收缩型公司金融战略的成本

（1）实行防御收缩型公司金融战略的尺度较难以把握，因而如果盲目地使用防御收缩型公司金融战略的话，可能会扼杀具有发展前途的业务，使企业的总体利益受到伤害。

（2）一般来说，实施防御收缩型公司金融战略会引起企业内外部人员的不满，从而引起员工情绪低落。因为实施防御收缩型公司金融战略常常意味着不同程度的裁员和减薪，而且实施防御收缩型公司金融战略在某些管理人员看来意味着工作的失败。

8.5.2　调整型公司金融战略

调整型公司金融战略是企业在现有的经营领域不能维持原有的产销规模，不得不采取缩小市场占有率，或者企业在存在新的更好的发展机遇的情况下，对原有的业务领域进行压缩投资，控制成本以改善现金流为其他业务领域提供资金的战略方案。

另外，企业在财务状况下降时有必要采取抽资转向金融战略，这一般发生在物价上涨导致成本上升或需求降低使财务周转不灵的情况下。针对这些情况，调整型公司金融战略可以通过以下措施来配合进行。

1. 降低成本和投资

降低成本和投资包括压缩日常开支、实施更严格的预算管理、减少一些长期投资的项目、适当削减某些管理部门或降低管理费用，在必要的时候，企业也会以裁员作为压缩成本的方法。

2. 减少资产

减少资产包括出售与企业基本生产活动关系不大的土地、建筑物、设备；关闭一些工厂或生产线；出售某些在用的资产，再以租用的方式获得使用权等。

3. 加速回收企业资产

加速回收企业资产包括加速应收账款的回收、降低企业的存货量、尽量出售企业的库存产成品等。

8.5.3 放弃型公司金融战略

放弃型公司金融战略是指将企业的一个或几个主要部门转让、出卖或停止经营。这个部门可以是一个经营单位、一条生产线或者一个事业部。

放弃型公司金融战略的目的是要找到肯出高于企业资产市价的买主，所以企业管理人员应该说服买主，让买主认识到购买企业所获得的技术资源或资产能增加利润。

放弃型公司金融战略在实施过程中通常会遇到一些阻力，具体包括以下几种。

1. 结构上或经济上的阻力

结构上或经济上的阻力即一个企业的技术特征及其固定和流动资本妨碍其退出，例如，一些专用性强的固定资产很难退出。

2. 企业战略上的阻力

如果准备放弃的业务与其他的业务有较强的联系，则该项业务的放弃会使其他有关业务受到影响。

3. 管理上的阻力

企业内部人员，特别是管理人员对放弃型公司金融战略往往会持反对意见，因为这往往会威胁他们的业绩考核和职业生涯。要克服这些阻力，可以采用以下办法：在高层管理者中，形成“考虑放弃”的氛围；改进工资奖金制度，使之不与放弃型公司金融战略相冲突；妥善处理管理者的出路问题。

8.5.4　清算型公司金融战略

清算型公司金融战略是指企业由于无力清偿债务而卖掉其资产进行清算。显然，只有在其他战略都失败时才考虑使用清算型公司金融战略。但在确实毫无希望的情况下，尽早制定清算型公司金融战略，企业可以尽可能多地收回资金，从而减少全体股东的损失。要特别指出的是，清算型公司金融战略的收益是企业有形资产的出让价值，而不包括其相应的无形价值。

8.5.5　重组型公司金融战略

企业所涉足的领域前景美好，只是经营不善而导致业务的附加经济价值小于零，并且企业自身资源充裕，则可考虑采取重组型公司金融战略。

如果某项活动由外部的专业厂商来做可能会更有效或者成本更低，则重组企业价值链，让该项活动由外部厂商承担。如果某项活动对于企业获取持久竞争优势的能力并不具有至关重要的意义，反而会挖空企业的核心能力或者技术诀窍，则予以放弃。如果整合能使企业获得竞争优势则进行整合。

总之，通过重组要简化企业的运作，提高组织的灵活性，加速决策，降低协调成本，使企业将精力集中于核心业务以提高企业的核心竞争力。

8.6　公司金融的可持续增长

8.6.1　可持续增长

现代战略理论已经从追求竞争优势发展到追求持续竞争优势阶段，其实质就是要求公司在长期不断获取竞争优势。将可持续增长的理念引入金融战略，就是要求公司的财务运作在长期中实现可持续增长，为公司获取持续竞争优势提供资金上的保证。

8.6.2　公司金融的可持续增长的内涵

每一个公司都希望自身能不断地增长，公司的增长一方面表现为公司资产规模的扩大，另一方面也会增加公司的权益。如果增长速度过快，不仅将会消耗公司的现金流，而且会增加公司的财务风险，从而有损公司的价值，甚至使公司丧失持续经营能力。

公司金融的可持续增长实际上就是在保证不消耗公司的财务资源的前提下所实现的增长的最大比例（一般而言，用销售收入的增长速度来反映公司的增长速度）。财务资源是指能够为公司带来预期经济利益流入的各项资产和能力，如公司的固定资产、无形资产及公司的筹资能力等。根据该定义，可持续增长率是指不增发新股并保持目前的资本结构，运用内部资本与外部资本所能支持的最大销售增长率。当资本结构不变时，随着股东权益的增长，负债必须同比例地增长，负债和股东权益的共同增长决定了资产所能扩展的速度，当然后者也会限制销售的增长。也就是说，限制销售增长率的主要因素是

股东权益的扩张速度。因此，一个公司的可持续增长率就是股东权益的增长率，即

$$g^*=\frac{股东权益变动额}{期初股东权益}$$

$$股东权益变动额=税后利润\times留存收益比率$$

因此，

$$\begin{aligned}g^*&=\frac{税后利润\times留存收益比率}{期初股东权益}\\&=\frac{息税前利润}{销售收入}\times\frac{销售收入}{资产总额}\times\frac{税前利润}{息税前利润}\times\frac{资产总额}{股东权益}\times\frac{税后利润}{税前利润}\times留存收益比率\\&=销售利润率\times总资产周转率\times财务成本率\times权益乘数\times税收效益比率\times留存收益比率\end{aligned}$$

在给定的假设条件下，一个公司销售的可持续增长率等于上述六个比率的乘积，前两个比率描述了公司的经营业绩对增长率的影响；第三个、第四个比率反映了公司筹资政策的影响，这两个指标的高低都与公司负债筹资额的大小有关，公司负债越多，第三个比率越小，可持续增长率越低，而公司负债越多，第四个比率越大，可持续增长率越高，它们对可持续增长率的最终影响则取决于它们变动幅度的大小；第五个比率反映了税收政策的影响，税率越高，可持续增长率越低；第六个比率反映了公司股利政策的影响，股利支付率越高，留存收益比率则越低，可持续增长率越低。

该式的意义在于将公司的投资、筹资及股利分配活动结合起来，综合地反映了公司战略与财务的关系，体现了公司金融战略对公司战略的支撑作用。同时该式也提出来为实现公司战略，公司金融战略的各项活动应当相互配合。

8.6.3 公司金融可持续增长的调整

若实际增长率大于可持续增长率，则公司增长过快，加大公司的财务风险；若实际增长率小于可持续增长率，公司增长过慢，导致经营效率下降；只有实际增长率等于可持续增长率时，公司才能平衡增长。但在实际工作中，平衡增长是少见的。当公司增长不平衡时，公司根据可持续增长模型采取相应措施。由于税率由政府决定，税收效应比率的变动是被动的，公司无法调整，只能时刻关注并适应税制的变化。而公司可以调整的指标主要涉及两个方面，一方面是经营能力，主要体现在销售利润率和资产周转率上；另一方面是财务政策，主要体现在财务成本率、权益乘数和股利支付率上。

1. 快速增长的公司

对于快速增长的公司，管理人员要判定这种状况将会持续多久。假如公司随着成熟期的到来，增长率在不远的将来极可能会下降，则这只是一个过渡性问题，可能通过更多的借款就可解决。借款到期的时候，公司的实际增长率跌落在可持续增长率，公司将从曾经的现金吸收者转变为现金创造者，从而可以偿还贷款。而对于长期的可持续增长问题，管理者可通过以下策略来实现公司的可持续增长。

（1）加强对资产运作的管理，提高资产周转率，从而降低由于规模扩张对公司现金

流的需求。从短期来看，加强流动资产的管理是一个见效比较快的方法。但对于一个流动资产管理比较好的公司而言，最好的策略就是进行资产重组，将那些对公司核心竞争力没有影响且净现金流量基本平衡的业务剥离或者分包出去。

（2）适当提高产品价格。价格和数量之间存在着一种明显的反向关系。高的售价一方面降低销售额，另一方面价格的提高同样提高销售利润率。但是这一策略的使用将会减少公司的市场份额或者向消费者传递公司将改变目标市场的信息。在使用这一策略时应当综合考虑价格变化对公司战略实施的影响。

（3）确定适当的股利支付比率，保证公司能从内部筹集大部分资金以满足增长对现金流动的需求。

（4）维持较为保守的资本结构，维持公司的财务灵活性，保证公司具有持续的融资能力。

（5）如果外部筹资非用不可，那只有举债。但是公司的负债不能影响到公司的财务灵活性，不能给公司带来较高的财务风险。

（6）当以上所有的办法都行不通时，只好增资或控制增长。

2. 低速增长的公司

低速增长的公司往往有大量的正的现金流，这种情形主要出现在处于衰退期的公司。因此，低速增长的公司的增长管理的主要问题是提高公司的资金使用效率，寻找高盈利的投资项目。如果不能找到适当的投资机会，那么将公司多余的现金还给股东是最好的选择。

8.7　价值型公司金融战略

8.7.1　价值型公司金融战略的特点

（1）价值型公司金融战略具有明确的导向性。它的一切活动都是为实现公司价值及其增值的目标，不论企业是处于什么周期、什么状态，最高的目标都是恒定的，就是公司价值。

（2）价值型公司金融战略具有开放性。它不仅关注金融活动本身及其直接相关的因素，它需要考虑一切可能影响企业价值的内外因素，剔除噪声，测度关键性因素的效应。

（3）价值型公司金融战略具有全面性。它不仅对资金和资金管理活动提出要求，还提出对开展各项金融活动的总体要求；不仅强调金融活动与业务经营活动的统筹协调，还强调金融活动对业务经营活动的全方位、有效的支持。

8.7.2　价值型公司金融战略的实现

价值型公司金融战略将公司价值最大化作为战略目标，核心是发现价值驱动因素，有效管理价值驱动因素，以实现价值创造，增加公司价值。价值型公司金融战略在经营过程中注重价值创造，以价值创造为导向，建立以增加公司价值为根本出发点的公司制度，推行以价值为基础的管理方式，实行以价值为标准的管理创新，采用以价值为基础的评价体系。

价值型公司金融战略更加关注风险管理。价值型公司金融战略不仅需要度量公司过去和现在所承受的风险，更要准确测算公司未来收益中所隐含的风险，权衡风险与收益之间的关系，合理设定价值目标，将风险控制在可承受的范围之内。

价值型公司金融战略更加注重公司的可持续发展。公司价值的实现和增长来源于永续的价值增值，因此，公司的可持续发展是保证公司价值稳定增长的基础。短视行为将如釜底抽薪，截断公司价值创造的源泉。没有公司的可持续发展，不仅无法实现公司价值创造，还会消耗现有价值，动摇公司生存和发展的根基。

价值型公司金融战略的一般程序是：战略决策—战略实施—战略评价。本节以下部分将分别从这三个方面对价值型公司金融战略进行剖析。

1. 价值型公司金融战略的战略决策

战略决策是公司金融战略管理的第一步，是企业进行金融战略管理的基础。它综合考察公司所处的内外部环境，对影响公司价值的关键性因素进行分析，为实现总体金融战略目标提供最优方案，是公司金融战略管理的首要重点。

基于价值创造的公司金融战略决策分析，首先要从金融战略总目标出发，分析价值创造的驱动因素，按照价值创造驱动因素的原则，将金融战略总目标分解为金融战略的具体目标，在具体目标的指导下，制订和选择金融战略方案。它与传统方法的区别在于价值创造驱动因素的分析和运用。具体过程如图 8-2 所示。

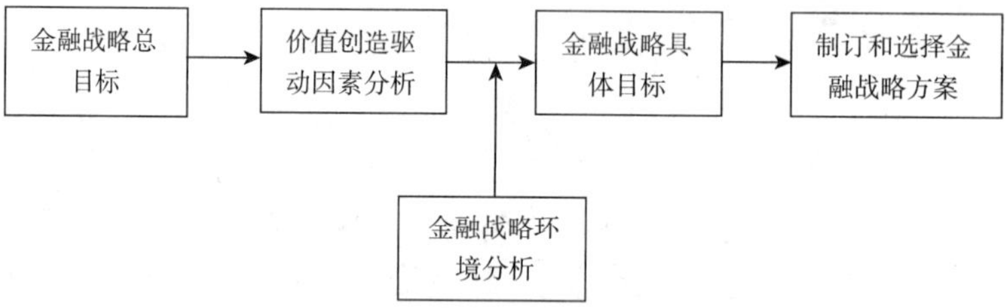

图 8-2　价值型公司金融战略的战略决策过程

2. 价值型公司金融战略的战略实施

公司战略决策为公司战略目标的实现确定了方案，而公司战略实施则是执行方案并进行不断调整修正的战略行动的过程。

战略实施的主要任务是进行预算管理。预算管理是对公司各个部门、各种金融与非金融资源进行控制、反映和考评的一系列活动，是应对公司未来的规划安排做出的积极的战略行动。预算管理是计划和控制的基本手段，制约着融资战略的选择和投资战略的方向，在金融战略实施中占有十分重要的地位。

基于价值创造的预算管理是实现公司金融目标的战略管理，它将公司价值创造的概念、工具与方法融入公司预算管理的设计与运行中，根据战略目标、战略重点的不同，对公司资金的筹集、使用、投向等金融活动进行计划、组织和调控，使资金按预定方案流转，实现公司金融战略目标的管理机制。它与传统方法的主要区别在于理念的不同。具体过程如图 8-3 所示。

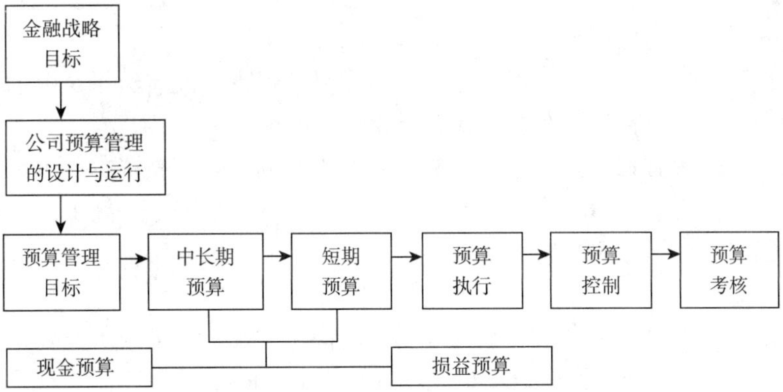

图 8-3　价值型公司金融战略的预算管理过程

3. 价值型公司金融战略的战略评价

战略评价机制是公司金融战略管理过程的第三个阶段，它以公司价值最大化为标准，以战略决策为参考，考察战略实施的效果，并不断修正评价指标，以促进价值创造，达到公司价值最大化的目标。

基于价值创造的财务战略评价是以价值创造思维为指导思想，克服了传统的绩效评价指标局限于财务指标、主要是反映历史结果的缺陷，主动地进行分析和管理，全面地、动态地进行评估和考核。它与传统方法的区别主要在于考察范围和着眼点的不同。以下将简要介绍目前比较流行的两种方法：EVA 评价法和 BSC 法。

1）EVA 评价法

在所有价值度量指标中，EVA 影响最大。它最基本的形式是公司的剩余收入，最早来源于亚当·斯密的思想，即企业投入的资金应当带来最低限度的、具有竞争力的回报。1991 年，美国财务管理咨询公司 Stem Stewart 的创始人乔尔·斯特恩和贝内特·斯图尔特最先对其进行定义并将其作为公司管理评价工具加以发展和推广。

它的基本理念是收益至少要能补偿所有投入要素的机会成本，经过调整的企业会计利润减去所投入的所有资本成本（包括债务资本成本和权益资本成本），才构成了企业真实的利润。具体表达如下：

$$\text{EVA}=\text{NOPAT}-\text{TC}\times K_W$$

$$\text{EVA 回报率}=\text{EVA/TC}=\text{投入资本回报率}-\text{加权平均资本成本}$$

式中，NOPAT 为调整后的净经营利润；TC（total capital）为资本总额（包括债务资本和权益资本）；K_W 为加权平均资本成本。

若 EVA 为正值，表明公司创造了价值；若 EVA 为负值，表明公司发生价值损失；若 EVA 为零，表明公司的利润仅能满足债权人和投资者预期获得的收益。

EVA 的特点如下。

（1）EVA 引进了公司价值增加理念，考虑了权益资本成本，从而能够更真实地反映公司资产的运作效率，更全面、更准确地评价公司价值。

（2）EVA 是一个绝对指标，有利于提高公司资产的使用效率，创造公司价值，但不利于不同公司之间的比较。

（3）财务导向。EVA 强调现金流量，对非财务资本并没有给予足够的重视。EVA 所关心的是决策的结果，而不是驱动决策结果的过程因素。

总的来说，EVA 强调“全成本”概念，采用不同的风险调整资本成本，克服了传统评价指标忽视股权资本成本和容易受会计报表失真影响等缺陷，提高了评价的准确性，是基于价值创造的评估方法中影响最大、应用最广泛的一种方法。

2）BSC 法

BSC 是 1990 年由哈佛大学商学院教授罗伯特·卡普兰和诺顿研究院总裁戴维·诺顿在“衡量未来组织的业绩”的研究课题中提出来的。BSC 针对以往只重视财务指标的缺陷，强调非财务指标，在财务与非财物资源之间取得平衡，逐层分解战略并将其转化为实际行动，是近几十年来全球范围内应用最广泛、最持久的价值评估体系。

BSC 从财务、客户、内部业务流程、学习和成长四个维度将公司战略逐层分解，公司可以根据实际情况从每个维度选取 3~7 个代表性指标，赋以标准值和权重，再根据实际数值情况对企业业绩进行评判。BSC 首次从战略角度将非财务指标纳入公司价值评价系统，并对战略进行逐层分解，这是历史性的创新，为公司的管理和绩效评价开拓了新的思路。近十几年来提出的新的价值评价体系如动态的 BSC 体系、Kanji 教授提出的 KBS（Kanji’s business scorecard）基本都是在 BSC 基础上提出的改进。BSC 主要架构见图 8-4。

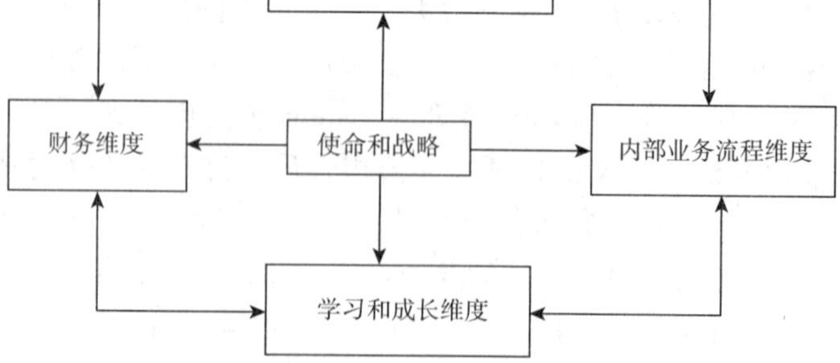

图 8-4 BSC 体系主要构架

A. 财务维度

财务指标在公司价值评估中仍然居支配地位，是主要工具，BSC 保留了传统财务层面的衡量，因为传统的财务指标是最基本、最集中、最直观、最容易衡量和比较的指标。

BSC 中的财务指标是一种综合指标和结果指标，它反映其他三个维度的指标转化为实际生产力的情况。公司可根据实际情况选取资产利润率、利润增长率、成本费用率、权益收益率等指标进行评估。

B. 客户维度

主要针对客户的期望和满意度来衡量。只有了解客户，满足客户的需求，产品的市场价值才能实现，公司才能获得持续增长。公司可根据实际情况选取市场份额、客户满意度、新客户获得率、老客户保留率、客户贡献率等指标进行评估。

C. 内部业务流程维度

内部业务流程直接决定能否满足顾客需求，以实现公司价值。内部业务流程可细分为创新、生产经营和售后服务三个具体过程，主要是要优化业务流程，促进业务创新，促进业务效率提高，提高产品质量，提升售后服务水平。公司可根据情况需要选取生产效率、风险损失发生率、新产品开发、产品返修率、人力成本、服务反应周期等指标进行评估。

D. 学习和成长维度

学习和成长维度主要考察三个方面的资源：员工、信息系统和公司的程序。最关键的因素是人才，现代公司的竞争是人才的竞争。公司必须为员工提供培训和成长的机会，提高员工的满意度和工作积极性，员工必须通过自身的不断学习，提高业务素质，以适应新的挑战。公司可根据实际情况选取培训支出、员工薪酬、员工满意度、员工换留率、信息覆盖比率等指标进行评估。

BSC 创新性地增添了客户、内部业务流程及学习和成长三个维度的测评指标，把公司的财务与非财务指标结合在一起进行价值评估，兼顾了财务和非财务衡量方法、滞后和先行指标、战略与战术、短期和长期目标，以及外部和内部的业绩等诸多方面，非常全面、深入，具有很高的战略性。

不过，BSC 在非财务指标的应用中遇到一些困难，这些非财务指标的选取、计量并没有统一的标准，而且非财务指标之间关系复杂。此外，整个 BSC 系统的设计是一项非常复杂的过程，需要请专家团对公司考察后进行专业化、针对性的设计，成本较高。

本 章 小 结

1. 公司金融战略是对公司金融活动进行的全局性、长远性和创造性的谋划。公司金融战略是一个综合性的子战略，它从财务角度对涉及经营的所有财务事项提出自己的目标，对公司战略进行全面的支持，是公司战略的执行战略。公司金融战略从资金筹措与使用特征的角度进行划分，可以将公司金融战略划分为快速扩张型公司金融战略、稳健发展型公司金融战略和防御收缩型公司金融战略。公司价值是公司金融战略的目标，公司金融战略对公司价值的实现起决定性作用。

2. 快速扩张型公司金融战略。它是以实现企业资产规模的快速扩张为目的的一种战略。快速扩张型公司金融战略一般会表现出“高负债、低收益、少分配”的特征。一体化公司金融战略和集中化公司金融战略是这一战略类型的具体体现。

3. 稳健发展型公司金融战略。它是以实现企业财务绩效的稳定增长和资产规模的平稳扩张为目的的一种战略。实施稳健发展型公司金融战略的企业的一般财务特征是“低负债、高收益、中分配”。稳健发展型公司金融战略必须采取多元化公司金融策略。相关多元化主要通过多元化公司金融战略来实施，而非相关多元化则主要通过结成战略联盟实现。

4. 防御收缩型公司金融战略。它是以预防出现财务危机和求得生存及新的发展为目的的一种战略。防御收缩型公司金融战略具体可分为：调整型、放弃型、清算型、重组型公司金融战略。“高负债、低收益、多分配”是实施这种金融战略的企业的基本财务特征。

5. 公司金融的可持续增长实际上就是在保证不消耗公司的财务资源的前提下，所实现的增长的最大比例。将可持续增长的理念引入金融战略，就是要求公司的财务运作在长期中实现可持续增长，为公司获取持续竞争优势提供资金上的保证。

6. 公司价值是公司所处经营环境中各种客观因素和主观因素共同作用的结果，是指公司在未来实现价值的能力。公司价值表现为账面价值、公允价值、重置价值、清算价值等形式，具有整体性、动态性、预测性、全面性等特征，可以采用收益现值法、市盈率法、成本加和法等方法对公司价值进行评估。

思考题

1. 简述公司金融管理理论的发展历程。
2. 什么是公司金融战略？它具有哪些特征？
3. 简述公司金融战略的类型及其与公司总体战略的关系。
4. 简述内部价值分析框架对于公司内部环境分析的重要性。
5. 什么是快速扩张型公司金融战略？它具体包括哪几种类型？
6. 简述一体化公司金融战略的成本及实施条件。
7. 简述实施公司金融战略联盟的动因。
8. 简述防御收缩型公司金融战略的具体类型及其特点。
9. 什么是公司金融的可持续增长？公司金融可持续增长的条件是什么？
10. 谈谈你对公司价值内涵的理解。

相关链接

从不同公司的发展战略的比较中能得出什么

第 9 章

公司兼并与收购

通过兼并公司将其分解，公司猎袭者们靠他人战略的失败而兴旺。借助于垃圾债券融资和人们对兼并的越加认同，猎袭者们可以使任何公司面临被接管，不论这些公司规模有多大，业绩有多好。

——迈克尔·波特

➢本章摘要

自 20 世纪初期以来，西方国家经历了多次公司并购浪潮。特别是 20 世纪 90 年代以来，由于经济全球一体化进程加快，世界市场竞争空前激烈，以网络、计算机为代表的信息技术迅猛发展，引发了新一轮的企业兼并浪潮。本章主要介绍公司兼并与收购的内涵和程序，公司并购的动机分析、定价方法、融资方式，以及公司并购中的反收购和文化整合等内容。

9.1 公司兼并与收购概述

9.1.1 兼并与收购的内涵

1. 兼并与收购的定义

兼并通常是指一家企业以现金、证券或其他形式购买而取得其他企业的产权，使其他企业丧失法人资格或改变法人实体，并取得对这些企业的决策控制权的经济行为。收购是指企业用现金、债券或股票购买另一家企业的部分或全部资产或股权，以获得该企业的控制权。收购的对象一般有两种：股权和资产。收购股权与收购资产的主要差别在于：收购股权是购买一家企业的股份，收购方将成为被收购方的股东，因此要承担该企业的债权和债务；而收购资产则仅仅是一般资产买卖行为，由于在收购目标企业资产时并未收购其股份，收购方无须承担其债务。

2. 兼并与收购的异同

1）兼并与收购的相似之处

收购与兼并、合并有许多相似之处，主要表现在基本动因相似：要么为扩大企业市场占有率；要么为扩大经营规模，实现规模经济；要么为拓宽经营范围，实现分散经营或综合化经营。两者共同的一点都是有公司控制权的转移，即市场交易活动中对公司生产要素组合的支配权利。并购活动的本质就是获得目标公司的控制权，并购通过控制目标公司股权取得董事会的决策权，可以对目标公司进行重组、选派管理人员、注入自己的管理方式、重新定位公司目标及选择经营战略等，并与目标公司其他股东一样共享红利及分担经济风险。总之，两种方式都是增强企业实力的外部扩张策略。

2）兼并与收购的区别

兼并与收购的区别在于以下三个方面。

（1）在兼并中，被合并企业作为法人实体不复存在；而在收购中，被收购企业可仍以法人实体存在，其产权可以是部分转让。

（2）兼并后，兼并企业成为被兼并企业新的所有者和债权债务的承担者，是资产、债权、债务的一同转换；而在收购中，收购企业是被收购企业的新股东，以收购出资的股本为限承担被收购企业的风险。

（3）兼并多发生在被兼并企业财务状况不佳、生产经营处于停滞或半停滞之时，兼并后一般需调整其生产经营、重新组合其资产；而收购一般发生在企业的正常生产状态，产权流动比较平和。

由于在运作中它们的联系远远超过其区别，兼并、合并与收购常被作为同义词一起使用，统称为“并购”或“购并”，泛指在市场机制作用下企业为了获得其他企业的控制权而进行的产权交易活动。在以后的讨论中不再强调它们之间的区别，并把并购一方称为“买方”、并购方或并购公司，被并购一方称为“卖方”、被并购方、被并购公司或目标企业。

3. 公司并购的实质

（1）公司并购是一种有效的经济增长机制。西方企业制度演变史表明，公司并购过程中包含企业产权的转让及由此导致的企业生产要素占用、支配、利用效率的提高。公司并购对经济增长的意义在于通过产权转让，对利用效率低的存量资源进行调整和优化，提高资源利用效率。

（2）公司并购是一种消除企业亏损的机制。解除企业亏损，从微观层面上，依赖于企业经营机制的健全和完善，提高企业资源利用效率；从宏观层面上，依赖于建立资源的社会流动机制，实现资源向高效率部门的转移。并购机制既加大了亏损企业经营者的风险压力，促进企业经营机制的健全完善，又实现了资源在企业部门间的进入、退出，在两个方面都能发挥作用。

（3）公司并购是一种产业经济结构调整的机制。兼并、收购是一种重要的资产存量调整机制，近百年来，美国经济史上形成的几次兼并高潮，每一次都伴随着产业结构的重新调整。第二次世界大战后的日本的合并与改组政策在改善产业结构、进行产业调整中发挥了重要作用。在我国当前失衡的产业结构格局中，治本之策是要解决存量刚性的顽症，并购机制正好可以发挥作用。

9.1.2 公司并购的类型

在国内外公司并购的理论和实践中，公司并购依据不同的划分标准，划分为以下几种类型。

1. 按并购涉及的行业角度可划分为横向并购、纵向并购和混合并购

（1）横向并购。横向并购也称为水平并购，发生在商业竞争对手之间，如两个生产或销售相同、相似商品的公司之间的并购。横向并购的结果是资本和资源在同一生产、销售领域或部门集中，追求最佳经济规模。在实质上，横向并购的目的在于消除竞争、扩大市场份额、增加垄断实力或形成规模效应。横向并购不涉及并购双方不熟悉的新领域，因此并购后的风险最小，并购后比较容易整合双方的资源，彼此融合，进而形成生产或销售的规模经济。它是早期并购运动的最主要形式。19 世纪末到 20 世纪初，美国历史上的第一次并购浪潮主要就是以横向并购为主要特征。公司并购提高了产业集中度，纠正了 19 世纪美国产业发展中的“小而全”现象，使工业部门更加专业化和大规模生产。这一浪潮过后，在化工、钢铁、烟草、机械、铁路等行业出现了众多集中和垄断化的庞大企业，形成了美国现代经济结构的雏形。但是，企业生产规模扩大的同时带来了市场垄断问题，破坏了竞争，许多国家对此都密切关注并严格限制。

（2）纵向并购。纵向并购是处于生产同一产品的不同生产阶段的公司之间的并购，以形成纵向生产一体化。纵向并购可分为向后并购和向前并购，前者指并购供应厂商获取原材料供应来源，后者指并购自身客户。纵向并购主要集中在加工制造业和与其相联系的原材料供应、运输、贸易等部门。主要优点是并购双方彼此熟悉，容易融合；生产过程各环节密切配合，缩短生产周期，减少运输、仓储成本，节约资源、能源等。纵向并购在 20 世纪上半期逐渐成为公司并购浪潮中的主要形式。

（3）混合并购。混合并购指既非竞争对手又非现实中或潜在的客户或供应商的公司间的并购，可分为三种形态：产品扩张型、市场扩张型和混合型。产品扩张型并购是指当一家公司需要另一家公司生产自己所不能生产的但又与自己生产和销售有关的产品时，发生此两家公司的混合并购。市场扩张型并购是指一个公司为了扩大竞争地盘而对它尚未渗透的地区生产同类产品的公司进行并购。混合型并购是那些生产和经营毫无关系的若干公司间的并购行为。混合并购的主要目的是减少长期经营一个行业所带来的风险。在现代科技不断发展进步的情况下，一种产品或一个行业的生命周期越来越短，市场需求变化越来越快，公司长期处于一个行业、生产一类产品的风险越来越大，因此许多公司希望通过混合并购实施多元化经营。在 20 世纪 50 年代，混合并购开始成为公司并购的主要形式。混合并购与多元化经营战略密切相关，它是当代跨国公司向外扩张的一种非常重要的形式，但是也是风险最大的一种形式。

2. 按并购是否取得目标企业的管理层同意可划分为善意收购和敌意收购

（1）善意收购。善意收购也称友好收购、协议收购，通常指目标企业管理层同意买方提出的收购条件并承诺给予协助，故双方管理层通过协商来决定并购的具体安排，如收购方式（以现金、股票、债券或其混合来支付对价）、收购价位、人事安排、资产处置等。若目标企业对收购条件不完全满意，双方还可以就此进一步讨价还价，最终达成双方都可以接受的并购协议，并经双方董事会批准，股东会以特别决议形式通过。由于收购当时双方均有合并意愿，而且对彼此之间情况较为熟悉，收购成功率较高。

（2）敌意收购。敌意收购指买方在目标企业管理层对其收购意图尚不知晓或持反对态度的情况下，对目标企业股东强行进行收购的行为。在敌意收购中，买方常用的手段有两种，一种是在公开市场上直接收购股票；另一种是针对股权分散的目标企业，以收购目标企业股东的投票委托书，使收购方投票权超过目标企业管理层，就可以设法改组目标企业董事会，达到控制公司的目的，这称为委托书收购。敌意收购往往采取突然的手段，提出苛刻的收购条件而使目标企业不能接受，因此目标企业在得知收购公司的收购意图后可能采取一系列的反收购措施，如发行新股以分散股权、回购本公司发行在外的股份等。敌意收购的成功率远远小于善意收购。

3. 按并购中股份的来源可划分为要约收购、市场购买股票和协议收购

（1）要约收购（tender offer）。要约收购又称为公开报价收购，指买方公开向目标企业全体股东发出收购要约，承诺在一定期限内按要约披露的某一特定价格收购目标企业一定数量的股份，以求大量获得股票，以股权转让方式取得或强化目标企业的控制权。要约收购是买方和目标企业股东之间的直接交易，所以股东是否出让手中的股权完全取决于股东个人的判断，往往收购要约的出价要高于目标企业股票的市场价格才具有吸引力，否则目标企业股东在公开市场上即可出售股票而不必卖给买方。当然，价格在公开收购要约发出的过程中发挥决定性的作用，但目标企业管理层是否同意收购要约中所列条件与要约收购的成败有很大关系。因为要约收购针对目标企业全体股东，其信息的透明度、程序的规范性与全体股东的利益休戚相关，世界各国均对要约收购的条件、程序做出了详细的规定。

（2）市场购买股票。市场购买股票又称为集合竞价，对于在公开市场交易的上市公司，可以通过直接在市场上收购一定数量的股份达到控制目标企业的目的。早期许多公司并购就是通过这种方式进行的，但在现在的市场实施这种方式越来越困难，因为各国对于公司收购都有了详细的法律规定，如美国《证券交易法》、我国《公司法》规定，当投资者在股票市场上购得某公司的股票达 5%时，必须向监管部门报告并公开，称为举牌，股价往往加速上涨，因此该方式成本过高，周期过长，不可控因素较多，收购者很难在股票市场上以持续购股的方式取得目标企业的控制权。但是，对于股权十分分散的公司，如大股东持股比例不足 5%或 10%的公司，这仍然是一种操作简单的常见收购方式，如中国资本市场最早的收购：深圳宝安集团股份有限公司收购上海延中实业股份有限公司。

《中华人民共和国证券法》第六十三条规定："通过证券交易所的证券交易，投资者

持有或者通过协议、其他安排与他人共同持有一个上市公司已发行的有表决权股份达到百分之五时，应当在该事实发生之日起三日内，向国务院证券监督管理机构、证券交易所作出书面报告，通知该上市公司，并予公告，在上述期限内不得再行买卖该上市公司的股票，但国务院证券监督管理机构规定的情形除外。投资者持有或者通过协议、其他安排与他人共同持有一个上市公司已发行的有表决权股份达到百分之五后，其所持该上市公司已发行的有表决权股份比例每增加或者减少百分之五，应当依照前款规定进行报告和公告，在该事实发生之日起至公告后三日内，不得再行买卖该上市公司的股票，但国务院证券监督管理机构规定的情形除外。”

（3）协议收购。协议收购，又称为非公开收购，是指买方在证券交易所之外以协商的方式与目标企业的股东签订收购其股份的协议，从而达到控制该上市公司的目的。收购人可依照法律、行政法规的规定同被收购公司的股东以协议方式进行股权转让。在证券交易机构上市的公司的流通股交易必须严格遵守交易所规定，依照价格优先、时间优先的原则交易，因此上市公司的协议收购只能针对非流通股。协议收购方式操作简便、保密性强、成交价格弹性大，是目前国内证券市场主要的收购方式。

4. 按是否利用目标企业本身资产来支付并购资金可划分为杠杆收购和非杠杆收购

（1）杠杆收购。杠杆收购是指一家公司在银行贷款或金融市场借款支持下进行的收购活动，换言之，买方不必拥有巨额资金，只需要准备少量现金（用以支付收购过程中必需的律师、会计师、财务顾问等费用），加上以目标企业的资产及营运所得作为融资担保、还款来源所得的金额，即可兼并任何规模的公司。此种收购方式在操作原理上类似杠杆，故而得名。杠杆收购的一般做法是由买方成立一家直接收购公司，再以该公司名义向银行借款、发行债券，以借贷资本完成收购。杠杆收购于 20 世纪 60 年代出现于美国，80 年代随着垃圾债券的流行而风行欧美。杠杆收购的突出特点是收购者不需要投入大量资金，杠杆收购中所需的全部资金的资本结构有点像倒置过来的金字塔，在这个金字塔的顶层是对公司资产有最高级清偿权的一级银行贷款，约占收购资金的 40%~80%；塔的中间是被统称为垃圾债券的夹层债券（mezzanine layer），约占收购资金的 10%~40%；塔基则是收购方自己投入的股权资本，约占收购资金的 5%~20%。收购企业可以在最短时间内通过少量资金收购大型公司，可以发挥“四两拨千斤”的良好效应。完成收购后，收购公司一般会把目标企业的资产分拆、变卖一部分；利用出售资产的收入，偿还因收购所借贷款，使买方的资本结构达到合理水平。杠杆收购的出现使企业界从前不可想象的一些大公司也会成为收购的目标企业，如资产及营业额均在全球名列前茅的巨型企业，也不再理所当然地被排除在并购风潮之外。

（2）非杠杆收购。非杠杆收购是指用目标企业自有资金及营运所得来支付或担保支付并购价金的收购方式，早期并购风潮中的收购形式多属此类。但非杠杆收并购不意味着收购公司不用举债即可负担并购价金，实践中，几乎所有的收购都是利用贷款完成的。所不同的只是借贷数额的多少而已。

5. 按买方收购目标企业股份是否受到法律规范强制可划分为强制并购和意愿并购

（1）强制并购。强制并购是指按证券法规定，当买方持有目标企业股份达到一定比例，可能操纵后者的董事会并进而对其他股东权益（尤其是小股东）造成影响时，买方即负有对目标企业所有股东发出收购要约，以特定出价购买股东手中持有的目标企业股份的强制性义务。除美国外，大多数国家或地区有强制要约收购的要求，只是对“临界线”的规定不一，如澳大利亚、加拿大为 20%，我国内地为 30%，香港为 35%。《中华人民共和国证券法》第六十五条规定：“通过证券交易所的证券交易，投资者持有或者通过协议、其他安排与他人共同持有一个上市公司已发行的有表决权股份达到百分之三十时，继续进行收购的，应当依法向该上市公司所有股东发出收购上市公司全部或者部分股份的要约。收购上市公司部分股份的收购要约应当约定，被收购公司股东承诺出售的股份数额超过预定收购的股份数额的，收购人按比例进行收购。”

强制并购有以下几个特征：首先，要约义务的发生以收购人持有目标企业的股份使其在公司股东大会的表决权达到特定比例为条件。其次，收购人负有法定的发出公开收购要约的义务，非经主管部门依照有关法规予以豁免，收购义务人不能免除此项义务。最后，收购要约的一些主要条件由法规确定，收购义务人不得自行加以更改。

（2）意愿并购。意愿并购又称为自由并购，指一家公司根据自己的意愿，认为有实力获得目标企业的控制权，在持有目标企业任何比例股份下提出收购。

6. 我国《关于企业兼并的暂行规定》中并购的四种类型

（1）购买式，即兼并方以现金出资购买目标企业的整体资产，依其价值确定购买价格，兼并方不与被兼并方协商债务如何处理。企业在完成兼并的同时，对其债务进行清偿。所以，兼并企业的购买价格实际上是被兼并企业偿还债务以后的出价。

（2）承担债务式，即在目标企业资产与债务等价的情况下，兼并方以承担目标企业的债务为条件接受其资产。目标企业法人主体消失，所有资产整体归入兼并企业。

（3）吸收股份式，即将被兼并企业的净资产作为股金投入兼并方，成为兼并企业的一个股东。被兼并企业法人实体消失，包括资产入股式、股票交易式等。

（4）控股式，即一个企业通过购买其他企业的股票达到控股，实现兼并。被兼并企业作为法人实体仍然存在，不过是被改造成股份制企业。兼并企业作为被兼并企业的新股东，对被兼并企业的原有债务不负连带责任。其风险责任仅以控股出资的股金为限。

9.1.3　公司并购的程序

1. 并购非上市公司的一般程序

1）试探阶段

（1）意向书。意向书是一种简短的书面文件，它不是必需的程序（法律无要求），但非常有用，能表达双方的诚意，为进一步的调查做准备，并使机密不至于泄露，以节约时间。

（2）调查。通过专门的中介机构（会计师事务所、财务顾问）获取对被收购方财务、商业和行政状况的评价。对被收购方会计记录和地方特许权（土地、建筑物等关键资产）做特别调查，并检查所有原始合同、保证书和许可证，以防关键的合同会因公司并购而终止。

（3）董事会批准。在签订法律上有效的协议前，可以先签个草案，提交给购并双方的董事会批准。

（4）政府部门批准。由于并购可能达到垄断指控的标准，为防止触犯反垄断法，应在正式签订并购协议前得到双方政府部门的批准。在我国，如果涉及国有资产和行业管理，在正式并购生效前，必须得到国有资产管理部门（现为财政部下辖）、行业主管部门和相应政府部门的批准。

2）谈判阶段

（1）谈判。主要涉及交易的方式（股权或资产）和金额，谈判的细节往往比想象的困难，花费更多的时间。

（2）并购决议。并购双方董事会各自通过有关并购决议。吸收合并的决议主要包括：①拟进行并购的公司名称；②并购条款、条件，即被并购公司股份全部转换为现金、其他财产或转换为存续公司的股份、债券、其他证券的约定，以及转换的方式；③并购引起存续公司章程的任何更改声明。新设合并决议主要包括：①拟进行合并的诸公司名称及新设公司名称；②合并的条款、条件，即每个公司股份转换为新设公司的股份、债券或其他证券，或部分转换为现款、其他财产的方式。

3）交接阶段

（1）股东大会审批。双方决议各自提交股东大会讨论并予以批准。美国公司法规定，获得有表决权的简单多数（1/2）赞成票后，并购决议通过。德国的公司法则规定，凡并购决议，需要全部有表决权股东的 3/4 多数方能通过。我国《公司法》规定，公司并购必须以特别决议通过，即要全部有表决权股东的 2/3 多数通过。

（2）签订并购正式合同。吸收合并合同应载明如下事项：①存续公司增加股份的总数、种类和数量；②存续公司对被并入公司的股东如何分配新股；③存续公司应增加的资本额和关于公积金的事项；④存续公司应支付现金给并入公司的股东的具体规定。对于新设合并合同应载明：①新设公司发行股票的种类和数量；②新设公司对合并的各公司的股东分配股份或现金的规定。

（3）董事会改组。被收购公司召开董事会会议，通过即将离任的董事辞职和任命收购方提名的人员以改组董事会。公司的法定会计报表、并购证明、地契、动产和其他有关的全部文件都将上缴给收购方。最后，当一切井然有序后，将付给目标企业补偿金。若是现金补偿，通常由买方用银行汇票支付。

（4）正式手续。改组完成后，应在规定的时间内到政府部门办理工商登记手续：存续公司应当进行变更登记，新设公司应进行设立登记，被解散的公司应进行注销登记。只有在有关政府部门登记注册后，并购才正式生效。并购一经登记，因并购合同而解散的公司的一切资产和债务，概由存续公司或新设公司承担。

4）并购后的整合阶段

买方向被收购公司全体高级管理人员解释买方目前打算和管理公司所采取的方法，

包括向谁报告工作、明确职权界定、填写新的银行委托书。公司并购后为了使其良好运作，买方还要进行一系列管理整合、财务整合、人力资源整合和文化整合，并购的成功只是一个良好的开始，整个并购活动是否成功关键要看并购后的整体能否协调运作，实现并购价值。

2. 上市公司的并购程序

由于上市公司必须按规定披露信息、财务情况较透明、股权较分散，有关上市公司的并购活动一直非常活跃，是公司并购的主流。上市公司并购过程与非上市公司相类似，只是由于它的股东人数较多，各国出于保护中小股东正当权益和保证公平交易，对于上市公司的并购都有一些法律的详细规定，形成了一些特别之处。

（1）聘请财务顾问。一般情况下，在准备收购上市公司时要聘请一家投资银行（investment banking）作为其财务顾问，处理可能产生的复杂的法律和行政管理事务，准备并分发给股东的出价文件，征求股东意见，参与并购的谈判，提供有关建议等。不过聘请投资银行担任财务顾问有一个前提，就是应确信该投资银行与并购各方没有任何联系和利益冲突。

（2）保密和安全。当某一投资银行担任财务顾问一经确定，财务顾问就有义务提醒自己的客户关于并购的保密和安全事宜。任何一个参与并购计划并知道目标企业、开价情况的人都应该保守秘密，仅在必要并同样保守机密的条件下方可将机密告知他人，所有参与并购计划的人都应当小心谨慎，以便把泄露机密的可能性减小到最低限度。

（3）事先在股市上收购。经验表明，在收购某个公司之前，先购买它的一小部分股份作为下一步整体报价的一个跳板是十分有利的。但一旦这种一定量的股份收购达到或超过某个公司资产的 30%时，收购计划就可能泄露或被对方发现，因此收购者需要尽快地在市场上积聚到更多的股份。

（4）出价准备工作。收购前，收购方获得了一定量股份而在目标企业董事会获得一个席位，为出价者下一步行动获得更多的信息，为全面报价确定适当时间和方法。出价者提出出价意向书，目标企业收到出价意向书，双方再分别提供确定的通告。

（5）出价文件的准备、发送。正式的出价文件一般应在确定通告的 28 天内寄出，出价文件的详细内容应包括：出价公司和目标企业的详细财务报表、资产接受和转移的形式、如何完成交易程序等。目标企业董事会应公布出价文件及它的财务顾问对出价的意见，并尽可能在出价文件公布之后的 14 天内公布。出价可能是受欢迎的，也可能是不受欢迎的。如果是后者，目标企业就会采取防御策略，例如，股份回购、增发新股、诉诸法律，甚至“吞食毒丸”等。但目标企业的管理层不应以牺牲股东利益为代价而采取攻击性的和不公平的防御策略。

（6）出价的第一个结束日及出价延长、修改和终止通知。按美国法律规定，出价的第一个结束日应在出价文件寄出后的 21 天内或更长一些时间，在法律允许的范围内，出价者可以延长出价或修改出价，或两者均做。不论修改与否，任何出价都不能延长到文件被寄出的第 60 天之后。出价者常常发出“终止”通知，即它的出价是最后性质的，不会提高，在规定日期肯定终止。

（7）出价的无条件接受、交付购股对价。从第一个结束日起的 21 天后，出价仍未被无条件接受，那么任何已接受该报价的股东都可以自由撤回接受。反之，出价者拥有的股票已超过目标企业有投票权股票的 50%，即为无条件接受。购买方下一步把购股对价（现金、股票或债券）交付给同意接受出价的股东，这些股东已经以有效的形式交出了接受文件，并附有股票证书及其他所有权文件。购股对价的支付必须在出价成为无条件之后的 28 天内完成。

9.1.4 公司并购的法律规定

并购，尤其是上市公司的并购涉及社会各个领域，对资本市场发展、经济发展、公平竞争起重大作用，但并购可能导致市场过分集中，形成垄断，损害市场公平竞争和消费者的利益，或者在并购的过程中由于信息披露不充分等而损害中小股东的利益，因此，各国都制定一系列法律对公司并购行为进行规范与监管。

1. 美国有关公司并购方面的法律法规

美国的公司并购活动最为活跃，历史上共有五次并购浪潮，每次浪潮有自己的特点，也推动了新法律的产生。早期法律的重心在于反对托拉斯垄断，包括 1890 年的《谢尔曼法》、1914 年的《联邦贸易委员会法》和《克莱顿法》、1936 年的《罗宾逊帕特曼法》、1950 年的《塞勒-凯弗维尔法》。这些法律的核心是保护竞争而不是保护竞争者，反对价格歧视，反对可能导致垄断的并购。美国司法部还在 1968 年颁布了并购准则，并在 1982 年、1984 年先后进行了修正，它是作为执行反托拉斯法的措施。并购准则规定一系列标准，用以说明什么样的并购将得不到批准，其标准用市场份额和市场集中度来表示。市场集中度是指某一市场中四家最大的企业所占市场份额之和。1982 年准则还提出了 5%法则，即如果某产品价格提高 5%，在一年之内顾客将转向哪些供应商，同时哪些生产者开始生产这种产品，则这些供应商、生产者都应属于这一市场。美国有关上市公司收购问题的最早规定是 1968 年的《威廉姆斯法》，以后这一法律被补充进了《证券交易法》的 13D 及 14D 条款，这两个条款主要对证券交易系统中的市场购买股票和要约收购做出了详细的规定。13D 要求持有一个上市公司 5%以上股票的股东披露其持股情况，成为持有 5%以上股票的股东 10 个工作日内向美国证券交易委员会、证券交易所和该公司备案，备案需填写 13D 表格，内容包括该股东持股数量、持股意图、资金来源及对该公司发展规划等。备案后，其买入或卖出每 1%以上的该种股票，或其购股意图有所改变时，都要及时（一般是在一个工作日内）向上述机构备案。14D 则是要约收购一个上市公司的程序和要求。14D-1 备案需披露收购要约内容，包括收购股票数量、收购价格、要约有效期、付款方式、收购人财产状况。要约有效期不得少于 20 个工作日，给中小股东充分的时间考虑是否接受一个要约出价。要约开始后的 10 天内，目标企业管理层需填报 14D-9 表格，向其股东阐明其对于该次收购的态度，给中小股东一个可供参考的建议。

2. 英国有关公司并购方面的法律法规

英国对公司并购活动监管主要通过英国证券交易所协会颁布的《伦敦城收购与合并

守则》进行，该守则详细地规定了上市公司收购兼并的方法，它主要基于股东平等的观点。其内容与美国的有关规定相近，但一个突出的特点是有大量的强制性收购规定，例如，规定持有一家上市公司 30%以上股权的股东必须向所有其余股东发出购买其余所有股票的强制性收购要约，这主要是为保护中小投资者的利益。由于英国法律的影响力，大多数英联邦国家对于强制要约使用的都是持股比例达到某一特定比例的标准。

3. 我国有关公司并购方面的法律法规

我国对于上市公司并购的重要法规是早期的《股票发行与交易管理暂行条例》《公司法》《中华人民共和国证券法》《公开发行股票公司信息披露规则》。《中华人民共和国证券法》第六十二条明确了要约收购行为的合法性："投资者可以采取要约收购、协议收购及其他合法方式收购上市公司。" 第六十三条明确了大股东的报告义务："投资者持有或者通过协议、其他安排与他人共同持有一个上市公司已发行的有表决权股份达到百分之五后，其所持该上市公司已发行的有表决权股份比例每增加或者减少百分之五，应当依照前款规定进行报告和公告，在该事实发生之日起至公告后三日内，不得再行买卖该上市公司的股票但国务院证券监督管理机构规定的情形除外。"而第六十五条规定了关于强制要约收购的条件："通过证券交易所的证券交易，投资者持有或者通过协议、其他安排与他人共同持有一个上市公司已发行的有表决权股份达到百分之三十时，继续进行收购的，应当依法向该上市公司所有股东发出收购上市公司全部或者部分股份的要约。"《中华人民共和国证券法》对发出收购要约的细节做了许多详细的规定，如关于收购要约期限不得少于 30 日，并不得超过 60 日；要约不得撤回；要约的变更必须事先向国务院证券监督管理机构及证券交易所提出报告；要约后的处理等。事实上由于目前收购方或出让方经常涉及国有独资或国有控股的公司，有相当多的上市公司收购都通过证券监督管理机构豁免了强制性全面要约收购义务。

目前我国的法律规定还不完善，还有许多法律未触及的空白，这也给公司并购的实施带来了困难及许多不透明的因素。例如，信息披露的格式、流通股和非流通股股东的权利、强制性要约义务的豁免条件、并购中公司管理层的权利和义务、如何对并购中的欺诈行为进行处罚、如何保证所有股东的公平权利等。由于并购涉及面非常广，应该通过设立专门法规创造一个公开、公正、公平的交易环境。

9.2　公司并购的动机分析

金融学家提出了许多理论来解释公司为什么要并购，即并购的动机。从兼并企业的角度看，企业间的并购行为是一项资本预算决策，是一项不确定条件下的投资活动，投资的基本法则同样适用，即只有当目标企业能为兼并企业创造正的净现值时，收购才能为股东创造价值，并购才是可行的。

9.2.1 并购的协同效应

从经济运行整体来看，只要公司并购后的整体价值大于各个企业独立价值之和，即协同效应（synergy）为正，并购就会提高经济效率。假设甲企业准备兼并乙企业，甲企业的价值是 A，乙企业的价值是 B，兼并后的企业的价值 C 与甲、乙两个企业单个价值之和的差额就是并购产生的协同效应：

$$\text{协同效应}=C-(A+B) \tag{9-1}$$

并购能够提高经济效率、增加股东的财富的原因是并购可以产生协同效应。正的协同效应是并购成功的必要条件。从理论上分析，协同效应包括经营协同效应、财务协同效应和税收节约效应。

1. 经营协同效应

1）增加收入

公司并购之所以能产生协同效应，一个重要原因就在于联合企业可能比两个独立的企业产生更多的收入。收入增加的来源主要有三方面：营销利得、战略好处和市场垄断程度提高。

（1）营销利得。通过营销利得增加的收入主要是广告、销售网络和产品提供改进的结果。例如，花旗银行和旅行者公司于 1998 年合并后，由于可以相互利用对方的营销网络，特别是向各自原来的零售客户销售对方的产品，双方的销售额都大幅度增加，花旗银行通过交叉销售增加的收益达到 600 万美元；1970 年菲利普・莫里斯（Philip Morris）公司收购了米勒（Miller）啤酒公司，前者利用自己的营销网络和广告优势将米勒啤酒公司在美国啤酒业中的排名从第 7 位提高到了第 2 位。

（2）战略好处。一些公司并购可以使公司获得战略好处，这种战略好处体现为公司面对将来竞争环境的改变时能应对自如。在基因技术取得了长足进步的情况下，制药公司可以通过收购一家研究基因技术的公司以确保自己在可能出现的基因技术产品市场上占有一席之地。目前一些美国大的制药公司收购一些研究基因技术的公司正是出于这样的考虑。

（3）市场垄断程度提高。通过收购竞争对手兼并企业可以提高市场份额、减少竞争并能提高售价。另外，企业市场垄断程度的提高还可以增加企业与供应商讨价还价的能力，降低成本。当然，旨在提高垄断程度的并购会降低经济运行效率，有可能受到政府反垄断部门的制裁。

2）降低成本

通过降低成本而提高效率是并购发生最主要的原因。这方面最典型的例子就是美国银行业并购。由于一些限制商业银行竞争的法律被废除及计算机和通信技术的发展，一段时期内美国出现了银行并购风潮，大量小规模的地方银行被规模较大的银行并购。银行并购从以下几个方面大幅度降低了银行经营成本：大量的多余分支机构被关闭；大量的富余人员被裁减；整合并精简了服务系统和后勤部门，将向更广泛的客户提供产品和服务。公司并购之所以能降低成本，主要原因在于以下几个方面。

（1）规模经济。规模经济是指当产量增加时单位平均成本随之降低。产生规模经济的原因很多，但最主要原因是随着产量增加，数额确定的固定成本，如公司办公楼、研发费用管理人员工资等，可以在更多的产品中分摊，从而降低了单位产品分摊的固定成本。公司并购获得规模经济效益的前提是在并购之前，企业生产经营水平低于最优规模的要求。

（2）纵向合并效应。纵向合并能将各生产流程纳入同一个企业中，降低了各生产环节协调和管理的成本。另外，生产过程的一体化能减少原材料供应的波动性、降低存货成本或能有效地控制销售网络，这都有助于降低生产成本。纵向合并效应能有效地解释啤酒生产公司并购制瓶厂、轮胎生产企业收购橡胶园、生产日用品的企业拥有多家超市的行为。

（3）资源互补。一些销售季节性很强或收入波动性很大的企业常常通过并购其他企业以实现对现有资源的充分利用。例如，一家计算机生产企业具有发达的销售网络，但是软件开发力量薄弱，而一家软件公司拥有雄厚的科研力量，但是没有销售渠道。上述两家公司合并就可以实现优势互补，因为对方优势资源正是自己所急需的。

（4）裁员或撤换效率低下的管理者。公司并购后经常进行大规模裁员以降低成本。裁员的好处可表现在两个方面：裁减冗员和撤换低效率的管理者。两个企业合并后，原来各自独立设置的机构、人员和设备可能会重复，减少这部分重复的机构和人员可以降低成本。而且，企业通过自身改革以实现重组和机构精简将面临极大的阻力，而兼并企业对被兼并企业进行上述改革就会容易得多。另一种情况是，目标企业的管理者能力不高，他们的低水平管理使公司潜在价值无法实现，另一家管理水平较高的公司就可以并购这家企业，撤换低效率的管理者，公司的管理就会改进，价值相应提高。在实践中，并购是高水平管理者替换低水平管理者的一种有效机制。20 世纪 70 年代末期美国石油行业的并购是绝佳的例子。生产能力过剩、行业结构性变化、宏观经济因素导致油价下跌、利率上涨，每桶油的勘探、开采和加工成本超过其销售价格，因此，生产越多，亏损就越大。石油行业需要缩减生产规模，但是大部分石油企业的管理者不愿意采取削减规模的措施，导致了股东财富的减少。一些具有战略眼光的管理者意识到这个问题，开始积极地并购其他石油企业，并购的目的在于降低石油企业投资规模。通过这种并购削减生产能力，相关企业股东获得了巨额利润。

2. 财务协同效应

财务方面的因素也能产生协同效应。财务协同效应的一个来源就是内部融资成本要低于外部融资成本。例如，一个公司能产生大量的现金流但缺乏投资机会；而另一个公司有很多投资增长机会但内部资金很少，需要大量外部融资。如果这两家公司合并，就会降低整体的融资成本，提高公司的价值。另外，如果一家公司拥有好的投资机会但没有足够的内部资金，只好求助于外部融资，由于股东比管理者拥有更少关于投资项目的信息，该公司只能以低于其实际价值的价格发行股票，管理者有可能拒绝这些有利可图的投资项目。如果上述两家公司合并，企业会由于拥有充足的资金而对该项目进行投资，股东的财富因此增加。

财务协同效应的另一个来源是规模经济，由于在证券发行中存在规模经济效应，即大量发行证券比少量发行证券的单位发行成本要小，并购后企业的资本成本会降低，也增加了企业的价值。

3. 税收节约效应

税收节约效应也是财务协同效应的一个方面。公司并购可以产生几种税收节约效应。

（1）如果一家企业有税收减免额度，但由于该企业处于亏损状态无法获得这个好处，而另一家企业由于盈利而必须支付大量的所得税，如果这样的两家企业合并，就能利用税收减免额度减少纳税而令企业受益。例如，一家亏损企业在将来没有扭亏的希望时，就可以与一家盈利企业合并，当前的亏损额就可以在今后的若干年内从合并企业的税前利润扣除。亏损企业的税收减免额度就能被盈利企业利用。

（2）在一些并购中，目标企业会按照当前的市场价值重新计算其资产价值，一般会增加这些资产的未来折旧额，从而减少应税所得，增加企业收入和价值。

（3）经营损失（operating losses）可以在应税所得中扣除，单个企业无法利用这种税收扣除，因为企业亏损时没有应税所得，而两个企业合并后就可能利用对方的经营损失而减少纳税额。请看下面的例子，两个企业 A 和 B 在状态 1 和状态 2 下的应税所得和所得税如表 9-1 所示。

表 9-1 A、B 企业应税所得和所得税情况 单位：万元

项目	A 企业		B 企业	
	状态 1	状态 2	状态 1	状态 2
应税所得	1000	−500	−500	1000
税款（税率 33%）	−330	0	0	−330
净收入	670	−500	−500	670

在任何一种状态下，两个企业支付的税收总额都为 330 万元。对于单个企业而言，经营损失都无法减少纳税。下面考虑两个企业合并后 A、B 企业的情况（表 9-2）。

表 9-2 两个企业合并后 A、B 企业的情况 单位：万元

项目	A、B 企业	
	状态 1	状态 2
应税所得	500	500
税款（税率 33%）	−165	−165
净收入	335	335

在任何状态下 A、B 企业纳税额都是 165 万元，只是原来的 50%。由此可见，合并后的企业纳税额少于单独两个企业的纳税总额，这也增加了公司的价值。

但是，以避税为目的的并购不会提高经济运行效率，只是将财富从政府转移到股东手中，所以许多国家政府都限制这种类型的并购。另外，美国公司并购的经验研究表明，

公司并购获得的税收节约效应很明显。但是，也有证据表明税收节约并不是公司并购的主要原因，在考虑是否进行公司并购时，税收节约应该只是次要因素。

（4）基本的资本结构理论指出，公司决定最优债务权益比率时应该遵循以下原则：债务增加的边际税负节余收益正好等于债务增加导致的边际财务困境成本。如果并购企业双方的现金流量的相关性不大，并购后的企业的现金流量比合并前双方各自的现金流量更具稳定性。因此，并购产生了多元化效应，降低了并购后企业的收益的波动性，也就降低了财务困境发生的概率。这种多元化效应在上面的例子中也能得到证实，并购后企业净收益更稳定了，兼并前 A、B 企业在两种状态下分别是 670 万元和−500 万元。而兼并后企业的净收益在两种状态下都是 335 万元。发生财务困境的概率降低意味着其可以承受更高的债务权益比率，这可以为企业产生更多的税负节余好处。

（5）一些企业在经营过程中能产生大量的自由现金流，自由现金流是指企业税后现金流在完成了所有的净现值为正的投资项目后剩余的现金流。企业可以通过发放股利或回购股票的方式将这些自由现金流分配给股东。然而，股东通过上述两种方式获得收入都要缴纳所得税。企业的第三种选择是利用自由现金流并购其他企业，美国税法规定，被兼并企业向兼并企业支付的股利是免税的，股东获得拥有自由现金流公司支付的股利则需要缴纳个人所得税，这可以使股东获得税收节约效应。

9.2.2　企业控制权理论解释收购动机

从以上的论述可以看出，公司并购的一个重要动机是产生协同效应。金融学家还提出另外一种重要理论解释并购的动机：企业控制市场（market for corporate control）和代理成本（agency cost）理论。

“企业控制市场”这个术语是由金融学家 Jensen 和 Ruback 提出的，在企业控制市场上，各管理团队相互竞争以获得管理和控制企业的权利。企业控制市场是一个比较笼统和宽泛的概念，不仅包括大部分企业接管活动，也包括企业分拆（spin-off）和资产剥离（divestiture）等。

所有权和控制（管理）权的分离是现代公司的重要特征，在两权分离的情况下，股东和管理者的关系被看作委托人和代理人的关系。管理者并不总是追求股东财富最大化的目标，管理者和股东存在着利益冲突。管理者追求自身利益最大化的行为给股东造成的财富损失被称为代理成本。股东可以利用一系列的机制降低代理成本。在公司内部，可以通过设计合理的公司治理结构和报酬机制来约束和激励管理者；产品与要素市场、管理者市场和公司控制市场则构成了解决代理问题、降低代理成本的外部机制。

在企业控制市场上的公司并购是解决代理问题、降低代理成本的重要机制。不同的管理团队为争夺企业控制权而进行激烈的竞争，这将从以下两个方面降低代理成本。首先，如果某个企业的管理层以牺牲股东利益为代价满足自己的私欲，该企业的价值就会低于其潜在价值而成为其他公司并购对象，并购的结果是原来管理层被撤换；其次，正是由于上述并购的惩戒作用，管理者为了保住自己的位置，会更尽心尽力地为股东利益服务，降低了代理成本。

在利用企业控制市场和代理成本解释并购动机时，哈佛大学教授 Jensen 创建了自由现金流假说。Jensen 认为，如果管理者以股东财富最大化为目标，那么，拥有自由现金流的企业应该将自由现金流派发给股东。管理者在为新的投资项目融资时只能寻求外部资金，这会在更大程度上受制于资本市场的监督和约束。然而，管理者总是倾向于扩大企业规模，往往令企业规模超过了其最优规模。因为企业规模越大，经理控制的资源越多，其权利也越大；而且，管理者的报酬也常常与企业规模正相关。所以，管理者常常不将自由现金流发放给股东，而是投资于净现值为负的项目。这种情况在一些没有增长机会的成熟企业非常普遍。并购可以有效地降低因上述自由现金流发放问题而产生的代理成本。公司控制市场上的并购交易是资源退出具有过剩生产能力行业的一种直接而有效的方式，如 20 世纪 70 年代末期美国的石油行业发生的大规模并购。

9.3 公司并购的定价方法

9.3.1 对目标企业的估价

由于并购的方式不同，需要进行价值评估的内容也有差别。并购的支付方式主要有资产置换、股权交换和支付现金三种。如果采用前两种方式，除了要对目标企业的价值进行评估外，还需要对作为支付手段的自身资产或股权进行价值评估。

目标企业估价取决于并购公司对其未来收益的大小和时间的预期。对目标企业的估价可能因预测不当而不准，这就带来了并购公司的估价风险，其大小取决于并购公司所采用信息的质量，而信息质量又取决于目标企业是上市公司还是非上市公司、并购公司是敌意的还是友好的，以及准备并购和目标公司并购前审计的时间。并购价值评估本质上是一种主观判断，但并不是可以随意定价的，而是有一定的科学方法和长期经验验证的原则可依据的。公司一般可以使用以下方法对目标企业进行估价。

1. 资产价值基础法

资产价值基础法是指通过对目标企业的资产进行估价来评估其价值的方法。确定目标企业资产的价值，关键是选择合适的资产价值评估标准。目前，国际上通行的资产价值评估标准主要有以下四种。

（1）账面价值。账面价值是指会计核算中账面记载的资产价值。例如，对于股票来说，资产负债表所揭示的公司某一时点所拥有的资产总额减去负债总额即公司股票的账面价值（账面净资产），再减去优先股价值，即普通股价值。这种估价方法不考虑现时资产市场价格的波动，也不考虑资产的收益状况，因而是一种静态的估价标准。

（2）市场价值。市场价值是把资产视为一种商品在市场上公开出售，在供求关系平衡状态下确定的价值。当公司的各种证券在证券市场上进行交易时，它们的交易价格就是这种证券的市场价值，它可能高于或低于账面价值。

（3）清算价值。清算价值是指在公司出现财务危机而破产或清算时，把公司中的实物资产逐个分离而单独出售的资产价值。清算价值是在公司作为一个整体已经丧失增值能力情况下的资产估价方法。对于股东来说，公司的清算价值是清算资产、偿还债务以后的剩余价值。

（4）公允价值。公允价值是指将目标企业在未来持续经营情况下所产生的预期收益，按照设定的折扣率（市场资金利润率或平均收益率）折算成现值，并以此确定其价值。公允价值把市场环境和公司未来的经营状况与目标企业的价值联系起来，最适宜于评估目标企业的价值。

以上四种资产价值评估标准各有其侧重点，因此，其适用范围也不尽相同。就公司并购而言，如果并购的目的在于其未来受益的潜能，那么，公允价值就是重要的标准；如果并购的目的在于获得某项特殊资产，那么，清算价值或市场价值就可能更为恰当。

2. 收益法

收益法就是根据目标企业的收益和市盈率确定其价值的方法,也可称为市盈率模型。因为市盈率的含义非常丰富，所以，它可能暗示着公司股票收益的未来水平、投资者希望从股票中得到的收益、公司投资的预期回报、公司在其投资上获得的收益超过投资者要求收益的时间长短。收益法的估值步骤如下。

（1）检查、调整目标企业近期的利润业绩。在检查目标企业最近的损益账目时，并购公司必须仔细考虑这些账目所遵循的会计政策。若有必要，则需要调整目标企业已公布的利润，使其与并购公司的政策一致。例如，当目标企业已经投资于开发费用时，并购公司就可以注销所有的研究与开发费用，从而将夸张的报告利润降下来。

（2）选择、计算目标企业的估价收益指标。一般来说，最简单的估价收益指标可以采用目标企业最近一年的税后利润，因为其最贴近目标企业的当前状况。但是，考虑到公司经营中的波动性，尤其是经营活动具有明显周期性的目标企业，采用其最近三年税后利润的平均值作为估价收益指标将更为恰当。实际上，对目标企业的估价还应当注重其被并购后的收益状况。例如，当并购公司在管理方面具有很强的优势时，目标企业被并购后，也可以获得与并购公司同样的资本收益率，那么，以此计算目标公司并购后的税后利润作为估价收益指标，可能对公司并购决策更具有指导意义。

（3）选择标准市盈率。通常可选择的标准市盈率有以下几种：在并购点目标企业的市盈率、与目标企业具有可比性的公司的市盈率和目标企业所处行业的平均市盈率。选择标准必须确保在风险和成长性方面的可比性。

（4）计算目标企业的价值。利用选定的估价收益指标和标准市盈率，就可以比较方便地计算出目标企业的价值。公式如下：

$$目标企业的价值=估价收益指标\times标准市盈率 \tag{9-2}$$

收益法估算以投资为出发点，着眼于未来的经营收益，并在测算方面形成了一套较为完整的有效的科学方法，因而被广泛使用，尤其适用于通过证券二级市场进行并购的情况。但是，在该方法的使用过程中，不同估价收益指标的选择具有一定的主观性，而且由于我国股市建设上的不完善，投机性较强，股票市盈率普遍偏高，适当的市盈率标准难以取得，运用收益法对目标企业进行准确估价有一定的难度。

3. 贴现现金流量法

贴现现金流量法是通过估计由并购引起的期望增量现金流和贴现率（或资本成本），计算出并购活动给公司带来的净现值，以此确定最高可接受的并购价格。运用贴现现金流量模型对目标企业估价的步骤如下。

（1）预测自由现金流量。对目标企业现金流量的预测期一般为5~10年，预测期越长，预测的准确性越差。此外，如果目标企业在被并购后预期公司运营将发生变化，则不仅要检查目标企业历史的现金流量，还要根据并购公司的管理水平预测目标企业预期的现金流量。需要指出的是，自由现金流量（即增量现金流量或剩余现金流量）是指目标企业在履行了所有财务责任（如偿付债务本息、支付优先股股息等），并满足了公司投资需求之后的“现金流量”。即使这部分现金流量全部支付给普通股股东，也不会危及目标企业的生存和发展。自由现金流量预测模型如下：

$$\mathrm{CF}_t = S_{t-1}(1+G_t)P_t(1-T_t)-(S_t-S_{t-1})(F_t+W_t) \tag{9-3}$$

式中，CF为现金流量；S为年销售额；G为销售额年增长率；P为销售利润率；T为所得税税率；F为销售额每增加1元所需追加的固定资本投资；W为销售额每增加1元所需追加的营运资本投资；t为预测期内某一年度。

（2）估计贴现率或加权平均资本成本。这需要对各种各样的长期成本要素进行估价，包括普通股、优先股和债务等。对各要素的个别资本成本估价后，再根据并购公司期待的并购后资本结构计算加权平均资本成本。公式如下：

$$K_W = \sum_{i=1}^{n} K_i B_i \tag{9-4}$$

式中，K_W为加权平均资本成本；K_i为各单项资本成本；B_i为各单项资本所占的比重。

（3）计算现金流量现值，估计购买价格。

根据目标企业的自由现金流量，对其估价为

$$\mathrm{TV}_a = \sum_{t=1}^{n} \mathrm{CF}_t \,/\left(1+K_W\right)^t + V_n \,/\left(1+K_W\right)^n \tag{9-5}$$

式中，TV_a为并购后目标企业的价值；CF_t为在t时期内目标企业的自由现金流量；V_n为n时刻目标企业的终值。

（4）贴现现金流量估计的敏感性分析。由于预测过程中存在不确定性，并购公司还应分析目标企业的估价对各变量的敏感性。这种分析可能会解释贴现现金流量预测表中潜在的缺陷及一些需要并购公司关注的重大问题。

【案例 9-1】 假定甲公司计划在2020年初收购目标企业乙公司。经测算，收购后有6年的自由现金流量。2019年，乙公司的销售额为200万元，固定资本为15万元，营运资本为12万元。收购后，前4年的销售额预计每年增长10%，第5年、第6年的销售额保持第4年的水平。销售利润率（含税）为5%，所得税税率为30%，固定资本增长率和营运资本增长率分别为15%和5%，加权平均资本成本为12%。求目标企业的价值。

根据上述资料进行计算，其结果如表9-3所示。

表 9-3　各年度财务指标一览表　　　　单位：万元

指标	2020 年	2021 年	2022 年	2023 年	2024 年	2025 年
销售额	220.00	242.00	266.20	292.82	292.82	292.82
销售利润	11.00	12.10	13.31	14.64	14.64	14.64
所得税	3.30	3.63	3.99	4.39	4.39	4.39
增加固定资本	2.25	2.59	2.98	3.42	3.94	4.53
增加营运资本	0.60	0.63	0.66	0.69	0.73	0.77
自由现金流量	4.85	5.25	5.68	6.13	5.58	4.96

由表 9-3，得

$$
\begin{aligned}
TV &= 4.85/(1+12\%)+5.25/(1+12\%)^2+5.68/(1+12\%)^3+6.13/(1+12\%)^4 \\
&\quad +5.58/(1+12\%)^5+4.96/(1+12\%)^6 \\
&= 22.13\text{（万元）}
\end{aligned}
$$

因此，甲公司购买乙公司的最高出价是 22.13 万元，如果购买价格超过该价格，则这一并购活动从价格上讲不够合理。

贴现现金流量法建立在对现金流量预测的基础上，充分考虑了目标企业未来创造现金流量对其价值的影响，在日益崇尚“现金至尊”的先导理财环境中，对公司并购决策具有现实的指导意义。但是，这种方法也有其缺陷：一是期望增量现金流量较难预测，二是贴现率具有较强的主观性。因此，运用这种方法对决策条件与能力的要求较高。

以上各种对目标企业的估价方法，并没有绝对的优劣之分。并购公司对方法的选用主要根据并购动机而定，并且，在实践中可将多种方法交叉使用，从多角度评估目标企业的价值，以降低估价风险。

9.3.2　并购后的股东利益分析

在对目标企业的价值进行估价之后，下一步是预测并购后的公司估价及股东利益状况。这项工作分为两个步骤：①估计兼并后的每股盈余（EPS）；②估计兼并后的市盈率（即股价/每股盈余）。由于每股盈余取决于并购条件（即并购公司支付多少金额给被并购公司），我们就从并购条件入手进行分析。

1. 并购条件

并购条件包含着两个重要的问题：①由谁来控制被并购后的公司?②并购公司必须支付何种价格给被并购公司?

（1）关于并购后的控制问题。一家小型公司出让给大公司时，就业与控制是很重要的考虑因素。一方面，原来的公司所有者或管理者很可能希望并购后仍然保持较好的职位，而且能够掌握控制权。另一方面，如果被并购公司原先的管理阶层能力很强，那么，并购公司会主动考虑让原先的管理阶层能够继续留用，并具有控制权。因此，控制权的问题不容忽视。如果并购公司同意继续雇佣原有管理人员，则目标企业管理人员会支持并购，并且能够出面说服股东；相反，则会出现抵制并购的行为，从而使并购成本上升。

（2）关于并购的支付价格问题。如果以现金支付，则并购的分析与一般的资金预算分析相似，主要考虑支付的成本与获得的收益孰大孰小。以贴现法为例，应先估计盈余增加值，再以某一折现率求出其现值，再进行决策。显然，当盈余增加值的现值大于所需支付的金额时，则应该进行并购。换句话说，只有在被并购公司对并购公司的价值大于被并购公司的市场价值时，才适宜进行并购。当然，并购公司会尽量压低价格，目标企业会尽量提高价格，最终的定价取决于双方的实际谈判。一般来说，综合效益越大，在谈判桌上回旋的余地越大，从而谈判成功的可能性也越大。

如果并购时必须交换股票，那么，关键在于决定交换比，也就是并购公司对每一股被并购公司的股票所应支付的股数。

2. 影响股票交换比率的因素

影响股票交换比率的因素有三个：当期每股盈余；预计未来每股盈余；股票的相对市场价值。下面重点分析这三个因素。

（1）当期每股盈余。假定并购公司（A公司）的每股盈余为5元，目标企业（T公司）的每股盈余为4元，而且两家公司的风险相当。按照相对盈余，股票交换的比率应该定为4/5=0.80。这一数据表明，80股A公司的股票可以交换100股T公司的股票。这种交换方式意味着股东在并购后的盈余保持不变。

（2）预计未来每股盈余。上述计算只适用于没有综合效益并且公司成长率相同的情况。倘若预期并购可以提高盈余，而且公司每股盈余的成长率又不相同，则不能用当期盈余来决定股票交换比率，而应该用预计未来每股盈余来决定。

以上例再做分析，首先假定没有综合效益，但T公司预期每年的成长率为10%，而A公司的成长率为5%。按最近一次的盈余计算，两家公司的股票交换比率为4/5=0.80，但根据未来3年的盈余，股票交换比率应该是$4\times(1+10\%)^3/[5\times(1+5\%)^3]=0.92$。在这里，预估时间的长短决定了交换比率的高低。

再假定两家公司预期每股盈余不增长，但公司并购后有综合效益，此时，以当期盈余来计算股票交换比率肯定是不妥当的。为什么呢?假设在兼并后有综合效益的情况下仍以0.80这一比率来交换股票，因为有综合效益，公司的每股盈余假定会提高到6.50元，照此计算，并购后持有T公司股票100股的股东在并购后的盈余为6.50×80=520（元）。同样，持有A公司股票100股的股东则获得6.50×100=650（元），合并前只有500元。从上述计算看，如果预期会产生综合效益的话，那么，A公司实际支付给T公司的股票交换比率可以超过0.80，超过时仍然有利可图。相反，T公司的股东所接受的股票交换比率即使在0.80以下，也仍然可以获利。

对A公司的股票来说，新的损益平衡交换比率用下列公式计算：

$$
\begin{aligned}
\text{新的EPS} = \text{EPS}_a &= \text{TE}/N_a + N_t \cdot \text{Er}_a \\
\text{Er}_a &= \text{TE} - \text{EPS}_a \cdot N_a / \text{EPS}_a \cdot N_t
\end{aligned}
\tag{9-6}
$$

式中，Er_a为公司在每股盈余不至于被稀释时的最大交换比率；TE为兼并后的总盈余（A公司原有盈余+T公司原有盈余+因综合效益而产生的盈余）；EPS_a为A公司原来的每股盈余；N_a为A公司在并购前发行在外的股数；N_t为T公司在被并购前发行在外的股数。

以假设数据代入，令

$$N_t=500\text{ 股},\quad N_a=1000\text{ 股},\quad \text{EPS}_a=5\text{ 元}$$

$$\text{TE}=5000+2000+2100=9100\text{（元）}$$

（TE 中的 2000 元是因综合效益而产生的盈余）

代入式（9-6），得

$$\text{Er}_a=1.64$$

即 A 公司可以用 1.64 股来交换 T 公司的 1 股，从而不会稀释其每股盈余。

在股票交换率为 1.64 的情况下：

$$\text{新的 EPS}_t=\frac{9100}{1000+500\times 1.64}=5.00=\text{原EPS}$$

也就是说，如果股票交换比率低于 1.64，则 A 公司的每股盈余会提高。采用类似的方法来分析 T 公司的股票，具体如下：

由于$\text{新的EPS}_t=\text{新的EPS}_a/\text{Er}_t$,代入公式，得

$$\text{EPS}_a=\text{EPS}_t/\text{Er}_t=\text{TE}/(N_a+N_t\cdot\text{Er}_t)$$

解 Er_t，得

$$\text{Er}_t=\text{EPS}_t\cdot N_a/(\text{TE}-N_t\cdot\text{EPS}_t)$$

将数据代入，得

$$\text{Er}_t=4\times 1000/(9100-500\times 4)=0.563$$

此时，

$$\text{EPS}_a=\text{TE}/(N_a+N_t\cdot\text{Er}_t)=9100/(1000+500\times 0.563)=7.10\text{（元）}$$

即持有 T 公司 100 股的股东，即使以 0.563 的比率交换 A 公司的股票，仍不会亏本，因为并购前后的总盈余仍然是相等的［56.3×7.10=400（元）］。

综上所述，即使预期没有增长，但有综合效益，这一并购的交换比率就可以在 0.563~1.64，对双方均无不利影响。而且，综合效益越大，交换比率的浮动范围越大，并购双方能够达成并购协议的可能性也越大。

（3）股票的相对市场价值。由于当期及未来盈余、成长率、可能的综合效益等因素将会在公司股票市场价值中显示出来，股票的相对市场价值是决定股票交换比率的最佳依据。举例来说，假定 A 公司的股价为 40 元，B 公司的股价为 30 元，则根据市场价值来计算，交换比率为 30/40=0.75。

需要说明的是，如果估计兼并后不太可能会产生综合效益，那么，以股票的相对市场价值来决定股票交换比率；倘若合并后有综合效益，那么，实际的交换比率可能会高于股票相对市场价值决定的交换比率，需要提供 50%左右的贴水。

9.3.3　公司并购的案例分析

为了更清楚地了解公司并购财务分析的整个过程，我们以统一公司和目标科技公司两家公司的并购作为案例。统一公司目前的成长率为 5%，目标科技公司的成长率为 20%。统一公司的税后盈余为 5000 万元，发行在外的股票有 1250 万股，每股盈余为 4 元；目

标科技公司最近的盈余为 300 万元，发行在外的股票有 150 万股，每股盈余为 2 元。统一公司每股股利发放额为 2 元，股票现行市场价格为 30 元；目标科技公司的股利为每股 1 元，股票现行市场价格为 20 元。

在考虑两家公司并购时，统一公司的财务分析原先假定合并后不会产生综合效益，但合并后整体成长率达到了 5.849%，计算如表 9-4 所示。

表 9-4 统一公司和目标科技公司的相关财务指标

公司名称	总盈余/万元	权数	成长率	积数
统一公司	5 000	0.9434	5%	4.717%
目标科技公司	300	0.0566	20%	1.132%
合计	5 300	1.0000	25%	5.849%

根据当期盈余来计算，Er=2 元/4 元=0.5，即以 0.5 股的统一公司股票交换 1 股目标科技公司的股票。如果根据未来盈余来计算，则这一比率会提高。假定采用预估的第 5 年盈余来计算时，股票交换比率会上升到 1.0 左右，计算如下：

$$Er=2\times(1+20\%)^5/[4\times(1+5\%)^5]=0.975\approx1.0$$

若按股票的相对市场价值来计算，则股票交换比率为 20 元/30 元=0.667，此时的每股盈余为

$$(5000+300)/(1250+0.667\times150)=3.93（元）$$

在计算了多种股票交换比率之后，统一公司的财务人员预估多种比率条件下未来 5 年的每股盈余。其计算步骤是：先预估整个公司在多年度的盈余，然后将其除以发行股数（这一发行股数应该按交换比率折算），其计算结果如图 9-1 所示。

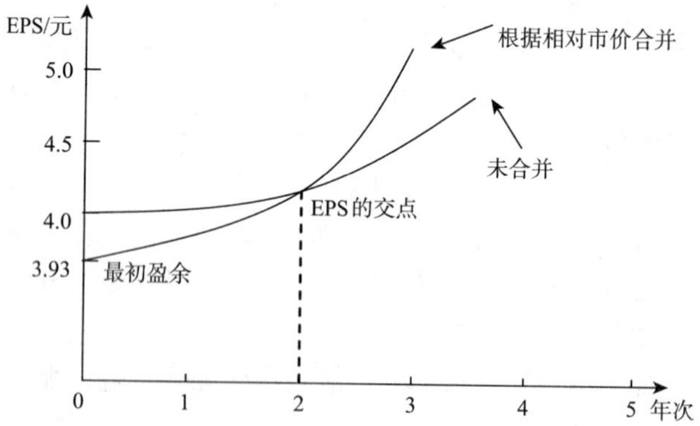

图 9-1 合并后的每股盈余效果图

如图 9-1 所示，如果没有综合效益，并且交换比率为 0.667，则每股盈余下降 0.667 元，但未来的每股盈余会大幅度上升。当然，我们可以对多种交换比率均画出图形。但是，有一点结论可以确定：如果市盈率比较高的公司并购市盈率比较低的公司，而且交换比率是根据相对市价来决定的话，那么，并购公司的每股盈余会提高；相反，如果市盈率比较低的公司并购市盈率比较高的公司，则并购公司的每股盈余会因受稀释而下降。这一点在上述两家公司的兼并中已经得到了验证（统一公司的市盈率为 7.5 倍，目标科

技公司的市盈率为 10 倍）。

如果按市价来决定交换比率，则目标科技公司的股东可以获得较高的当期盈余。

（1）持有 100 股原先的盈余：

$$100\times2=200\text{（元）}$$

（2）持有 100 股的新盈余：

$$100\times0.667\times3.93=262\text{（元）}$$

因此，公司兼并对目标科技公司是有利的。

现在我们来考虑综合营运效益。

应该看到，如果兼并后会产生综合效益，则可以抵消一部分或全部的盈余稀释，同时会提高合并后的成长率。在这里，我们仅做提示，不做深入计算。分析的最后一步是预测市盈率，并用于预测并购后的股票市价。公司并购后的市盈率反映了投资者对并购活动后风险和成长的预期。如果投资者预期合并后可以降低风险，则市盈率可能提高。假定预测的市盈率为 7.5 倍（与原统一公司原有的市盈率一样），则与 EPS=3.93（元）并用，可求得股票市价为 7.5×3.93=29.48（元）；若预测市盈率达到 10 倍，则股票市价可达到 39.30 元。

综合上述分析，最后决策时应该明确以下几点：首先，如果并购会提高股价，则并购有利；其次，并购后的股价同时反映了最后的每股盈余和市盈率，前者取决于股票交换比率，后者取决于投资者的预期。如果公司财务人员能够准确预测，则并购一定会成功。

9.4　公司并购的融资问题

并购交易的重要融资评价标准有两种考虑。第一种称为战术考虑，包括：完成交易的速度；交付方式对目标企业的吸引力；保护措施的脆弱性，如拟议中的杠杆重组或采用“毒丸计划”。第二种称为战略考虑，包括：目标企业的最优资本结构；未来的融资能力；信用等级的影响；财务的灵活性和市场时机的选择。

当战术和战略考虑出现冲突时，并购融资就变成一个多步骤程序。例如，可以通过短期贷款提供支付给目标企业的现金，随后短期贷款将被长期资本取代。

另外，在考虑融资时，要特别注意具体情况具体分析，普遍性原则不能应用于特殊的情况。例如，如果目标企业的规模同其收购者相比很小，筹资购买所需要的现金就不成问题；但是如果目标企业的规模比收购者大得多，得到足够的信用支持就成为至关重要的问题。

9.4.1　融资的具体方式

1. 现金方式融资

1）现金方式融资的优点

（1）速度快。从购买者的角度看，无论是通过公开市场还是投标竞价，现金收购的主要优点都是速度快，即减少竞争性收购者或目标企业的反应时间。按照现金投标竞价，一个目标企业的股票可以在较短的时间内被收购，而在这么短的时间内潜在的竞争投标对手与目标企业都难以及时做出反应。

（2）没有清算和证券变现风险。从目标企业的角度考虑，现金比证券更可取，因为没有诸如清算或证券变现风险这类问题。通过销售证券实现的净收益要依赖：市场条件，如利率的上升或下降；市场深度，在一定时间有多少证券能够被销售而不引起价格下跌；证券发行人的信誉或业务前景方面的任何变化及交易费用等。

2）现金方式融资的缺点

（1）从目标企业角度考虑，现金融资方式的缺点有：①无法获得合并后公司的持续股本利息；②在有些国家，如美国，需要立即缴纳资本利得税，而无法延迟纳税。

（2）从买方角度考虑，现金融资方式的缺点有：①再筹资问题。如果用于并购的现金是短期借款，那么主要的战略问题是这样的贷款能否以一个可接受的基础重新筹资。这取决于再筹资时的市场条件和某些重要的约束。例如，股票市场一般比债券市场有更多的限制，并且对证券的发行数量也有实际的限制。如果市场深度不存在问题，收购者应当最终能够为收购贷款再筹措资金以便实现其目标资本结构。但是，收购者仍时刻处于利率和股价变化的风险中。②并购的现金来源问题。最普通的来源是商业银行，但银行贷款及其条件取决于借方的信誉，同时还要考虑收购的预期效果和收购交易的方案。一般来说，商业银行定期贷款有固定的贷款金额，采用浮动利率计息，期限在4~5年；在某些情形下，有较严格的关于附加债务发行和股息偿还的规定。

2. 普通股票方式融资

（1）发行机制。在美国普通股票是通过交换发行或法定兼并发行的，无论哪种都是一个耗费时间的过程。在每一种情况下，发行人必须有足量的已经核定但未发行的股票用于交易，并得到有关部门的批准。如果发行者没有足量已核定但未发行的股票，它必须获得股东大会的同意才能增加股票。

假定不需要复杂规章许可的话，这个过程大约需要几个月的时间。在大多情形下，即使收购者有足量已核定但未发行的股票，兼并也需要较长时间，因为目标企业股东需要时间来赞成兼并。

因此，能用于控制目标企业的普通股发行是一个漫长过程，它增加了收购者受保护措施攻击的可能性与脆弱性，因此发行者的股票价格很有可能在股票收购计划宣布时下跌。

（2）价格的可变性。在用股票收购股票的交易中，风险套利者试图通过购买目标企业的股份和卖空收购者的股份实现套利。这一利润的实现是建立在并购交易成功的基础上的。如果交易完成，风险套利者将把他们手中的目标企业股票同收购者的股票进行交换，多头用来填补其空头头寸。这种市场卖空收购者企业股票的压力，在一个相当大的收购中可能引起潜在收购者的股票价格下跌5%~10%。收购者的股价也可能因投资者担心并购后新企业的每股收益稀释而产生波动。

显然，如果收购者提出用将来某个日期的固定股票价格交换目标企业的股份，会冒很大风险，因为收购者将根据其价格的增减相应地发行股票。为了对付这个难题，发行人可以在将要发行的用于交换目标企业股票的那些股票上设置一个“约束条款”，即如果转换率在收盘时固定在 1.2∶1，则收购者不管其股票价格上升还是下跌，都将按照该比率计算出的数额发行其股份以交换目标企业股票。如果使用约束条款，无论收购者的股票价格在发布日和产生最终转换率的那天之间是上升还是下跌，起始转换率都将仅在一定限度内做上下调整。一个典型的“约束条款”可以允许起始转换率的变动范围不超过 5%。为防止市场操纵，一个约束条款一般应至少在目标企业的特别股东大会召开之前 20 天以收购者的普通股票价格为基础来确定。

在某种情形下，目标企业的所有者希望免税交易或在合并公司中有一个持续利益。只有当权益股票在收购考虑形式中至少占某一比例时（具体依据税法规定），一个交易才具有免税重组资格。然而，就公众持股公司而言，由于交易成本、清算问题、市场易变性和货币的时间价值，绝大多数股东的证券价值会发生贴水。因此，普通股上市的市场价格必须在一定程度上超过竞争性现金标价所提供的价格以吸引目标企业股东。

（3）新股票类型。美国通用汽车公司在收购电子数据系统公司的过程中创造了一种新的股票类型，即把股息政策同每个公司的业绩而不是通用汽车公司作为一个整体的业绩紧密地联系在一起的股票。

这些新的股票类型吸引了那些不愿在未来目标企业中放弃其全部权益的目标企业股东，并有助于保留促进管理层取得业绩的股票激励方案，还允许市场更直接、更个别地评估某些综合性公司的不同业务。这种新股票类型要求收购者保持被收购公司的完整性，并按正常商业关系与之打交道。

（4）战略考虑。从战略角度看，普通股有一些偿还特性。普通股发行市场的深度受到一定限制，并有相当大的可变性。即使一个公司甘愿为收购筹资中发生的债务重新筹资，也不能保证它能以优惠的条款发行普通股票。如果一家公司不能或不愿冒此风险，那么目标企业的股东可以按现价或接近现价的价格为收购者的普通股票提供一个垄断市场。在某些条件下，收购者能迫使目标企业的股东接受它的股票。

用于交换而发行的普通股票，在某些条件下，完全能符合权益联营会计规则，因而可以避免在收购中产生商誉。在此情况下，如果收购者的市盈率超过目标企业的市盈率指标，则作为交易结果其每股预计收益会增加。在 20 世纪 40 年代末期，一批美国公司靠用高市盈率的股票收购低市盈率的公司来进行这种“每股收益”游戏。今大，投资者在分析公司价值时表现得更成熟，对现金流量给以更多的衡量，而对公布的每股账面收益则考虑较少。

3. 可转换优先股方式融资

在 20 世纪 80 年代早期，当美国金融市场上普通股票价格普遍低迷并且垃圾债券市场还没有发展为一个主要的收购融资的源泉时，可转换优先股常被用作收购融资考虑。

从战术角度看，可转换优先股非常类似普通股。从战略角度看，可转换优先股是不可转换的固定收入证券和普通股的结合。评级代理机构一般至少会把可转换优先股的一部分看作权益。既希望发行普通股票又关心现在股票价格的收购者更喜欢可转换证券。根据美国并购市场的情况，可转换股票的履约价格大约是普通股市场现价加 20% 的升水。

4. 延期支付证券

延期支付证券是债务或优先股融资中的一种工具，它是指延期（指在一定时期之后）支付利息和按固定利率计算出股利的证券偿付级别较低的延期支付证券，通常用于杠杆收购中，其主要的作用是：减轻交易后的最初几年收购者的现金债券利息负担，使收购者从银行和其他贷款人那里更容易筹集到更多的偿付级别高（利率低）的资金。

要想在并购实践中取得成功，就要有相关的法律知识、评价技巧、收购战术，特别是在现有市场条件下可得到的融资等方面的综合知识。

交易融资和筹资是并购中最灵活的、最有创造性的方面之一。一系列新的方法与金融工具，如杠杆收购、双重先付附加投标和延期支付证券等推动了近年来并购活动数量的迅速增长。

9.4.2 适合我国国情的融资方式和途径

目前，适合我国国情的融资方式和途径有内部留存、增资扩股、股权置换、金融机构信贷、公司发行债券、目标企业融资、杠杆收购等。在具体的运作过程中，有些可单独运用，有些可组合运用，并视并购双方的具体情况而定，现主要介绍以下几种。

1. 增资扩股

收购方选择增资扩股方式取得现金来收购目标企业时，最重要的是考虑股东对现金增资意愿的强弱。就上市公司而言，拥有经营控制权的大股东可能会考虑其自身认购资金来源的资金成本、小股东认购愿望的因素等。对于非上市公司，若股东资金不足而需由外界特定人士认购时，大股东可能会出于保持控制权的考虑，宁可增加借款而不愿扩股。

2. 股权置换

股权置换在公司并购中最为常用。在公司并购活动中，收购者若将其自身的股票作为现金支付给目标企业股东，可以通过两种方式实现：一是由买方出资收购目标企业全部股权或部分股权，目标企业股东取得资金后，认购收购方的现金增资股，因此，双方股东不需要另筹资金即可实现资本集中；二是由买方收购目标企业的全部资产或部分资产，由目标企业股东认购买方的增资股，这样也可以达到集中资本的目的。

3. 金融机构信贷

金融机构信贷是公司并购的一个重要资金来源，在国外比较流行。这种贷款不同于一般的商业贷款，因此要求收购方提前向可能提供贷款的金融机构提出申请，并就各种可能出现的情况进行坦诚的磋商。即使需要保密，也需要在收购初期向金融机构提出融资要求，因为这种贷款和一般的商业贷款相比金额大、偿还期长、风险高，故需较长的商讨时间。

4. 目标企业融资

在许多时候，并购双方在谈判时，会涉及并购方推迟支付部分或全部贷款的情形。如果公司盈利不佳，而目标企业又急于脱手，收购者就可以利用目标企业融资（推迟支付）方式。无疑这种方式有利于收购者进行支付，与通常的分期付款方式类似。不过，这要求收购方有极佳的经营计划，才容易取得目标企业融资。这种方式对目标企业的好处在于因为贷款分期支付，税赋自然也分段支付，使其享有税负延后的好处，而且可以要求收购方支付较高的利息。

5. 杠杆收购

杠杆收购是指收购方为筹集收购所需要的现金，大量向银行或金融机构借款，或发行高利率、高风险债券，这些债务的安全性以目标企业的资产和将来的现金流入作为担保。实质上，杠杆收购是收购公司主要通过借债来获得目标企业的产权，并且用后者的现金流量偿还负债的方式。与其他公司并购融资方式相比较，杠杆收购具有以下几个基本特征：第一，收购公司用于收购的自有资金远远少于收购总资金，一般而言，两者之间的比例仅为 10%~20%；第二，收购公司的绝大部分收购资金是通过借债而来的，贷款方可能是金融机构、信托基金、个人，甚至可能是目标企业的股东；第三，收购公司用于偿付贷款的款项来自目标企业的资产或未来的现金流量，即目标企业将支付其自身的售价；第四，收购公司除投资非常有限的资金外，不负担进一步投资的义务，即贷出收购资金的债权人只能向目标企业求偿。实际上，贷款方通常在目标企业资产上进行担保，以确保优先受偿地位。从以上几个特点可以看出，利用杠杆收购会给收购公司带来极大的好处。但是，杠杆收购在提高收购公司财务效益的同时，也带来了高风险。因为这种收购的大部分资金依赖于债务，需要按期支付利息，沉重的债息偿还负担可能令收购公司不堪重负而被压垮。因此，收购后的公司只有经过重组，提高经营效益与偿债能力，并使资产收益率和股权回报率有所增长，并购活动才算真正成功。

9.4.3　公司并购的税收筹划

1. 目标企业的税收问题

（1）公司税。如果目标企业在被收购前是某个集团的一部分，那么，它从收购之日起不能在并购后的会计期间内缴还或得到集团减免。并购活动把目标企业的会计期间一分为二，目标公司的盈利或亏损和应税收益在这两个期间内按比例进行分配，集团减免仅适用于目标企业已成为新集团的那个会计期间。在许多情况下，预缴公司税往往不能被偿还，也不能为新集团公司所利用。

另一种情形是目标企业已经处于亏损状态，并购公司为了获得减免，必须在未来继续经营，使之盈利。在公司业务已经中止的情况下，任何过去的应计亏损都不具备集团减免的资格。为了利用亏损结转，并购公司必须使目标企业扭亏为盈，当然这往往要冒风险。在亏损自然增长后，目标企业应当继续经营，否则，国内税务部门可能会认为企业经营不连续，从而不允许进行亏损结转。

（2）资本收益税。集团内资产在集团内转移而资本收益税不变，这就产生了一种避税方法，因为把带有资本收益的资产转移给另一个集团成员可以不必纳税。在美国，倘若获得资产的子公司在 6 年内离开集团，则集团内的资产转移就认为是以市场价值出售了这部分资产。

2. 目标企业股东的税收问题

除非股票和债券是作为营业资产持有，或这种股票、债券的转让是公司重组活动的一部分，否则，作为资产收益目标，股东出售股份与债券是需要纳税的。在以下两种情况下，股票与债券转让被作为重组的一部分：其一，A 公司的股票和债券与 B 公司的股票和债券交换；其二，A 公司原来的股票取消，股东根据原来的股份获得新发行的股票和债券。在这两种情况下，重组必须是真正出于业务目的，而不是为了避税。另外，股票交换还必须符合另外两个条件：首先，A 公司必须现在拥有或者在股票交换之后拥有 B 公司 1/4 以上的普通股；其次，作为向 B 公司的成员或所有普通股东出价的结果，股票或债券的发行必须由 A 公司承担，而且在第一种情况下，A 公司要控制 B 公司。当上述条件满足时，A 公司和 B 公司就当作相同的公司，相当于单一公司的股本重组。这样，就不把股东看作为了获得资本收益而出售其原始股份，股东最后的盈亏要根据原来所持股份的价值与现在的价值来计算。

若收购的是部分股票和债券，那么，就把这种交易看作部分出售；换言之，股东已经收到或被认为已经收到除新股外的其他回报，同时，也卖掉了部分原来拥有的股权。出售的比例是 $A/(A+B)$。在这里，A 代表出售部分在当时的市场价值，B 是剩余部分的市场价值。

3. 并购公司的税收问题

（1）公司税。根据所获得目标企业股权的比例，可以把目标企业包括在集团内，并获得税收减免。但是，在某个会计期间内，公司加入或离开集团，亏损的结转有一些限制，特别是在考虑目标企业的公司税时，要求把利润或亏损在会计期间内按时间进行分摊。即只要有关规则的运用不是“不合理”或“不正当”的，在子公司加入集团时，将继续使用按时间分摊的原则。

（2）资产收益税。假如并购公司想出售目标企业，则有些费用可以大于成本，这个允许的成本由收购的附带成本和出售目标企业的附带成本组成。如果目标企业在收购后以原始成本出售一项应税资产，并且由于前面的展期，纳税成本低于原始成本，则其实际资本收益就要比预期高。但是，应当注意到，所有公司集团成员的交易被看作单独的交易，收购公司和目标企业由此获得的收益可以分别展期到收购公司和目标企业新的资产上。

（3）其他税。关于投资补贴和增值税，有许多税收方面的问题。在重组中，并购公司往往希望对目标企业的业务活动，有时甚至是对自身的业务活动进行合理化与重整，所以，经常会使资产在并购公司与被并购公司之间转移。出于公司税的考虑，资产转移被认为以市价进行，故可能会引起加税补偿（claw back）。当税额的削减价值低于厂房、设备成本和销售净收入时，提供给厂房和设备的投资补贴可以平衡出售资产时的费用。

关于增值税，由于并购与被并购双方是作为一个集团，负有连带责任，从这个意义上讲，并购公司在接管前对目标企业未缴增值税也负有责任。

9.5　公司并购中的反收购

在公司并购之风盛行的情况下，越来越多的公司从自身利益出发，在投资银行等外部顾问机构的帮助下，开始重视采用各种积极有效的防御措施进行反收购，以抵制来自其他公司的敌意并购。这些措施不外乎两种，即经济手段和法律手段。

9.5.1　反收购的经济手段

反收购时可以运用的经济手段主要有四大类：提高收购者的收购成本、降低收购者的收购利益或增加收购者风险、收购收购者、适时修改公司章程等。

1. 提高收购者的收购成本

（1）股份回购。公司在受到收购威胁时可回购股份，其基本形式有两种：一是公司将可用的现金分配给股东，这种分配不是支付红利，而是回购股票；二是发行公司债、特别股或其组合以回收股票，通过减少在外流通股数抬高股价，迫使收购者提高每股收购价。但此法对目标企业颇为危险，因其会使负债比例提高，财务风险增加。

（2）寻找"白衣骑士"。"白衣骑士"是指目标企业为免遭敌意收购而自己寻找的善意收购者。公司在遭到收购威胁时，为不使本企业落入恶意收购者手中，可选择与其关系密切的有实力的公司，以更优惠的条件达成善意收购。一般地讲，如果收购者出价较低，目标企业被"白衣骑士"拯救的希望就大；若买方公司提供了很高的收购价格，则"白衣骑士"的成本提高，目标企业获救的机会相应减少。

（3）运用"金色降落伞"。公司一旦被收购，目标企业的高层管理者将可能遭到撤换。"金色降落伞"则是一种补偿协议，它规定在目标企业被收购的情况下，高层管理人员无论是主动还是被迫离开公司，都可以领到一笔巨额的安置费。与之相似，还有针对低层雇员的"银色降落伞"。但金色降落伞策略的弊病也是显而易见的——支付给管理层的巨额补偿反而有可能诱导管理层低价将企业出售。

2. 降低收购者的收购利益或增加收购者风险

（1）"皇冠上的珍珠"对策。从资产价值、营利能力和发展前景诸方面衡量，在混合公司内经营最好的企业或子公司被喻为"皇冠上的珍珠"。这类公司通常会诱发其他公司的收购企图，而成为兼并的目标。目标企业为保全其他子公司，可将"皇冠上的珍珠"这类经营好的子公司卖掉，从而达到反收购的目的。作为替代方法，也可把"皇冠上的珍珠”抵押出去。

（2）“毒丸计划”。“毒丸计划”包括“负债毒丸计划”和“人员毒丸计划”两种。“负债毒丸计划”是指目标企业在收购威胁下大量增加自身负债，降低企业被收购的吸引力。例如，发行债券并约定在公司股权发生大规模转移时，债券持有人可要求立刻兑付，从而使收购公司在收购后立即面临巨额现金支出，降低其收购兴趣。“人员毒丸计划”的基本方法则是公司的绝大部分高级管理人员共同签署协议，如果有人在公司被降职或革职时，则全部管理人员将集体辞职。这一策略不仅保护了目标企业股东的利益，而且会使收购方慎重考虑收购后更换管理层对公司带来的巨大影响。当企业管理层的价值对收购方无足轻重时，“人员毒丸计划”也就收效甚微了。

（3）“焦土战术”。这是公司在遇到收购袭击而无法反击时，所采取的一种两败俱伤的做法。例如，将公司中引起收购者兴趣的资产出售，使收购者的意图难以实现；或是增加大量与经营无关的资产，大大提高公司的负债，使收购者因考虑收购后严重的负债问题而放弃收购。

3. 收购收购者

收购收购者是作为收购对象的目标企业为挫败收购者的企图、威胁进行反收购，并开展收购收购者的普通股，以达到保卫自己的目的。例如，甲公司不顾乙公司意愿而展开收购，则乙公司也开始购买甲公司的股份，以挫败甲公司的收购企图。

4. 适时修改公司章程

适时修改公司章程是公司对潜在收购者或诈骗者所采取的预防措施。反收购条款的实施、直接或间接提高收购成本、董事会改选的规定都可使收购方望而却步。常见的反收购公司章程如下。

（1）董事会轮选制。董事会轮选制是公司每年只能改选很小比例的董事。即使收购方已经取得了多数控股权，也难以在短时间内改组公司董事会或委任管理层，实现对公司董事会的控制，从而进一步阻止其操纵目标企业的行为。

（2）超级多数条款。公司章程都必须规定修改章程或重大事项（如公司的清盘、并购、资产的租赁）所需投票权的比例。超级多数条款规定公司被收购必须取得 2/3 或 80% 的投票权，有时甚至会高达 95%。这样，若公司管理层和员工持有公司相当数量的股票，那么即使收购方控制剩余的全部股票，收购也难以完成。

（3）公平价格条款。公平价格条款规定收购方必须向少数股东支付目标企业股票的公平价格。公平价格通常以目标企业股票的市盈率作为衡量标准，而市盈率的确定是以公司的历史数据和行业数据为基础的。

9.5.2 反收购的法律手段

诉讼策略是目标企业在并购防御中经常使用的策略。诉讼的目的通常包括：逼迫收购方提高收购价格以免被起诉；避免收购方先发制人，提起诉讼，延缓收购时间，以便另寻“白衣骑士”；在心理上重振目标企业管理层的士气。

诉讼策略的第一步往往是目标企业请求法院禁止收购继续进行。于是，收购方必须首先给出充足的理由证明目标企业的指控不成立，否则不能继续增加目标企业的股票。这就使目标企业有机会采取有效措施进一步抵御被收购。不论诉讼成功与否，都为目标企业争得了时间，这是该策略被广泛采用的主要原因。

目标企业提起诉讼的理由主要有三条：第一，反垄断。部分收购可能使收购方获得某一行业的垄断或接近垄断地位，目标企业可以此作为诉讼理由。第二，披露不充分。目标企业认定收购方未按有关法律规定向公众及时、充分或准确地披露信息等。第三，犯罪。除非有十分确凿的证据，否则目标企业难以以此为由提起诉讼。

反收购防御的手段层出不穷，除经济、法律手段以外，还可以利用政治等手段，如迁移注册地、增加收购难度等。以上种种反并购策略各具特色，各有千秋，很难断定哪种更为奏效。但有一点是可以肯定的，企业应该根据并购双方的力量对比和并购初衷选用一种策略或几种策略的组合。

9.6　公司并购中的文化整合

自 19 世纪以来，全球已经历了五次大规模的公司并购浪潮。公司并购成为资本扩张的重要手段，是实现资源优化配置的重要途径。然而有研究表明，由于没有成功解决公司文化整合问题，超过 70%的并购活动最后都以失败告终，当然这个失败，并不是指并购活动过程的失败，而是指并购活动完成后，新公司的经营业绩远远低于并购方预期水平，导致整个并购活动的低效。可以说，文化整合是现代公司并购整合中的一个关键因素和重要环节，很大程度上决定了公司并购的成败。

9.6.1　公司文化与文化冲突

1. 公司文化的概念

作为一种主流的管理思想，公司文化最早出现于日本，而作为系统理论，公司文化最早出现于美国。20 世纪 80 年代初，日本经济持续高增长，为了应对日本公司的挑战，美国学者开始研究日本企业的管理方式。1981 年美国管理学家威廉·大内出版《Z 理论——美国公司如何迎接日本的挑战》一书，指出日本公司成功的关键因素是它们独特的公司文化，最早提出公司文化概念。随后，斯坦福大学教授巴斯克和哈佛大学教授艾索斯合著《日本的管理艺术》，美国企业管理咨询顾问托马斯·彼得斯和罗伯特·沃特曼合著《寻找优势——美国最佳公司的经验教训》，麦金赛管理咨询公司顾问艾伦·肯尼迪和特伦斯·迪尔合著《企业文化——企业生活中的礼仪与仪式》。这四本书的出版标志着公司文化的兴起。

公司文化是一种组织文化，是公司全体成员共同拥有的价值理念和行为准则，从价值观的高度指导和约束公司全体成员行为。狭义的公司文化是指以公司的价值观为核心的公司意识形态。广义的公司文化是指公司精神文化、制度文化、行为文化和物质文化的总和。

我国著名的经济学家于光远曾说过：关于发展，三流公司靠生产，二流公司靠营销，一流公司靠文化。公司文化是公司的灵魂，也是公司存在和发展的根基。

2. 文化冲突

1）文化冲突的概念

Maris 和 Marks 曾说过，公司文化类似于呼吸，直到它受到威胁时你才会想起它。这里的威胁就是指文化冲突。公司文化冲突是公司制度、机制、组织和心理冲突的集中体现，是组织内部的机能失调的必然产物。组织行为学上的冲突有广义和狭义之分，广义的冲突包括积极与消极的冲突，狭义的冲突仅指消极的冲突。

积极的冲突理论认为，冲突不仅可以成为组织中的积极动力，而且有时冲突甚至会带来好处，有些冲突是组织有效运作所必需的，应该接纳和鼓励冲突。

消极的冲突理论认为，冲突是不同形态的组织文化或文化要素之间相互对立、相互排斥的过程，集中体现在价值观念、思维方式和判断标准的差异上。这些对立和差异将导致组织管理的无序和混乱，是应该避免和尽量消除的。

从并购文化冲突的角度进行研究分析时，我们往往指的是狭义上的文化冲突，即消极的文化冲突。并购完成后，被并购公司面对并购方文化的整合，两种不同甚至矛盾的文化在某一时期内共存，必然引发价值观和行为模式的冲突，给并购后的整合带来极大的挑战。有效化解文化冲突，平稳实现文化整合，是公司并购的重点之一。

2）并购文化冲突的表现

文化冲突分为精神文化冲突、制度文化冲突、行为文化冲突和物质文化冲突四类。并购公司的文化冲突也分别表现在这四个层次上。

（1）精神文化冲突。公司的精神文化是指导和规范公司全体员工行为准则的群体意识和价值观念，是公司文化的核心。精神文化冲突对经营管理者来说，主要表现为风险观念和管理模式的差异，对普通员工来说，主要表现在价值观念和工作态度上。精神文化冲突是并购文化冲突中最根本的冲突。

（2）制度文化冲突。公司的制度文化是蕴含在公司的经营制度和管理制度上的文化。公司并购后，为实现自身的战略目标，实现制度的统一管理，并购方大都会将自身的制度扩张运用到被并购方中，调整或重构被并购方公司的制度文化。在此过程中可能引发的文化冲突，就是新旧制度文化的冲突。

（3）行为文化冲突。公司行为文化是指公司员工在生产管理等行为过程中产生的文化，体现在语言表达、工作态度、行为模式等方面。行为文化是精神文化和制度文化的行为体现，是可观测的文化形态。发现行为文化冲突，从根源上解决行为文化冲突，是实现并购文化整合的一条重要途径。

（4）物质文化冲突。公司的物质文化是公司的物质形态所传达的文化观念，如公司的产房、设备、产品、技术、服务等。并购公司中的物质文化冲突表现最直观，处理起来也相对容易些。分离式并购时，并购的目的是补充自身缺乏的资源和能力，并购方对被并购方的生产经营干涉很少，物质文化冲突也少。

3）并购文化冲突的原因

（1）体制差异。在跨国公司并购中，各国的法律、分配政策等不同；在国内，国有企业和民营企业并购时，所有制形式不同，适用的法律、政策不同，这些差异都会影响并购公司的文化。

（2）行业差异。处于不同行业和产业链的不同位置的公司，在制度规范、经营理念等方面都存在着差异。这些差异具体表现在竞争观念、创新观念、用户观念等方面。一般来看，基础性行业、上游产业的公司之间差异要小些。

（3）地区差异。不同地区之间的文化差异表现在宗教信仰、价值观念、语言和思维方式等方面。在国际上，西方企业比较注重个人主义，而东方企业则比较强调集体主义。在国内，南方与北方、内地与沿海的文化历史背景及文化观念也有显著不同。

（4）管理层差异。管理层是公司文化的制定者，公司文化很大程度上取决于管理层的思想和风格。大胆进取的管理层管理的公司，往往是激进的作风；相对保守的管理层管理的公司，往往是稳健的作风。

（5）员工差异。员工是公司文化实现的执行者，他们因为年龄结构、文化层次的不同，在工作态度和作风、对公司核心价值观的接受和认同度等方面均不相同。年轻的、文化层次高的员工更激进、变通，能更好地理解和接受外来文化；而年长的员工更稳健，更倾向于保留现有文化。

9.6.2　文化整合

1. 文化整合的概念

文化整合是指并购公司主动整合被并购公司的资源，有意识地对价值观、战略、制度等载体中的不同文化倾向或文化因素进行调整和重构，最终形成有效文化管理结构和体系的过程。并购文化整合的最终目的是使相异或矛盾的公司文化相互认同、相互融合，形成统一协调的新文化体系。

文化整合不是简单的联合或摒弃，它要求并购公司充分认识、正确看待和处理自身文化与被并购方的文化差异，选择恰当的文化整合模式，优化配置双方文化资源。文化整合是文化再造、文化创新和文化兼容的过程。公司文化要实现从无序到有序，必须经过有意识的整合。文化整合的成功很大程度上决定了公司并购的成功和今后的发展。

2. 文化整合的内容

对应前面提到的文化冲突的四个层次，文化整合的内容也是对这四个层面的整合。

1）公司精神文化整合

精神文化整合是并购公司文化整合的核心部分，包括价值准则、领导观念、管理作风、思维方式、员工归属感和主人翁意识等。

2）公司制度文化整合

制度文化整合是对规章制度、行为准则、组织机构、管理制度等做出相应调整，建设新的制度，引导和规范被并购公司员工的行为。

3）公司行为文化整合

公司行为文化是公司精神文化与制度文化的外在反映，行为文化整合主要包括统一公司的形象和标识、改善调整营销策略、改善被并购公司员工的工作环境等。

4）公司物质文化整合

物质层面的文化整合主要在公司标志物、厂房设备、员工服装等方面做出相应调整，以配合以上三个更深层次的文化整合。由于物质文化具有直观性，成功的物质文化整合有利于整个文化整合的推广和深入。

3. 文化整合的特征

1）风险性

文化整合过程中，并购公司把自身的文化注入被并购公司中，需要其他方面的整合作为载体配套进行，而资产、财务等整合具有不确定性，这增加了文化整合的风险。此外，外来文化的扩张必然会遭到原有文化的抵触，观念往往是根深蒂固的，行为习惯的改变也不容易。因此，相对于并购后的其他整合，文化整合具有更大的风险性。

2）模糊性

文化是一种价值观念，以一种意识形态的方式存在，无法直接进行观测和考察，只能通过它的外延表现进行辨析，间接的判断本来就不精确，加之，这种判断带有一定的主观性，这就导致文化整合具有模糊性。

3）全面性

公司文化整合渗透到公司的诸多领域，与制度整合、组织整合、资产整合、人员整合等密切相关。

4）长期性

文化整合是要在被并购公司中形成新的公司文化，而价值观、行为习惯等文化因素的培养是长期的过程，因此文化整合应该实行阶梯式推进，是一个循序渐进的过程。

4. 文化整合的原则

1）文化宽容的原则

第一，在整合的过程中，应该宽容对待被并购公司的文化，尊重对方的人文精神，全盘否定和完全排斥被并购公司的文化容易引起员工的敌对和仇视情绪，不利于并购后的团结，不利于新的文化的传输和建设。

第二，文化的延续性和稳定性使并购方不能迅速改变被并购方的文化，在短期内，两种文化势必是共存的。只有持有宽容的态度，才能避免不必要的矛盾。

第三，公司文化有强弱之分，但没有绝对的优劣，并购公司应继承被并购公司文化的精髓，抛弃其糟粕，这样既节约了成本，也保证了公司文化变革的稳定性和延续性。

保持宽容的精神是进行文化整合的基本原则。

2）加强沟通的原则

在公司并购文化整合过程中必须进行充分、全面、有效的沟通，沟通可以使并购方更全面地了解被并购方内部的实际情况，被并购方也可更了解并购方优秀的内涵，相互了解、增进信任可减少文化冲突，获得精神上和行动上的一致，有效地推进文化整合进程。

3）同步性原则

公司文化整合应与并购行为同步进行，即同步评估、同步剥离、同步注入、同步组合、同步实施与运作。有并购行为作为载体，文化整合可更好地推进；有文化整合同行，并购行为可更顺利地进行。同时，两种策略同步进行，相互对照、纠偏，保证了文化整合和并购行为与并购目标的一致性。

9.6.3　文化整合的过程

1. 探索期

文化整合的探索期是文化整合的准备阶段，在这一时期，并购公司的主要任务是全面考察被并购公司的文化现状、与被并购公司文化的差异及可能产生的冲突，根据考察结果制订初步的整合方案。

从一定程度上来看，文化整合的过程就是化解文化冲突的过程。因此，调研被并购公司的经营历史、规章制度、领导风格、员工行为等方面的文化，评估其文化现状，预测文化整合过程中可能出现的冲突，把冲突风险掌握在可控范围内，事先设计好应对化解冲突的措施和方案，是十分必要的行动，这些都是探索期内需要完成的具体工作。

2. 碰撞期

碰撞期为文化整合开始执行的阶段。变革举措开始推行，如新的公司制度的建立、组织结构的重塑、管理层的调整、人员的精简等。被并购公司开始接触并购公司的文化，并被要求改变原有模式。由于处于整合初期，并购方在摸索和调整，不可能做到面面俱到；而被并购公司的员工对并购公司的文化缺乏了解，突然的变动也会使他们感到不适应。不同文化在这个时期直接或间接地接触和碰撞，发生文化冲突在所难免，而且冲突的频度和强度还可能比较高。

应该说，这个时期，是整个文化整合进程中最敏感的时期。在这个时期，如果没有妥善处理好初露端倪的文化冲突，接下来的局面可能更加难以控制；相反，这个时期如果平稳度过了，就为全面展开后期的整合工作打下了很好的基础。在碰撞期，整合人员应当注意反馈信息，恰当把握文化整合的速度和强度。

3. 磨合期

磨合期是文化整合的主要时期，这一阶段的工作重点是在碰撞期工作的基础上，比较整合现状与预期目标的差异，判断文化整合的进程，一边维护新建制度，一边全面推进文化整合。在此期间，并购双方文化逐步实现协调、融合、统一。

4. 创新期

创新期是指在文化趋向融合的基础上，被并购公司调整、改良、开拓、创造出新的文化的时期。它是建立在前三个时期的整合顺利完成的基础上，随着公司的成长、成熟而不断进行下去。在这个时期，并购公司和被并购公司已经完全融为一体，双方能够找到文化的契合点，作为一个新的有机整体进行文化创新，寻求更优秀、更前瞻、更具有战略性的文化。

当然，以上四个阶段只是并购文化整合的典型性阶段区分，并不是每个并购公司的文化整合都必然经历这四个阶段。而且，整合活动是连续进行的，各个阶段之间也没有明显的标志性的时间里程碑。

9.6.4 文化整合的模式

1. 四种模式

不同的公司会以不同的方式进行文化整合。根据并购双方公司文化的变化程度及并购方获得的公司控制权的深度，文化整合可以选择四种不同的模式进行——吸纳式、渗透式、分离式和消亡式，如图 9-2 所示。

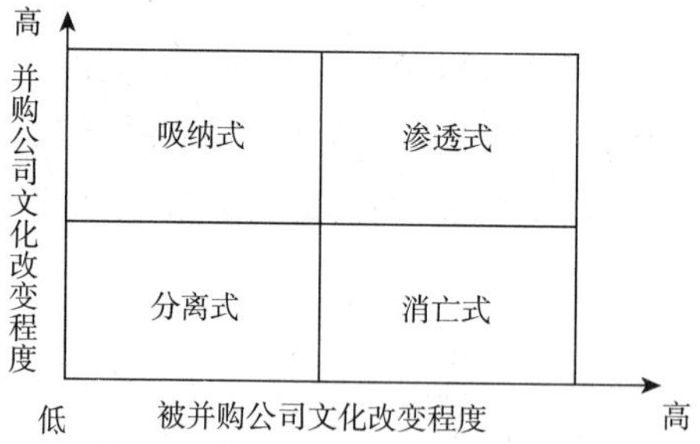

图 9-2 文化整合的四种模式

1）吸纳式文化整合模式

吸纳式文化整合模式由奈哈迈德（Nahavandi）提出。在这种模式中，并购方获得完全的公司控制权，被并购方完全放弃了原有的价值理念和行为规范，全盘接受并购方的公司文化，完全吸收并融入并购方的公司文化。

吸纳式文化整合模式适用于以下情境。

（1）被并购公司原有文化很弱。当原有文化无法引导公司走向成功时，这样的文化必然也无法有效地整合、凝聚和调动人力资源，这样的文化得不到公司员工的拥护，他们在积极地寻求新的文化，以期改善公司的内部环境和经营业绩。

（2）并购公司的文化非常优秀，能赢得被并购公司员工的一致认可。文化吸纳并不是一个强制的过程，它的前提是被并购方愿意接受并购方的公司文化。若并购方的公司文化非常强大，能帮助员工和公司实现价值，这样的文化是受欢迎的文化，容易得到被并购方的认同。被并购方的主动接受和积极配合，会给整合带来极大的便利。

（3）完全吸纳模式能给被并购公司带来新的契机。当完全吸纳模式能有效地改善生产环境和人文环境，调动生产要素，提高生产效率，带来业绩增长，有利于并购目标的实现时，并购方会选择吸纳式文化整合模式。

理论上看，对于并购公司来说，吸纳式文化整合模式是最容易操作的一种整合模式。并购公司自身的文化改变很少，也不必对结构做出太大调整。被并购公司只是机械地接受并购公司带来的价值观念、行为模式上的新的安排。被并购公司只是并购公司的一部分，纳入并购公司原有的框架中管理，风险较低。

不过，实际上，这种模式也是最难成功的模式，因为以上所描述的三种情境在现实中很难同时达到，几乎不存在。对于被并购公司来说，吸纳式文化整合模式可能是最难接受的一种模式。为了与并购公司取得一致，被并购公司必须放弃自己的文化个性。即使这种并购是自愿的，整合过程中的调整、变动带来的不确定性，也是一般员工不愿意面对的。如果吸纳整合是并购公司强加的，而非被并购公司自愿的，那么被并购公司必然会抵制将自己简单地变成并购公司的一部分的做法，这种反抗和抵制会在不同程度上消减整合的效率。这种模式看似简单，实际上面临很多困难。

2）渗透式文化整合模式

渗透式文化整合模式由伊万斯（Evans）提出。在这种模式中，并购双方都对各自的文化进行改革，共享并互相渗透，最终共同建设一个融并购双方原有文化为一体的新的文化体系。

渗透式文化整合模式适用于以下情境。

（1）并购公司进行并购的目的不是重新确定事业领域，而是希望通过吸收新鲜力量，补充和改进自身资源，提升公司形象和竞争力。在这种模式下，并购方无意去吞并被并购公司，更多的是希望整合能为双方提供一个良好的互帮互助、取长补短的平台，双方作为新的有机整体，能取得比在原有模式下更大的绩效。

（2）并购双方的公司文化强度相似，且彼此欣赏对方的公司文化。并购双方的文化都是非常优秀的，强强联合，实现“1+1>2”的规模效应。为了更好地提高整合的绩效，双方都愿意调整原有文化中的一些弊端，以服务于新的文化战略目标。

（3）并购双方都希望保存各自公司现有的大部分文化个性和文化特质。在这种情况下，并购双方愿意采纳对方的某些文化，也都希望能够保留部分原有文化，这些文化内容的保留或是对整合活动没有显著影响，或是有利于提高整合的效率。

从理论上来讲，整合要求并购双方都能够从对方文化中获益，同时不对任何一方的文化个性造成破坏。渗透式文化整合模式允许被收购公司保持一定的自主权和独立性，以保持其文化个性，是比较人性化、比较合理和容易被接受的模式。它可以安抚被并购公司的忤逆情绪，帮助公司平稳度过整合变动期。

渗透式文化整合模式要求并购双方都改变自己的部分文化，同时从对方文化中吸取一定的文化要素，需要投入大量的人力、物力、财力以实现双方文化的无缝对接、协调和融合。在这种模式的整合过程中，并购双方都获得对方文化的一部分控制权，同时都失去对自身文化的一部分控制权，双方都要承担一定的风险。与吸纳式文化整合模式相比，渗透式文化整合模式的可操作性较强。

3）分离式文化整合模式

夏皮罗（Shapiro）和皮克尔（Picker）等都曾研究过分离式文化整合模式。在这种模式下，并购方不干涉被并购方的原有文化，被并购方在文化上保持独立，双方的自有文化并行不悖地独立运行。

分离式文化整合模式适用于以下情境。

（1）并购双方均具有较强的优质公司文化，且被并购公司员工不愿自身的文化被改变，他们试图通过保留其所有的文化要素和实践而保持公司原有文化的独立和个性。被并购方希望并购只是公司归属权的改变，成为并购公司下的一个独立的实体，而对公司本身不做任何同化。

（2）并购双方的公司文化差异很大，而且均是符合目标市场的文化。例如，美国通用汽车公司控股日本五十铃汽车公司时，就采用了分离式文化整合模式。两个公司的文化差异太大，难以渗透融合，同时，吸纳式文化整合模式也无法应对目标市场的巨大差异，因此选用分离式文化整合模式。

（3）并购后双方独立经营，不会因文化不一致而产生较大的矛盾冲突。这种情况在纵向并购中比较常见。并购公司实施并购的目的是获得成本优势或价格优势，而不是控制被并购公司。并购公司一般不会干涉被并购公司的经营管理或文化体系。

（4）并购公司推行多元化文化。当并购公司推崇的是一元文化时，则不论被并购公司的文化处于何种层次，都将被吸纳和同化。只有当并购公司推崇和实行多元文化时，并购公司兼容和鼓励不同的文化元素和体系，才有可能使被并购公司的文化保持完全的独立。

对于并购方来说，分离式文化整合模式的风险最大。这种模式成功实现的前提是，并购公司保持不干涉，保持被并购公司的独立。在这种整合模式下，并购方放弃大部分控制权，难以对被并购公司进行最有效的控制，是一种具有很高风险的选择。如果被并购公司运营成功，就可为公司带来盈利；但如果被并购公司脱离并购公司的战略目标或运营失败，在并购公司对被并购公司缺乏有效控制的情况下，可能给并购公司带来巨大损失。

对于被并购公司来说，分离式文化整合模式可以保留自己的文化个性和组织架构，不需要在行为上做任何改变，自主地进行生产和经营，是最乐于接受的一种文化整合模式。

从总体上来看，分离式文化整合模式的风险大于渗透式文化整合模式，可操作性也不如渗透式文化整合模式。

4）文化消亡式整合模式

文化消亡式整合模式由贝瑞（Berry）和安尼斯（Annis）提出。在这种模式下，被并购方既不接纳并购公司的文化，造成其文化个性的破坏，又不注入自己的原有文化或采用新的文化，从而导致被并购公司处于文化迷茫状态。

文化消亡式整合模式可能出现于以下情境中。

（1）被并购公司甚至是并购公司拥有很弱、很劣质的文化。当并购双方的公司文化都不强大时，吸纳式、分离式无法实现，渗透式意义不大、可操作性不强，只能暂时处于迷茫的消亡式状态，等待时机、条件成熟后，并购方才有意愿或能力进行更有效的文化整合。

（2）并购方欲将并购来的公司拆散后出售。在这种情况下，对被并购公司进行文化整合是画蛇添足，多此一举。为了节约不必要的成本支出，并购公司就倾向于采用文化消亡式整合模式，等待拆分重组。

（3）将目标公司揉成一盘散沙以便于控制。这种情况出现的原因，可能是被并购公司抵触和反抗并购公司所采用的上述三种整合模式中的任何一种，为了达到控制的目的，并购公司可暂时采用文化消亡式整合模式威胁被并购公司。当并购双方都是强势文化，并购方意在控制，而被并购方强势捍卫独立，双方不能达成一致且没有很好地解决冲突时，这种情况容易出现。

（4）文化整合失败。文化整合失败后，并购公司没能保持被并购公司的文化独立性，同时没能调整或注入新的文化因素，导致被并购公司处于青黄不接的混乱中。整合的失败使被并购公司面临严重的文化危机，也可能引发经营危机，同时对并购方而言，这样的整合是对资源的无效利用或严重浪费。

除非是在并购失败的情境下，文化消亡式整合模式所带来的文化破坏几乎不影响并购公司。而被并购公司失去了文化和组织实体，容易产生“混乱、失败、迷茫”等消极情绪，引发深层次的危机。在这种模式下，被并购公司面临更大的风险。

文化消亡式整合模式是四种文化整合模式中风险最高的模式，事实上，在多数情况下，文化消亡模式与其说是一种文化整合模式，不如说是文化整合失败的结果。

2. 影响整合模式选择的因素

1）影响并购方的因素

影响并购公司选择文化整合模式的因素主要有公司并购战略和公司原有文化两方面。

（1）公司并购战略指对并购活动进行统筹规划、实施、评估、调整，以实现并购目标的谋划。

并购目标影响文化整合模式的选择。比如，当并购公司旨在延长产品线时，可能对被并购公司的干预要少一些；当并购公司希望通过并购减少竞争、增强企业形象时，则可能希望在更大程度上控制被并购公司。前者更倾向于分离式，后者更倾向于吸纳式。

并购战略类型影响文化整合模式的选择。比如，在横向兼并时，并购方常常会选择吸纳式或渗透式文化整合模式；而纵向兼并和多元化兼并时，选择分离式更符合战略需求。

（2）公司原有文化对于文化整合模式选择的影响主要表现在并购方对文化多元化的接受程度。一元文化的并购公司往往强调单一的战略和管理，倾向于吸纳式；多元文化的并购公司容纳鼓励文化的多元化发展，允许被并购者保留其自身文化，给并购公司带来新的理念和新的实现形式，更倾向于渗透式或分离式。

2）影响被并购方的因素

影响被并购方的因素主要是公司原有文化的强度和对并购公司文化的认同度。

（1）被并购公司原有文化的强度越强，越有利于公司现有模式的经营和发展，员工对本公司原有文化的认同感越强，越不愿意公司文化被改变。这种情况下，被并购方倾向于分离式。反之，原有文化越弱，越倾向于吸纳式或渗透式。

（2）对并购公司文化的认同感越强，越容易接受并购公司的文化，越倾向于吸纳式或渗透式。反之，对并购公司文化的认同感越差，越容易抵触并购公司的文化，越倾向于分离式。

除以上分析外，当被并购公司不愿意并购公司对它进行改革，又无法和并购公司达成一致时，则很可能形成文化消亡的局面。

9.6.5　文化整合的意义

（1）文化整合是并购活动的必要步骤，文化整合的失败是导致并购活动失败的主要原因。正常的并购一般包括三个环节：并购的战略导向、并购的过程管理、并购后公司文化的整合。其中任何一个环节的失败都必然导致公司并购的失败。公司完成前两个步骤的并购活动后，文化的差异依然存在，必须对差异文化进行整合，才能有效整合资源，实现公司的有效运行，才能体现出并购的价值，保证并购活动的成功。

（2）公司文化整合是并购后整合的核心和关键，是公司并购成功的可靠保证。公司并购后的整合涉及公司战略整合、资源整合、财务整合、产品整合和公司文化整合等多项内容。员工是公司价值创造的主体，公司文化整合通过影响员工的价值观和行为模式，激发员工的积极性、主动性和创造性，决定了公司并购预期目标能否最终实现，是并购成功与否的核心和关键。

（3）获得稀缺文化资源和竞争优势。公司文化具有独特性，对每一家公司来说，公司文化都是宝贵的无形资产。实现文化整合后，并购公司可以从被并购公司的公司文化中吸取其精华，创造新的能力，把竞争优势扩张到新的领域。

（4）文化整合在并购公司发展中具有战略意义。实现公司文化整合后，并购公司可以从意识形态上统治被并购公司，用无形资产去盘活有形资产，使并购后的公司成为新的有机整体，实现并购后公司的自我优化，对公司未来的发展具有重要的意义。

9.6.6　文化整合评估

文化是无形的，对文化相关的内容进行评估时，往往需要对关键因素进行量化，在这过程中，指标的选择、量化的方法和综合性评价方式都带有一定的主观性和适用局限性。随着公司文化建设的蓬勃发展，公司文化越来越受到管理学家的重视。在国外，已经有很多的学者对公司文化进行了量化研究，或为公司量身定做文化测量和调查工具，或提出通用的文化评估模型框架，很大程度上促进了公司文化的发展。比较著名的模型有理查德·巴雷特提出的价值驱动型企业文化评估模型、艾德佳·沙因（Edgar H. Schein）提出的 PC（process，consultation，即过程，咨询）定性化企业文化分析方法，奎因提出的 OCAI（organizational culture assessment instrument，组织文化评价量表）企业文化分析模型、霍夫斯泰德提出的六维度文化量表等。中国借鉴、引用比较多的是巴雷特的价值驱动型企业文化评估模型，下面我们对这一模型进行简要介绍。

巴雷特的价值驱动型企业文化评估模型是巴雷特于 1996 年开发的。这个模型认为文化整合的核心是实现公司价值的转换，公司价值转换的前提是发现理想价值与现实价值的差距，以七个意识理论层级为标准框架，设计出评估企业文化价值的一系列“企业文化变革工具”，通过分析员工的个人价值和公司的总体价值，考察个人和公司的价值构成和分布情况，将现实价值与标准框架价值层级的价值进行对照，发现价值差距，有针对性地实施文化整合，从而建立愿景引导、价值驱动的企业文化。

七个意识理论层级如下。

在第一层级，个人关注生存需求，如收入待遇等；公司关注企业生存需求，如经济利润、企业成长等。

在第二层级，个人关注情感需求，如亲情、友情等；公司关注公共关系，如与供应商、顾客的关系。

在第三层级，个人关注尊重需求，如有社会地位、受人尊重等；公司关注行业形象，如行业地位、绩效优越等。

在第四层级，个人关注价值实现及个人成长，如才华施展，抱负实现；公司关注可持续发展，如知识创新、技术革新等。

在第五层级，个人关注内涵素养，如正直坦诚、承担义务等；公司关注内部和谐，如团队意识、激情、创造力等。

在第六层级，个人和公司都关注社会功能，如扶弱帮贫、关注环境等。

在第七层级，个人和公司都关注服务社会，如人权、人类的可持续发展等。

公司文化评估是对公司文化价值体系的测量和评价。在前面部分，我们曾提到文化整合具有风险性和模糊性，因而对文化整合的评估比其他方面整合的评估面临更大的挑战。文化整合是并购后整合的核心内容，因此，对文化整合的评估是必须的、迫切的。只有通过评估，才能了解文化整合的进展和效率，才能发现问题，不断调整、完善整合策略和措施，成功实现文化整合。

本 章 小 结

1. 兼并通常是指一家企业以现金、证券或其他形式购买取得其他企业的产权，使其他企业丧失法人资格或改变法人实体，并取得对这些企业的决策控制权的经济行为。收购是指企业用现金、债券或股票购买另一家企业的部分或全部资产或股权，以获得该企业的控制权。收购的对象一般有两种：股权和资产。

公司并购的实质是一种有效的经济增长机制；是一种消除企业亏损的机制；是一种产业经济结构调整的机制。

2. 并购按涉及的行业角度可划分为横向并购、纵向并购和混合并购；按并购是否取得目标企业的管理层同意与合作可分为善意收购和敌意收购；按并购中股份的来源可划分为要约收购、市场购买股票和协议收购；按是否利用目标企业本身资产来支付并购资金可划分为杠杆收购和非杠杆收购；按买方收购目标企业股份是否受到法律规范强制可划分为强制并购和意愿并购。我国的企业并购有购买式、承担债务式、吸收股份式和控股式。

3. 公司的并购主要基于协同效应，包括经营协同效应、财务协同效应和税收节约效应。另外，还可以从企业控制市场和代理成本理论解释并购的动机。

4. 公司并购的定价方法包括资产价值基础法、收益法和贴现现金流量法。资产价值基础法是指通过对目标企业的资产进行估价来评估其价值的方法。国际上通行的资产价值评估标准主要有以下四种：①账面价值；②市场价值；③清算价值；④公允价值。

收益法就是根据目标企业的收益和市盈率确定其价值的方法，也可称为市盈率模型。

贴现现金流量法是通过估计由并购引起的期望增量现金流和贴现率（或资本成本），计算出并购活动给公司带来的净现值，以此确定最高可接受的并购价格。

5. 公司并购的融资方式有现金方式融资、普通股票方式融资、可转换优先股方式融资和延期支付证券。适合我国国情的融资方式有增资扩股、股权置换、金融机构信贷、目标企业融资和杠杆收购。

6. 公司并购中的反收购有经济手段和法律手段。可以运用的主要经济手段有四类：提高收购者的收购成本、降低收购者的收购利益或增加收购者风险、收购收购者和适时修改公司章程。

7. 文化整合是指并购公司主动整合被并购公司的资源，有意识地对价值观、战略、制度等载体中的不同文化倾向或文化因素进行调整和重构，最终形成有效文化管理结构和体系的过程。并购文化整合的最终目的是使相异或矛盾的公司文化相互认同、相互融合，形成统一协调的新文化体系。

思 考 题

1. 兼并与收购有何区别？公司并购可分为哪几种类型？
2. 杠杆收购的风险很大，为什么会成功？投资者为什么会购买垃圾债券？
3. 公司并购导致收入增加的来源是什么？
4. 公司并购为什么有可能降低成本？
5. 公司并购的融资方式主要有哪些？目前适合我国的融资方式有哪些？在融资过程中要注意哪些问题？
6. 我国国有企业改革的一个重要内容就是建立现代企业制度，完善的公司治理结构则是现代企业制度的核心内容。你认为规范的公司并购活动对于我国企业改善治理结构能发挥积极作用吗？
7. 在公司并购中，如果采用股权交换方式，则交换比例应当如何确定？有没有一个区间？
8. 简述反收购的经济手段与法律手段。
9. 简述文化整合的四种模式。

第 10 章

公司金融国际化

国际贸易的利益——生产要素在全世界范围内的使用更有效率。

——约翰·斯图亚特·穆勒

➤**本章摘要**

随着国际经济一体化进程的不断深入，公司的生产经营活动日趋国际化。跨越国界的经济活动必然伴随着跨国的金融活动。本章介绍公司金融国际化的基本内容，即公司金融国际化的新趋势、公司金融国际化的环境、公司国际化筹资管理、公司国际化投资管理和公司国际化税收管理。

10.1 公司金融国际化的新趋势

跨国公司（multinational company）是第二次世界大战以后特别是 20 世纪五六十年代发展起来的一种国际企业组织，又称多国公司，是指在一国设有总公司并在其他国家或地区设有分支机构、子公司或合资企业的公司。跨国公司实施全球化战略，是公司金融国际化趋势的具体表现。

跨国公司利用世界各国的资源，按照自己的全球战略，通过对外直接投资在世界各地建立分支机构，从事世界范围的生产和经营，以最大限度地谋求利润。近年来，随着世界经济缓慢复苏、信息化趋势的加强，跨国公司的国际化经营呈现出新的发展趋势。

10.1.1 跨国并购成为跨国公司对外直接投资的主要方式

跨国公司进行对外直接投资主要有两种方法，即新建和并购，这两种方法在跨国投资中被广泛运用。过去的 30 年中，跨国公司兼并与收购金额出现了高速增长，跨国并购成为对外直接投资的主要方式。1990 年，跨国兼并与收购的成交金额只有 980 亿美元，而到 2000 年就上升到了 9596 亿美元，2007 年上升到 10 326 亿美元，受 2008 年全球金融危机影响，自 2007 年后跨国兼并与收购金额呈下降态势，于 2013 年达到最低点 2625

亿美元，此后缓慢回弹，截至 2016 年恢复到了 8869 亿美元。2016 年跨国并购额占世界对外直接投资流入总额的比例达到 90%，而这个比例在 1999 年是 67%，1990 年是 75%，20 世纪 80 年代为 60%。1987~2007 年兼并与收购以年均增长 42%的速度迅猛上涨，2008 年全球金融危机后跨国公司海外业务有所收缩，但随着世界经济的复苏，管理者对宏观经济前景预期向好，未来跨国公司兼并与收购有望进一步发展。跨国并购主要集中在发达国家，发达国家吸收对外直接投资绝大部分都是采用并购形式，而发展中国家吸收对外直接投资中只有约 1/3 采用并购形式。引发跨国并购行为不断增加的原因有以下三点。

（1）商业性因素，如生产能力过剩，一些行业的需求严重不足。

（2）战略性因素，如分担高新技术领域的巨额投资成本和研发开支。

（3）政策因素，如投资东道国已广泛采取的取消限制、投资自由化的政策。

跨国公司进行全球并购的战略目的有以下几个方面。

（1）加速推进其全球经营战略。

（2）通过规模经济，降低生产成本和组织管理成本，增强公司的竞争实力。

（3）强强联合，争夺世界霸权地位。

（4）争夺先进技术，构筑核心竞争力。

10.1.2 跨国公司投资领域趋向高科技产业和服务业

顺应知识经济的要求，跨国公司积极改变思路，它们的对外直接投资行为和经营观念发生了重大变化，知识性投资成为跨国公司对外直接投资的主导。对外投资不仅是为了资本的积累，还要不断地获取和创造新知识，大规模使用全球技术成果，从而形成竞争优势。它们不仅逐渐提高技术含量高的产业占比，而且把某些重要的技术性职能设在国外，如设计、研发、金融管理等，并不断地增加国外技术研究与开发的投资额。

服务业是向跨国公司对外直接投资开放比较晚的产业，在过去 10 年里，服务业在国际生产中变得更加重要，2016 年服务部门占流入发达国家的对外直接投资总股份的 1/3 左右；占流入发展中国家的对外直接投资总股份的一半以上。对外直接投资正加速向服务业转移的原因主要有以下几点。

（1）服务业相对于制造业，具有投资少、风险小、收益高、灵活性强、受地理环境影响小、经营范围广等特点。

（2）全球对现代服务的需求日益增加，而服务业在发展中国家和地区正属于“幼稚产业”，这就为拥有优势的发达国家跨国公司对外直接投资提供了机会。

（3）乌拉圭回合签订的《服务贸易总协定》、世界贸易组织签署的《全球金融服务贸易协议》已被各成员接受，进一步推动了全球服务贸易自由化。

（4）服务业在生产、就业、消费等方面具有的良性效应，在整个国民经济中发挥着重要作用，使服务业的对外直接投资得到政府的大力支持。

（5）计算机和电信技术的变革使服务业的贸易性不断提高，这也推动了服务业吸收对外直接投资的增长。

10.1.3　跨国公司间广泛缔结国际战略联盟

国际战略联盟是指两个或两个以上跨国公司为实现某一战略目标而建立起的合作关系。这种合作关系内容比较广泛，包括联合技术开发、互换销售网络、合作生产等。20 世纪 90 年代以来，跨国公司之间的合作迈上了一个新的台阶——缔结国际战略联盟。它们一改以往只在经营活动的某些战术环节上进行合作的传统，使合作水平跃上了新的高度。实力雄厚的跨国公司之间展开战略合作，其合作无论在广度上还是深度上都是空前的。

跨国公司缔结战略联盟的战略目标有以下几个方面。

（1）广泛利用外部资源。跨国公司通过缔结战略联盟，可以利用联盟伙伴的技术、资本、供应渠道及营销网络等经营资源，从而提高自身全球战略实现的程度。

（2）分担风险并获得规模经济和范围经济效应。企业通过建立战略联盟，扩大信息传递的密度和速度，以避免单个公司在研究开发中的盲目性和孤军作战引起的全球范围的资源浪费，从而降低风险。与此同时，市场和技术的全球化提出了在相当大的规模和多个行业中进行全球生产的要求，以实现最大的规模和范围经济。

（3）提升竞争力。

10.1.4　跨国公司研究与开发的国际化趋势

20 世纪 90 年代以来，随着经济全球化趋势的迅猛发展，国际竞争日趋激烈，跨国公司技术研究开发的组织形式也发生了重要变化。跨国公司一改以往以母国为技术研究与开发中心的传统布局，根据不同东道国的人才、科技实力及科研基础设施上的比较优势，在全球范围内有组织地安排科研机构，以从事新技术、新产品的研究与开发工作，从而促使跨国公司的研究与开发活动日益朝着国际化、全球化的方向发展。

跨国公司研究与开发国际化的战略目标：①适应当地市场需求；②利用当地科技资源；③分散研究与开发的风险；④利用国际技术资源，构筑技术竞争优势。

10.2　公司金融国际化的环境

10.2.1　国际货币体系

1. 国际货币体系概述

国际货币体系是各国认可的支配国际货币关系的共同规则及一系列安排的总称。各国在国际金融领域中的一切活动都离不开特定的国际货币体系。它一般包括以下几个部分：①国际货币储备制，即确定以什么样的货币作为各国普遍接受的国际支付货币及国际储备资产的形式和供应。②国际汇率制，即各国货币与国际货币之间的汇率安排。③国际收支调节方式，即确定顺差国和逆差国对国际收支调节所承担的责任、调节方式及如何协调它们的行动。④国际货币合作形式和结构。

一个健全的国际货币体系应具备以下条件。

（1）国际收支调节机制合理，即要求对国际收支不平衡的调节成本最小且及时进行，逆差国和顺差国要公平合理地承担调节的责任。

（2）清偿能力适中。清偿能力即国际储备总额，其应保持适当的数量，因为过多会加剧世界通货膨胀，过少又会导致世界经济紧缩。

（3）储备资产价值的稳定性。储备资产价值相对稳定、可信度较强，各种储备资产的持有者愿意继续保持它，而不至于稍有经济变动，就会发生惊慌的从一种储备转向另一种储备的情形。

（4）汇率的相对稳定性。国际货币体系必须拥有一套稳定汇率的机制，以保持汇率体系的相对稳定性。

2. 国际货币体系的历史演进

一百多年来，国际货币体系经历了国际金本位制、布雷顿森林体系和牙买加协议。而每一种国际货币制度都是在特定的政治秩序下得以安排，而且是体现了经济实力超群的国家的根本利益的。19 世纪国际金本位制基本上反映了英国的经济和政治利益。第二次世界大战后，美国取代了英国的金融地位而成为新的世界经济中心，美元也因此成为国际货币体系的基础。

1）国际金本位制

世界上最早的国际货币制度是国际金本位制，始于 19 世纪 20~30 年代的英国。此时，英国凭借它在世界商品、货币和资本市场上的霸权地位，使世界各国经济遵守它所推行的货币体系规则。英国选择了金本位制来影响其他国家的货币制度。当时的国际贸易中，大多数商品以英镑计价，国际结算中 90%使用英镑，相当国家的中央银行的国际储备也是英镑。因此，也有人称国际金本位制为英镑本位制度。该体系是以黄金作为本位货币，实行以金币流通为主的货币制度。在这一制度下，黄金充分发挥世界货币的职能，充当国际支付手段和国际购买手段。国际金本位制中的国际储备货币是黄金；汇率制度是以黄金作为基础的固定汇率制度。但实际上英镑代替黄金在执行国际货币的各种职能。整个 19 世纪是国际金本位制国际货币体系发生、发展和确立的时期。第一次世界大战的爆发使国际金本位制宣告结束。

2）布雷顿森林体系

第二次世界大战后期，资本主义世界建立了以美元为中心、以固定汇率为基础的国际货币体系，即布雷顿森林体系。1944 年 7 月，44 个同盟国在布雷顿森林城召开了联合国货币金融会议，会上通过了《国际货币基金协定》和《国际复兴开发银行协定》，总称为布雷顿森林协定，布雷顿森林体系从此建立。它的产生是第二次世界大战使美国经济得以巨大发展的结果。第二次世界大战结束时，美国的工业制成品生产量占世界的一半，其对外贸易总额占世界贸易总额的三分之一以上，黄金外汇储备占各国总和的三分之二，国际投资也迅速增加。因此，布雷顿森林体系是美国凭借其在世界经济中的支配地位而建立起来的以美国利益为主要核心的国际货币制度。美元当时独一无二的经济地位确定了美元在这个世界中处于中心地位。布雷顿森林协定规定了美元与黄金挂钩，其他会员国货币与美元挂钩的原则，通过双挂钩形成了以美元为中心的国际货币体系，美元与各国货币汇价不得超过平价上下各 1%。在这个体系中，美元等同于黄金，各国货币与黄金的关系是间接的，它们只是通过美元与黄金发生关系。作为国际储备资产及国际支付手段，美元起着世界货币的作用，其地位明显地高于其他各国的货币。后来因美国的经济地位的下降和美元危机，布雷顿森林体系最终于 1973 年 3 月自行崩溃。

以美元为中心的国际货币体系崩溃以后，并不意味着美元的作用就完全地消失了，实际上美元在国际储备和国际支付中仍占据着十分重要的地位。

3）牙买加协议

布雷顿森林体系崩溃后，1974 年 10 月国际货币基金组织决定设立“理事会关于国际货币制度问题的临时委员会”，该委员会于 1976 年 1 月在牙买加举行会议。1978 年 4 月，牙买加协议正式生效。该协议尽管对国际货币体系的运行采取了一些重大的改革措施，但仍存在一系列的问题有待解决。现行的国际货币体系进入多元化、多样化的时代，即国际储备资产多样化；黄金、特别提款权及各种外汇并存；汇率制度多元化，主要是管理浮动汇率制度和钉住汇率制度；国际收支平衡状况两极分化；调节国际收支的多样化；对汇率管理的干预形式多元化等。但事实上，美元在其中仍扮演着最主要的角色。

10.2.2 国际金融市场

1. 国际金融市场的内涵

国际金融市场是一组经营资金借贷和证券买卖的国际市场的总称。国际金融市场与国内金融市场的区别主要在于：非居民可以参加，业务范围跨越国界，交易对象不局限于本国货币，包括了主要国际货币表示的金融资产或金融工具。

1）传统的国际金融市场

传统的国际金融市场是国内金融市场的延伸，从纯粹本国居民之间的金融业务发展到也能经营居民与非居民之间的国际金融业务而又接受当地政府法令所管辖。

2）离岸国际金融市场

第二次世界大战之后，欧洲美元市场最早出现于伦敦，从英国的立场出发，它是经营非居民之间国际金融业务而基本上不受英国法规和税制管制的一种新型的国际金融市场。这就是离岸国际金融市场的开端。由此可见，这种新型国际金融市场主要有两个特征：①以非居民交易为业务主体，故也称为境外市场；②基本不受法规和税制的限制，这是区别于传统国际金融市场的最大特征。从相对意义上说，离岸国际金融市场是完全自由化的国际金融市场，这个特征正是“离岸”一词的由来。

2. 国际金融市场的构成

国际金融市场，从严格意义上说是指国际资金借贷市场，但通常是指广义的概念，即还包括国际金融中心的外汇市场和黄金市场，特别是指外汇市场，外汇市场与国际资金借贷市场是密不可分的，因为国际资金的借贷活动乃至国际黄金买卖都离不开外汇买卖。因此，比较完整地说，国际金融市场是由外汇市场、货币市场、资本市场和黄金市场四个部分组成的。

1）外汇市场

外汇市场（foreign exchange market）是指经营外汇买卖的交易所。这个市场的职能是经营货币商品即不同国家的货币。

2）货币市场

货币市场（money market）是指资金借贷期限在1年内（含1年）的交易市场，故又称短期资金市场。货币市场的参与者包括商业银行、票据承兑公司、贴现公司、证券交易商和证券经纪商。货币市场根据不同的业务活动，具体可以分为银行短期信贷市场、贴现市场和短期证券市场。银行短期信贷市场是国际银行同业间拆借或拆放，以及银行对工商企业提供短期信贷资金的场所。贴现市场主要由贴现公司组成。短期证券市场是从事为期一年以内的短期证券交易活动的场所。

3）资本市场

资本市场（capital market）是指资金的借贷期限在1年以上的交易市场，故又称中、长期资金市场。国际资本市场融通资金的方式主要是银行中长期贷款和证券交易，因而，国际资本市场具体可分为银行中长期贷款市场和证券市场。

4）黄金市场

黄金市场（gold market）是世界各国进行黄金买卖的交易场所。黄金交易与证券交易一样，都有一个固定的交易场所。目前世界上著名的黄金市场主要有伦敦黄金市场、苏黎世黄金市场、美国黄金市场和香港黄金市场。前两者主要进行黄金的现货交易，而后两者主要进行黄金的期货交易。

10.2.3 外汇与外汇市场

外汇市场是跨国公司从事跨国经营活动的重要财务管理环境。跨国公司从海外投资设厂到由生产经营活动取得收益汇回本国，一般都要经过外汇市场进行货币兑换，而这个兑换过程就是通过外汇市场进行的。同时，外汇市场上的外汇交易活动由于汇率的不断变化而充满风险，这就给跨国公司的经营活动带来机会和挑战。

1. 外汇的基本概念

外汇可以从动态和静态两个方面来理解。动态的外汇指的是国际汇兑这个名词的简称，它指一种活动，或者说是一种行为，就是把一个国家的货币兑成另外一个国家的货币，借以清偿国际债权债务关系的一种专门性的经营活动。静态的外汇是指一种以外币表示的支付手段，用于国际结算。国际货币基金组织曾经对外汇做过明确的说明：外汇是货币行政当局（中央银行、货币管理机构、外汇平准基金组织及财政部）以银行存款、国库券、长短期政府债券等形式所保有的在国际收支逆差时可以采用的债权。根据这个定义，外汇具体包括：①可以自由兑换的外国货币，包括纸币、铸币等；②长、短期外币有价证券，即政府公债、国库券、公司债券、金融债券、股票、息票等；③外币支付凭证，即银行存款凭证、商业汇票、银行汇票、银行支票、银行支付委托书、邮政储蓄凭证等。当前我国国内普遍使用的“外汇”一般是指静态外汇概念。

本国货币及本国货币表示的各种信用工具和有价证券，自然不能称作外汇。

2. 汇率及其标价方法

国际政治、经济、文化的联系和贸易与非贸易往来所引起的货币收支和债权债务，都要在有关国家间办理国际结算，而这种结算就是通过经常的、大量的外汇买卖来进行的。外汇买卖需要一个兑换比率，即汇率或汇价。外汇汇率是一个国家的货币折算成另一个国家货币的比率。也就是说，在两个国家货币之间，用一国货币所表示的另一国货币的价格。总之，汇率就是两种不同货币之间的比价。

确定两种不同货币之间的比价，首先要确定用哪个国家的货币作为标准。由于确定的标准不同，于是便产生了三种不同的外汇汇率标价方法。

（1）直接标价法。直接标价法又称应付标价法，是以一定单位的外国货币作为标准，用一定的本币表示外币的价格。在理解时可以将货币视为商品，即用本币来表达外币。

（2）间接标价法。间接标价法又称应收标价法，是以一定单位的本国货币为标准，用一定量的外币表示本币的价格。

（3）美元标价法。第二次世界大战之后，国际金融市场之间外汇交易量迅速增长，为了便于国际外币业务交易，银行间的报价都以美元为标准来表示各国货币的价格，至今已成习惯。

3. 外汇市场基本概念

外汇市场是由外汇需求者、供应者和中介机构组成的买卖外汇的交易场所，它是国际金融市场的重要组成部分。外汇市场存在两种形式：有形的外汇市场（即外汇交易所）和无形的外汇市场（即现代通信工具形成的交易网络）。当前，随着通信技术和银行业的发展，无形的外汇市场已经成为外汇市场的主要形式。

1）外汇市场的组织结构

外汇市场是国际经济一体化进程的产物。如果世界上只有一种国际货币，那么就不会存在外汇市场。然而，现实生活并非如此，外汇市场使各种货币购买力转移成为可能。在市场经济的大千世界里存在着各种各样的市场，而其中发展速度最快、交易规模最大的就要数外汇市场了。

2）外汇市场的参与者

外汇市场的参与者主要包括：①商业银行；②个人和企业；③投机者和套汇者；④中央银行和财政部；⑤外汇经纪人。

3）外汇市场的汇率报价

商业银行是外汇市场的主要参与者，通常也是外汇市场的汇率报价者。商业银行在报价时，一般同时报出买价和卖价即双向报价。当商业银行报一种货币对另一种货币的买卖价时，按国际惯例，它是指商业银行买卖基准货币的价格。买价是商业银行愿意买进基准货币的价格；卖价是商业银行愿意卖出基准货币的价格。应该指出，一种货币的购买价格就是另一种货币的卖出价格。

4. 即期外汇市场与远期外汇市场

外汇市场根据交易方式的差别可以分为即期外汇市场和远期外汇市场。

即期外汇交易（spot transaction）是指交易双方以当天外汇市场的价格（即期汇率）成交，并在当天或交易以后的第二个营业日进行交割的交易。

远期外汇交易（forward transaction）是一种买卖外汇双方规定买卖外汇的数量、汇率和将来交割外汇的时间，到了规定的交割日买卖双方再按合同规定，卖方交汇，买方付款的外汇交易。通过远期外汇交易买卖的外汇称为远期外汇或期汇。在远期外汇交易中，买卖双方签订的合同称为远期外汇合约（forward contract）。在双方达成远期外汇交易时买方并没有得到其所需要的外汇，卖方也不需要交出其所出售的外汇，买卖双方签订的是一个远期外汇合约。远期外汇合约有五个基本组成部分：类型（买还是卖）、货币种类、数额、远期汇率和到期日。

10.2.4 国际税收和国际税收制度

1. 国际税收

随着国际经济、技术交流与合作的不断发展，税收分配突破国家的界限而进入国际范围，形成了国际税收。国际税收是指各国政府与其税收管辖范围之内从事国际经济活动的公司和个人之间就国际性收益所发生的征纳活动，以及由此而产生的国与国之间税收收益的协调行为。国际税收活动具体体现在以下两个方面：①一国税收征纳活动中具有涉外因素并足以引起国与国之间税收权益分配问题的税收征纳活动；②两个或两个以上国家的税收管辖权发生交叉、税收利益发生冲突时所产生的国与国之间的税收协调活动。

2. 国际税收制度

在国际税收形成的初期,世界各国还只是从一国的国内税法角度制定一些具体规定,单方面地处理有关国际税收的事务。由于国际经济的发展，对于国际税收问题，世界各国在实践中逐渐形成一系列的准则和惯例，国际税收才成为一个独立的范畴。目前，世界上现行的税收制度可以概括为三类：传统制度、分割税率制度和转嫁或抵减制度。

（1）在传统制度下，公司所得税按单一的税率征收，分配给股东的股利则作为股东个人收入，按个人的所得税率计征。采用传统税制的国家有意大利、荷兰、西班牙、瑞典、美国及多数英联邦国家或地区（英国除外）。

（2）分割税率制度是根据收益的处理情况采用不同的税率计征，即对未分配收益按42%计征，已分配的收益按32%计征。

（3）转嫁或抵减制度是指对公司收益按同一税率征税，但已纳税款中的部分可作为股东应纳个人所得税的减项，予以扣除。比利时、法国等采用这种制度。

三种税收制度并不是相互排斥的，同一国家可以将这些制度结合运用。

10.3 公司国际化筹资管理

10.3.1 国际筹资的含义及特点

1. 国际筹资的含义

国际筹资是指跨国公司为实现其财务目标，通过一定的金融机构或金融市场，采取适当的筹资方式跨越国界在全球范围内筹措其生产经营所需资金的一项管理活动。国际筹资是国内筹资的向外延伸发展，是公司在其跨国经营中可以充分利用的筹集资金的手段。

2. 国际筹资的特点

国际筹资与国内筹资的基本原理是基本相同的，但国际筹资与国内筹资相比具有如下特点。

（1）资金需求量大。跨国公司在全球范围内进行生产经营，因此所需资金较多。国际筹资面对的是一个巨大的国际资金市场，这个资金市场能提供比任何一个单一的国家都丰富的资金，为满足跨国公司庞大的资金需求提供了可能性。

（2）筹资来源多，筹资方式灵活。跨国公司在世界范围内的地区性市场或国际性市场上筹集资金，具有广泛的筹资来源，并且筹资方式更加灵活多样。

（3）筹资风险比较大。跨国公司在进行国际筹资的时候容易受到各国的政治气候、法律环境、经济条件及文化等这些不断变化的因素的影响，面临的风险更大。

（4）筹资决策复杂，难度较大。跨国公司在进行筹资决策时要考虑的因素较多，无论是在筹资渠道及筹资方式的选择上，还是在综合资金成本及筹资结构的确定上，都要考虑风险因素，尽可能降低筹资成本、筹资风险，以实现公司价值最大化的目标。这无疑增加了筹资决策难度。

10.3.2 国际筹资渠道和方式

1. 国际筹资渠道

筹资渠道是指资金需求者资金的来源。跨国公司进行国际筹资时筹资渠道主要有以下四个方面。

（1）来自跨国公司内部的资金。这是指跨国公司内部母公司与子公司之间、子公司与子公司之间相互提供资金。其形式有：①股权筹资，母公司向子公司投入股权资本，资金自母公司流向子公司。这种形式有利于加强母公司对子公司的控制权，但面临较大的风险，如外汇风险、股利汇回风险，也存在财产被没收或国有化的风险。②内部贷款，母公司利用自有资金向子公司贷款或子公司之间进行贷款。这种方式的优点是支付的利息具有抵税功能，筹资成本较低，可以避免利润无法汇回的风险；缺点是子公司从国外借入资金面临的外汇风险较大。无论是权益资本形式还是债务资本形式，在集团内部进行资金融通，其资金来源不外乎两个渠道：未分配利润和积存的折旧基金。

（2）来自本土国的资金。跨国公司可以充分利用其在本土国的影响力，从本土国的金融机构、政府组织、企业及社会公众获得资金。具体来说包括：从本土国金融组织获得贷款、在本土国资本市场上发行债券筹资和通过本土国有关政府机构或经济组织获得贸易信贷三条途径。优点是比较容易取得，缺点是面临较大的外汇风险。

（3）来自东道国的资金。跨国公司可以根据东道国的经济状况和金融环境在资本市场上发行股票或债券筹资，也可以从当地金融机构借款，从而筹集到所需资金。在东道国筹资的优点是政治风险较低、债务利息可以抵税、外汇风险小，但从东道国获得的资金有限，也削弱了母公司对子公司的控制。

（4）来自国际金融机构或第三国的资金。跨国公司可以从各种国际金融机构如世界银行、国际复兴开发银行、国际开发银行、亚洲开发银行等取得贷款满足资金需求，也可以从第三国的金融市场上获得资金。

2. 国际筹资方式

国际筹资方式是指跨国公司在国际资本市场上取得资金的具体形式，它与国际筹资渠道既有联系，又有区别。同一渠道的资金往往采用不同的方式取得，而同一筹资方式又往往可用于不同的筹资渠道。国际筹资方式主要有国际股权筹资、国际举债筹资两大类。

1）国际股权筹资

国际股权筹资主要是指国际股票筹资，即跨国公司通过在国际资本市场上发行以外国货币为面值或以外国货币计价的股票向社会筹集资金的一种方式。传统上大多数跨国公司的主要股权资本来自母公司所在国的投资者。但近年来，一些跨国公司来自国外投资者的股权资本比例有所上升。这是因为国外投资者喜欢通过购买跨国公司的股票来实现国际股权组合投资以降低投资风险。

（1）进行国际股权筹资有以下四个优点：①在跨国公司存续期内所有筹集的资金属于永久性资本无须偿还；②普通股股利的分派与否、分配多少视公司经营情况而定，而无法律限定，因此不会成为公司的固定负担；③发行国际股票能提高公司在国际上的知名度，有利于开拓国际市场，同时为跨国公司进行国际举债提供了基础；④在通货膨胀的情况下，采用国际股权筹资能使国际股东抵消一部分通货膨胀对购买力的影响，因而更容易吸引资金。

（2）进行国际股权筹资也存在一些缺点：①发售新的普通股可能会稀释原有大股东的控制权（发行新的国际优先股不存在这样的问题）；②由于国际股东承担的风险较大，股东要求的报酬率也会较高，从而提高了融资成本；③相对于其他融资方式而言，国际股权筹资的发行费用较高。

2）国际举债筹资

跨国公司通过国际举债筹资的具体方式包括国际债券筹资、国际信贷筹资和国际租赁筹资。

（1）国际债券筹资，即跨国公司在本国以外的金融市场上发行以外国货币或欧洲货币为面值，由外国金融机构承销的债券的一种筹资方式。按照面值与发行债券所在国的关系，国际债券可以分为外国债券、欧洲债券和全球债券。

外国债券是指一国筹资者在某一国家债券市场上发行的，以该国货币为面值的，由该国金融机构承销的债券。这种债券以债券市场所在国的货币为面值，外国债券的担保和发售也是由债券市场所在国的辛迪加组织承保和认购。例如，我国某筹资者在美国债券市场上发行的以美元为面值的债券就是外国债券。

欧洲债券是筹资者在某一外国债券市场上发行的不以债券市场所在国货币为面值的债券，它由一国或几个国家的金融机构组成辛迪加承销团承销。这种债券以欧洲货币为面值。这里的"欧洲"并不是地理意义上的欧洲，除了覆盖欧洲各国际金融中心的欧洲债券市场外，还包括亚洲等地区各国际金融中心的亚洲货币市场。例如，我国某筹资者在美国以外的国家发行的以美元为面值的债券就是欧洲美元债券。发行欧洲债券只需经筹资者所在国政府批准而不受其他国家金融法规的制约，资金成本较低。相对于外国债券而言，欧洲债券货币选择性强，活动性强，利息通常免征所得税和利息预扣税，且欧洲债券是持有人债券，不记名发行，这些优点都有利于吸引投资者，因而对跨国公司来说，欧洲债券市场是一个容量非常大的市场。

全球债券是随着国际金融市场的全球化而出现的一种新型国际债券，它是指在全世界各个主要资本市场同时大量发行，并且可以在这些市场内部和市场之间自由交易的一种国际债券。全球债券的流动性高，并且发行者的信用级别较高且多为政府机构。全球债券于 1989 年 5 月由世界银行首次发行而宣告诞生。

国际债券筹资的优点有：①筹资期限较长，一般在 10 年以上；②利率较低，一般低于同期银行贷款，融资成本也低于国际普通股的资本成本；③偿还方式灵活，可以提前偿还也可以延期偿还；④适当运用债务的财务杠杆作用既可以增加股东财富，也不会引起控制权稀释。

国际债券筹资的缺点在于：①发行程序较复杂，准备时间较长，发行费用较高；②利息成为跨国公司的固定负担；③增加跨国公司的破产风险。

（2）国际信贷筹资。国际信贷筹资是指跨国公司向世界范围内的国际金融机构或其他经济组织借贷的一种筹资形式，包括以下四种。

第一种是国际银行贷款。国际银行贷款是指一国借款人通过本国银行在国际金融市场上向外国贷款银行借入资金的一种信贷方式。国际货币市场很多，但最主要的为欧洲货币市场和亚洲货币市场。欧洲货币市场是存放和借贷欧洲货币的国际金融市场。欧洲货币是指在原发行国领土以外流通、交换、存放、借贷和投资的各种货币。例如，"欧洲美元"乃是指在美国境外流通、存放和借贷的美元。因此，欧洲货币市场虽产生于欧洲，但已不是一个地区性而是一个世界性的货币市场，有人称之为国际货币市场。亚洲货币市场是存放和借贷亚洲货币的国际金融市场。亚洲货币是存放在亚太地区国际银行中的境外美元和其他可自由兑换硬通货的总称。从广义上讲，亚洲货币市场是欧洲货币市场的一个分支，其利率水平受伦敦银行间同业拆放利率的影响。

国际银行贷款无论是最初的贷放还是最终的收回，都是采取货币资本形式。它有三个特点：①没有附加条件限制，可用于购买任何国家和地区的货物；②手续简单，支取自由，贷款供应充沛，可灵活选用币种和还本付息的方式；③与发达国家国内银行信贷相比，其利率较低，但因这种信贷大多是中长期的，除采用国际金融市场的浮动利率按复利计算利息外，还要支付承诺费、管理费、代理费及杂费等贷款费用，因此资金成本较高。

国际银行贷款按其期限的长短不同，可分为短期银行信贷和中长期银行信贷。短期银行信贷的贷款期限一般不超过 1 年，是跨国公司为了支付货款而凭借其信用借入资金的一种银行信贷。中长期银行信贷的贷款期限一般在 1 年以上，长期信贷一般在 5 年甚至 10 年以上，是国际企业为了满足对固定资产投资的需要而向银行取得的贷款。这种贷款金额较大，风险较高，借贷双方需签订协议并由借款人所在国政府担保，大多由国际银团提供，也称辛迪加贷款。有时也有独家银行提供的，称为双边中期贷款，与前者相比，其数额较小，但方便灵活、费用较低。

第二种是政府贷款。政府贷款是指一国政府利用国库资金向另一国提供的优惠性贷款。这种贷款一般是某一发达国家向某一发展中国家提供的。政府贷款具有贷款期限长、利息低、常用于指定项目、程序复杂、常伴有购买限制条款等特点。

第三种是国际金融组织信贷。国际金融组织是指许多国家共同兴办的，为了达到某项共同目的在国际上进行金融活动的机构。按参与组织的国家多少、业务范围大小，可分为全球性的国际金融组织和地区性的国际金融组织。国际货币基金组织、世界银行等都属于全球性的国际金融组织。像亚洲开发银行等就属于地区性的国际金融组织，它的任务是通过贷款进行投资，提供技术援助，以促进亚太地区的经济发展与合作。

第四种是国际贸易信贷。国际贸易信贷也称跨国公司的进出口信贷，它是指一国为支持和扩大本国出口，增强国际竞争能力，以对本国的出口给予利息补贴或提供信贷担保的方法，鼓励本国的银行对本国的出口商或外国进口商（或其银行）提供利率较低的贷款，以解决本国出口商资金周转的困难，或满足国外进口商对本国出口商支付货款需要的一种信贷方法，其具体形式主要有两种：卖方信贷和买方信贷。

卖方信贷是指在大型机械或成套设备贸易中，出口公司所在国银行向出口公司（卖方）提供的信贷，它属于商业信用。在这种信贷方式下，出口公司付给银行的利息和费用，一般转嫁给国外的进口公司。贷款手续简单，使用方便。

买方信贷是指在大型机械或成套设备贸易中，由出口公司所在国银行向进口公司（买方）或进口公司所在国银行提供的用以支付货款的信贷，它属于银行信用。有关利息和费用不包括在贷款之中。这种信贷方式可使进出口贸易即期现汇成交，有利于出口公司及时收回货款，也使进口公司负担的费用和利息较少。但其手续较为复杂，贷款限定用途，条件较为严格。

此外，在国际贸易信贷中，还有签订贷款协议、信用安排限额，以及将卖方信贷或买方信贷与政府贷款相结合的混合信贷等方式。

（3）国际租赁筹资。国际租赁筹资也是跨国公司一种重要的筹资方式。在租赁融资中，承租人为了获得资产的经济用途承诺向出租人定期支付租金，这种规定的债务使租赁可以被看作一种与借款类似的筹资方法。租赁可分为融资租赁和经营租赁。在融资租赁中与所有权相关的大部分经济利益及风险都转移给了承租人，在经营租赁中则相反。

租赁存在的主要经济原因是公司、金融机构、个人从拥有资产中得到了不同的税收收益。

国际租赁筹资的优点在于：①减轻跨国公司总体税负，利用国际租赁的方式，跨国公司集团内部可以转移利润，从而达到避税的目的；②便于内部资金的国际转移；③降低政治风险，若某子公司东道国政治风险较高，该子公司就可以从当地租赁公司租赁固定资产，避免其财产被国有化。但国际租赁筹资的缺点在于租赁费较高，增加了资本成本。

10.3.3 国际筹资战略

由于资金来源即取得资金的方式的差异会带来筹资成本和筹资风险的不同，直接影响着跨国公司的经营和理财绩效，跨国公司应从战略的高度来进行筹资决策，达到减少总体筹资成本、降低筹资风险、合理安排资本结构这三个具体目标。

1. 减少总体筹资成本

由于各种因素的共同作用，国际资本市场可以细分为众多差异化市场，不同市场上的资金受到政府补贴、税收负担等因素的影响，使其成本各不相同，即使在同一资本市场，从不同渠道、采用不同筹资方式筹集到的资金的筹资成本相差也很大。世界各资本市场的不完备性造成各种资金来源的实际成本之间会存在各种差别，这就为跨国公司利用其内部组织一体化优势和日益发达的信息技术及时准确地把握这些筹资机会提供了可能性，跨国公司可以采用以下几种方式降低筹资成本。

（1）通过选择适当的筹资方式、筹资币种、筹资地点来减少或避免税收负担。例如，母公司以贷款形式向国外子公司提供资金可以影响子公司的产品成本从而减少子公司所得税的税基；举债筹资时尽量选择预计将来可能贬值的货币；选择不征税或少征税的国家和地区如避税港作为筹资地点等。各国税法对企业不同筹资成本有不同的税务处理，如股利与利息、汇兑损失与汇兑收益等，税收上的不对称性可能造成具有相同税前差异的两种筹资方式其税后成本实际相差很多，从而为企业选择适当的筹资策略以减少实际筹资成本提供了机会。

（2）尽量利用各种有优惠的信贷。一些资本短缺的国家，政府通常会采取一系列优惠政策来吸引外资，如实行利率补贴、延长贷款期限、提供官方担保等。一些国际或地区性金融机构如世界银行也会向跨国公司提供成本低、期限长、利率固定的贷款。跨国公司在进行筹资决策时应充分考虑这方面的因素。

（3）绕过信贷管制，争取当地信贷配额。出于多方面的原因和动机，例如，限制可借贷资金的增长迫使某种借贷成本上升或下降，把资金引向某些经济活动等，各国政府会对各国金融市场进行不同程度的干预，在这种不利情况下，跨国公司应绕开信贷管制，尽量争取当地信贷配额以降低筹资成本。

2. 降低筹资风险

任何一种重要的筹资安排都会对跨国公司的总体风险水平产生影响，因此跨国公司在进行筹资时必须充分考虑风险因素。这些风险因素包括政治风险、外汇风险和利率变动风险。

（1）为避免国有化、战争等风险，跨国公司应考虑尽量使用外部资金特别是来源于东道国的资金，以子公司的盈利来归还贷款。

（2）在不同情况下跨国公司可以采取不同的防范措施来降低外汇风险。①当举债和还款使用的币种不同时，从理论上说应采取“借软还硬”的办法，这样举债人会因货币贬值而减轻债务负担；②调整举债的比重结构，避免币种单一或某一币种过于集中来抵消或减少外币汇率风险，举债的币种结构尽可能地与跨国公司出口收汇的币种结构一致。

（3）调整举债的利率结构，减少利率波动的风险。为避免和减少利率波动风险，跨国公司可以分析预测利率变动趋势，计算各种利率条件下的筹资成本，在有利的时期筹集资金。跨国公司可以适当提高固定利率借款占全部借款的比重，并进行长、短期利率的搭配，以避免或相互抵消利率所带来的风险。总之，跨国公司要比较和权衡利率波动与利率变化的不同影响，遵循均衡、保值、全过程管理这些原则，尽可能地使筹资风险最小化。

金融市场的日益发达、金融创新工具的日新月异也为跨国公司降低筹资风险提供了机会。

3. 合理安排资本结构

跨国公司的国际性决定了其确定最优资本结构时应当从总体进行考虑，不仅要考虑母公司的资本结构，还要考虑子公司的资本结构。这是因为两者是相互影响的。任何一个子公司的财务状况都会不同程度地受到母公司资本结构政策的影响，反过来子公司的财务状况也会影响公司整体营利能力与偿债能力。资本结构理论研究到今天，对于何谓最优资本结构、一个企业内债务资本与权益资本的最佳比例是多少这样一些问题仍然没有确切的答案。这是因为不同国家或地区政治、经济、法律、文化环境迥异，即使在同一国家或地区，各行业的差异性也会使各企业的资本结构差别很大。一项由国外学者进行的调查研究发现，跨国公司的资本结构倾向于按照公司总部所处国家的情况而变化。英联邦国家及美国的跨国公司债务比例比总部设在其他工业发达国家的跨国公司要低。研究进一步表明，跨国公司总体资本结构中债务比率都高于母国的国内企业。跨国公司应以公司总体资本结构最优为目标合理安排母公司、各子公司的债务资本与权益资本的比例，而不能过分强求母子公司资本结构一致。

10.4 公司国际化投资管理

10.4.1 国际投资管理概述

1. 国际投资的含义

国际投资一般是指某国的企业、个人或政府机构跨越本国疆界投入一定数量的资本或其他生产要素，以期望获取比国内更高的利润或实现其他经济目的的一种投资。投出资本国称为投资国，接受资本国称为东道国。

国际投资按投资主体可以分为公共投资（由政府部门进行的国际投资）和私人投资（由企业或个人进行的国际投资）。由于公共投资一般带有援助性质，在此不作为本节研究的内容。

国际投资按投资方式可分为国际直接投资和国际间接投资。国际直接投资是指投资者在其所投资的企业中拥有足够的所有权和控制权或具有足够程度的控制权的投资。最初意义上的国际直接投资是指在国外建立企业进行生产和设立商店直接销售的一种经营活动。现代意义上的国际直接投资是指在国外取得控制权的投资，直接投资的结果通常是以子公司或分公司的形式存在。国际间接投资是指投资者不直接掌握投资对象的资产的所有权，或在投资对象中没有足够的控制权的投资。间接投资一般指证券投资。由于国际证券投资与国内证券投资分析方法、决策过程基本相同，在此不再详细讨论，本节所讨论的重点是私人投资中的国际直接投资。

2. 国际直接投资的动机

从经济学角度进行分析，我们可以将国际直接投资的动机归纳为以下三个方面。

（1）经济动机。经济动机表现为投资者力图充分利用其资本优势、厂商优势、内部化优势和区位优势，选择投资于不同国家的不同资产以分散投资风险，最大限度地获取差额利润或使其垄断优势效用最大化。

（2）战略动机。战略动机表现为投资者为了谋求在全球范围内的长远利益而开拓市场、寻求原材料、提高生产效率、吸取知识和经验及寻求政治上的稳定等。跨国公司在国外市场获取原材料进行生产、加工、销售或出口，一方面是满足当地需求，另一方面是满足国际市场需求。投资者在各国寻求廉价的生产要素提高生产效率的同时，还可以尽量学习和吸收当地的技术和管理经验。而在不会遭到没收财产和干涉经营的国家进行投资，更是为了政治上的稳定，避免政治风险。

（3）行为动机。行为动机表现为跨国公司的外部环境的促进因素和组织内部的个人倾向。外部的促进因素主要有：外国政府、公司营销人员和客户的建议，对丧失市场的担心，在海外经营取得成功的一些人的影响，在国内市场中来自海外强大竞争者的影响等。这些因素可以更为直接地表现为为元件和其他产品创建市场、利用现有设备、专有技术资本化、恢复原来拥有但却失去的市场等。组织内部的个人倾向则主要是其主观意志的体现。

10.4.2　国际直接投资的环境分析

1. 国际投资环境的构成

国际投资环境是指在国际投资过程中影响国际资本运营的东道国的综合条件。按投资环境的表现形态可分为硬投资环境和软投资环境两类。

（1）硬投资环境是指那些具有物质形态的各种影响投资效益的因素，它们对国际投资的约束是刚性的或是无弹性的，主要包括交通运输条件、邮电通信设施、能源供应、市政工程建设、公用事业的建设、土地资源的充裕性及价格高低等。

（2）软投资环境是指那些没有具体物质形态的各种影响投资效益的因素，主要包括：①政治法律制度，这直接影响到国际投资的安全性；②经济环境，包括经济政策、经济结构、经济发展水平及经济稳定性、市场规模及开发程度、消费者的偏好等；③社会文化和教育因素。

2. 国际直接投资环境分析的方法

国际直接投资环境分析的方法主要有冷热分析法和投资环境等级评分法。

（1）冷热分析法是由美国学者伊西·阿利特法克和彼得·班廷二人通过对美国、加拿大等国大批工商界人士进行调查和对大量资料进行综合分析后得出的。他们认为评价一国投资环境时应对以下七个因素进行分析，即政治稳定性、市场机会、经济发展、文化成就、法令阻碍、实质阻碍（指一国的自然条件、气候等）、地理及文化差异。投资环境好的国家称为“热国”，反之称为“冷国”。

（2）投资环境等级评分法是由美国学者罗伯特·斯托鲍夫提出的。这种分析方法是从东道国政府对外国投资者的限制和鼓励的政策出发，具体分析影响投资环境的八大因素及其子因素，并根据各子因素对投资环境的有利程度予以评分。评分是按八大因素各自在投资环境中的作用大小确定不同的分值，从而避免了对不同因素平等对待的缺点，见表 10-1。根据这种分析方法，总分越高投资环境越好。外国投资者采用这种方法可以很容易地对不同投资环境进行评估，择优选择。

表 10-1　投资环境等级评分法

投资环境八大因素	投资环境子因素	评分
1 资本抽回（0~12 分）	无限制	12
	只有时间上的限制	8
	对资本有限制	6
	对资本和红利都有限制	4
	限制繁多	2
	禁止资本抽回	0
2 外商股权（0~12 分）	准许并欢迎全部外资股权	12
	准许全部外资股权但不欢迎	10
	准许外资占大部分股权	8
	外资最多不得超过股权半数	6
	只准外资占小部分股权	4
	外资不得超过股权的三成	2
	不准外资控制任何股权	0
3 对外商的管制（0~12 分）	外商与本国企业一视同仁	12
	对外商略有限制但无管制	10
	对外商有少许管制	8
	对外商有限制并有管制	6
	对外商有限制并严加管制	4
	对外商严格限制并严加管制	2
	禁止外商投资	0

续表

投资环境八大因素	投资环境子因素	评分
4 货币稳定性 （4~20 分）	完全自由兑换	20
	黑市与官价差距小于一成	18
	黑市与官价差距在一成至四成之间	14
	黑市与官价差距在四成至一倍之间	8
	黑市与官价差距在一倍以上	4
5 政治稳定性 （0~12 分）	长期稳定	12
	稳定但因人而治	10
	内部分裂但政府掌权	8
	国内外有强大的反对力量	4
	有政变和动荡的可能	2
	不稳定，政变和动荡极可能发生	0
6 给予关税保护的意愿 （2~8 分）	给予充分保护	8
	给予相当充分保护但以新工业为主	6
	给予少许保护，以新工业为主	4
	很少或不给予保护	2
7 当地资金可用程度 （0~10 分）	成熟的资本市场，有公开的证券交易所	10
	少许当地资本，有投机性的证券交易所	8
	当地资本有限，外来资本不多（世界银行贷款等）	6
	短期资本极其有限	4
	资本管制很严	2
	高度的资本外流	0
8 近 5 年的通货膨胀率 （2~14 分）	小于 1%	14
	1%~3%	12
	3%~7%	10
	7%~10%	8
	10%~15%	6
	15%~35%	4
	35%以上	2
合计		8~100 分

资料来源：叶刚（1989）

注：连续分组遵循“上组限不在内”原则

10.4.3　国际直接投资分析中的特殊问题

无论是进行国内投资还是国际投资，投资决策的程序基本相同，使用的分析方法也相同，主要分为考虑货币时间价值的动态法（如净现值法、现值指数法、内含报酬率法、动态回收期法等）和未考虑货币时间价值的静态法（如回收期法、会计收益率法等）。本节只就国际直接投资中的一些特殊问题进行初步探讨。

1. 国际投资的评价主体问题

在分析直接投资项目时，是以国外的投资项目本身作为评价主体还是以进行国际直接投资的母公司为主体，往往会导致不同的结果。由于受到税收管理和外汇管制的影响，国外项目可获得的现金流量与母公司可获得的现金流量存在很大差别，具体情况如下：

①东道国政府对股利汇回进行不同程度的限制；②特许权使用费、服务费和管理费等费用对母公司而言是收益，对子公司来说却是费用；③各国税率不完全相同；④汇率不断变化造成外汇价值波动；⑤各国通货膨胀率存在差异；⑥在跨国公司内部实行转移定价，会使项目能给母公司增加的现金流量与项目总的现金流量不符。

对于确定国际投资评价主体问题，各国学者主要持三种观点：①认为应以母公司作为评价主体，这是因为进行国际投资的目的是实现母公司财富最大化，母公司的现金流量最终是为了支付股利。②认为应以投资项目作为评价主体，这是因为投资目标应当反映股东国际化这样的内在特性。跨国公司更注重长期发展，倾向于将投资项目创造的资金用于再投资，而不是汇回本土国。③认为应当将子公司和母公司作为主体分别评价。因为财务目标是多元的，应当考虑利益相关者的利益，分别评价更有利于评价子公司管理层的经营业绩，更好地建立激励机制。以上三种观点都有其合理的一面，值得注意的是评价主体的不同将会对投资决策中的现金流量分析产生重大影响。

2. 国际直接投资的现金流量分析

从方法上讲，国际直接投资现金流量分析与国内投资现金流量分析并无重大差别，但在国际投资分析中应当充分认识各国税收制度、金融机构、外汇管制、财务准则及金融资产流动性的限制对现金流量的影响，区分母公司与子公司的现金流量。

在国际直接投资现金流量的分析中，应注意以下一些特殊问题。

（1）初始现金流量。一个项目的初始投资通常包括投资在厂房、机器设备等固定资产上的实际支出和垫支的营运资金，但在进行国际投资确定初始现金流量时，有时会遇到一些特殊情况。例如，在A国的X公司准备在B国建一项目Y需要资金1000万元，X公司原来在B国有100万元的资金被冻结，不能换成本国货币汇回A国，但现在由于投资于Y项目，被冻结的资金可以利用，则这100万元应作为初始现金流量的减项予以扣除，这样就会使现金流出量减少。

（2）终结现金流量。确定终结现金流量的方法有两种：①清算价值法，主要适用于那些投资项目寿命终了不能再继续经营的项目，有关的固定资产的清理收入和收回的垫支的营运资金便是项目的终结现金流量。②收益现值法，即对那些经营期限终了但项目还能继续使用的投资项目，在经营期满后可根据尚可使用年限，以适当的贴现率将每年产生的净现金流量折成现值作为项目的终结现金流量。但在国际投资中，有的投资项目的所在国有关法律可能规定了投资项目经过一定年限后即归东道国所有，在这种情况下项目的终结现金流量为零。

（3）汇回母公司的现金流量。①如果以母公司作为评价主体，则所用的现金流量必须是汇回母公司的现金流量。如果东道国对现金流量的汇回没有任何限制，那么项目产生的净现金流量能全部成为母公司的现金流量；如果东道国对汇回母公司的现金流量有各种限制，那么只能将可汇回的金额视为母公司的现金流量。②现金流量换算中应当选择汇回现金流量时的汇率进行换算。③国际投资项目汇回的现金流量中，以股利形式汇回的现金流量一般已在东道国缴纳了所得税，为了避免出现双重纳税，一般在国外已纳税的现金流量汇回母公司可享受一定的纳税减免。

国际直接投资项目评估的具体步骤大致可以分为三步：①从子公司角度评价项目的现金流量；②具体预测母公司可得到的现金流量的具体数量、时间和形式；③从母公司角度广泛地考虑该项目投资所导致的非直接的收益与成本，进行现金流量分析。

3. 国际直接投资的风险分析

风险是影响国际直接投资的最为关键的因素，在进行国际直接投资时应给予足够的重视，这里我们对涉及的外汇风险、政治风险和经济风险做一些简单的介绍。

（1）外汇风险亦称作外汇暴露（foreign exchange exposure），是指一个经济实体或个人的债权债务在以外币计价时，由于汇率波动引起价值变化而蒙受损失或丧失预期收益的可能性。外汇风险可以归纳为交易风险、折算风险两种类型。①交易风险，即公司因进行跨国交易而取得外币债权或承担外币债务时，由于交易发生日的汇率与结算日的汇率不一致，收入或支出可能发生变动的风险。从交易风险的实际发生过程来看，它包括以下几种基本的形式：以外币表示的借款或贷款；以外币表示的商品及劳务的赊账业务；尚未履行的期货外汇合约；其他方式所取得的外汇债权或应承担的外币债务。②折算风险也称作会计风险，是指由外汇汇率的变化引起的资产负债表、损益表上某些外汇项目金额变动的风险，这种风险具体表现在资产、负债收入和费用的增加和减少上。不过，这种风险只出现在跨国公司编制合并报表过程中，并不影响企业的现金流量。

（2）政治风险主要是指国际经济活动中东道国的政局变动及采取的政治性措施变化导致外国投资者经济损失的风险，包括：①国有化风险，即东道国将外国投资者的投资和财产收归该国所有。子公司的财产被国有化之后，母公司往往得不到补偿，或即使有补偿其补偿金额往往低于市场价值。②战争风险，这类带有突发性质的风险给跨国公司带来的损失往往得不到补偿。③转移风险，即由于东道国实行外汇管制，跨国公司无法将其子公司创造的利润或子公司的资产转移回本土国或其他国家。④其他风险，例如，某些东道国对外国投资者实行差别待遇，规定较高的税率、雇用员工中东道国居民的最低比例及在环保和社会福利方面有较高的标准等，以此削弱跨国公司的竞争实力。跨国公司应当尽量避免在政治风险较高的国家或地区进行投资。

（3）经济风险。跨国公司面临的经济风险主要包括宏观和微观两个方面。宏观方面的经济风险主要是指国民生产总值增长率的变化、利率变动、通货膨胀、贸易条件变化、税收结构调整等引起的风险。这些既可能给跨国公司带来损失也可能带来收益。微观方面的经济风险主要是指市场供求关系和价格的变化、公司内部技术装备和设备利用率的变化、产品结构的调整、工人劳动生产率和原材料价格的变化，以及其他可能出现的意外情况。分散经济风险的主要方法是多元化经营。

10.5　公司国际化税收管理

国际税收与跨国公司的经济活动关系非常密切，税收通过影响对外投资管理、财务结构、外汇风险管理、营运资本管理等经营决策，对跨国公司的收益和现金流量产生重大的影响。跨国公司的管理人员应掌握国际税收方面的理论，熟悉不同国家的税收制度，以便制订战略性国际税务计划，实现全球税负最小。

10.5.1 国际税收环境分析

跨国公司所处的国际税收环境是极其复杂的，除了母国政府所制定的对国外收益来源课税的特殊规定外，其分支机构所在国的税务制度也千差万别。更重要的是，国际税务协定、法律和条例都在不断地变化，这更增加了国际税收环境的复杂性。各国税收环境的差异主要体现在以下几个方面。

1. 纳税的种类

世界各国所设的税种不尽相同，跨国公司及其设在各地的分支机构应缴纳税款的名目也多种多样。最主要的税种有以下几项。

（1）公司所得税。公司所得税是以企业的收益或所得为对象而课征的税。所得税是运用最广泛的税种之一，公司所得税的课征方法有两种：古典体系和综合体系。前者主要应用于美国，它指当公司获得应税所得时，不管是否分配给股东，都予以课征。后者更多地应用于一些欧洲国家，根据此种体系，公司应税所得被分为两部分，即已分配收益和未分配收益，并按不同的税率予以计征，或者不管收益是否分配，均按统一税率计征，但已纳税款的部分可作为股东应税所得抵减数。

（2）预扣税。预扣税是东道国政府对外国投资者在本国投资所获得的股息、利息、专利使用费等所计征的税种。假如韩国的股息预扣税为 10%，那么，购买韩国某公司股票的外国投资者从其预期的股息中只能收到 90%，另外 10%由韩国公司代扣，并上缴韩国政府。预扣税税率最低为零，最高为 25%。

（3）增值税。增值税是以产品或劳务生产经营各环节新增加的价值为课征对象的税种，目前它是欧洲联盟和一些拉丁美洲国家的主要税种之一。增值额的计算可以采用扣减法或增加法两种方法。根据扣减法，增值额等于企业的销售收入减外购中间产品和劳务价值；根据增加法，增值额等于企业使用的所有生产要素的报酬之和，即工资加租金加利息加利润。

（4）其他税种。财产税是以财产为课征对象的税种，它可以分为一般财产税和个别财产税。一般财产税以财产总值或净值为对象而课征；个别财产税以某项具体财产为对象而课征，如土地、房产等。

周转税是按生产经营的某个或某几个环节的周转额而课征的税种，各国周转税的计征方法和对象有所不同，如美国在商品零售时计征，英国在商品批发时计征，加拿大在生产完成时计征，而德国对所有的周转环节都计征周转税。

2. 应税所得的来源

公司所得税是跨国公司应缴纳的最重要的税收种类，而确定应税所得来源是纳税的前提条件。从跨国公司的角度来看，应税所得可以来自母公司，也可以来自设在世界各地的子公司或分公司。

对来自国外的所得是否进行课税，目前世界各国存在两种不同的做法。一种是“世界范围”课税原则，又称“居民课税”或“国民课税”原则，即不论本国公司的收益是来自国内还是国外，其收益均属课税收益，均须向母国政府缴税。美国就是采用这一原则。另一种是“领土内”课税原则，或称“来源”课税原则，即一国政府只对领土内本国或外国企业经营所得收益予以课税，跨国公司来自海外的收益均不课税，如德国、阿根廷、瑞士、巴拿马和委内瑞拉等地均采用此种原则。美国对于其领土内的外国公司也采用这一原则。

有的国家（如美国）在对国外所得课税的规定中还详细区分了两种不同的组织形式，即子公司和分公司。跨国公司在海外的子公司是独立的经营实体，母公司不承担子公司的债务，海外子公司所获收益只有汇回母公司时才需课税。若子公司发生亏损，其亏损额不能抵减母公司的应税所得。而分公司是母公司经营实体中的组成部分，分公司的所得收益，不论是否汇回母公司，均须在当年纳税。分公司出现亏损，其亏损额可以从母公司当年的应税所得中扣除。

3. 费用的确定

在各国税收制度中对同一费用的处理有不同的规定，这就造成了各国纳税的差异。一项费用一经确定，即可冲减当期收益额，从而使应税所得额和纳税额下降。对费用确认有无明确规定及如何规定，直接影响到跨国公司的税负。

目前，各国政府对费用确认的规定有较大的差异，这种差异集中体现在资产使用寿命上。从跨国公司的角度来看，一项资产成本摊销的期限越短，费用的确认越早，对公司越有利。某些国家的政府为了吸引外资或鼓励本国企业进行技术改造，对某些资产成本的摊销制定了特殊优惠的政策，例如，1981 年、1986 年和 1993 年美国政府三次修改税法，进一步缩短资产折旧年限。英国政府对资产使用期限规定有效的幅度，并允许各公司根据自身经营的具体情况来确定最有利的资产使用期限。瑞典政府规定公司可以报销存货，从而减少应税所得。

4. 税负

税负是国际税收环境中一个非常重要的因素，当前世界各国在税负上存在相当大的差异。这些差异首先表现在税率方面，以企业所得税为例，从表 10-2 中可以看出，世界各国企业所得税税率差别很大，最低的税率为 0，最高达 37.5%。除各国税率的差别外，影响公司税负的因素还有应税所得的范围、费用的确认及所得税的课征方式等。因此，从表面上看，一个国家的法定税率可能低，但因对应税所得来源和费用的确认有严格的规定，其实际税负很可能很高。

表 10-2 世界各国企业所得税税率比较

国家	税率	国家	税率
巴哈马	0	刚果	35%
巴巴多斯	5.5%	比利时	29%
巴西	34%	喀麦隆	33%

续表

国家	税率	国家	税率
加拿大	26.5%	丹麦	22%
中国	25%	多米尼加	27%
印度	25.17%	爱沙尼亚	20%
科威特	15%	法国	33.3%
卢森堡	27.08%	意大利	24%
卡塔尔	10%	列支敦士登	12.5%
瑞士	18%	摩洛哥	31%
美国	21%	挪威	22%
波多黎各	37.5%	俄罗斯	20%
南非	28%	瑞典	21.4%
土耳其	22%		

资料来源：全球经济指标数据网，https://zh.tradingeconomics.com[2020-02-27]

面对如此复杂的国际税务环境，跨国公司应从全球战略出发，综合考虑各种因素，统筹安排税务计划，以便充分挖掘税务在扩大现金流量、提高税后利润方面的潜力。

10.5.2 国际税收管理的方法

1. 投资区位决策

在投资区位决策时，跨国公司的税收因素考虑的主要方面是总税负水平。由于各国税法税则差别较大，税种税率都不相同，在投资决策时，仅仅考虑某类税收是不够的，必须看总体税负水平。在税收结构方面，有些税种，如所得税，跨国公司管理能动性较大，可以进行合理避税；而有些税种，如增值税，跨国公司的机动余地较小。在税收优惠政策方面，许多发展中国家一般都采用税收优惠政策来吸引外资。在国家税收协定方面，要考虑本国与东道国之间是否签订税收协定。

2. 组织形式的选择

税收结构总是以特定的产业和公司组织为对象的，不同国家的税收政策各具特点。因此，跨国公司的海外机构选择什么样的组织形式将影响税负水平。跨国公司海外机构的组织形式主要有分公司与子公司两种。从税收的角度看，选择子公司还是分公司形式，需要综合考虑两种组织形式的不同的税收待遇、有关国家的税收规定及投资公司的策略目标。

3. 国际融资策略的选择

跨国公司执行不同的国际融资策略有着不同的税收后果。从总体上看，跨国公司财务管理模式可分为母公司集中的财务管理模式和各子公司自行融资管理模式两种。母公司借款和子公司借款有着全然不同的税收后果。一方面，如果母公司是在母公司所在国融资，母公司所在国税率高于东道国的税率，公司整体债务资金的税负就重于子公司自行融资时的税率；如果母公司税率低于东道国的税率，母公司的当地举债就可降低资金的税负；如果母公司是通过设在低税地的子公司筹资再供应其他子公司，则还可以进一步降低税收支出。另一方面，如果母公司承担筹资责任，则通常会考虑公司整体资本结构的优化，如果无母公司的整体控制，更不可能考虑跨国公司的资本结构，不同的资本结构有着不同的税收后果。

需要强调的是，跨国公司融资的税收管理是与利率、汇率、外汇管制和外汇风险等联系在一起进行的，撇开了其他方面而就税收论税收，往往不会有太大的实际意义。

4. 国际避税的采用

国际避税是指跨国公司利用税法规定的差别，采用选择合适的经营点和经营方式等种种合法手段，来减少或消除其纳税义务的一种行为。国际避税与国际逃税是两个不同的概念，后者是故意或有意地违反税法规定的行为，具有欺诈性。

跨国公司的国际避税措施主要有以下几种。

（1）转移定价。跨国公司通过转移定价，在公司体系内部调节成本和收入，将成本由低税率地区公司转移到高税率地区公司，从而将利润由高税地区公司转移到低税地区公司，可大大降低应纳税额。这里有两种情形，一种是直接转移——在高税率地区与低税率地区的联属企业之间发生商品和劳务交易时，压低高税率地区公司的销货收入和税费，或人为抬高低税率地区公司的销货收入和税费，使利润通过交易从高税率地区公司转移到低税率地区公司，达到避税目的。另一种是间接转移——联属企业发生交易时，由设立在低税地区的第三联属公司中转，使真正发生交易的两个公司的利润转移到第三联属公司。第三联属公司一般只进行账面处理，并不实际参与交易。

（2）避税港营业。避税港是指对外国经营者征收相当低的所得税甚至不征收所得税的国家和地区。鉴于避税港的特殊条件，跨国公司可在避税港设立附属公司（多系空壳公司）。当母公司与其所属的其他子公司之间或其他子公司相互之间发生货物转移、费用转移时，制造事实上不存在的通过避税港公司中转的假象，把利润转移到避税港公司的账上，从而使公司总体税负得以减少。

（3）提高贷款利率。在母公司所在国所得税率低于子公司所在国的情况下，母公司对子公司增加投资时，在不影响对子公司的控制的情况下，往往采取高利率贷款的方式。由于贷款的收益是利息，利息不课征所得税。这样，子公司的一部分所得就可以通过利息分配转移到母公司，从而逃避国际税收。

（4）借用机构身份。由于一个国家的任何一种税收都规定有具体的纳税人和纳税对象，跨国公司通过在海外机构上做文章就可以达到避税目的。关于规避税收管辖权，就居民管辖权而言，各国执行不同的标准，常用标准有管理机构所在地标准、注册地标准和总机构所在地标准三种。跨国公司可在实行管理机构所在地标准的国家注册成立子公司，而把实际管理机构设在使用注册地标准或总机构所在地标准的国家，其总机构则设在实行注册地标准或管理机构所在地标准的国家。这样就可以避开有关国家的税收管辖权，达到避税的目的。

本章小结

1. 随着经济全球化趋势的迅猛发展和国际竞争的日趋激烈，公司经营国际化呈现出新的发展趋势，跨国公司得到前所未有的发展，并已成为国际经济领域最引人注目的经济现象。跨国并购成为跨国公司对外直接投资的主要方式，跨国公司投资领域趋向高科技产业和服务业，跨国公司间广泛缔结国际战略联盟，跨国公司的研究和开发也呈现国际化趋势。

2. 公司在国际市场上融资的方式有国际股权筹资、国际举债筹资两大类。国际举债筹资的具体方式又包括国际债券筹资、国际信贷筹资和国际租赁筹资。国际筹资策略应在减少总体筹资成本、降低筹资风险、合理安排资本结构这三者之间进行有效的协调，以达到公司国际筹资的基本目标。

3. 跨国公司进行国际投资往往比国内投资面临更大的风险。跨国公司在进行国际直接投资决策时可以使用冷热分析法和投资环境等级评分法，对复杂的投资硬环境和软环境进行分析。国际投资分析的方法和程序与国内投资基本相同，但国际直接投资分析中的评价主体和现金流量分析是两个值得注意的问题。

4. 国际税收与公司的国际化经营关系密切，但跨国公司所处的国际税收环境是极其复杂的，跨国公司应从全球战略出发，综合考虑各种因素，统筹安排税务计划，以便充分挖掘税务在扩大现金流量、提高税后利润方面的潜力。具体包括选择合适的投资区域、选择特定的组织形式、合理安排融资策略和采取措施实现国际避税。

思考题

1. 简述在经济全球化、信息化趋势中跨国公司的国际化经营呈现出的新的发展趋势。
2. 什么是国际货币体系？一个健全的国际货币体系应具备哪些条件？
3. 说明国际金融市场由哪些部分构成。
4. 与国内筹资相比，国际筹资有哪些特点？并评价两种国际筹资方式的优缺点。
5. 如何对国际直接投资环境进行分析？
6. 在国际直接投资中，评价主体的不同会对现金流量的分析造成什么影响？
7. 国际直接投资中现金流量分析应注意哪些问题？
8. 什么是国际避税？国际税收管理的方法有哪些？

参 考 文 献

布瑞翰 E F，休斯顿 J F. 2011. 财务管理基础（精要第五版）. 胡玉明，赖红宁译. 大连：东北财经大学出版社.

陈萍，潘晓梅. 2010. 企业财务战略管理. 北京：经济管理出版社.

陈文浩. 2009. 公司财务. 2 版. 上海：上海财经大学出版社.

陈雨露. 2008. 公司理财. 2 版. 北京：高等教育出版社.

达·席尔瓦 L C，格尔根 M，伦内布格 L. 2008. 股利政策与公司治理. 罗培新译. 北京：北京大学出版社.

邓明然，徐凤菊. 2009. 公司理财学. 2 版. 武汉：武汉理工大学出版社.

丁文拯. 1996. 会计学综合大词典. 台北：允晨文化实业股份有限公司.

傅元略. 2009. 公司财务战略. 北京：中信出版社.

葛文雷. 2010. 财务管理. 2 版. 上海：东华大学出版社.

谷祺，王棣华. 2010. 高级财务管理. 2 版. 大连：东北财经大学出版社.

郭复初，主庆成. 2009. 财务管理学. 3 版. 北京：高等教育出版社.

韩东平. 2007. 财务管理学. 2 版. 北京：科学出版社.

胡庆康. 2003. 公司金融. 北京：首都经贸大学出版社.

胡玉明. 2009. 公司理财. 2 版. 大连：东北财经大学出版社.

荆新，王化成，刘俊彦. 2010. 财务管理学. 5 版. 北京：中国人民大学出版社.

李春玲. 2009. 控股股东与上市公司股利政策. 北京：人民出版社.

梁莱歆. 2009. 公司理财. 北京：清华大学出版社.

刘俊勇，陈雨露，汪昌云. 2009. 公司业绩评价和激励机制. 北京：中国人民大学出版社.

刘曼红，李焰，陈岩，等. 2011. 公司理财. 3 版. 北京：中国人民大学出版社.

刘志远. 2007. 高级财务管理. 上海：复旦大学出版社.

罗斯 S A，威斯特菲尔德 R W，杰富 J F，等. 2011. 公司理财. 吴世农，王志强译. 9 版. 北京：机械工业出版社.

麦金森 W L. 2011. 公司财务理论. 2 版. 刘明辉，薛清梅译. 大连：东北财经大学出版社.

王化成. 2011. 高级财务管理学. 3 版. 北京：中国人民大学出版社.

吴井红. 2010. 财务预算与分析. 2 版. 上海：上海财经大学出版社.

吴应宇，陈良华. 2008. 公司财务管理. 2 版. 北京：北京师范大学出版社.

杨淑娥. 2008. 财务管理. 北京：中国科学技术出版社.

杨紫烜. 2010. 经济法. 4 版. 北京：北京大学出版社，高等教育出版社.

叶刚. 1989. 遍及全球的跨国公司. 上海：复旦大学出版社：123.

周夏飞. 2011. 公司理财. 北京：机械工业出版社.
朱叶. 2016. 公司金融. 3 版. 北京：北京大学出版社.
马忠. 2015. 公司财务管理. 2 版. 北京：机械工业出版社.
曾庆芳. 2014. 公司金融. 北京：中国经济出版社.
中国社会科学院语言研究所词典编辑室. 1996. 现代汉语词典. 3 版. 北京：商务印书馆.
中国注册会计师协会. 2018. 财务成本管理. 北京：中国财政经济出版社.
中国注册会计师协会. 2018. 经济法. 北京：中国财政经济出版社.
Brealey R A，Myers S C，Allen F. 2011. Principle of Corporate Finance. 10th ed. New York: McGraw-Hill/Irwin.
Brigham E F，Ehrharat M C. 2011. Financial Management: Theory and Practice. 13th ed. Mason: Cengage Learning.
Cooper W W，Ijiri Y. 1983. Kohler's Dictionary for Accounts. 6th ed. Upper Saddle River：Prentice-Hall.
Viernimmen P，Quiry P，Dallocchio M，et al. 2011. Corporate Finance: Theory and Practice. 3rd ed. New York: Wiley.
Ross S A，Westerfield R W，Jaffe J F. 2013. Corporate Finance. 10 th ed. Chicago: Richard D. Irwin. Inc.
Subramanyam K R. 2009. Financial Statement Analysis. New York：McGraw-Hil.

附录　相关系数表

附表 1　复利终值系数表

期数	1%	2%	3%	4%	5%	6%	7%	8%	9%	10%
1	1.0100	1.0200	1.0300	1.0400	1.0500	1.0600	1.0700	1.0800	1.0900	1.1000
2	1.0201	1.0404	1.0609	1.0816	1.1025	1.1236	1.1449	1.1664	1.1881	1.2100
3	1.0303	1.0612	1.0927	1.1249	1.1576	1.1910	1.2250	1.2597	1.2950	1.3310
4	1.0406	1.0824	1.1255	1.1699	1.2155	1.2625	1.3108	1.3605	1.4116	1.4641
5	1.0510	1.1041	1.1593	1.2167	1.2763	1.3382	1.4026	1.4693	1.5386	1.6105
6	1.0615	1.1262	1.1941	1.2653	1.3401	1.4185	1.5007	1.5869	1.6771	1.7716
7	1.0721	1.1487	1.2299	1.3159	1.4071	1.5036	1.6058	1.7138	1.8280	1.9487
8	1.0829	1.1717	1.2668	1.3686	1.4775	1.5938	1.7182	1.8509	1.9926	2.1436
9	1.0937	1.1951	1.3048	1.4233	1.5513	1.6895	1.8385	1.9990	2.1719	2.3579
10	1.1046	1.2190	1.3439	1.4802	1.6289	1.7908	1.9672	2.1589	2.3674	2.5937
11	1.1157	1.2434	1.3842	1.5395	1.7103	1.8983	2.1049	2.3316	2.5804	2.8531
12	1.1268	1.2682	1.4258	1.6010	1.7959	2.0122	2.2522	2.5182	2.8127	3.1384
13	1.1381	1.2936	1.4685	1.6651	1.8856	2.1329	2.4098	2.7196	3.0658	3.4523
14	1.1495	1.3195	1.5126	1.7317	1.9799	2.2609	2.5785	2.9372	3.3417	3.7975
15	1.1610	1.3459	1.5580	1.8009	2.0789	2.3966	2.7590	3.1722	3.6425	4.1772
16	1.1726	1.3728	1.6047	1.8730	2.1829	2.5404	2.9522	3.4259	3.9703	4.5950
17	1.1843	1.4002	1.6528	1.9479	2.2920	2.6928	3.1588	3.7000	4.3276	5.0545
18	1.1961	1.4282	1.7024	2.0258	2.4066	2.8543	3.3799	3.9960	4.7171	5.5599
19	1.2081	1.4568	1.7535	2.1068	2.5270	3.0256	3.6165	4.3157	5.1417	6.1159
20	1.2202	1.4859	1.8061	2.1911	2.6533	3.2071	3.8697	4.6610	5.6044	6.7275
21	1.2324	1.5157	1.8603	2.2788	2.7860	3.3996	4.1406	5.0338	6.1088	7.4002
22	1.2447	1.5460	1.9161	2.3699	2.9253	3.6035	4.4304	5.4365	6.6586	8.1403
23	1.2572	1.5769	1.9736	2.4647	3.0715	3.8197	4.7405	5.8715	7.2579	8.9543
24	1.2697	1.6084	2.0328	2.5633	3.2251	4.0489	5.0724	6.3412	7.9111	9.8497
25	1.2824	1.6406	2.0938	2.6658	3.3864	4.2919	5.4274	6.8485	8.6231	10.835
26	1.2953	1.6734	2.1566	2.7725	3.5557	4.5494	5.8074	7.3964	9.3992	11.918
27	1.3082	1.7069	2.2213	2.8834	3.7335	4.8223	6.2139	7.9881	10.245	13.110
28	1.3213	1.7410	2.2879	2.9987	3.9201	5.1117	6.6488	8.6271	11.167	14.421
29	1.3345	1.7758	2.3566	3.1187	4.1161	5.4184	7.1143	9.3173	12.172	15.863
30	1.3478	1.8114	2.4273	3.2434	4.3219	5.7435	7.6123	10.063	13.268	17.449
40	1.4889	2.2080	3.2620	4.8010	7.0400	10.286	14.974	21.725	31.409	45.259
50	1.6446	2.6916	4.3839	7.1067	11.467	18.420	29.457	46.902	74.358	117.39
60	1.8167	3.2810	5.8916	10.520	18.679	32.988	57.946	101.26	176.03	304.48

续表

期数	12%	14%	15%	16%	18%	20%	24%	28%	32%	36%
1	1.1200	1.1400	1.1500	1.1600	1.1800	1.2000	1.2400	1.2800	1.3200	1.3600
2	1.2544	1.2996	1.3225	1.3456	1.3924	1.4400	1.5376	1.6384	1.7424	1.8496
3	1.4049	1.4815	1.5209	1.5609	1.6430	1.7280	1.9066	2.0972	2.3000	2.5155
4	1.5735	1.6890	1.7490	1.8106	1.9388	2.0736	2.3642	2.6844	3.0360	3.4210
5	1.7623	1.9254	2.0114	2.1003	2.2878	2.4883	2.9316	3.4360	4.0075	4.6526
6	1.9738	2.1950	2.3131	2.4364	2.6996	2.9860	3.6352	4.3980	5.2899	6.3275
7	2.2107	2.5023	2.6600	2.8262	3.1855	3.5832	4.5077	5.6295	6.9826	8.6054
8	2.4760	2.8526	3.0590	3.2784	3.7589	4.2998	5.5895	7.2058	9.2170	11.703
9	2.7731	3.2519	3.5179	3.8030	4.4355	5.1598	6.9310	9.2234	12.166	15.917
10	3.1058	3.7072	4.0456	4.4114	5.2338	6.1917	8.5944	11.806	16.060	21.647
11	3.4785	4.2262	4.6524	5.1173	6.1759	7.4301	10.657	15.112	21.199	29.439
12	3.8960	4.8179	5.3503	5.9360	7.2876	8.9161	13.215	19.343	27.983	40.037
13	4.3635	5.4924	6.1528	6.8858	8.5994	10.699	16.386	24.759	36.937	54.451
14	4.8871	6.2613	7.0757	7.9875	10.147	12.839	20.319	31.691	48.757	74.053
15	5.4736	7.1379	8.1371	9.2655	11.974	15.407	25.196	40.565	64.359	100.71
16	6.1304	8.1372	9.3576	10.748	14.129	18.488	31.243	51.923	84.954	136.97
17	6.8660	9.2765	10.761	12.468	16.672	22.186	38.741	66.461	112.14	186.28
18	7.6900	10.575	12.375	14.463	19.673	26.623	48.039	85.071	148.02	253.34
19	8.6128	12.056	14.232	16.777	23.214	31.948	59.568	108.89	195.39	344.54
20	9.6463	13.743	16.367	19.461	27.393	38.338	73.864	139.38	257.92	468.57
21	10.804	15.668	18.822	22.574	32.324	46.005	91.592	178.41	340.45	637.26
22	12.100	17.861	21.645	26.186	38.142	55.206	113.57	228.36	449.39	866.67
23	13.552	20.362	24.891	30.376	45.008	66.247	140.83	292.30	593.20	1178.7
24	15.179	23.212	28.625	35.236	53.109	79.497	174.63	374.14	783.02	1603.0
25	17.000	26.462	32.919	40.874	62.669	95.396	216.54	478.90	1033.6	2180.1
26	19.040	30.167	37.857	47.414	73.949	114.48	268.51	613.00	1364.3	2964.9
27	21.325	34.390	43.535	55.000	87.260	137.37	332.95	784.64	1800.9	4032.3
28	23.884	39.204	50.066	63.800	102.97	164.84	412.86	1004.3	2377.2	5483.9
29	26.750	44.693	57.575	74.009	121.50	197.81	511.95	1285.6	3137.9	7458.1
30	29.960	50.950	66.212	85.850	143.37	237.38	634.82	1645.5	4142.1	10 143
40	93.051	188.88	267.86	378.72	750.38	1469.8	5455.9	19 427	66 521	*
50	289.00	700.23	1083.7	1670.7	3927.4	9100.4	46 890	*	*	*
60	897.60	2595.9	4384.0	7370.2	20 555	56 348	*	*	*	*

*>99999

附表 2　复利现值系数表

期数	1%	2%	3%	4%	5%	6%	7%	8%	9%	10%
1	0.9901	0.9804	0.9709	0.9615	0.9524	0.9434	0.9346	0.9259	0.9174	0.9091
2	0.9803	0.9612	0.9426	0.9246	0.9070	0.8900	0.8734	0.8573	0.8417	0.8264
3	0.9706	0.9423	0.9151	0.8890	0.8638	0.8396	0.8163	0.7938	0.7722	0.7513
4	0.9610	0.9238	0.8885	0.8548	0.8227	0.7921	0.7629	0.7350	0.7084	0.6830
5	0.9515	0.9057	0.8626	0.8219	0.7835	0.7473	0.7130	0.6806	0.6499	0.6209
6	0.9420	0.8880	0.8375	0.7903	0.7462	0.7050	0.6663	0.6302	0.5963	0.5645
7	0.9327	0.8706	0.8131	0.7599	0.7107	0.6651	0.6227	0.5835	0.5470	0.5132
8	0.9235	0.8535	0.7894	0.7307	0.6768	0.6274	0.5820	0.5403	0.5019	0.4665
9	0.9143	0.8368	0.7664	0.7026	0.6446	0.5919	0.5439	0.5002	0.4604	0.4241
10	0.9053	0.8203	0.7441	0.6756	0.6139	0.5584	0.5083	0.4632	0.4224	0.3855
11	0.8963	0.8043	0.7224	0.6496	0.5847	0.5268	0.4751	0.4289	0.3875	0.3505
12	0.8874	0.7885	0.7014	0.6246	0.5568	0.4970	0.4440	0.3971	0.3555	0.3186
13	0.8787	0.7730	0.6810	0.6006	0.5303	0.4688	0.4150	0.3677	0.3262	0.2897
14	0.8700	0.7579	0.6611	0.5775	0.5051	0.4423	0.3878	0.3405	0.2992	0.2633
15	0.8613	0.7430	0.6419	0.5553	0.4810	0.4173	0.3624	0.3152	0.2745	0.2394
16	0.8528	0.7284	0.6232	0.5339	0.4581	0.3936	0.3387	0.2919	0.2519	0.2176
17	0.8444	0.7142	0.6050	0.5134	0.4363	0.3714	0.3166	0.2703	0.2311	0.1978
18	0.8360	0.7002	0.5874	0.4936	0.4155	0.3503	0.2959	0.2502	0.2120	0.1799
19	0.8277	0.6864	0.5703	0.4746	0.3957	0.3305	0.2765	0.2317	0.1945	0.1635
20	0.8195	0.6730	0.5537	0.4564	0.3769	0.3118	0.2584	0.2145	0.1784	0.1486
21	0.8114	0.6598	0.5375	0.4388	0.3589	0.2942	0.2415	0.1987	0.1637	0.1351
22	0.8034	0.6468	0.5219	0.4220	0.3418	0.2775	0.2257	0.1839	0.1502	0.1228
23	0.7954	0.6342	0.5067	0.4057	0.3256	0.2618	0.2109	0.1703	0.1378	0.1117
24	0.7876	0.6217	0.4919	0.3901	0.3101	0.2470	0.1971	0.1577	0.1264	0.1015
25	0.7798	0.6095	0.4776	0.3751	0.2953	0.2330	0.1842	0.1460	0.1160	0.0923
26	0.7720	0.5976	0.4637	0.3607	0.2812	0.2198	0.1722	0.1352	0.1064	0.0839
27	0.7644	0.5859	0.4502	0.3468	0.2678	0.2074	0.1609	0.1252	0.0976	0.0763
28	0.7568	0.5744	0.4371	0.3335	0.2551	0.1956	0.1504	0.1159	0.0895	0.0693
29	0.7493	0.5631	0.4243	0.3207	0.2429	0.1846	0.1406	0.1073	0.0822	0.0630
30	0.7419	0.5521	0.4120	0.3083	0.2314	0.1741	0.1314	0.0994	0.0754	0.0573
35	0.7059	0.5000	0.3554	0.2534	0.1813	0.1301	0.0937	0.0676	0.0490	0.0356
40	0.6717	0.4529	0.3066	0.2083	0.1420	0.0972	0.0668	0.0460	0.0318	0.0221
45	0.6391	0.4102	0.2644	0.1712	0.1113	0.0727	0.0476	0.0313	0.0207	0.0137
50	0.6080	0.3715	0.2281	0.1407	0.0872	0.0543	0.0339	0.0213	0.0134	0.0085
55	0.5785	0.3365	0.1968	0.1157	0.0683	0.0406	0.0242	0.0145	0.0087	0.0053

续表

期数	12%	14%	15%	16%	18%	20%	24%	28%	32%	36%
1	0.8929	0.8772	0.8696	0.8621	0.8475	0.8333	0.8065	0.7813	0.7576	0.7353
2	0.7972	0.7695	0.7561	0.7432	0.7182	0.6944	0.6504	0.6104	0.5739	0.5407
3	0.7118	0.6750	0.6575	0.6407	0.6086	0.5787	0.5245	0.4768	0.4348	0.3975
4	0.6355	0.5921	0.5718	0.5523	0.5158	0.4823	0.4230	0.3725	0.3294	0.2923
5	0.5674	0.5194	0.4972	0.4761	0.4371	0.4019	0.3411	0.2910	0.2495	0.2149
6	0.5066	0.4556	0.4323	0.4104	0.3704	0.3349	0.2751	0.2274	0.1890	0.1580
7	0.4523	0.3996	0.3759	0.3538	0.3139	0.2791	0.2218	0.1776	0.1432	0.1162
8	0.4039	0.3506	0.3269	0.3050	0.2660	0.2326	0.1789	0.1388	0.1085	0.0854
9	0.3606	0.3075	0.2843	0.2630	0.2255	0.1938	0.1443	0.1084	0.0822	0.0628
10	0.3220	0.2697	0.2472	0.2267	0.1911	0.1615	0.1164	0.0847	0.0623	0.0462
11	0.2875	0.2366	0.2149	0.1954	0.1619	0.1346	0.0938	0.0662	0.0472	0.0340
12	0.2567	0.2076	0.1869	0.1685	0.1372	0.1122	0.0757	0.0517	0.0357	0.0250
13	0.2292	0.1821	0.1625	0.1452	0.1163	0.0935	0.0610	0.0404	0.0271	0.0184
14	0.2046	0.1597	0.1413	0.1252	0.0985	0.0779	0.0492	0.0316	0.0205	0.0135
15	0.1827	0.1401	0.1229	0.1079	0.0835	0.0649	0.0397	0.0247	0.0155	0.0099
16	0.1631	0.1229	0.1069	0.0930	0.0708	0.0541	0.0320	0.0193	0.0118	0.0073
17	0.1456	0.1078	0.0929	0.0802	0.0600	0.0451	0.0258	0.0150	0.0089	0.0054
18	0.1300	0.0946	0.0808	0.0691	0.0508	0.0376	0.0208	0.0118	0.0068	0.0039
19	0.1161	0.0829	0.0703	0.0596	0.0431	0.0313	0.0168	0.0092	0.0051	0.0029
20	0.1037	0.0728	0.0611	0.0514	0.0365	0.0261	0.0135	0.0072	0.0039	0.0021
21	0.0926	0.0638	0.0531	0.0443	0.0309	0.0217	0.0109	0.0056	0.0029	0.0016
22	0.0826	0.0560	0.0462	0.0382	0.0262	0.0181	0.0088	0.0044	0.0022	0.0012
23	0.0738	0.0491	0.0402	0.0329	0.0222	0.0151	0.0071	0.0034	0.0017	0.0008
24	0.0659	0.0431	0.0349	0.0284	0.0188	0.0126	0.0057	0.0027	0.0013	0.0006
25	0.0588	0.0378	0.0304	0.0245	0.0160	0.0105	0.0046	0.0021	0.0010	0.0005
26	0.0525	0.0331	0.0264	0.0211	0.0135	0.0087	0.0037	0.0016	0.0007	0.0003
27	0.0469	0.0291	0.0230	0.0182	0.0115	0.0073	0.0030	0.0013	0.0006	0.0002
28	0.0419	0.0255	0.0200	0.0157	0.0097	0.0061	0.0024	0.0010	0.0004	0.0002
29	0.0374	0.0224	0.0174	0.0135	0.0082	0.0051	0.0020	0.0008	0.0003	0.0001
30	0.0334	0.0196	0.0151	0.0116	0.0070	0.0042	0.0016	0.0006	0.0002	0.0001
35	0.0189	0.0102	0.0075	0.0055	0.0030	0.0017	0.0005	0.0002	0.0001	*
40	0.0107	0.0053	0.0037	0.0026	0.0013	0.0007	0.0002	0.0001	*	*
45	0.0061	0.0027	0.0019	0.0013	0.0006	0.0003	0.0001	*	*	*
50	0.0035	0.0014	0.0009	0.0006	0.0003	0.0001	*	*	*	*
55	0.0020	0.0007	0.0005	0.0003	0.0001	*	*	*	*	*

*<0.0001

附表 3　年金终值系数表

期数	1%	2%	3%	4%	5%	6%	7%	8%	9%	10%
1	1.0000	1.0000	1.0000	1.0000	1.0000	1.0000	1.0000	1.0000	1.0000	1.0000
2	2.0100	2.0200	2.0300	2.0400	2.0500	2.0600	2.0700	2.0800	2.0900	2.1000
3	3.0301	3.0604	3.0909	3.1216	3.1525	3.1836	3.2149	3.2464	3.2781	3.3100
4	4.0604	4.1216	4.1836	4.2465	4.3101	4.3746	4.4399	4.5061	4.5731	4.6410
5	5.1010	5.2040	5.3091	5.4163	5.5256	5.6371	5.7507	5.8666	5.9847	6.1051
6	6.1520	6.3081	6.4684	6.6330	6.8019	6.9753	7.1533	7.3359	7.5233	7.7156
7	7.2135	7.4343	7.6625	7.8983	8.1420	8.3938	8.6540	8.9228	9.2004	9.4872
8	8.2857	8.5830	8.8923	9.2142	9.5491	9.8975	10.260	10.637	11.028	11.436
9	9.3685	9.7546	10.159	10.583	11.027	11.491	11.978	12.488	13.021	13.579
10	10.462	10.950	11.464	12.006	12.578	13.181	13.816	14.487	15.193	15.937
11	11.567	12.169	12.808	13.486	14.207	14.972	15.784	16.645	17.560	18.531
12	12.683	13.412	14.192	15.026	15.917	16.870	17.888	18.977	20.141	21.384
13	13.809	14.680	15.618	16.627	17.713	18.882	20.141	21.495	22.953	24.523
14	14.947	15.974	17.086	18.292	19.599	21.015	22.550	24.215	26.019	27.975
15	16.097	17.293	18.599	20.024	21.579	23.276	25.129	27.152	29.361	31.772
16	17.258	18.639	20.157	21.825	23.657	25.673	27.888	30.324	33.003	35.950
17	18.430	20.012	21.762	23.698	25.840	28.213	30.840	33.750	36.974	40.545
18	19.615	21.412	23.414	25.645	28.132	30.906	33.999	37.450	41.301	45.599
19	20.811	22.841	25.117	27.671	30.539	33.760	37.379	41.446	46.018	51.159
20	22.019	24.297	26.870	29.778	33.066	36.786	40.995	45.762	51.160	57.275
21	23.239	25.783	28.676	31.969	35.719	39.993	44.865	50.423	56.765	64.002
22	24.472	27.299	30.537	34.248	38.505	43.392	49.006	55.457	62.873	71.403
23	25.716	28.845	32.453	36.618	41.430	46.996	53.436	60.893	69.532	79.543
24	26.973	30.422	34.426	39.083	44.502	50.816	58.177	66.765	76.790	88.497
25	28.243	32.030	36.459	41.646	47.727	54.865	63.249	73.106	84.701	98.347
26	29.526	33.671	38.553	44.312	51.113	59.156	68.676	79.954	93.324	109.18
27	30.821	35.344	40.710	47.084	54.669	63.706	74.484	87.351	102.72	121.10
28	32.129	37.051	42.931	49.968	58.403	68.528	80.698	95.339	112.97	134.21
29	33.450	38.792	45.219	52.966	62.323	73.640	87.347	103.97	124.14	148.63
30	34.785	40.568	47.575	56.085	66.439	79.058	94.461	113.28	136.31	164.49
40	48.886	60.402	75.401	95.026	120.80	154.76	199.64	259.06	337.88	442.59
50	64.463	84.579	112.80	152.67	209.35	290.34	406.53	573.77	815.08	1163.9
60	81.670	114.05	163.05	237.99	353.58	533.13	813.52	1253.2	1944.8	3034.8

续表

期数	12%	14%	15%	16%	18%	20%	24%	28%	32%	36%
1	1.0000	1.0000	1.0000	1.0000	1.0000	1.0000	1.0000	1.0000	1.0000	1.0000
2	2.1200	2.1400	2.1500	2.1600	2.1800	2.2000	2.2400	2.2800	2.3200	2.3600
3	3.3744	3.4396	3.4725	3.5056	3.5724	3.6400	3.7776	3.9184	4.0624	4.2096
4	4.7793	4.9211	4.9934	5.0665	5.2154	5.3680	5.6842	6.0156	6.3624	6.7251
5	6.3528	6.6101	6.7424	6.8771	7.1542	7.4416	8.0484	8.6999	9.3983	10.146
6	8.1152	8.5355	8.7537	8.9775	9.4420	9.9299	10.980	12.136	13.406	14.799
7	10.089	10.730	11.067	11.414	12.142	12.916	14.615	16.534	18.696	21.126
8	12.300	13.233	13.727	14.240	15.327	16.499	19.123	22.163	25.678	29.732
9	14.776	16.085	16.786	17.519	19.086	20.799	24.712	29.369	34.895	41.435
10	17.549	19.337	20.304	21.321	23.521	25.959	31.643	38.593	47.062	57.352
11	20.655	23.045	24.349	25.733	28.755	32.150	40.238	50.398	63.122	78.998
12	24.133	27.271	29.002	30.850	34.931	39.581	50.895	65.510	84.320	108.44
13	28.029	32.089	34.352	36.786	42.219	48.497	64.110	84.853	112.30	148.47
14	32.393	37.581	40.505	43.672	50.818	59.196	80.496	109.61	149.24	202.93
15	37.280	43.842	47.580	51.660	60.965	72.035	100.82	141.30	198.00	276.98
16	42.753	50.980	55.717	60.925	72.939	87.442	126.01	181.87	262.36	377.69
17	48.884	59.118	65.075	71.673	87.068	105.93	157.25	233.79	347.31	514.66
18	55.750	68.394	75.836	84.141	103.74	128.12	195.99	300.25	459.45	700.94
19	63.440	78.969	88.212	98.603	123.41	154.74	244.03	385.32	607.47	954.28
20	72.052	91.025	102.44	115.38	146.63	186.69	303.60	494.21	802.86	1298.8
21	81.699	104.77	118.81	134.84	174.02	225.03	377.46	633.59	1060.8	1767.4
22	92.503	120.44	137.63	157.41	206.34	271.03	469.06	812.00	1401.2	2404.7
23	104.60	138.30	159.28	183.60	244.49	326.24	582.63	1040.4	1850.6	3271.3
24	118.16	158.66	184.17	213.98	289.49	392.48	723.46	1332.7	2443.8	4450.0
25	133.33	181.87	212.79	249.21	342.60	471.98	898.09	1706.8	3226.8	6053.0
26	150.33	208.33	245.71	290.09	405.27	567.38	1114.6	2185.7	4260.4	8233.1
27	169.37	238.50	283.57	337.50	479.22	681.85	1383.1	2798.7	5624.8	11 198
28	190.70	272.89	327.10	392.50	566.48	819.22	1716.1	3583.3	7425.7	15 230
29	214.58	312.09	377.17	456.30	669.45	984.07	2129.0	4587.7	9802.9	20 714
30	241.33	356.79	434.75	530.31	790.95	1181.9	2640.9	5873.2	12 941	28 172
40	767.09	1342.0	1779.1	2360.8	4163.2	7343.9	22 729	69 377	*	*
50	2400.0	4994.5	7217.7	10 436	21 813	45 497	*	*	*	*
60	7471.6	18 535	29 220	46 058	*	*	*	*	*	*

*>99999

附表 4　年金现值系数表

期数	1%	2%	3%	4%	5%	6%	7%	8%	9%
1	0.9901	0.9804	0.9709	0.9615	0.9524	0.9434	0.9346	0.9259	0.9174
2	1.9704	1.9416	1.9135	1.8861	1.8594	1.8334	1.8080	1.7833	1.7591
3	2.9410	2.8839	2.8286	2.7751	2.7232	2.6730	2.6243	2.5771	2.5313
4	3.9020	3.8077	3.7171	3.6299	3.5460	3.4651	3.3872	3.3121	3.2397
5	4.8534	4.7135	4.5797	4.4518	4.3295	4.2124	4.1002	3.9927	3.8897
6	5.7955	5.6014	5.4172	5.2421	5.0757	4.9173	4.7665	4.6229	4.4859
7	6.7282	6.4720	6.2303	6.0021	5.7864	5.5824	5.3893	5.2064	5.0330
8	7.6517	7.3255	7.0197	6.7327	6.4632	6.2098	5.9713	5.7466	5.5348
9	8.5660	8.1622	7.7861	7.4353	7.1078	6.8017	6.5152	6.2469	5.9952
10	9.4713	8.9826	8.5302	8.1109	7.7217	7.3601	7.0236	6.7101	6.4177
11	10.3676	9.7868	9.2526	8.7605	8.3064	7.8869	7.4987	7.1390	6.8052
12	11.2551	10.5753	9.9540	9.3851	8.8633	8.3838	7.9427	7.5361	7.1607
13	12.1337	11.3484	10.6350	9.9856	9.3936	8.8527	8.3577	7.9038	7.4869
14	13.0037	12.1062	11.2961	10.5631	9.8986	9.2950	8.7455	8.2442	7.7862
15	13.8651	12.8493	11.9379	11.1184	10.3797	9.7122	9.1079	8.5595	8.0607
16	14.7179	13.5777	12.5611	11.6523	10.8378	10.1059	9.4466	8.8514	8.3126
17	15.5623	14.2919	13.1661	12.1657	11.2741	10.4773	9.7632	9.1216	8.5436
18	16.3983	14.9920	13.7535	12.6593	11.6896	10.8276	10.0591	9.3719	8.7556
19	17.2260	15.6785	14.3238	13.1339	12.0853	11.1581	10.3356	9.6036	8.9501
20	18.0456	16.3514	14.8775	13.5903	12.4622	11.4699	10.5940	9.8181	9.1285
21	18.8570	17.0112	15.4150	14.0292	12.8212	11.7641	10.8355	10.0168	9.2922
22	19.6604	17.6580	15.9369	14.4511	13.1630	12.0416	11.0612	10.2007	9.4424
23	20.4558	18.2922	16.4436	14.8568	13.4886	12.3034	11.2722	10.3711	9.5802
24	21.2434	18.9139	16.9355	15.2470	13.7986	12.5504	11.4693	10.5288	9.7066
25	22.0232	19.5235	17.4131	15.6221	14.0939	12.7834	11.6536	10.6748	9.8226
26	22.7952	20.1210	17.8768	15.9828	14.3752	13.0032	11.8258	10.8100	9.9290
27	23.5596	20.7069	18.3270	16.3296	14.6430	13.2105	11.9867	10.9352	10.0266
28	24.3164	21.2813	18.7641	16.6631	14.8981	13.4062	12.1371	11.0511	10.1161
29	25.0658	21.8444	19.1885	16.9837	15.1411	13.5907	12.2777	11.1584	10.1983
30	25.8077	22.3965	19.6004	17.2920	15.3725	13.7648	12.4090	11.2578	10.2737
35	29.4086	24.9986	21.4872	18.6646	16.3742	14.4982	12.9477	11.6546	10.5668
40	32.8347	27.3555	23.1148	19.7928	17.1591	15.0463	13.3317	11.9246	10.7574
45	36.0945	29.4902	24.5187	20.7200	17.7741	15.4558	13.6055	12.1084	10.8812
50	39.1961	31.4236	25.7298	21.4822	18.2559	15.7619	13.8007	12.2335	10.9617
55	42.1472	33.1748	26.7744	22.1086	18.6335	15.9905	13.9399	12.3186	11.0140

续表

期数	10%	12%	14%	15%	16%	18%	20%	24%	28%	32%
1	0.9091	0.8929	0.8772	0.8696	0.8621	0.8475	0.8333	0.8065	0.7813	0.7576
2	1.7355	1.6901	1.6467	1.6257	1.6052	1.5656	1.5278	1.4568	1.3916	1.3315
3	2.4869	2.4018	2.3216	2.2832	2.2459	2.1743	2.1065	1.9813	1.8684	1.7663
4	3.1699	3.0373	2.9137	2.8550	2.7982	2.6901	2.5887	2.4043	2.2410	2.0957
5	3.7908	3.6048	3.4331	3.3522	3.2743	3.1272	2.9906	2.7454	2.5320	2.3452
6	4.3553	4.1114	3.8887	3.7845	3.6847	3.4976	3.3255	3.0205	2.7594	2.5342
7	4.8684	4.5638	4.2883	4.1604	4.0386	3.8115	3.6046	3.2423	2.9370	2.6775
8	5.3349	4.9676	4.6389	4.4873	4.3436	4.0776	3.8372	3.4212	3.0758	2.7860
9	5.7590	5.3282	4.9464	4.7716	4.6065	4.3030	4.0310	3.5655	3.1842	2.8681
10	6.1446	5.6502	5.2161	5.0188	4.8332	4.4941	4.1925	3.6819	3.2689	2.9304
11	6.4951	5.9377	5.4527	5.2337	5.0286	4.6560	4.3271	3.7757	3.3351	2.9776
12	6.8137	6.1944	5.6603	5.4206	5.1971	4.7932	4.4392	3.8514	3.3868	3.0133
13	7.1034	6.4235	5.8424	5.5831	5.3423	4.9095	4.5327	3.9124	3.4272	3.0404
14	7.3667	6.6282	6.0021	5.7245	5.4675	5.0081	4.6106	3.9616	3.4587	3.0609
15	7.6061	6.8109	6.1422	5.8474	5.5755	5.0916	4.6755	4.0013	3.4834	3.0764
16	7.8237	6.9740	6.2651	5.9542	5.6685	5.1624	4.7296	4.0333	3.5026	3.0882
17	8.0216	7.1196	6.3729	6.0472	5.7487	5.2223	4.7746	4.0591	3.5177	3.0971
18	8.2014	7.2497	6.4674	6.1280	5.8178	5.2732	4.8122	4.0799	3.5294	3.1039
19	8.3649	7.3658	6.5504	6.1982	5.8775	5.3162	4.8435	4.0967	3.5386	3.1090
20	8.5136	7.4694	6.6231	6.2593	5.9288	5.3527	4.8696	4.1103	3.5458	3.1129
21	8.6487	7.5620	6.6870	6.3125	5.9731	5.3837	4.8913	4.1212	3.5514	3.1158
22	8.7715	7.6446	6.7429	6.3587	6.0113	5.4099	4.9094	4.1300	3.5558	3.1180
23	8.8832	7.7184	6.7921	6.3988	6.0442	5.4321	4.9245	4.1371	3.5592	3.1197
24	8.9847	7.7843	6.8351	6.4338	6.0726	5.4509	4.9371	4.1428	3.5619	3.1210
25	9.0770	7.8431	6.8729	6.4641	6.0971	5.4669	4.9476	4.1474	3.5640	3.1220
26	9.1609	7.8957	6.9061	6.4906	6.1182	5.4804	4.9563	4.1511	3.5656	3.1227
27	9.2372	7.9426	6.9352	6.5135	6.1364	5.4919	4.9636	4.1542	3.5669	3.1233
28	9.3066	7.9844	6.9607	6.5335	6.1520	5.5016	4.9697	4.1566	3.5679	3.1237
29	9.3696	8.0218	6.9830	6.5509	6.1656	5.5098	4.9747	4.1585	3.5687	3.1240
30	9.4269	8.0552	7.0027	6.5660	6.1772	5.5168	4.9789	4.1601	3.5693	3.1242
35	9.6442	8.1755	7.0700	6.6166	6.2153	5.5386	4.9915	4.1644	3.5708	3.1248
40	9.7791	8.2438	7.1050	6.6418	6.2335	5.5482	4.9966	4.1659	3.5712	3.1250
45	9.8628	8.2825	7.1232	6.6543	6.2421	5.5523	4.9986	4.1664	3.5714	3.1250
50	9.9148	8.3045	7.1327	6.6605	6.2463	5.5541	4.9995	4.1666	3.5714	3.1250
55	9.9471	8.3170	7.1376	6.6636	6.2482	5.5549	4.9998	4.1666	3.5714	3.1250